2012 敦煌學國際聯絡委員會通訊

2012 Newsletter of International Liaison Committee for Dunhuang Studies

高田時雄 柴劍虹
策 劃

郝春文
主 編
陳大爲
副主編

敦煌學國際聯絡委員會
中國敦煌吐魯番學會
首都師範大學古文獻研究中心
上海師範大學敦煌吐魯番學研究所
主 辦

上海古籍出版社
2012.8.上海

敦煌學國際聯絡委員會幹事名單：

中　　國：樊錦詩　郝春文　柴劍虹　鄭阿財(臺灣)

日　　本：高田時雄

法　　國：戴　仁

英　　國：吳芳思

俄羅斯：波波娃

美　　國：梅維恒　太史文

德　　國：茨　木

哈薩克斯坦：克拉拉·哈菲佐娃

敦煌學國際聯絡委員會網頁：

http：//www. zinbun. kyoto-u. ac. jp/ ~ takata/ILCDS/proceedings. html

敦煌學國際聯絡委員會秘書處地址：

日本國　京都市　左京區北白川東小倉町 47

　　　　京都大學人文科學研究所

　　　　高田時雄教授　　Tel：075 - 753 - 6993

INSTITUTE FOR RESEARCH IN HUMANITIES

KYOTO UNIVERSITY KYOTO 606 - 8265 ,JAPAN

2012
敦煌學國際聯絡委員會通訊

目録

論著目録

1994 年敦煌學研究綜述

董大學(首都師範大學)　么振華(蘭州大學)

　　1994 年中國大陸敦煌學界的研究成果,據不完全統計,出版專著 21 部,公開發表論文 370 餘篇。兹分概說、歷史地理、社會、宗教、語言文字、文學、藝術、考古與文物保護、少數民族歷史語言、古籍、科技、學術動態與紀念文等十二個專題擇要介紹如下。

一、概　　説

　　本年度敦煌學概括性的論著主要有學術回顧與展望、敦煌文獻圖錄的影印出版、文獻流散與收藏和文獻資料編目等方面內容。

　　關於敦煌學的綜合性論著,有胡同慶、羅華慶《敦煌學入門》(甘肅人民出版社)一書對敦煌學的定義、敦煌的歷史文化背景、敦煌石窟藝術、藏經洞出土文物、敦煌地區的人文遺迹和遺物、敦煌學系統工程基本理論等內容進行了介紹。姜伯勤《敦煌吐魯番文書与絲綢之路》(文物出版社)主要利用敦煌吐魯番文書中的資料,對絲綢之路上的各種文化現象進行了深入的研究。

　　敦煌文獻的學術回顧與展望方面,伏俊璉《敦煌遺書》(《中國典籍與文化》4 期)對敦煌的歷史及敦煌文獻中各類典籍的研究進行了介紹。齊陳駿《敦煌學與古代西部文化》(《敦煌學輯刊》1 期)一文重點論述了敦煌學所反映的文化在古代西部文化中的獨特地位。

　　敦煌文獻圖錄的影印出版方面,《英藏敦煌文獻》(漢文佛經以外部分)(四川人民出版社)出版了第九、十、十一卷,涵蓋了 S. 5645 至 S. 6973 中漢文佛經以外的文獻。《法國國家圖書館藏敦煌西域文獻》(上海古籍出版社)出版了第二、三卷,包括 P. 2032 至 P. 2058 等數十件文獻。《俄羅斯科學院東方研究所聖彼得堡分所藏敦煌文獻》(上海古籍出版社)出版了第五卷,包括 Φ. 251 至 Φ. 366 等百餘件文獻。

　　文獻流散與收藏方面,王冀青《英國圖書館藏"舍里夫文書"來源蠡測》(《敦煌學輯刊》1 期)對英國圖書館所藏的"舍里夫文書"的來源加以論述。(美) J. O. 布里特著,楊富學、李吉和譯《普林斯頓收藏的敦煌寫本殘卷》(《敦煌學輯刊》1 期)對普林斯頓收藏的寫本進行了介紹。陳國燦《對赤井南明堂藏二敦煌寫卷的鑒定》(《敦煌學輯刊》2 期)認定赤井南明堂藏二敦煌寫卷爲近人所僞造。

文獻編目方面,施萍婷《日本公私收藏敦煌遺書敘錄(二)》(《敦煌研究》3 期)對藏於日本京都藤井有鄰館、唐招提寺、法隆寺三家的敦煌寫本情況進行了介紹。殷光明《敦煌市博物館藏敦煌遺書目錄補錄》(《敦煌研究》3 期)對敦煌市博物館新收藏的幾件經卷進行了介紹。

其他方面,馬德《敦煌文書題記資料零拾》(《敦煌研究》3 期)對日本濱田德海舊藏敦煌文書的題記進行了抄錄,將文書的資料信息予以刊佈。黃征《敦煌愿文散校》(《敦煌研究》3 期)對敦煌文獻中的四種愿文進行了校錄,爲學界提供了相對準確的錄文。鄧文寬《敦煌吐魯番文獻重文符號釋讀舉隅》(《文獻》1 期)對敦煌吐魯番文獻中的重文符號進行了分類研究,并舉例論證正確辨識寫本中重文符號的重要性。

二、歷 史 地 理

關於敦煌地區政權的研究方面,榮新江《于闐王國與瓜沙曹氏》(《敦煌研究》2 期)從于闐敦煌間的使節往來、于闐王族與曹氏的聯姻、于闐伊蘭文化與敦煌漢文化的交流三個方面對于闐王國與曹氏歸義軍政權之間的關係進行了論述。馬德《張淮興敦煌史事探幽》(《敦煌學輯刊》2 期)一文對張淮興之名的出處、張淮興的上臺、索李張三家之爭和張淮興重新出世等有關史事進行了考證。劉進寶《關於吐蕃統治經營河西地區的若干問題》(《中國邊疆史地研究》1 期)利用敦煌遺書中關於吐蕃經營敦煌的資料,并結合傳統史籍,對吐蕃經營河西的有關情況進行了比較詳細的探討。馬子海、徐麗《吐蕃統治下的河西走廊》(《西北師範大學學報》5 期)對吐蕃佔領唐河西之後所實行的統治政策進行了討論,認爲吐蕃是用落後的奴隸制度來改造新佔領區,最終不可避免地激化了與河西各族之間的矛盾,從而導致其在河西統治的瓦解。楊銘《一件有關敦煌陷蕃時間的藏文文書——兼及 S.1438 背〈書儀〉》(《敦煌研究》3 期)通過對 Fr.80 藏文文書和 S.1438 背《書儀》的結合研究,認爲敦煌首次陷蕃的時間是建中二年(781)。孫修身《試論甘州回鶻和北宋王朝的交通》(《敦煌研究》4 期)對甘州回鶻與北宋王朝之間的關係往來進行了論述,重點討論了雙方的貢使往來和交通綫路,還對甘州回鶻政權的歷史作了考證。李德龍《敦煌遺書 S.8444 號研究——兼論唐末回鶻與唐的朝貢貿易》(《中央民族大學學報》3 期)對 S.8444 號的製作年代、文書性質及所反映的回鶻朝貢貿易中的細節進行了梳理,認爲 S.8444 號是一件唐末回鶻與唐朝朝貢貿易的使用文獻。陸慶夫《思結請糧文書與思結歸唐史事考》(《敦煌研究》4 期)結合 P.2942 號《河西巡撫使判集》中的一道判牒的探討,對思結部族歸唐的歷史作了一些考察,反映了思結部族與唐朝的密切關係。樓勁《漢唐對絲路上一般中外交往的管理》(《敦煌學輯刊》1 期)從互市、出入境管理、外來文化的傳播和漢唐對之的包容度等方面,對漢唐間絲綢之路上的中外交往的管理進行了論述。賈俊霞《明清時期的敦煌》(《史學集刊》1 期)對明清時期敦煌的建置沿革、地理環境、農業經濟、交通及對莫高窟的繕修開鑿等方面進行了探討。

關於政治制度史的研究方面,趙和平《敦煌寫本伯 2481 號性質初探》(《文獻》4 期)對 P.2481 號相關問題進行了詳細的研究,并推斷其爲唐前期尚書禮部所屬之禮部、祠部據留司格文擬定的公文程式,大致在永徽至垂拱間形成。劉進寶《試談歸義軍時期敦煌縣鄉的建置》(《敦煌研究》3 期)在陳國燦《唐五代敦煌縣鄉里制的演變》一文的基礎上,對歸義軍時期敦煌縣鄉的建置進行了補充研究,重點論述了通頰鄉、退渾鄉的建置問題。王永曾《試論唐代敦煌的鄉里》(《敦煌學輯刊》1 期)以唐代敦煌鄉里職能爲對象進行考察,認爲唐代的鄉里不僅是國家政權的執行機構,而且是政府制定種種經濟政策的依據和出發點。龔元建《五涼護軍考述》(《敦煌學輯刊》4 期)對五涼護軍的具體特徵及其地點作了詳細的考證。王永興《讀敦煌吐魯番文書劄記》(《北京大學學報》1 期)對 S.113、S.613v、唐開元十六年(728)北庭都護府秋冬季勾帳草等文書進行了研究。張尚謙、張萍《敦煌古代户籍殘卷研究》(《雲南教育學院學報》6 期)對西涼户籍的編製內容與形式有所探討,并和文獻記載進行了互證。

關於歷史人物研究方面,孫修身《唐朝傑出外交活動家王玄策史迹研究》(《敦煌研究》3 期)對王玄策出使印度的次數和路綫進行了詳細討論,并認爲王玄策曾四次出使印度。鄭炳林《〈索勛紀德碑〉研究》(《敦煌學輯刊》2 期)一文利用敦煌文書的有關資料對碑文進行了全面研究。顏廷亮《敦煌學者劉昞述論》(《甘肅社會科學》3 期)認爲河西著名學者劉昞在經學、史學、文學等領域中作出了卓越的貢獻。

法律方面,關於敦煌民間的契約研究方面,齊陳駿《有關遺產繼承的幾件敦煌遺書》(《敦煌學輯刊》2 期)對二十多件涉及家庭遺產分配、糾紛問題的敦煌卷子進行了研究。姜洪源《敦煌契約文書的簽押手續》(《浙江檔案》5 期)對敦煌契約文書中的簽押進行了研究,討論了中唐至宋初私文書簽押手續的一些特點。

歷史地理方面,李正宇《論敦煌古塞城》(《敦煌研究》1 期)對敦煌古塞城的性質、淵源、規模大小及遺迹等諸多方面進行了詳細探討,并指出敦煌古塞研究具有歷史地理學的一般意義。李并成《河西走廊中部漢長城遺迹考》(《敦煌學輯刊》1 期)結合實地考察和有關文獻,對河西走廊中部張掖地區境內長城遺迹進行了考證。同氏《瓜沙二州間一塊消失了的綠洲》(《敦煌研究》3 期)對瓜沙綠洲間一塊早已消失了的漢唐古綠洲——唐代苦水下游綠洲進行了考證,并分析了其消失的原因。李正宇《陽關區域古迹新探》(《敦煌研究》4 期)對陽關區域內的石門澗、石門谷、石門山、石門峰、無鹵澗、渥洼子等歷史古迹進行了討論,提出了一些與學界通行觀點不同的看法。鄭炳林《唐五代敦煌新開道考》(《敦煌學輯刊》1 期)對唐五代敦煌的新開道的對外交通路綫進行了考述。李并成《歷史上的三處玉門關》(《絲綢之路》2 期)對歷史上玉門關的變遷進行了探討。楊希義、唐莉芸《唐代絲綢之路東段長安至敦煌間的館驛》(《敦煌研究》4 期)利用散見於各種史籍和詩文中的資料,對絲綢之路東段長安至敦煌間的館驛和經行路綫進行了考證。李文實《西陲地名的語言考察》(《中國歷史地理論叢》1 期)一文中對"三危"和"敦煌"進行了語言學的考察,對其與文化傳播、民族遷徙等相關的內容進行了論述。趙評春《西漢玉門關、縣及其長城建置時序考》(《中國歷史地理論叢》2 期)結合敦煌地區的實地調查、考古資料和相關文獻,對漢玉門關址遷徙、玉門縣始置年代及當地相關地段的長城建置等問題進行了探討。

三、社　會

關於敦煌社邑文書的研究,寧可、郝春文《敦煌寫本社邑文書述略》(《首都師範大學學報》4 期)對敦煌寫本社邑文書的性質、內容和價值作了簡要介紹。

有關社會風俗和信仰方面,譚蟬雪《西域鼠國及鼠神摭談》(《敦煌研究》2 期)對歷史記載中的鼠國進行了考證,并對佛教世界和現實世界中的鼠進行了論述,全面展示了西域社會中的鼠文化及其影響。楊森《"婆姨"與"優婆姨"稱謂芻議》(《敦煌研究》3 期)認爲"婆姨"一詞的稱謂與佛教有關,與佛教中對女性信徒"優婆姨"的稱呼有某種直接或間接的聯繫。安國強《古代敦煌的祈賽風俗》(《絲綢之路》5 期)對古代敦煌地區祈賽風俗的具體形態及其歷史地位進行了論述。

民俗文化方面,王仲純《從敦煌服飾管窺唐代文化》(《社科縱橫》4 期)一文以莫高窟的壁畫、雕塑、遺書、帛畫和出土文物中的服飾形象爲中心,探討了唐代文化的特徵。謝生保《敦煌壁畫中的唐代"胡風"——之一〈胡樂胡舞〉》(《社科縱橫》4 期)以"胡樂胡舞"爲中心,對敦煌壁畫中反映唐代文化的"胡風"特色進行了探討。史成禮《敦煌"性文化"初探》(《中國優生與遺傳雜誌》4 期)對敦煌"性文化"研究的興起、內容和意義等方面作了論述。金金南《同心結風俗考辨》(《東南文化》5 期)以敦煌資料爲中心,結合相關傳世文獻對同心結的風俗進行了論述。

體育文化方面，梁全録、梁娟《敦煌古代體育史畫録》（《體育文史》2 期）將敦煌莫高窟體育繪畫、文史、實物、墓葬畫和岩畫進行了介紹。李重申、田鶴鳴、李金梅、馬德福《敦煌馬毬史料探析》（《敦煌研究》4 期）對敦煌文獻和壁畫中關於馬毬的史料進行了研究，對馬毬的源流和嬗變進行了考察。陳青、黄雪松《莫高窟壁畫中的敦煌武術》（《絲綢之路》2 期）對莫高窟壁畫中所體現出的武術因素進行了探討，爲討論敦煌武術的流變傳承作了有益的嘗試。李金梅、李重申、馬德福《敦煌〈碁經〉考析》（《社科縱横》5 期）對敦煌寫卷 S.5574 號《碁經》的年代、内容、歷史地位等方面進行了論述。

社會生活方面，鄭炳林、高偉《唐五代敦煌釀酒業初探》（《西北史地》1 期）對唐五代敦煌歸義軍政權對釀酒業的管理、官營、私營、酒業發展狀況、敦煌的飲酒風氣、寺院對酒的管理以及酒的生產種類等問題進行了一些研究，爲弄清唐五代時期敦煌手工業中釀酒業的發展狀況作了有益的嘗試。李德龍《敦煌遺書〈茶酒論〉中的茶酒爭勝》（《農業考古》2 期）論述了敦煌本《茶酒論》的形成年代和内容主旨，并論及其傳播和影響。黄正建《唐朝人住房面積小考》（《陝西師範大學學報》3 期）利用敦煌吐魯番文書中的相關資料對唐代人住房面積進行了探討。

其他方面，馬瑞俊《我國古籍中有關鳴沙現象的記述》（《中國沙漠》1 期）一文根據有關古籍的記載，認爲我國西北沙漠區"鬼魅魍魎"、"歌哭之聲"之説，不過是沙鳴現象而已，并論述了沙鳴成因的各種説法。

四、宗　教

佛典的整理和研究方面，方廣錩、許培鈴《敦煌遺書中的〈維摩詰所説經〉及其注疏》（《敦煌研究》4 期）對敦煌遺書中的《維摩詰經》及其注疏作了系統的論述。（丹麥）索仁森著，李吉和譯《敦煌漢文禪籍特徵概觀》（《敦煌研究》1 期）對敦煌文獻中的漢文禪籍進行了分類和斷代研究，并認爲敦煌漢文禪籍具有很强的調和性，反映出敦煌禪宗的複雜性。榮新江、鄧文寬《有關敦博本禪籍的幾個問題》（《敦煌學輯刊》1 期）對敦煌市博物館藏 77 號禪籍的傳存與研究作了回顧，還重點對敦博本的年代及其構成形式進行了考察，并介紹了敦博本的價值。（日）岩本裕著，劉永增譯《梵語〈法華經〉及其研究》（《敦煌研究》4 期）對《法華經》的梵文原典、漢譯與藏譯、成立史及其與大乘佛教發展的關係等方面進行了討論。黄明信、東主才讓《敦煌藏文寫卷〈大乘無量壽宗要經〉及其漢文本之研究》（《中國藏學》2 期）一文以北京圖書館藏的二百多個藏文寫卷《大乘無量壽宗要經》爲主要資料，對其外觀與内容、敦煌本與後世刻本之間、藏文本與漢文本之間的關係等方面進行了研究。

佛教思想研究方面,張子開《永嘉玄覺及其〈證道歌〉考辨》(《宗教學研究》Z1 期)利用敦煌文獻中保存的《證道歌》資料,對永嘉玄覺及其《證道歌》的歷史真實性進行了論證。伍先林《慧能思想探析》(《宗教學研究》4 期)主要依據敦煌本《壇經》,同時參照其他版本和有關慧能的各種史料探討了慧能的主要思想。呂建福《千鉢文殊的產生及其影響》(《五臺山研究》3 期)認爲千鉢文殊及其本經在中國密教史和五臺山佛教史上有着重要的地位,尤其與五臺山文殊信仰的進一步確立和發展有着密切的關係。

佛教史的研究方面,張學榮、何靜珍《論涼州佛教及沮渠蒙遜的崇佛尊儒》(《敦煌研究》2 期)對北涼王沮渠蒙遜在建都姑臧以前的涼州佛教的譯經和傳法活動進行了研究,并對沮渠蒙遜的崇佛和尊儒活動進行了論述。陸慶夫《五涼佛教及其東傳》(《敦煌學輯刊》1 期)對五涼佛教的興盛及其對南北朝佛教的影響作了一番論述。施萍婷《法照與敦煌文學》(《社科縱橫》4 期)利用敦煌文獻和傳世文獻,對法照的生平和著作進行了考證。

齋文的研究方面,王書慶《敦煌寺廟"號頭文"略說》(《社科縱橫》4 期)對敦煌文獻中佛事活動道場文的開端部分——敦煌寺廟的"號頭文"的內容和歷史地位進行了簡要的介紹。

道教研究方面,姜伯勤《〈本際經〉與敦煌道教》(《敦煌研究》3 期)通過對敦煌本《本際經》的產生及其思想淵源的討論,認爲其反映了道教的南北交融現象,并在此基礎上論述了《本際經》與敦煌道教的關係。

寫經題記的研究方面,陳澤奎《試論唐人寫經題記的原始著作權意義》(《敦煌研究》3 期)對敦煌寫經題記中蘊含的唐代原始著作權意識進行了有益的探討。

五、語 言 文 字

關於字詞方面的研究,蔣禮鴻《敦煌文獻語言詞典》(杭州大學出版社)收有敦煌文獻詞條 1526 個,爲敦煌語言學的總結之作。錢伯泉《"敦煌"和"莫高窟"音義考析》(《敦煌研究》1 期)一文通過敦煌地區古代民族和古代少數民族語言學的有關資料,對敦煌和莫高窟兩個地名進行了新的探討,認爲這兩個地名的音義皆與突厥語的詞彙有關。鄧文寬《英藏敦煌本〈六祖壇經〉通借字芻議》(《敦煌研究》1 期)對英藏敦煌本《六祖壇經》中的幾個代表性的通借字進行了研究,對讀通文義具有較大的幫助。汪泛舟《敦煌韻文辨正舉隅》(《敦煌研究》2 期)對前人關於敦煌文獻中韻文的研究成果重新進行了考辨,糾正了以往的若干錯誤。張涌泉《試論審辨敦煌寫本俗字的方法》(《敦煌研究》2 期)從偏旁分析、異文比勘、歸納類比、文獻佐證和審察文義五個方面論述了審辨敦煌寫本中俗字的五種行之有效的方法。黄征《敦煌俗語詞輯釋》(《語言研究》1 期)對敦煌文獻中的一些俗語詞進行了解釋,爲進一步對敦煌俗語詞彙釋義的工作做了準備。段觀宋《〈敦煌歌辭總編〉校議》(《湘潭大學學報》3 期)對《敦煌歌辭總編》一書中 20 多個“待校”或隨意改字而失誤的詞語作了細緻的校議。潘重規《敦煌寫本六祖壇經中的“獦獠”》(《中國文化》1 期)對敦煌本《六祖壇經》中的“獦獠”一詞進行了詳盡的考證。關童《“艷曳”解詁》(《古漢語研究》4 期)對敦煌變文中的“艷曳”一詞的語義進行了研究,認爲其當有清麗飄逸之義。曾良《古漢語詞語瑣記》(《南昌大學學報》3 期)對敦煌文獻《廬山遠公話》中的“緣”字進行了考證。

　　語法研究方面,劉子瑜《敦煌變文中的選擇疑問句式》(《古漢語研究》4 期)對變文中的選擇疑問句式進行全面考察。同氏《敦煌變文中的三種動補式》(《湖北大學學報》3 期)對敦煌變文中的三種動補式進行了考察。馮淑儀《〈敦煌變文集〉和〈祖堂集〉的形容詞、副詞詞尾》(《語文研究》1 期)主要依據《敦煌變文集》和《祖堂集》的形容詞、副詞詞尾“然”的使用情況和分佈範圍對中古時期“然”字的使用和功能進行了探討。宋春陽《析〈敦煌變文集〉中的“與”字》(《綏化師專學報》1 期)對《敦煌變文集》中的“與”字的意義、功能及分佈進行了考察,并重點探討了“與”在“給予”意義上的使用情況。吳福祥《敦煌變文的人稱代詞“自己”“自家”》(《古漢語研究》4 期)討論了敦煌變文的人稱代詞“自家”、“自己”,并在此基礎上考察它們在唐宋文獻中的使用情況。鄧文寬《敦煌文獻中的“去”字》(《中國文化》1 期)對敦煌文獻中的“去”字與“起”、“氣”和“豈”字的三種借字關係進行了研究。王新華《敦煌變文中量詞使用的幾個特例》(《中國語文》4 期)對敦煌變文中量詞使用的特殊情況進行了論述。曹廣順《説助詞“個”》(《古漢語研究》4 期)對唐詩、禪宗語録、敦煌變文等文獻中的“個”的用法和分佈進行了研究。

六、文　　學

　　敦煌文學的通論性研究方面,瞿林東《史學與大衆文化》(《史學史研究》2 期)以敦煌變文和宋元話本爲中心,討論了史學與大衆文化之間的關係。張先堂《敦煌文學與周邊民族文學、域外文學關係述論》(《敦煌研究》1 期)論述了以漢族文學爲主體的敦煌文學與回鶻、于闐、吐蕃等周邊民族文學,以及與印度、中亞等域外文學之間相互交流、吸收、影響、融匯的關係。李明偉《唐代文學的嬗變與絲綢之路的影響》(《敦煌研究》3 期)主要從唐詩、敦煌曲子詞和敦煌變文三個方面研究了絲綢之路的中西經濟文化交流對唐代文學嬗變的影響。王小盾《敦煌文學與唐代講唱藝術》(《中國社會科學》3 期)從敦煌文學作品的分類、文化淵源和對中國文學研究的意義等諸方面對敦煌文學資料及其所提出的基本理論問題進行了總結性的討論。勁草《〈敦煌文學概論〉證誤糾謬》(《敦煌學輯刊》1 期)對顏廷亮主編《敦煌文學概論》一書中的四處漏誤之處進行了論述。邵文實《敦煌俗文學作品中的駢儷文風》(《敦煌學輯刊》2 期)對敦煌俗文學作品駢儷文風的源流、實際應用及其對後世的影響進行了論述。

變文研究方面,陳海濤《敦煌變文新論》(《敦煌研究》1 期)對變文的概念進行了重新釐定,認爲其屬於表達手法範疇,而不屬於體裁類型範疇,挑戰了學界對變文的通行看法。(俄)孟列夫著,楊富學譯《敦煌文獻所見變文與變相之關係》(《社科縱橫》1 期)對敦煌變文與變相之間的聯繫進行了探討。鄭炳林《敦煌本〈張淮深變文〉研究》(《西北民族研究》1 期)對《張淮深變文》進行了重新校錄,并對其抄寫年代和西桐回鶻族屬等問題進行了討論。郝蘇民《西蒙古民間故事〈騎黑牛的少年傳〉與敦煌變文抄卷〈孔子項託相問書〉及其藏文寫卷》(《西北民族研究》1 期)對西蒙古民間故事《騎黑牛的少年傳》和敦煌本《孔子項託相問書》及其藏文本進行了對比研究。李潤強《〈降魔變文〉、〈破魔變文〉與〈西遊記〉——談敦煌變文和古代神話小說的淵源關係》(《社科縱橫》4 期)對敦煌變文中有關佛教故事的《降魔變文》和《破魔變文》是如何影響明代神話小說《西遊記》的問題,進行了詳細論述。陳毓羆《〈大唐太宗入冥記〉校補》(《文學遺產》1 期)在學界相關研究成果的基礎上,對敦煌文獻《大唐太宗入冥記》進行了校補,糾正了學界以往的若干錯誤之處。

詩歌研究方面,汪泛舟《敦煌僧詩補論》(《敦煌研究》3 期)對敦煌僧詩豐富的社會內涵、民族化的風格特色及其對中國文學和詩學的貢獻等方面內容進行了論述。楊青《詩僧王梵志的通俗詩》(《敦煌研究》3 期)從內容的現實性和語言的通俗性對王梵志的詩作進行了研究。李正宇《〈敦煌十字圖詩〉解讀》(《社科縱橫》4 期)對 P.3351 號背面《十字圖詩》的內容和價值進行了論述。汪泛舟《敦煌〈九相觀詩〉地域時代及其他》(《社科縱橫》4 期)重點對《九相觀詩》產生和流行的地域、年代進行了考證,并對其內容進行了分析和校錄。譚蟬雪《敦煌婚嫁詩詞》(《社科縱橫》4 期)對敦煌文獻《下女夫詞》中的婚嫁詩詞進行了詳細考證和研究,并分析了其多重價值。張先堂《敦煌詩歌劄記二則——敦煌文學叢劄之一》(《社科縱橫》4 期)對敦煌文獻中的《離合詩圖》和《遺囑詩》的內容、時代及其價值進行了探討。徐俊《敦煌伯 3619 唐詩寫卷校錄平議》(《社科縱橫》5 期)對學界關於 P.3619 號唐詩寫卷的校錄工作進行討論和評議。李宇林《王梵志詩用典特色初探》(《社科縱橫》4

期)對王梵志詩的用典特色進行探析,認爲其用典主要具有廣博和通俗的特點。徐俊《敦煌學郎詩作者問題考略》(《文獻》2 期)對敦煌學郎詩的作者問題進行了探討,并得出學郎詩的四種分類。徐湘霖《敦煌偈讚文學的歌辭特徵及其流變》(《四川師範大學學報》3 期)從音樂方面對敦煌文獻中偈讚的歌辭特點進行了研究,并認爲偈讚體的流變,即是偈讚的謠歌化和曲子化,梵音的歌調化。顏廷亮《敦煌金山國史的文學三部曲》(《絲綢之路》1 期)對三件金山國文學代表作《白雀歌》、《龍泉神劍歌》和《沙州百姓一萬人上回鶻天可汗狀》的内容和思想進行了探討。姚良柱《詩詞關係探微》(《新疆社科論壇》2—3 期)對詞的起源,及其與詩的關係進行了探討。

俗賦研究方面,伏俊璉發表了一系列成果:《敦煌唐寫本〈西京賦〉殘卷校詁》(《敦煌研究》1 期)以中華書局影印胡克家刊刻李善注《文選》和《四部叢刊》仿上海涵芬樓宋刻本爲校本,對 P. 2528 號《西京賦》重新進行校詁,并對文字異同作出評判。《敦煌本〈醜婦賦〉的審美價值和文化意蘊》(《社科縱橫》1 期)對敦煌本《醜婦賦》的内容進行了分析,并對其審美價值和文化意蘊進行了探討。《敦煌遺文〈秦將賦〉及其產生流傳的原因》(《社科縱橫》4 期)對敦煌本《秦將賦》的内容進行了介紹,并對其產生的原因進行了探討。《敦煌賦校補》(《文教資料》3 期)對學界關於敦煌賦的校録錯誤進行了補正。《敦煌賦校補(四)》(《西北民族學院學報》2 期)對學界關於《貳師泉賦》、《漁父歌滄浪賦》、《龍門賦》、《醜婦賦》和《秦將賦》的校録錯誤,進行了補充説明。《〈天地陰陽交歡大樂賦〉校補》(《古漢語研究》4 期)以葉德輝的校勘本爲底本,與原卷比勘,對敦煌寫本 P. 2359 號《天地陰陽交歡大樂賦》進行了補校。

話本小説研究方面,王晶波《晉唐隴右小説》(《中國典籍與文化》4 期)對包括敦煌話本小説在内的晉唐時期的作品進行了論述。

七、藝　術

敦煌藝術的總論方面,段文傑《絲綢之路上的瑰寶——敦煌藝術》(講演提綱)(《敦煌研究》1 期)一文對敦煌藝術的歷史地位和分類進行了概要性的介紹,并重點對石窟藝術的分類和研究提出了具體看法。趙聲良《中國傳統藝術的兩大系統》(《新疆藝術》6 期)對敦煌藝術的特點進行了分析,并與文人藝術進行了比較。胡同慶《甘肅石窟藝術概況》(《敦煌研究》3 期)對包括敦煌石窟群在内的甘肅境内的五個石窟群的藝術特色分別給予介紹。

石窟的個案研究方面,王惠民《肅北五個廟石窟内容總録》(《敦煌研究》1 期)對五個廟的各個石窟内容進行了詳細介紹。趙聲良《清新雋永、恬淡細膩——蕭北五個廟石窟藝術》(《敦煌研究》1 期)從内容和藝術風格上對蕭北五個廟的石窟壁畫進行了介紹,認爲五個廟石窟壁畫的内容和藝術特色,在繼承了敦煌壁畫傳統的基礎上有所創新。王惠民《安西東千佛洞内容總録》(《敦煌研究》1 期)對東千佛洞的各窟内容進行了詳細介紹。

石窟造像藝術的研究方面,賀世哲《關於敦煌莫高窟的三世佛與三佛造像》(《敦煌研究》2 期)對北涼至唐以後敦煌石窟中的三世佛造像進行了詳盡的研究。上原和著,蔡偉堂譯《犍陀羅彌勒菩薩像的幾個問題》(《敦煌研究》3 期)對犍陀羅佛教造像中的彌勒菩薩像進行了精細的研究,認爲彌勒菩薩像手持的小容器并非學界普遍認可的水瓶,而是香油壺,反映出了希臘文化對犍陀羅藝術的影響。王鏞《印度造型藝術的外來因素問題》(《敦煌學輯刊》2 期)從亞歐大陸東西方文化交流的角度,探討了印度造型藝術中的外來因素這一重要課題。

壁畫研究方面,王惠民《敦煌千手千眼觀音像》(《敦煌學輯刊》1 期)對敦煌千手千眼觀音的形象進行了論述,并探討了千手千眼觀音的信仰問題。彭金章《莫高窟第 14 窟十一面觀音經變》(《敦煌研究》2 期)重點對莫高窟晚唐時期的第 14 窟壁畫中的十一面觀音經變進行了研究,并探討了其產生與密教傳播之間的關係。王惠民《關於〈天請問經〉和天請問經變的幾個問題》(《敦煌研究》4 期)對《天請問經》及其經疏、經變、經變榜題底稿的若干問題進行了考察。彭金章《莫高窟第 76 窟十一面八臂觀音考》(《敦煌研究》3 期)通過對莫高窟 76 窟後室北壁的十一面八臂觀音的考證,認爲其不是十一面觀音,而應屬千手千眼觀音。謝生保《敦煌壁畫與〈西遊記〉創作》(《敦煌學輯刊》1 期)對敦煌壁畫和絹畫中的《西遊記》人物形象進行了考辨和介紹。趙青蘭《莫高窟吐蕃時期洞窟龕内屏風畫研究》(《敦煌研究》3 期)對吐蕃統治敦煌時期洞窟中龕内屏風畫的内容與表現形式、流行的原因,及其與整龕、整窟的關係進行了系統的探討。

畫稿研究方面,邰惠莉《敦煌遺書中的白描畫簡介》(《社科縱橫》4 期)對 350 餘號敦煌遺書中的白描畫分類作了介紹。

敦煌音樂研究方面,莊壯《拓寬敦煌音樂研究的路子》(《敦煌研究》2 期)認爲應加强對敦煌樂譜繼續實用研究,并開展敦煌壁畫音樂的實用研究,還建議成立敦煌古樂器演奏團。錢伯泉《龜兹琵琶譜研究》(《新疆藝術》4 期)對 P.3808 號古代樂譜進行了研究。李蒲《隋樂"水調"——泛龍舟(游江樂)之試填》(《音樂探索》3 期)對敦煌古曲中的隋樂"泛龍舟"進行了考證,并對此曲的詞進行了復原。金建民《隋唐時期的民歌和詩樂》(《樂府新聲——瀋陽音樂學院學報》1 期)將敦煌文獻中的部分曲子詞填入《敦煌曲譜》等唐傳曲譜的同名樂曲中,并論述了相關曲子詞的音樂特點。黎薔《西域文學藝術的戲劇化》(《敦煌研究》1 期)從語言、文字與音韻學,佛教經典與詩文和佛教文學中的梵音與贊吹三個方面,論述了西域戲劇是在傳統文化基礎上充分吸收外來養分而構建出的獨具特色的文化新品種。

服飾藝術方面,希恩·卡曼著,臺建群譯《7—11 世紀吐蕃人的服飾》(《敦煌研究》4 期)利用 7—11 世紀的幾幅繪畫對吐蕃人的服飾特點以及與周圍地區服飾風格的聯繫進行了討論。王進玉《敦煌北魏廣陽王佛像綉》(《絲綢之路》3 期)對 1965 年發現的北魏廣陽王佛像刺綉品的藝術特色進行了討論。

書法藝術方面,段文傑主編《敦煌書法庫》第一輯(甘肅人民美術出版社)收錄了六件魏晉南北朝的敦煌寫經,并對南北朝寫經的書法藝術進行了論述。《敦煌寫卷書法精選》(安徽美術出版社)精選了自東晉至五代時期的 60 餘件敦煌寫卷,充分展示了敦煌寫卷中的書法形態,并對敦煌寫卷中的書法進行了概述。沃興華《敦煌書法藝術》(上海人民出版社)對敦煌書法的內容、歷史傳承、藝術特徵和價值等各個方面,進行了翔實的研究。楊森《淺談北朝經生體楷筆的演化》(《社科縱橫》4 期)對北朝經生體由隸書向楷書的演變過程進行了探討。

八、考古與文物保護

石窟研究方面,杜斗成《關於河西早期石窟的年代問題》(《敦煌學輯刊》2 期)認爲河西地區的早期石窟爲北涼窟,并逐個予以介紹。王惠民《讀莫高窟供養人題記劄記》(《文獻》3 期)對《敦煌莫高窟供養人題記》和賀世哲《從供養人題記看莫高窟部分洞窟的營建年代》中的個別錯漏,進行了訂補。(俄)鄂登堡著,楊自福譯《千佛洞石窟寺》(《敦煌學輯刊》2 期)敘述了鄂登堡當時所見敦煌莫高窟石窟的形態。樊錦詩、趙青蘭《吐蕃佔領時期莫高窟洞窟的分期研究》(《敦煌研究》4 期)對莫高窟中吐蕃統治敦煌時期的 47 個洞窟進行了分期研究,準確地對這些洞窟的時代性進行了論述。賀世哲《再談曹元深功德窟》(《敦煌研究》3 期)結合 P.3457 號《河西節度使司空建窟功德記》而判斷第 256 窟應該是曹元深功德窟。鄭炳林《張淮深改建北大像和開鑿 94 窟年代再探——讀〈辭弁遷生讚〉劄記》(《敦煌研究》3 期)結合 P.4660 號寫卷中的《沙州釋門勾當福判官辭弁遷生讚》和 P.3720 號、S.5630 號《張淮深造窟功德碑》的撰寫年代,判斷出張淮深改建北大像工程開始於乾符二年(875)至乾符六年,而開鑿 94 窟在改建北大像之後,約開始於乾符六年以前,并於中和二年(882)四月前後結束。馬德《三件莫高窟洞窟營造文書述略》

（《敦煌研究》4 期）對三件關於莫高窟洞窟營造的文書進行了錄文，并對其時代和内容作了考述。梅林《469 窟與莫高窟石室經藏的方位特徵》（《敦煌研究》4 期）以 469 窟爲對象探討了敦煌莫高窟石室經藏的方位特徵，重點論述了敦煌石窟建築與律寺制度之間的關係。馬德《〈莫高窟再修功德記〉考述》（《社科縱橫》4 期）對《莫高窟再修功德記》中述記修建洞窟的時間、位置及洞窟建築結構名稱等問題進行了考證。

石窟保護方面，黄克忠《中國石窟的保護現狀》（《敦煌研究》1 期）對包括敦煌莫高窟在内的全國 250 處石窟、摩崖造像的保護和修復提出了建設性的意見。韓星《文物保護談話錄》（《敦煌研究》1 期）一文列述了文物保護專家和部分主管領導，就文化保護的現狀、敦煌石窟保護的成果等方面所發表的看法，對文物保護工作具有一定的參考意義。樊錦詩《敦煌石窟保護五十年》（《敦煌研究》2 期）亦分三個階段對敦煌石窟五十年的保護歷史作了梳理，重點介紹了對石窟保護的各種措施。孫儒僩《莫高窟石窟加固工程的回顧》（《敦煌研究》2 期）着重回顧了 20 世紀 60 年代和 80 年代兩次對莫高窟石窟的加固工程，并附表對當時的工作進行了詳細的説明。劉玉權《敦煌研究院考古工作五十年回顧——爲敦煌研究院五十周年紀念而作》（《敦煌研究》2 期）主要對敦煌研究院五十年的考古工作進行了回顧。李最雄、王旭東《榆林窟東崖的岩體裂隙灌漿及其效果的人工地震檢測》（《敦煌研究》2 期）對榆林窟東崖岩體裂隙的灌漿工程和效果進行了介紹。殷光明《從敦煌漢晉長城、古城及屯戍遺址之變遷簡析保護生態平衡的重要性》（《敦煌學輯刊》1 期）對敦煌漢晉長城、古城和屯戍區域的變遷進行了論述，從而論證了保護生態平衡的重要性。屈建軍、張偉民、王遠萍、賀大良、戴楓年、文子祥、王家澄《敦煌莫高窟古代生土建築物風蝕機理與防護對策的研究》（《地理研究》4 期）利用低溫凍融實驗和風洞模擬實驗對敦煌莫高窟古代生土建築的風蝕機理進行了研究，并探討了具體的防護對策。屈建軍、張偉民、王遠萍、戴楓年、李最雄、孫玉華《敦煌莫高窟岩體風蝕機理及其防護對策的研究》（《中國沙漠》2 期）利用風洞模擬實驗對莫高窟岩體的風蝕機理進行了研究，并提出了相應的防護對策。

九、少數民族歷史語言

少數民族歷史研究方面，陸慶夫《敦煌民族文獻與河西古代民族》（《敦煌學輯刊》2 期）重點討論了河西多民族雜居的原因、河西歷史上的民族、敦煌民族文獻與河西古代民族歷史的關係三方面内容，認爲敦煌民族文獻是河西各族人民長期錯居雜處的歷史背景下的產物。錢伯泉《烏孫和月氏在河西的故地及其西遷的經過》(《敦煌研究》4 期)認爲烏孫在河西的故地在張掖至敦煌一帶,月氏在河西的故地大致自今蘭州市黃河西岸的山地,至删丹縣焉支山内外的古涼州地區,另外還對二者西遷的經過進行了討論。石羊、明星《回鶻與吐蕃的文化聯繫述論》(《西北民族學院學報》3 期)一文主要從語言、文字和宗教等方面對回鶻和吐蕃之間的文化交流和影響進行了探討。

回鶻文研究方面,楊富學《9—12 世紀的沙州回鶻文化》(《敦煌學輯刊》2 期)從曆法、繪畫、語言文字、文學和書法五個方面對沙州回鶻文化進行了論述。(日)山田信夫著,朱悦梅譯《大谷探險隊攜歸回鶻文買賣借貸契約》(《敦煌研究》1 期)對大谷探險隊在中亞所得的幾件回鶻文買賣、借貸契約進行了詳細的解讀。楊富學《敦煌本回鶻文〈阿爛彌王本生故事〉寫卷譯釋》(《西北民族研究》2 期)在哈密頓(J. Hamilton)工作的基礎上對法藏一份回鶻文寫卷《阿爛彌王本生故事》進行了譯釋。牛汝極、楊富學《敦煌出土早期回鶻語世俗文獻譯釋》(《敦煌研究》4 期)對十五件敦煌出土早期回鶻語世俗文書進行了譯釋,爲學界的研究提供了便利。楊富學《敦煌出土回鶻語諺語》(《社科縱横》4 期)對敦煌所出回鶻語諺語的内容和傳承性進行了探討。

吐蕃歷史研究方面,陳楠《吐蕃時期佛教發展與傳播問題考論》(《中國藏學》1 期)將吐蕃時期的佛教分爲初傳、早傳、中期、盛期四個階段對其發展情況作了詳細的考察。陳踐踐《吐蕃時代的傑出女王墀瑪類》(《中國藏學》3 期)對吐蕃歷史上的一代女王墀瑪類的生平進行了研究。王繼光、鄭炳林《敦煌漢文吐蕃史料綜述——兼論吐蕃控制河西時期的職官與統治政策》(《中國藏學》3 期)對敦煌漢文吐蕃史料作了全貌性的綜述,并且對佛事文書中反映的吐蕃控制河西的職官制度及統治政策進行了一些探討。牟軍《試論吐蕃的刑事法律制度》(《西藏研究》2 期)利用相關的敦煌寫卷對吐蕃的刑事法律制度作了探討。

古藏文的研究方面,陳踐踐《bal—po 考》(《敦煌研究》4 期)對 bal—po 一詞在敦煌古藏文中的含義進行了精細的考證,認爲其有四個義項。楊銘《關於敦煌藏文卷子中的 Lho Bal 的研究》(《西北民族研究》2 期)對 Lho Bal 一詞的初起之義進行了系統的研究,認爲其具有狹義和廣義之分:狹義指小月氏的餘裔——南山人,廣義指吐蕃統治下的所有民族,即"治外蠻夷"。陳宗祥、王健民《敦煌古藏文拼寫的南語卷文的釋讀問題》(《中國藏學》3 期)對敦煌古藏文中的南語卷文進行了較新的釋讀工作。

林梅村《祁連與昆侖》(《敦煌研究》4 期)對"祁連"和"昆侖"兩個與月氏語相關的詞語進行了詞源上的考證。

十、古　　籍

　　周丕顯《敦煌古鈔〈兔園策府〉考析》(《敦煌學輯刊》2 期)對敦煌本《兔園策府》從寫本概況、古代著録、歷代評論、寫本過録、個人管窺等方面進行了論述。張錫厚《敦煌本〈故陳子昂集〉補説》(《敦煌學輯刊》2 期)一文在吳其昱先生《敦煌本故陳子昂集殘卷研究》的基礎上對敦煌本《故陳子昂集》的相關問題作了補充。方南生《唐抄本類書〈勵忠節鈔〉殘卷》考》(《文獻》1 期)對敦煌文獻中的《勵忠節鈔》殘卷進行了搜集,并對其所引古籍及其歷史和現實價值進行了論述。邵國秀《甘肅省地方志考略》(《圖書與情報》1 期)對包含敦煌文獻中的地方志在内的甘肅省地方志進行了考證。張晨《傳統詩體的文化透析——〈詠史〉組詩與類書編纂及蒙學的關係》(《上海社會科學院學術季刊》4 期)對唐代《詠史》組詩進行了溯源性的考察,并提出敦煌本《編年詩》是趙嘏所作,爲唐詩輯佚提供了新見。

十一、科　　技

　　醫藥類文獻的研究方面,冀宏《敦煌〈灸經圖〉》(《檔案》4 期)對英藏敦煌文獻中的 S. 6168 和 S. 6262《灸經圖》進行了介紹。張儂《中國存世最早的針灸圖》(《社科縱横》4 期)對敦煌醫籍中的針灸明堂圖的内容和歷史地位進行了介紹。孟陸亮、史正剛《敦煌醫學卷子 S. 3347 療消渴方探析》(《甘肅中醫學院學報》1 期)一文參閲相關傳世文獻的内容,并結合臨床實踐和現代藥理研究,對 S. 3347 號中的十首"療消渴方"進行了研究。張儂《敦煌遺書中的針灸文獻》(《甘肅中醫》4 期)對敦煌文獻中漢文和藏文針灸文獻進行了研究。

　　古代科技史料的研究方面,和紅星《剖析敦煌壁畫中的古建築》(《華中建築》4 期)通過對莫高窟壁畫中豐富的建築内容進行考察研究,分析了佛寺、殿堂、塔等類型建築以及群體佈局和空間處理手法等特點。王進玉《敦煌壁畫中的糧食脱粒及揚場工具》(《農業考古》1 期)根據壁畫中的圖像,結合敦煌遺書和有關史料,對敦煌壁畫中的糧食脱粒、揚場工具進行了介紹。同氏《敦煌文物中的舟船史料及研究》(《中國科技史料》3 期)對敦煌壁畫和紙畫中關於各種舟船的材料進行了論述。馬怡良《中國古代科技發展的珍貴史料》(《蘭州工業高等專科學校學報》2 期)認爲敦煌莫高窟的精美壁畫包含着大量的科技史料,真實形象地反映了公元 4 世紀至 11 世紀中國科學技術的發展演變。闞川《榆林窟·鍛鐵圖·瘊子甲》(《金屬世界》6 期)對榆林窟壁畫中反映的鍛鐵技藝進行了研究。

十二、學術動態與紀念文

研究回顧方面,楊富學《德藏西域梵文寫本:整理與研究回顧》(《敦煌研究》2 期)對德國所收藏的西域梵典的研究史進行了介紹。

學術動態方面,樊錦詩、李實《中國石窟遺址保護的里程碑——評"絲綢之路古遺址保護國際學術會議"的學術特點》(《敦煌研究》1 期)對 1993 年 10 月 3—8 日在莫高窟召開的"絲綢之路古遺址保護國際學術會議"的詳情進行介紹,并着重闡述了石窟保護方面的幾點建議。

書評和書序方面,郝春文《〈上海博物館藏敦煌吐魯番文獻〉讀後》(《敦煌學輯刊》2 期)對 1993 年出版的《上海博物館藏敦煌吐魯番文獻》進行了評論,并選擇數件文書闡發了此批文獻的重要價值。周丕顯《〈敦煌碑銘贊輯釋〉評介》(《敦煌研究》1 期)認爲鄭炳林所撰《敦煌碑銘贊輯釋》是一部集錄全面,釋文可信,拼接得當,考證詳盡的一部著作,另外,也指出了書中的一些錄文錯誤。楊富學《獨闢蹊徑 開創新説——讀李正宇著〈中國唐宋硬筆書法——敦煌古代硬筆書法寫卷〉》(《敦煌研究》1 期)對李書所提出的諸多觀點進行了評述,同時也指出書中所列敦煌發現的最早硬筆書法寫卷是古粟特文書信這一看法是不準確的。蔣冀騁《〈敦煌歌辭總編〉校讀記》(《湖南師範大學社會科學學報》1 期)對任半塘先生的《敦煌歌辭總編》中錄文校勘方面的一些錯誤之處進行了討論。陳士強《評〈敦煌新本六祖壇經〉》(《世界宗教研究》3 期)對楊曾文《敦煌新本六祖壇經》一書進行了評介。

紀念文方面,段文傑《敦煌研究院五十年》(《敦煌研究》2 期)分三個階段對敦煌研究院五十年的歷史作了梳理,重點介紹了對敦煌石窟的保護和研究工作。李正宇《敦煌遺書研究所的回顧》(《敦煌研究》2 期)對敦煌研究院的敦煌遺書研究所的成立歷史和研究成果作了簡要回顧。段文傑《悼念敦煌文物事業的開創者——常書鴻先生》(《敦煌研究》4 期)和樊錦詩《憶常老》(《敦煌研究》4 期)二文對常書鴻先生在敦煌石窟的保護和研究方面的工作及貢獻作了介紹。

2011 年敦煌學研究綜述

宋雪春（首都師範大學）

據不完全統計,2011 年度大陸地區出版的與敦煌學相關的學術專著和論文集 60 餘部,公開發表的研究論文 500 餘篇。茲分概說、歷史地理、社會、宗教、語言文字、文學、藝術、考古與文物保護、少數民族歷史語言、古籍、科技、學術動態與紀念文等十二個專題擇要介紹如下。

一、概　　説

本年度敦煌學概括性論著主要有敦煌遺書的刊佈、敦煌學人與敦煌歷史、敦煌影像資料的介紹、文獻定名與研究、敦煌文書數字化建設等方面的內容。

任繼愈先生主編《國家圖書館藏敦煌遺書》（國家圖書館出版社）第 111 册、112 册、137 至 142 等八册由國家圖書館出版社出版,使國家圖書館藏敦煌遺書更多地呈現在讀者面前。郝春文主編《2011 敦煌學國際聯絡委員會通訊》（上海古籍出版社）以收集 2011 年國際敦煌學學術信息爲主,刊發的文章包括中文、日文和英文等多種語言文字,在國內外的專業領域內較有影響力。榮新江主編《唐研究》第十七卷（北京大學出版社）是爲"中古碑誌與社會文化"研究專號,除了收輯多篇重要的墓誌研究論文外,還對"北朝隋唐碑誌與社會文化"學術研討會進行介紹。

對於敦煌學以及敦煌學術史的考察,姜亮夫《大家小書:敦煌學概論》（北京出版社）講述了敦煌莫高窟藏經洞的重新面世、大量珍貴寫卷流失海外的情況,以及姜亮夫先生如何與敦煌學結緣并對敦煌學發展作出巨大貢獻的故事。劉進寶《敦煌學術史》（中華書局）以百年敦煌學的學術史爲主綫,對敦煌學史上的一些重要事件、人物等進行了辨析,重點探討了近三十年來敦煌學研究取得的成就。對於敦煌影像資料的整理和介紹,主要有樊錦詩主編《敦煌舊影:晚清民國老照片》（上海古籍出版社）,本書收錄了英國斯坦因、法國伯希和、俄國奧登堡、日本橘瑞超、美國華爾納、英國李約瑟、中國石璋如等人,於 1906—1940 年代拍攝的敦煌縣城、莫高窟、附近故城和佛塔等照片 176 幅,具有珍貴的歷史價值。李紹先、羅華慶《李約瑟和敦煌》（《敦煌研究》1 期）講述了 1943 年李約瑟爲搜集中國科學技術史的資料趕赴西北考察,并在敦煌停留了一個月,拍攝了 140 多張敦煌和莫高窟的照片,對敦煌藝術有了初步的認識。對敦煌石窟的全面研究和介紹,代表性的成果爲彭金章《敦煌莫高窟北區石窟研究》(上、下)(甘肅教育出版社),本書論述了敦煌莫高窟北區石窟的類型、性質以及石窟遭破壞的原因;對莫高窟北區石窟出土的遺物類別、數量、價值和意義進行概括;論述莫高窟北區石窟的開鑿時代和實用年代等問題。樊錦詩、趙聲良《燦爛佛宮》(浙江文藝出版社)以簡明通俗的語言介紹了敦煌石窟這一世界佛教文化遺迹,内容涉及敦煌的歷史與文化、藏經洞與敦煌學、石窟與彩塑、壁畫瑰寶等。

關於敦煌學人與敦煌歷史方面,常書鴻《九十春秋:敦煌五十年》(北京大學出版社)以親切質樸的筆觸,極具深情地回憶了自己坎坷的人生經歷,并記述了苦學繪畫、法國求學以及守護敦煌的傳奇一生。常書鴻《敦煌的光彩:常書鴻、池田大作對談》(人民日報出版社)是常書鴻先生與池田大作先生的對談録,分爲絲綢之路上的寶石、尋求永恒的存在、人類閃光的遺産、美與創作世界、萬代友好的紐帶等五章内容。高田時雄《内藤湖南的敦煌學》(《敦煌吐魯番研究》12 卷)介紹了内藤湖南先生的敦煌學研究,包括與大陸敦煌學者董康的合作以及對敦煌寫本的利用等方面。王冀青《霍恩勒與中亞考古學》(《敦煌學輯刊》3 期)以霍恩勒解讀、研究、刊佈"庫車文書"的過程爲粗綫條,對霍恩勒一生在中亞考古學領域的主要貢獻進行了一次較全面的概述和總結。楊曉華《傅芸子先生的敦煌俗文學研究》(《敦煌學輯刊》3 期)對傅芸子先生的敦煌俗文學的研究進行了介紹,認爲傅芸子先生是敦煌俗文學研究第一個高潮時期的中堅力量。王冀青《伯希和 1909 年北京之行相關日期辨正》(《敦煌學輯刊》4 期)在現有文獻資料的基礎上,對涉及伯希和 1909 年北京之行的幾個主要日期進行了考證和矯正,認爲伯希和於 1909 年 5 月 21 日離開河内,應於 1909 年 6 月下旬或 7 月上旬抵達北京,於 1909 年 10 月 4 日參加北京學術界的公宴,并於 1909 年 10 月 11 日傍晚從前門站乘火車離開北京,最終於 1909 年 10 月 24 日回到法國巴黎。

蔡副全《葉昌熾與敦煌文物補説》(《敦煌研究》2 期)以《緣督廬日記》和相關資料梳理了葉昌熾與敦煌文物接觸的前前後後和是是非非。胡同慶《陳萬里監視、阻止華爾納盜竊敦煌壁畫一事之質疑》(《敦煌研究》2 期)認爲陳萬里《西行日記》一書中不僅没有記録陳萬里監視、阻止華爾納盜竊敦煌壁畫的直接證據,相反,書中詳細記録了陳萬里贊同并協助美國人在南石窟寺毀壞佛像、夥同翟蔭等人擅自拿走一塊石碑以及對敦煌人民反抗華爾納一行人的行動表示不理解等内容。高啓安《十九世紀末、廿世紀初日本人的進出甘肅》(《敦煌研究》4 期)通過考證發現,除在大谷探險隊的橘瑞超、吉川小一郎外,最早來甘肅的是 1888 年的浦敬一和藤島武彦等人,繼之路過甘肅的主要還有大谷探險隊的渡邊哲信和堀賢雄,以及藤本强、林出賢次郎、波多野養等人次,他們都或多或少地留下了一些關於當時甘肅的記載,這些記載成爲日本人最早反映甘肅情況的史料。徐婉玲、張銘心《一個維吾爾家庭與高昌故城的百年滄桑》(《敦煌吐魯番研究》12 卷)通過對高昌故城居民阿力木一家三代的真實生活調查,説明了沙吾提、蘇萊曼和阿力木他們一家三代人的生活經歷見證了高昌故城百年來保護和發展的歷程,同時這也是中國遺產地周邊一個居民家庭發展的縮影。

對敦煌文獻的定名、殘損等相關問題的探討,張涌泉、丁小明《敦煌文獻定名研究》(《中華文史論叢》2 期)列舉實例,指出前賢擬題中存在誤擬、泛擬、分擬、混擬、不準確等問題;并提出原有篇體的擇定原則,認爲缺題殘卷的定名可採取據其他寫本考定、據傳世文本考定、據字詞順序考定、據關鍵字考定等方法。竇懷永《論敦煌文獻殘損對避諱斷代的影響》(《敦煌學輯刊》1 期)分析了敦煌寫卷的殘缺對避諱信息有效利用、避諱斷代結論推定的影響,進而指出避諱斷代應適當顧及殘損形態,并與其他斷代方法共同使用,以使斷代結論更加合理。馮培紅、白雪《略論敦煌吐魯番出土的東晉南朝文獻》(《東南文化》2 期)認爲在東晉十六國南北朝時期,西北和東南之間存在着交通往來及宗教文化交流。李樹亮《唐五代民間典籍初探——以敦煌文獻爲考察對象》(《河北學刊》1 期)認爲敦煌文獻中保存了大量唐五代時期的民間通俗典籍,其卷子本的原始面貌以及殘存序文都具有重要的文獻和校勘價值。另外,劉安志《敦煌吐魯番文書與唐代西域史研究》(《商務印書館》)收錄了作者十六篇專題研究論文,作者通過敦煌吐魯番文書中所記載的西域史事,來探討唐代西域的政局變化、人口遷移、軍事以及文化交流等諸多問題。楊秀清《唐宋時期敦煌大衆思想史研究的幾個問題》(《敦煌研究》4 期)在近年來具體問題研究的基礎上,探討了唐宋時期敦煌大衆思想史研究的幾個問題,以期建立大衆思想史研究的基本框架,從而進一步加深對大衆思想史問題的研究。包銘新主編《絲綢之路:圖像與歷史論文集》(東華大學出版社)是以絲綢之路爲題的論文集,其中較多涉及敦煌吐魯番出土的圖像、實物和文獻。

有關敦煌學的數字化建設,主要有"敦煌遺書庫"和"敦煌學網"兩個構想。方廣錩、李際寧、朱雷《關於"敦煌遺書庫"構想》(《敦煌吐魯番研究》12 卷)簡要介紹了"敦煌遺書庫"的第二期工程的構想,包括普及版構想、專業版構想、分級注册、積分制及其他等三個方面。韓春平《"敦煌學網"——敦煌學數字化的總目標》(《敦煌研究》5 期)評述了敦煌學數字化總體目標成果既有的名稱及其內涵,提出了新的名稱——"敦煌學網",并主要從內容和功能兩個層面對其內涵進行了界定。

二、歷 史 地 理

對於漢代敦煌郡的相關探討,李正宇《漢代敦煌郡縣建立的特殊過程特殊模式》(《敦煌吐魯番研究》12 卷)對漢代敦煌郡建立的特殊過程和特殊模式進行了詳盡的考釋,認爲敦煌郡、縣、亭、里的形成具有特殊的歷程;西漢的敦煌郡是縣下設亭、里,無鄉級單位建制,另,西漢敦煌郡各縣綠洲因戈壁分隔,各爲孤島。李并成《敦煌郡境内置、騎置、驛等位置考》(《敦煌研究》3 期)依據敦煌懸泉漢簡等史料并經實地考察,對於漢代敦煌郡境内的郵驛系統及其所設置、騎置、驛和若干亭的位置和所存遺址,進行了細緻的調查研究。石維娜《漢代敦煌諸置研究》(《秦漢研究》5 輯)在前人研究的基礎上,以敦煌諸置的群體爲研究對象,探討了其設置、地理位置和功能。李并成《漢代河西走廊東端交通路綫考》(《敦煌學輯刊》1 期)依據居延 EPT59：582 簡、敦煌懸泉 Ⅱ0214①：130 簡等史料,并經過反複實地考察,對漢代河西走廊東端的交通路綫作了系統研究并取得相應的成果。鄭炳林、曹紅《漢唐間瓜州冥水流域環境演變研究》(《敦煌學輯刊》1 期)指出冥水不是漢代籍端水,而是指疏勒河昌馬至布隆吉河段;冥澤不是位於冥安縣西北籍端水注入之胡澤,而是位於瓜州東部,因冥水入注而得名;并指出這個地區是十六國和歸義軍農業開發的重點所在。李并成《漢敦煌郡冥安縣再考》(《絲綢之路》18 期)認爲漢敦煌郡冥安縣并非今瓜州縣橋子鄉南八公里許的鎖陽城遺址。

李正宇《"敦薨之山"、"敦薨之水"地望考——兼論"敦薨"即"敦煌"》(《敦煌研究》3 期)認爲"敦薨"本係月氏語,張騫稱敦煌,乃因戰國秦漢時期敦薨與敦煌同音,故知《山海經》之"敦薨"即敦煌;北魏酈道元《水經注》中對於"敦薨之水"的流向解釋有誤,雖經杜佑、朱思本等人指誤,但清代以來《水經注》研究家仍從酈氏之説,亟應糾正。劉滿《唐洮州治所位置考》(《敦煌學輯刊》1 期)通過充分的證據説明洮陽故城并不在洮河北岸,而在洮河南岸的今羊巴古城,從而否定了洮陽故城在洮河之北的説法。陳光文《明朝棄置敦煌考略》(《敦煌學輯刊》1 期)對明朝棄置敦煌的歷史過程進行梳理,并分析了棄置原因及所產生的歷史影響。張德芳《懸泉漢簡編年輯證之一——漢武帝時期》(《敦煌吐魯番研究》12 卷)以年代早晚爲序,將懸泉漢簡中有明確紀年,或有據可考者加以編排,并加按語作簡要介紹和考述;對漢武帝時期的簡文解讀表明漢武帝末年仍然繼續着對西域的持續經營。

政治方面,陸離《安西榆林窟第 19 窟大禮平定四年題記考》(《敦煌研究》1 期)認爲大禮平定四年題記爲大理國僧俗四人巡禮榆林窟時留下的題記,時間在五代兩宋時期,該題記具體反映了當時地處西南地區的大理國與西北邊陲宗教文化的交流狀況,彌足珍貴。姚律《關於唐代"西蕃"一詞是指稱吐蕃還是回鶻的再討論》(《敦煌研究》1 期)就李樹輝《庫木吐喇石窟第 75、79 窟壁畫繪製的年代和功德主身份研究》一文中提出的《元和郡縣圖志隴右道下》載西州"貞元七年沒於西蕃"是指回鶻,結合唐詩作了討論,認爲在唐代"西蕃"一詞不是泛稱,而是特指吐蕃,回鶻説沒有充分證據。吳麗娛、楊寶玉《後唐明宗時代的國家政局與歸義軍即甘州回鶻的入貢中原》(《敦煌吐魯番研究》12 卷)將明宗時代的歸義軍朝貢置於其時中原王朝內外政局的大背景下進行分析,并提供對這一時期整體形勢的認識,以爲曹議金後期的朝貢成敗原因及其後的發展情況作出較爲準確和全面的判斷。孔令梅《漢晉北朝時期敦煌張氏與佛教關係探析》(《社會科學家》2 期)從文獻石窟資料入手,探究漢晉北朝時期敦煌張氏與佛教的關係問題。許棟《唐長安普光寺考》(《敦煌學輯刊》2 期)對長安普光寺的興盛與太子李承乾的關係進行了詳細論述。丁宏武《從大漠敦煌到弘農華陰——漢末敦煌張氏的遷徙及其家風家學的演變》(《甘肅社會科學》4 期)論述了漢末河隴名士張奐家族的家風家學的演變過程,從固守經學儒業到研習書法,并使得書法在中國文化傳統中的地位和影響大爲改觀。陳金生《兩漢西域質子與敦煌的密切關係——兼談質子與中西文化交流》(《敦煌學輯刊》1 期)認爲兩漢西域質子在促進中國文化與民族文化的交流方面發揮了獨特的優勢和顯著的作用。唐星《釋令狐懷寂告身》(《敦煌吐魯番研究》12 卷)對法國吉美博物館所藏令狐懷寂的告身進行了釋錄,并對令狐懷寂的勳告年代進行了推證。楊寶玉《清泰元年曹氏歸義軍入奏活動考察》(《敦煌學輯刊》3 期)主要根據 P.3718《梁幸德邈真讚》等敦煌文書及傳世史書中的相關記載,探討了曹氏歸義軍清泰元年入奏活動的某些情況。金瀅坤《敦煌本〈唐大曆元年河西節度觀察史判牒集〉研究》(《南京師範大學學報》5 期)通過對敦煌 P.2942 號文書的研究,認定該文書中記載的副帥爲楊志烈,文書的作者爲楊休明,成文的時間是大曆元年五月至十二月間以及其爲河西觀察使判牒集。吳炯炯《隋代秘書省職司考論》(《敦煌學輯刊》4 期)認爲秘書省是我國古代主持國家圖書事業的中央行政機構,也是保存和整理國家藏書的主要場所,到隋代,其管轄太史、著作兩曹,爲中央五省之一,在機構建制、權責範圍、員額編制等方面都發展到了一個空前高度。

經濟方面,李錦繡《新出唐代陽朔縣銀鋌考釋——簡論唐開元天寶年間的戶稅制度》(《中國史研究》1 期)考證了 2001 年廣西桂林地區發現的一笏唐代銀鋌,結合敦煌吐魯番文書中的相關釋銀鋌文,來探討鋌文及其所反映的唐代前期,尤其是開元天寶時期唐代的戶稅制度,分析了開元天寶時期戶稅在唐代賦稅制度變革中的重要意義。孟憲實《論十六國、北朝時期吐魯番地方的絲織業及相關問題》(《敦煌吐魯番研究》12 卷)從新出的兩件北涼高昌時期的吐魯番文書出發,探討絲綢之路與絲綢生産的問題。郝二旭《唐五代敦煌地區水稻種植略考》(《敦煌學輯刊》1 期)系統地梳理敦煌文書中的相關水稻種植和消費的記載,并分三個階段對唐五代時期敦煌地區的水稻種植展開研究,對該地區唐五代時期水稻種植的起止時間、起止原因、種植規模、稻田性質以及稻米消費等問題分別加以論述和考證。郝二旭《唐五代敦煌地區的麵粉加工業》(《中國經濟史研究》2 期)以莫高窟藏經洞所出的敦煌文書爲基礎資料,對唐五代時期該地區的麵粉加工工具、加工技術以及各階段麵粉加工的發展特徵進行了較爲詳細的考證,并在此基礎上就該行業的發展對敦煌地區居民飲食結構和農作物種植比例産生的影響作了必要討論。乜小紅《再論敦煌農業雇工契中的雇傭關係》(《中國經濟史研究》4 期)認爲唐五代及宋初時期的敦煌農業雇工契,是雇主與被雇人雙方基於彼此需求、平等自願訂立的約定,其雇傭關係是一種平等的價值交換關係。李建平《秦漢簡帛中的度量衡單位"參"——兼與肖從禮先生商榷》(《敦煌研究》1 期)認爲秦漢簡帛文獻中的"參"并非如傳世文獻中的用作度量衡中的重量單位,亦非指酒器"觶",而是用作容量單位,爲"小斗"的"三分之一"。明成滿《吐蕃歸義軍時期敦煌佛教都司的經濟管理研究》(《中國社會經濟史研究》4 期)認爲敦煌的經濟管理在很大程度上反映了當時全國其他地區教團的經濟管理狀況。

有關敦煌吐魯番文書中的"丁"、"中"探討,張榮强《唐代吐魯番籍的"丁女"與敦煌籍的成年"中女"》(《歷史研究》1 期)認爲敦煌户籍的稱謂沿襲了北朝以及承此而來的隋唐丁中制度,吐魯番户籍的載録則是西晉、十六國制度的遺存。張可輝《從敦煌吐魯番文書看中人與地權交易契約關係》(《西域研究》2 期)通過考察唐宋之際的敦煌吐魯番契約文書,認爲中人角色的劃分與中人秩序的形成成爲一種需要,其責任、權益與秩序有其内在的一致性。徐暢《隋唐丁中制探源——從敦煌吐魯番出土户籍文書切入》(《中華文史論叢》2 期)認爲北魏、北齊,尤其是北周實現富國强兵的一系列經濟措施中包含了對户籍法與丁中制的變革,從而直接促成了"黄小中丁老"制度的誕生,并爲隋唐所繼承。朱斌權《從敦煌文書看唐代"中女"問題》(《唐山師範學院學報》1 期)認爲"中女"作爲特殊的群體,敦煌文書與傳統文獻的記載有出入,并對其原因進行了分析探討。

寺院經濟方面,姜伯勤《唐代敦煌寺户制度(增訂版)》(中國人民大學出版社)以敦煌文書爲核心史料,結合佛教内律與世俗法典的相關規定,并廣涉相關傳世文獻,探討了敦煌寺户制度的歷史前提,考證了吐蕃管轄時期的敦煌寺户制,并深入考究了歸義軍時期寺户制的没落。陳大爲《唐後期五代宋初敦煌寺院的福田事業》(《敦煌吐魯番研究》12 卷)認爲敦煌寺院在社會慈善公益活動中承擔了獨特的角色,積極開展各種福田事業,包括造橋鑿井、修護河渠、公共浴室等,無不盡心竭力。敦煌寺院廣泛地滲入社會民衆的日常生活,承擔各種濟世利人的事業,民衆在潛移默化中沐浴了佛教的甘澤;同時民衆以寫經誦經、開窟造像、祈禱布施等各種不同的方式表達自己對佛教的信仰,壯大了佛教的信衆,促進了佛教在敦煌社會的興盛。王祥偉《日本杏雨書屋藏四件敦煌寺院經濟活動文書研讀劄記》(《中國社會經濟史研究》3 期)認爲已出版的《敦煌秘笈》中四件文書與敦煌寺院經濟活動相關,這四件文書對我們進一步認識吐蕃歸義軍時期敦煌寺院經濟狀況及其他有關問題具有重要的意義。王祥偉《從兩件敦煌文書殘卷管窺節度使張義潮對寺院經濟的管理——敦煌世俗政權對佛教教團經濟管理研究之三》(《寧夏社會科學》4 期)通過分析英藏和俄藏敦煌文書中有關張義潮對寺院財產進行算會管理的相關細節,來説明以張議潮爲首的歸義軍政權非常注重對寺院經濟的管理。王祥偉《吐蕃歸義軍時期敦煌僧侶的佔田及稅役負擔——敦煌世俗政權對佛教教團經濟管理研究之二》(《敦煌學輯刊》2 期)認爲吐蕃歸義軍時期,敦煌僧侶可以通過博換、買賣、請田、繼承祖業等方式佔有土地,而吐蕃和歸義軍政權在認可僧侶佔田的同時,還通過對僧侶據地徵稅課役、控制僧侶土地所有權的變更等方式對僧人的私有土地經濟進行管理,從而構成吐蕃和歸義軍政權對敦煌佛教教團經濟管制的重要內容。

三、社　　會

社會生活方面,包括對書儀、喜帳、穹廬、户籍民等多個方面的研究和探討。趙和平《趙和平敦煌書儀研究》(上海古籍出版社)選取了作者二十餘年來有關敦煌書儀研究的二十篇文章,并分爲三編,在研究視角上宏觀與微觀相結合;作者不僅在前人研究的基礎上對具體的書儀研究提出獨特的見解,而且對書儀所反映的社會問題給予較多的關注。楊琳《〈大唐新定吉凶書儀·節候賞物第二〉校證》(《敦煌研究》1 期)針對周一良、趙和平所著《唐五代書儀》第二篇《節候賞物》的校理中存在的問題提出訂正及解讀意見,以使讀者準確理解書儀的內容,從而正確認識唐代社會的風俗習慣。蔡淵迪《俄藏殘本索靖〈月儀帖〉之綴合及研究》(《敦煌吐魯番研究》12 卷)對俄藏索靖《月儀帖》殘本進行了綴合和相關研究。宋雪春《洞房、喜帳——唐人婚禮用"青廬"之再探討》(《首都師範大學學報》2 期)運用敦煌文書有關婚禮的記載來説明青廬在唐人婚禮中功能的變化及其所反映的唐代社會的變遷。吕紅亮《"穹廬"與"拂廬"——青海郭里木吐蕃墓棺板畫氈帳圖像試析》(《敦煌學輯刊》3 期)結合民族志資料與文獻,認爲青海郭里木吐蕃墓棺板畫中的帳篷乃屬於歐亞大陸最爲普遍的圓形帳篷,并將"穹廬"與"拂廬"的來源進行追本溯源。王使璋《敦煌所出唐宋書劄封緘方法的復原》(《文獻》3 期)就敦煌文獻中所見的唐宋書劄的三種封緘方式:以封皮紙裹起包、隨紙卷封、函封等進行了復原和研究,通過對書劄封緘的方式來探討唐宋社會生活史的細部面貌。袁延勝《懸泉漢簡"户籍民"探析》(《西域研究》4 期)對敦煌懸泉漢簡記載的刑徒、奴隸等"非籍民"進行了探析。錢光勝、王晶波《貓兒契式・貓畫・佛經——俄藏敦煌寫卷 Дx. 00147v〈貓兒題〉蠡測》(《敦煌學輯刊》3 期)依據宋元曆書中的"貓兒契式"和文獻中以貓畫驅鼠的民俗以及有關貓的民間傳說,對俄藏敦煌寫卷 Дx. 00147v《貓兒題》的源流、原貌和功用作了一定的探討。

民俗方面,高啓安《唐五代時期敦煌的宴飲"賭射"——敦煌文獻 P. 3272 卷"射殺羊"一詞小解》(《甘肅社會科學》6 期)認爲敦煌文獻 P. 3272《丙寅年(966)羊司付羊及羊皮曆狀》中的"射羊"一事,爲正月期間歸義軍衙內宴會後的一次賭射活動中,作爲賞賜利物的一隻山羊的支破記録,表明敦煌人在較隆重的宴會期間也舉辦賭射活動。陳康《敦煌民間發現古代圍棋子的初步研究》(《敦煌研究》5 期)對敦煌民間發現的圍棋子作了器形、材質、製作方法、年代等方面的初步研究。蕭巍《淺論敦煌出土的唐代圍棋子——兼談圍棋的發展歷史》(《絲綢之路》12 期)從多個方面對於敦煌唐墓出土的圍棋子及其發展歷史進行了探究。叢振《唐代寒食、清明節中的遊藝活動——以敦煌文獻爲中心》(《敦煌學輯刊》4 期)通過敦煌文獻及莫高窟壁畫中有關寒食、清明節遊藝活動資料的爬梳,以飲宴踏舞、掃墓春遊、對戲娛樂等活動爲切入點進行討論,藉此探究唐代寒食、清明節日中的遊藝風格,進而窺探唐人的社會生活風貌。王亞麗《中古民俗文化管窺——以敦煌寫本醫籍爲中心》(《敦煌學輯刊》4 期)認爲敦煌寫本醫籍一千二百餘首醫方中,有祝由方七十餘首,這些祝由方不但佐證了傳世文獻民俗記載,也提供了傳世文獻罕見的一些民俗行爲,有助於更爲全面地了解和研究中古隋唐前後敦煌民俗文化。

敦煌吐蕃移民研究方面,陳于柱《敦煌文書 P. T. 127〈人姓歸屬五音經〉與歸義軍時期敦煌吐蕃移民社會研究》(《民族研究》5 期)認爲 P. T. 127 這類看似遊離於主流意識之外的文本,其實隱喻着吐蕃移民如何利用地方秩序語言,在區域社會中以提升自身地位、建立身份認同的族群歷史變遷。

占卜和信仰方面,余欣《中古異相——寫本時代的學術、信仰與社會》(中華書局)以西陲出土寫本爲基礎,探討中國中古時代的學術、信仰與社會,關注中國學術本源的特殊視點:方術與博物。王祥偉著《敦煌五兆卜法文獻校録研究》(民族出版社)在對敦煌五兆卜法文獻進行系統整理的基礎上,基本上還原了歷史上五兆卜法產生、發展和流變的過程。余欣《敦煌文獻與圖像中的羅睺、計都釋證》(《敦煌學輯刊》3 期)主要通過敦煌文獻和圖像資料,對羅睺、計都的觀念淵源,實際占驗中的運用及傳統天文星算思想的張力,星命與道教齋醮符籙的結合,星神圖像程式的成立與演變,曆法星占所見之東西文明交流史與"交錯的文化史"等問題作了論考。王晶波《敦煌占卜文獻研究的問題與視野》(《敦煌研究》4 期)在充分吸納前人成果的基礎上,從文獻、文本、文化三個層面入手,就敦煌占卜文獻研究的歷史、問題、方法和視野進行了論述,力求總結經驗,釐清概念,拓展視野,將敦煌占卜文獻的研究推向深入。郝春文《〈六十甲子納音〉及同類文書的釋文、説明和校記》(《敦煌學輯刊》4 期)將現存於敦煌遺書中的《六十甲子納音》一種及同類文獻兩種進行整理,在公佈釋文的同時,略作説明及校理,以便於學界利用。游自勇《敦煌本〈白澤精怪圖〉校録——〈白澤精怪圖〉研究之一》(《敦煌吐魯番研究》12 卷)詳細介紹了敦煌《白澤精怪圖》殘本的寫本情況,并對其進行了完整精確的校録。楊同軍《"五逆聞雷"考》(《敦煌學輯刊》2 期)考證了"五逆遭雷劈"的來源,并指出《焦氏易林》中"雷霆所擊,誅者五逆"的説法可能爲後人所加。張善慶《涼州建德大地震與番禾瑞像信仰的形成》(《敦煌學輯刊》3 期)認爲番禾瑞像佛首跌落事件實際上和建德年間涼州大地震存在密切的關係;釋道安和釋道宣直接將其與北周政權的覆亡和北周武帝發動的滅法運動相聯繫。何卯平《東傳日本的寧波佛畫〈十王圖〉》(《敦煌學輯刊》3 期)認爲借助日本、韓國擁有的大量絹繪資料作爲石窟寺、雕刻能提供的素材之外的手段來研究兩宋時期的"十王信仰"已成爲一種必要的方式和途徑。陳于柱《武威西夏二號墓彩繪木板畫中"金雞"、"玉犬"新考——兼論敦煌寫本〈葬書〉》(《敦煌學輯刊》3 期)認爲武威西夏二號墓彩繪木版畫的"金雞"、"玉犬",是南朝時期以來形成的金雞玉犬信仰延續下的產物。任曜新《新疆庫車佛塔出土鮑威爾寫本骰子占卜辭跋》(《敦煌學輯刊》3 期)是對新疆庫車佛塔出土鮑威爾寫本骰子占卜辭的首次中文翻譯,以期爲有興趣於印度、新疆社會、歷史、宗教等研究的學者提供參考資料。余欣《唐宋之際"五星占"的變遷:以敦煌文獻所見辰星占辭爲例》(《史林》5 期)主要以辰星占辭爲例,對五星占在唐宋之際的變遷作了論析。

法律及教育方面,李功國《敦煌莫高窟法律文獻和法律故事》(甘肅文化出版社)一書分爲上、下兩篇,内容包括:敦煌法律文獻、敦煌法律故事解析等。郭麗《比較學視域下的唐代教育研究——以唐中原與敦煌地區童蒙教育爲考察對象》(《求索》3 期)以童蒙教育爲考察對象,對唐代中原與敦煌地區的教育進行比較,尋找二者之異同,并得出相應的研究結論。林生海《從敦煌寫本〈祭驢文〉看唐代的科舉與社會》(《教育與考試》1 期)結合大量傳世文獻,對敦煌寫本《祭驢文》的寫作年代及作者身份進行了探討,并認爲作者通過撰文來針砭時弊,對晚唐時期宦官專權和政治黑暗等社會現象進行批判。黑曉佛《教育價值取向的大衆化及其思想流變——對敦煌蒙書中道德規範與思想的考察》(《敦煌研究》4 期)通過對敦煌蒙書中道德規範與思想的考察,探討了其大衆化傾向的生成背景、思想的流變過程。

四、宗　　教

　　本年度的佛教研究方面,主要包括對佛教律儀、佛教發展、佛學社會化、藏傳佛教、重要人物或家族與佛教的關係等方面的探討。湛如《敦煌佛教律儀制度研究》(《中華書局》)通過對敦煌文書中的小乘律典、大乘律典以及相關佛教文書的文本分析,着重從教制史研究的視角出發,來探討國際佛學界所關注的律儀制度問題,并對佛教中國化、印度佛教與中國文化思想的關係等重大問題,提出許多富有啓發性的論點。方廣錩《再談佛教發展中的文化匯流》(《敦煌研究》3 期)從佛典翻譯入手,先後探討了兩種文化交流中的格義現象、佛典翻譯中的文化反浸現象、佛典編譯中的文化加工現象,從而加深了對文化匯流背景的研究。高文强《晉宋之際佛學社會化原因初探》(《敦煌學輯刊》1 期)認爲佛學自晉宋之際開始成爲一種社會化思潮的原因有三點:一是佛教自東晉開始與政治聯姻,由此開始走向全面興盛;二是晉宋之際士人信仰多由道教轉向佛教,從而爲佛學社會化起到重要推動作用;三是佛學與本土文化由衝突走向融合,從而爲佛學社會化掃清了主要障礙。何志國《論西南與湖北早期佛教的關係》(《敦煌研究》4 期)論述了西南與湖北兩者部分圖像志的相似之處,反映了西南早期佛像對湖北的影響,而兩地的差異反映了二者粉本的來源不同。楊發鵬《論晚唐五代敦煌地區佛教在全國佛教中的地位——以僧尼人口爲中心》(《敦煌研究》1 期)通過對當時敦煌僧尼人口和其他地區僧尼人口的比較,來探討敦煌佛教在全國的真實地位,并分析造成人們對當時敦煌佛教在全國地位認識過高的原因。霍巍《關於古格王國早期佛教遺存的再探討——兼評則武海源〈西部西藏佛教史·佛教文化研究〉》(《敦煌研究》3 期)從考古學和文獻學兩方面的證據提出,位於西藏西部阿里地區的古格王境的佛教文化中心遺址分爲早、晚兩期,不應當輕率地否認早期遺存的存在。董曉榮《蒙元時期藏傳佛教在敦煌地區的傳播》(《西藏大學學報》3 期)對敦煌地區出土的碑石、文獻、石窟壁畫、遊人題記等內容進行討論,試圖揭示蒙元時期藏傳佛教在敦煌地區得到延續和發展的概況及原因。張海娟、楊富學《蒙古豳王家族與河西西域佛教》(《敦煌學輯刊》4 期)認爲蒙古豳王家族不僅對西域至敦煌間的佛教活動進行保護,而且常以供養人的身份出資興建佛寺、修繕洞窟,塑造佛像,抄寫佛經,尤其是對酒泉文殊山石窟、敦煌莫高窟、瓜州榆林窟之多處石窟進行了大規模的修復。張善慶《以大業西巡爲中心透視隋煬帝與佛教的關係》(《敦煌學輯刊》4 期)認爲隋煬帝對佛教主要側重於利用,該文以此爲中心透視了隋煬帝的佛教救護思想及其來源。

對於香具、香供的探討主要有兩篇文章:王惠民《敦煌與法門寺的香供養具——以"香寶子"與"調達子"爲中心》(《敦煌學輯刊》1 期)將敦煌資料與法門寺文物結合起來考察香爐的形象及配置關係,并對"調達子"等器物名稱提出新的看法。鄭炳林《晚唐五代敦煌寺院香料的科徵與消費——讀〈吐蕃佔領敦煌時期乾元寺科香帖〉劄記》(《敦煌學輯刊》2 期)主要以敦煌文書 P.3047《吐蕃佔領敦煌時期乾元寺科香帖》爲中心,對晚唐五代敦煌寺院對香料的科徵和寺院香料消費情況進行了探討,寺院使用香料主要向當事僧尼科徵,科徵標準約 21 個僧尼科徵一兩印度出產的名貴香;敦煌地區除了使用印度波斯地區的香料外,還在沐浴和造食中大量使用產自龜茲的安息香和當地的草豆蔻、香棗花和艾香等香料。

佛經方面,楊曾文《敦煌新本〈六祖壇經〉》(宗教文化出版社)分爲三個部分:正篇是《敦煌新本〈六祖壇經〉》;附篇一是惠昕本《壇經》之一的大乘寺本《壇經》及其他有關慧能、早期禪宗的資料;附篇二是作者的研究論文。郭富純、王振芬《旅順博物館藏敦煌本〈六祖壇經〉》(上海古籍出版社)主要內容爲旅順博物館藏西域文物的研究與展望,介紹了旅順博物館藏敦煌本六祖壇經的再發現及其學術價值,圖版、錄文及校記等內容。劉顯《敦煌寫本〈大智度論〉研究》(中國社會出版社)包括對敦煌寫本《大智度論》的文本特徵、校勘研究以及詞語研究等方面的探討。鄭阿財《鄭阿財敦煌佛教文獻與文學研究》(上海古籍出版社)收錄了作者有關敦煌學的十六篇論文,內容涉及敦煌吐魯番文獻中佛教經卷與世俗文化、文學之間的密切關聯,反映了當時的社會狀態。王振芬《旅博本〈壇經〉的再發現及其學術價值》(《敦煌吐魯番研究》12 卷)探討了旅博本《壇經》的再發現及其學術價值。董大學《俄藏 Дх.00684 殘卷考》(《首都師範大學學報》2 期)以俄藏 Дх.00684 號殘卷爲考察對象,對前期取得的定名成果略予補正,作者認爲此文書 A、B 兩部分皆爲 9—11 世紀寫本,爲大慈恩寺沙門窺基所撰《妙法蓮華經玄讚》卷第一的內容。高國藩《敦煌本〈悉達太子修道因緣〉與世俗化——兼與星雲大師〈釋迦穆尼佛傳〉比較》(《西夏研究》2 期)從淨土宗法照大師"依聖學"理念導入,研究了敦煌本《悉達太子修道因緣》中押座文的中國化。曾良、李洪才《〈恪法師第一抄〉性質考證》(《敦煌研究》4 期)對《恪法師第一抄》的題名作了闡釋,認爲該卷的內容是對窺基《妙法蓮華經玄贊》的"抉擇",即對玄贊的進一步疏解。白雪《西秦〈佛説摩訶刹頭經〉譯記及相關問題考釋》(《敦煌學輯刊》3 期)認爲現藏於日本的敦煌本《佛説摩訶刹頭經》譯記對研究十六國時期西秦的佛教狀況、隴右與江南之間的交通路綫等問題有重要的意義。釋定源《〈王伯敏先生藏敦煌唐寫本"四分律小抄一卷"(擬)殘卷研究〉再商榷》(《敦煌學輯刊》3 期)對"王伯敏先生藏敦煌唐寫本《四分律小抄一卷》(擬)殘卷研究"提出再商榷。李穎《〈四部犍陀羅語雜阿含經〉初探》(《敦煌吐魯番研究》12 卷)對《四部犍陀羅語雜阿含經》進行了探析,包括明晰 Senior Collectin 的編排特點,對犍陀羅語《雜阿含經》部分詞彙的分析,認爲此經的成功解讀對於整個佛教文獻研究領域具有重大的意義。于光建、黎大祥《武威博物館藏 6746 號西夏文佛經〈聖勝慧到彼岸功德寶集偈〉考釋》(《敦煌研究》5 期)在介紹武威博物館藏 6746 號西夏文《聖勝慧到彼岸功德寶集偈》的基礎上,與武威出土的其他版本的《聖勝慧到彼岸功德寶集偈》作比較,論述了該件西夏文佛經的刊刻年代、翻譯者以及翻譯底本,并就目前學術界在研究該佛經中出現的失誤予以糾正。鄭亞萍《安定區博物館館藏唐代敦煌寫經簡述》(《絲綢之路》12 期)簡述了定西近現代文化名人郭傑山和康平侯兩位先生捐贈的敦煌寫經情況。張延清《吐蕃敦煌抄經坊》(《敦煌學輯刊》3 期)認爲敦煌抄經坊是最基本,也是最具有活力的佛經抄寫機構,抄經團隊達到了近七百人之多。何劍平《北 1321v(戌 050)〈維摩經解(擬)〉考——兼論其俗信仰特色》(《敦煌學輯刊》4 期)認爲北 1321v(戌 050)《維摩經解(擬)》撰作於中唐時期,其釋經素材除了攝取前賢維摩經疏之外,還融合了大量佛教圖像故事、作家詩歌、民間傳説以及民間俗信仰等多種因素,顯示了維摩經疏向民間通俗講唱的過渡。

佛教圖像方面,王惠民《"甘露施餓鬼、七寶施貧兒"圖像考釋》(《敦煌研究》1 期)通過考察圖像的經典依據,認爲"甘露施餓鬼、七寶施貧兒"圖像是受到《千手千眼觀音經》、《十一面觀音經》、《請觀世音菩薩消伏毒害陀羅尼咒經》等密教經典的多重影響,而非來自某一特定密教經典。李改、李文軍《關於魏文朗佛道造像碑紀年的考釋》(《敦煌研究》1 期)通過考證辨認耀縣藥王山博物館所藏的北魏時期魏文朗佛道造像碑的碑字,分析探討史實以及碑的造型、風格等特點,認爲此碑應該是始光元年的作品。霍旭初《克孜爾石窟佛學思想探析》(《敦煌吐魯番研究》12 卷)對克孜爾石窟的佛教派屬與思想內涵以及與佛教發展歷史的關係進行了探析。姚瀟鶇《試論中古時期"蓮花化生"形象與觀念的演變——兼論民間摩睺羅形象之起源》(《敦煌吐魯番研究》12 卷)認爲宋元時期的摩睺羅與唐代七夕時的化生,應是同一人偶的不同稱呼,是由佛教中的蓮花化生演化而來。隨着兒童形象的美化和生活化,蓮花化生形象進一步成爲真實生命的象徵,而由蓮花化生演化而來的具有宜子嗣功能的化生人偶,則演變成了對真實生命的禮贊和追求。張慕華《敦煌佛教亡文審美内涵的多元化》(《南昌大學學報》2 期)認爲亡文審美内涵的多元化充分表明了佛教美學世俗化發展的趨勢和進程。

有關僧衣、佛衣的探討,霍旭初《龜兹石窟壁畫僧衣考》(《敦煌研究》1 期)通過佛教文獻和龜兹石窟壁畫的對照,并用唐代義淨《南海寄歸内法傳》中有關印度説一切有部"着衣法式"等記載,對龜兹石窟僧衣的相關問題作探索和考證。費泳《"垂領式"佛衣的典型特徵及其在北方佛像中的應用》(《敦煌學輯刊》2 期)依據造像實物,對"垂領式"佛衣的典型特徵及其在七佛、千佛、苦修像與單體造像中的應用予以探索性揭示。蔡偉堂《敦煌供養僧服考論(二)——僧服披着方式淺議》(《敦煌研究》5 期)認爲由於地域、環境和文化的特殊性,敦煌供養僧人衣着出現了不同的披着方式,其中覆袒右、偏衫、鈎紐、帔帛等,反映了佛教服飾漢化、世俗化的表現形式。

道教方面,劉屹本年度的研究成果較为豐富,包括兩部論著和一篇論文,其《神格與地獄——漢唐間道教信仰世界研究》(上海人民出版社)論述了漢唐間信仰世界的神格研究以及中古道教歷史的地域視野,本書篇章結構分爲上、下兩篇,四章、十五節,每一節就是一篇專題論文,内容相關的幾節都圍繞某個較大的論題而構成一章。另外,他的《經典與歷史:敦煌道經研究論集》(人民出版社)注重從歷史學的角度梳理和闡釋敦煌道經,將看似荒誕無稽的道經文本,當作有用的史料來研究中古經教道教的歷史。除此之外,其《古靈寶經出世論——以葛巢甫和陸修靜爲中心》(《敦煌吐魯番研究》12 卷)以葛巢甫的"造構靈寶"和陸修靜的《靈寶經目序》的考察爲中心,對古靈寶經的出世論進行了有意義的探索。曾德仁《四川省丹棱縣龍鵠山道教摩崖造像》(《敦煌研究》1 期)認爲丹棱縣龍鵠山造像以天尊、老君爲其主要内容,折射出當時的社會風貌及四川地區的民間信仰,可以説元始天尊、老子的崇拜加上《道德經》、《本際經》,四位一體構成了唐代的道教信仰;另外天寶九載的松柏銘碑更是透露了豐富的歷史信息,爲我們研究唐代道教提供了寶貴材料。張慕華《論歸義軍時期敦煌道教齋文的演變》(《敦煌研究》2 期)認爲歸義軍時期道教齋文的演變是宗教文化之間以及宗教與世俗文化之間依附共生的結果。劉永明《吐蕃時期敦煌道教及相關信仰習俗探析》(《敦煌研究》4 期)通過對 9 世紀前期的幾份敦煌具注曆日、《康再榮建宅文》、P. 2729v《太史雜占曆》等文書的考察分析,認爲吐蕃統治敦煌時期,漢民族依然能夠在一定程度上保持和延續本民族的生產生活方式和信仰習俗。

摩尼教方面,許蔚《吐魯番出土編號 81TB65∶1 摩尼教殘卷插圖之臆説》(《敦煌研究》2 期)對吐魯番出土摩尼教殘卷插圖來源於多種藝術傳統,特別是受到祆教圖式的影響給予肯定,認爲其畫面中人物身份也需由多種傳統相互比照而加以確認。

苯教方面,陳于柱《唐宋之際敦煌苯教史事考索》(《宗教學研究》1 期)認爲唐宋之際的苯教在宗教儀軌、民俗信仰等領域對敦煌佛教和社會生活產生持久的影響,是區域史中不應忽視的宗教力量。

三階教方面,楊學勇《三階教典籍的流傳與演變》(《敦煌學輯刊》2 期)按照時間、空間的順序論述了三階教典籍的製作、流傳的情況,并從三階教典籍的内容、版本、性質及出現了利用三階教教義對其他經典進行闡釋的典籍四個方面論述了三階教典籍的演變情況。西本照真著,劉宏梅譯《三階教寫本研究的現狀與展望》(《敦煌學輯刊》4 期)列舉了已發現的三階教寫本,揭示了當前的研究現狀,并嘗試指出若干今後研究的課題。

五、語 言 文 字

本年度有關語言文字的著述頗爲豐富。項楚《項楚敦煌語言文學論集》(上海古籍出版社)一書收錄作者已經發表過的專業性研究論文 27 篇,内容包括對敦煌變文語詞的考校,以及利用敦煌遺書中的相關資料對王梵志詩詞進行的研究等。張涌泉《張涌泉敦煌文獻論叢》(上海古籍出版社)選取作者過去公開發表的有關敦煌文字學研究的論文 20 餘篇,重新加以修訂和增補,分爲"敘錄編"、"斷代編"、"校理編"、"文獻編"、"語言編"等五類。張涌泉《敦煌寫本省代號研究》(《敦煌研究》1 期)討論了省代號的形狀、用法、來源及與重文號的區別,指出古書中有所謂被注字和注字連讀爲訓的體例,其實就是注文中省略了省代號。張涌泉《敦煌文獻中習見詞句省書例釋》(《浙江師範大學學報》1 期)通過列舉大量實例,就此進行分析討論,指出了解和掌握省代符號等特殊的書寫體例對正確校理敦煌文獻具有重要意義。張涌泉《古書雙行注文抄刻齊整化研究》(《敦煌吐魯番研究》12 卷)對古書雙行注文的抄刻齊整化及其相關問題進行了研究和考述,認爲抄手針對雙行不協調的情況採取的補救措施有調整位置、删減字詞、增添字詞或符號三類。劉全波《論類書在東亞漢字文化圈的流傳》(《敦煌學輯刊》4 期)認爲中國類書歷史悠久、卷帙浩瀚,以官修類書爲主流,文學類書、科舉類書、日用類書等私纂類書爲支流,日本、朝鮮、越南類書深受中國類書的影響,流傳中又被加入了日本、朝鮮、越南的特色。

音韻方面,秦樺林《德藏吐魯番文獻〈龍龕手鑒‧禾部〉殘頁小考》(《文獻》3 期)指出德藏吐魯番文獻《龍龕手鑒‧禾部》殘頁屬於十行本系統,據版式、行款、字體判斷,應爲北宋浙本,與北宋元祐蒲刻本存在密切關係。丁治民《敦煌殘卷〈箋注本切韻〉所引〈説文〉反切考》(《敦煌研究》1 期)通過對敦煌殘卷《箋注本切韻》所引《説文》的九條材料的内部分析和外部比較,認爲《説文》反切材料不僅有"述",而且有"作",注音時代應在《字林》之後、劉宋之前。李紅《敦煌本〈俗物要名林〉音注聲母再探討》(《敦煌學輯刊》1 期)認爲對音注來源於構成及其所反映的語音現象的探討對揭示《俗物要名林》的成書及價值具有一定的意義。劉傳啓、包朗《敦煌文獻誤校例説——兼談古漢語文法在敦煌文獻校釋中的作用》(《敦煌學輯刊》1 期)就"參互現義"、"錯綜成文"、"因此及彼"、"倒裝"等四種古漢語文法來探討它們在校釋中是如何避免誤校,引導確釋的。曹祝兵《二十一世紀以來利用出土文獻研究上古音的新進展》(《敦煌學輯刊》1 期)認爲,利用出土文獻研究上古音,是爲上古音的研究開啓了另一扇大門,必將成爲今後研究上古音的主流。

方言、俗字研究方面,王耀東、敏春芳《敦煌文獻的方言學價值》(《西北民族大學學報》2 期)認爲探討敦煌文獻方言學的價值有助於人們全面了解敦煌文獻方言學的重要意義,并爲從事方言學的學者提供一些理論借鑒和研究思路。井米蘭《敦煌俗字整理及研究概況》(《武漢科技大學學報》5 期)從敦煌俗字材料整理輯録、理論研究、類型研究等三個方面介紹敦煌俗字研究現狀,指出當前研究之不足,以期對後來學者提供些許有價值的借鑒。趙紅《漢語俗字構字理據性初探——以敦煌吐魯番文獻爲中心》(《西域研究》4 期)利用敦煌文獻所見之"師"、"驚"、"齊"、"鹽"等子來闡釋漢語俗字的構字理據,認爲俗字構成是有規律可循的,在漢字以形表意傳統的驅使下,人們按照自己對漢字部件的理解而在書寫中自覺不自覺地追求構字理據。黃大祥《結合現代河西方言訓釋敦煌變文的幾個詞語》(《方言》4 期)結合河西方言,對敦煌變文中的幾個當今各家釋義存在分歧或不很貼切的疑難詞語進行了參證訓釋。王曉平《敦煌俗字研究方法對日本漢字研究的啓示——〈今昔物語集〉訛別字考》(《天津師範大學學報》5 期)認爲敦煌俗字研究推進了中古俗字研究,拓寬了傳統文字學研究的視野,同時對東亞寫本研究提供了可貴的方法論啓示。陶家俊《敦煌佚本〈維摩詰經注〉寫卷俗字輯考》(《蘇州大學學報》5 期)對甘肅敦煌研究院藏佚本《維摩詰經注》的部分俗字進行了考釋。

敦煌文書中字詞的相關辨析,張小艷《敦煌變文疑難語詞考辨三則》(《中國語文》5 期)對變文中遺留的個別疑難語詞進行考辨和分析。張小艷《敦煌籍帳文書字詞箋釋》(《敦煌吐魯番研究》12 卷)對於敦煌文獻中的籍帳文書中一些不易理解且大型辭書中不曾收録或雖已收録但釋義不確、例證又極爲滯後的詞語進行了箋釋。陳爍、陳曉强《敦煌契約文書詞語考釋四則》(《西北民族大學學報》1 期)運用敦煌契約文書内部互證法,考釋了其中的四組詞語,認爲有些字形的變異值得考究。孫寧《敦煌〈常何墓碑〉寫本"龜蒙積沴,蜂午挺妖"正詁》(《敦煌研究》4 期)據一些文獻記載,認爲"蒙"與"午"都不是動詞,龜、蒙是山名,而"午"是蜂的變體,指的是蜂或蜂一類的昆蟲。陳明《〈生經·舅甥經〉"不制"補説》(《敦煌吐魯番研究》12 卷)對《生經·舅甥經》中的"不制"一詞給予補説,認爲"甥不制"中的"不制",不是"不成、不得"之意;"制"和"禁"也不是"控制、約束"之意。與"不"結合,用在消極意義的詞後面,表示程度深。潘志剛《論敦煌變文中的"忽"類假設連詞》(《敦煌研究》1 期)認爲"忽然"作假設連詞在中古已產生,是副詞用法的進一步語法化,并指出蔣禮鴻《敦煌變文字義通釋》中認爲"忽"作假設連詞是"或"的同音假借字的錯誤之處。陳菲菲《敦煌吐魯番契約文書中"邊"類表方位名詞考察》(《語文知識》1 期)對唐五代敦煌吐魯番契約文書中的"邊"類表方位名詞進行了分析和考察。杜朝暉《"鹿車"稱名考》(《中國典籍與文化》4 期)利用敦煌文獻中的材料,認爲"鹿"是"麤"的俗字,"鹿車"即"麤車"——粗鄙簡陋之車。

語詞的辨析方面,俞曉紅《敦煌本〈伍子胥變文〉校注商補》(《文學與文化》4 期)認爲《敦煌變文校注》、《敦煌變文選注》等對《伍子胥變文》所作的校理疏釋中,存在一定的可商榷之處,并對其中的 50 則校釋提出商補性意見。龔澤軍《敦煌本〈文選注〉補校》(《敦煌學輯刊》2 期)對天津藝術博物館藏107 號敦煌本《文選注》在字形辨認、字詞考辨等方面的尚有疑惑之處提出商榷。張文冠《敦煌文獻所見"素像"考辨》(《敦煌研究》5 期)認爲敦煌文獻中的"素書"謂寫在白絹上的書籍、經書,"素像"皆當讀爲"塑像"。王惠民《關於〈敦煌遺書所見"素像"考〉一文的異議》(《敦煌研究》5 期)對《敦煌遺書所見"素像"考》一文提出了不同的意見,認爲"素像"就是"塑像",而"素書"可能是繁體字"書畫"形似致誤。敏春芳、哈建軍《〈漢語大詞典〉漏收敦煌愿文詞補釋(一)》(《敦煌學輯刊》2 期)以敦煌愿文爲研究對象,對其中幾則詞語進行訓釋,以補充《漢語大詞典》在收詞方面的疏漏。劉君敬《敦煌變文校正二例》(《中國典籍與文化》1 期)對《敦煌變文校注》中的兩處誤例給予説明和補正。趙靜蓮《〈敦煌社邑文書輯校〉補正十七則》(《圖書館理論與實踐》1 期)在參考諸家見解的基礎上,從字形、詞義、衍脱、句讀等方面發表了補正意見,并希望有助於敦煌社邑文書的進一步研究。羅亮《〈敦煌變文校注〉誤注一則》(《漢字文化》2 期)對《韓擒虎話本》中的"海眼"一詞的注解提出商榷。

馮青《〈敦煌變文校注〉閱讀劄記》(《寧夏大學學報》1 期)對《敦煌變文校注》中的多個字詞的詞義引申綫索作了相應釐清。

六、文　學

對於敦煌文學文獻的相關探討,伏俊璉、朱鳳玉、鄭阿財、鄭炳林等研究成果較爲顯著。伏俊璉《敦煌文學文獻叢稿(增訂本)》(中華書局)是作者多年來對敦煌文獻研究的心血結晶。文中涉及多個方面,重點是對俗賦的討論,包括俗賦的考辨、起源、體制及其審美價值的探討等。朱鳳玉《朱鳳玉敦煌俗文學與俗文化研究》(上海古籍出版社)收入了作者多年來在敦煌俗文學和俗文化研究中的多篇有影響力的論文,包括《敦煌學郎詩抄析論》、《敦煌文獻中的廣告文學》等。鄭阿財《敦煌講經文是否爲變文爭議之平議》(《敦煌吐魯番研究》12 卷)對學界爭議較大的講經文是否爲變文提出新的觀點和看法,認爲從不自覺未加區分到自覺地加以區分、從講經文是最初的變文,到講經文不是變文、廣義變文、狹義變文等,影響變文範疇、源流極大,是變文整理者亟須辨明的。朱鳳玉《從文學本位論變文研究之發展與趨勢》(《敦煌吐魯番研究》12 卷) 基於對變文文本的研究,并依據《1909—2009 敦煌學論著目錄》(初稿)展開分期分類計量統計分析,藉以考察百年來敦煌變文研究既有的面向,對其主要研究方法進行述評,希冀從中掌握未來研究發展的趨勢。鄭炳林、黃維忠主編《敦煌吐蕃文獻選輯(文化卷)》(民族出版社)共收錄敦煌吐魯番文書19 篇,其中前 12 篇均爲占卜文書,后 7 篇係涉及吐蕃時期倫理道德、藏譯漢籍、喪葬習俗等内容的文書。本書共收入寫卷 16 份,主要内容包括父系之章、如來佛降服大王記、蓮花生大師降服四魔女神等。伏俊璉、楊曉華《敦煌文學的上源》(《黑龍江社會科學》3 期)認爲敦煌藏經洞出土的六千多卷文學作品基本上是唐五代至宋初的大約四百年形成的,這些文學作品的出土,在中國文學史上具有填補空白的意義。

敦煌詩賦方面,段觀宋《〈敦煌詩集殘卷輯考〉校訂補正》(《敦煌研究》1 期)認爲徐俊先生所撰的《敦煌詩集殘卷輯考》在文字校勘方面還有可探討的餘地,并從多個方面進行校訂補正。王志鵬《從敦煌佛教歌辭看唐宋詩歌創作思想的轉變》(《蘭州學刊》11 期)認爲研究唐宋文學思想的轉變,應該重視佛教和民間通俗文學作品的影響。趙紅《從敦煌變文〈葉淨能詩〉看佛教月宮觀念對唐代“明皇遊月宮”故事之影響》(《敦煌研究》1 期)通過考察最接近故事原始形態的敦煌變文《葉淨能詩》中葉淨能引明皇至月宮遊賞的内容,發現唐人月宮印象的形成,是受到了佛教月宮觀念的深刻影響。王志鵬《王梵志及其詩歌的性質獻疑》(《敦煌研究》5 期)通過考察現存有關王梵志的文獻記載及其詩歌作品,可以發現王梵志不一定是僧人;從詩歌作品看,王梵志跟佛教、道教和儒家思想有一定的關係,敦煌寫卷中的王梵志詩歌不應稱爲“禪詩”,而將其定名爲“諷世詩”更爲確切。張新朋《敦煌詩賦殘片拾遺》(《敦煌研究》5 期)在前人研究的基礎上,認定了《秦婦吟》殘片 2 片、《晏子賦》殘片 4 篇和《秦將賦》殘片 1 片,并就相關問題略作探討。張懿紅《意象敦煌:當代敦煌題材新詩評述》(《西北民族大學學報》6 期)分析了 30 多年來敦煌題材新詩的發展變化軌迹,指出其體現了時代潮流的變化。伏俊璉、朱利華《敦煌本馬雲奇〈懷素師草書歌〉的歷史和文學價值》(《寧夏師範學院學報》1 期)認爲敦煌遺書 P. 2555 寫卷中的《懷素師草書歌》詩,抒寫了作者對唐代大書法家懷素草書藝術的高度贊賞,并可藉以考證懷素的生平及創作,同時也是一首頗具鑒賞價值的詠書詩。許雲和《敦煌漢簡〈風雨詩〉試論》(《首都師範大學學報》2 期)重新釋讀并注解了斯坦因 1913—1915 年第三次中亞考古所獲敦煌漢簡《風雨詩》,在此基礎上討論了其形式、作者、題名、抄寫者、創作年代、抄寫時間以及風俗地理諸問題。

對於敦煌寫本類書、曲子詞、寶卷等方面的研究,王使臻、屈直敏《敦煌寫本〈籯金〉系類書敘録及研究回顧》(《敦煌學輯刊》1 期)在諸家著録《籯金》寫卷的基礎上,通過比對原卷,對敦煌寫本《籯金》系類書的 9 個寫卷進行了詳盡的敘録,并對關於《籯金》系類書近百年來的研究成果進行系統性的梳理和回顧,以期推動本課題研究的深入。胡鴻《柏林舊藏吐魯番出土“不知名類書”殘卷的初步研究》(《敦煌吐魯番研究》12 卷)對於柏林舊藏吐魯番出土的“不知名類書”殘卷進行了定性和定年的考釋。魏迎春、鄭炳林《敦煌寫本李若立〈籯金〉殘卷研究——以 S. 2053v 號爲中心的探討》(《敦煌學輯刊》3 期)以敦煌寫本 S. 2053v 號爲中心,比勘其他的《籯金》寫卷以及其他敦煌寫本類書,得出了 S. 2053v 爲唐朝李若立編撰的《籯金》,并介紹了其收録條目。魏迎春《敦煌寫本 S. 5604〈籯金〉殘卷研究》(《敦煌學輯刊》4 期)認爲敦煌寫本 S. 5604《籯金》的抄寫字體生硬淩亂,抄寫者對《籯金》原文內容任意改編删節,變換附注及原典出處,使事例附注失去原意,附注無從查找,可能是當時學仕郎的作品,但通過此件寫本可以了解《籯金》的原貌。慶振軒《圖文并茂,借圖述事——河西寶卷與敦煌變文淵源探論之一》(《敦煌學輯刊》3 期)認爲河西寶卷是活在民間的敦煌文學,與敦煌變文在宣講內容、講唱形式上有密切關聯。吳清《敦煌〈五更轉〉與河西寶卷〈哭五更〉之關係》(《青海民族大學學報》2 期)在數據統計的基礎上,分析了敦煌寫本《五更轉》與河西寶卷《哭五更》的源流關係,并對其形式和表現主題的異同提出了相應的看法。蔣曉城、魯濤《論敦煌曲子詞中的婚戀詞》(《石河子大學學報》1 期)認爲敦煌曲子詞關聯着寬闊紛繁的現實場面,擁載着豐富深沉的社會文化意義。鍾書林《敦煌寫本〈茶酒論〉文體考論》(《圖書館理論與實踐》7 期)在梳理前賢分歧的基礎上,將《茶酒論》與中國本土的先秦諸子散文及外來佛教文化相對照,并發現它與先秦諸子散文具有一脈相承的歷史關係及深受佛學影響的地域特徵。韓波《從"敦煌曲子詞"到"唐五代文人詞"詞體審美風格之嬗變》(《大慶師範學院學報》1 期)通過對敦煌曲子詞與唐五代文人詞審美風格比較研究,認爲可以洞察詞體從民間詞到文人詞演進過程中審美理念的發展變化,從而分析不同時期詞作風格的成因及特點。

另外,王曉平《空海願文研究序說》(《敦煌研究》4 期),認爲因空海願文與敦煌願文中有些作品的同異,可將空海願文視作敦煌願文的外沿資料加以參照,而且敦煌願文的研究方法和成果還可以爲解決空海文學中所謂"自古未詳"的問題提供新的途徑。葉嬌《唐代敦煌民衆服飾芻議——以敦煌文書〈雜集時用要字〉和〈俗物要名林〉爲中心》(《敦煌研究》5 期)利用敦煌寫本文獻《雜集時用要字》與《俗物要名林》所提供的語言信息,對唐時敦煌一地的民衆服飾從男子着裝、男子裝束、妝飾妝容等方面進行探討。

七、藝　　術

石窟藝術方面,敦煌研究院編有《榆林窟研究論文集》(上海辭書出版社),此論文集所收論文、資料,最早的發表於 20 世紀 40 年代,時間跨度至今近 70 年,可謂一部代表國內水平的榆林窟研究成果集成作品。鄭炳林、石勁松主編的《永靖炳靈寺石窟研究文集》(甘肅文化出版社),既是對六十年來炳靈寺石窟研究的一個總結,也是激勵今後炳靈寺石窟研究深入發展的良機。雷玉華《巴中石窟研究》(民族出版社)是鄭炳林、樊錦詩主編"敦煌學研究文庫"的一部新作。王惠民《敦煌西夏石窟分期及存在的問題》(《西夏研究》1期)通過對西夏洞窟的考察和分期,回顧了幾十年來的研究工作,分析其中的得失,爲今後進一步深入研究提供一些思考。沙武田《敦煌西夏石窟分期研究之思考》(《西夏研究》2 期)綜觀學術界對敦煌西夏石窟藝術的介紹和研究,發現成果大多停留在敦煌文物研究時期最初的分期意見,并對此加以陳述,以引起學界對此問題的正視及進一步思考與研究。

曲小萌《榆林窟第 29 窟西夏武官服飾考》(《敦煌研究》3 期)在總結西夏服飾主要特點的基礎上,以榆林窟第 29 窟男性供養人壁畫爲例,結合相關文獻及圖像資料,對西夏武官之冠帽、髮式、袍服等具體形制進行了較爲深入的考證。陳菊霞《從莫高窟第 85 窟供養人看其營建和重修》(《敦煌研究》3 期)認爲莫高窟第 85 窟甬道北壁的重層壁畫以及東壁門北側供養人的重繪痕迹都説明,曹議金長女不僅主持重修了第 85 窟的甬道,也重繪了第 85 窟東壁門北側的供養人畫像。趙曉星《莫高窟第 9 窟"嵩山神送明堂殿⊡圖"考》(《敦煌研究》3 期)依據最新釋出來的數條榜題,確定名爲"嵩山神送明堂殿⊡圖",所繪爲武則天修明堂時,嵩山神爲其送明堂殿沖天柱之事;并結合此窟的營建背景,討論了此圖的繪製時代與意義。胡同慶、宋琪《論莫高窟晚唐第 9 窟探籌圖非投壺圖》(《敦煌研究》5 期)通過大量文獻記載與圖像對照,認爲應該將該畫面定名爲"探籌圖"或"抽籤圖"。陳菊霞《試析莫高窟第 85 窟繪塑内容的表現思想》(《敦煌研究》5 期)討論了莫高窟第 85 窟突出禪學思想、禪淨融合和化迹多門的表現思想。張先堂《瓜州東千佛洞第 5 窟西夏供養人初探》(《敦煌學輯刊》4 期)運用圖像學的研究方法首次專門考察了此窟西夏供養人圖像,并得出結論:此窟是由身爲寺主、名叫智遠的和尚監督指導,由來自不同党項族、漢族姓化的武官、文官家族的男女成員共同合作出資的功德窟。

對石窟裝飾的研究,李江《敦煌莫高窟清代及民國時期窟檐研究》(《敦煌研究》2 期)在對敦煌地區現存傳統建築進行考察和走訪工匠的基礎上,結合文獻調查和以往相關論著,就敦煌莫高窟清代和民國時期窟檐進行專題研究,認爲其工藝特徵與藝術風格自成特色,是形成敦煌傳統建築工藝做法的重要組成部分。李敏《敦煌北朝龕楣圖案演變及其裝飾特徵》(《敦煌研究》3 期)通過對敦煌龕楣圖案的發生、發展的過程進行分析研究,認識到龕楣裝飾圖案的宗教性、建築性以及民族性特徵,是宗教性、功能性和藝術性的統一。李文生、李小虎《龍門石窟所表現的北魏建築》(《敦煌研究》1 期)對龍門石窟現存的北魏佛教建築進行系統分析,對其雕刻内容和表現説法進行了梳理、歸納,并結合龍門石窟北魏時期的廡殿式和歇山式以及各種形式的石塔、門柱和龕柱等北魏式樣,認爲從中可見中原地區北魏時期真正的佛教建築藝術風格。李敏《敦煌北涼、北魏石窟圖案的裝飾風格》(《大衆文藝》3 期)認爲敦煌北涼、北魏圖案的紋樣裝飾風格對中國紋樣裝飾發展具有劃時代的意義,也是紋樣裝飾歷史研究中不容錯過的一個階段。沙武田《北朝時期佛教石窟藝術樣式的西傳及其流變的區域性特徵——以麥積山第 127 窟與莫高窟第 249、285 窟的比較研究爲中心》(《敦煌學輯刊》2 期)以麥積山西魏第 217 窟和敦煌莫高窟西魏第 249、285 窟爲討論的主要對象,在對同時期石窟藝術比較研究的基礎上,探討了北朝時期佛教石窟藝術樣式的西傳及其流變的區域特徵。

壁畫方面,許俊編有《敦煌壁畫分類作品選:人物卷(上)》(江西美術出版社),本書從另一個角度來觀察敦煌莫高窟壁畫,以現在保存相對完整的壁畫爲圖示形象文本,并從視覺形象的本原出發,進行細緻深入的研究和探討。對於敦煌莫高窟第 217 窟南壁壁畫反映的問題,下野玲子著,牛源譯,劉永增審校《莫高窟第 217 窟南壁經變新解》(《敦煌研究》2 期)一文,對敦煌莫高窟第 217 窟南壁一直被認爲是《法華經變》的圖像進行重新辨認,找出其佛經依據,并提出南壁內容應爲《佛頂尊勝陀羅尼經變》的新解釋。董曉榮《敦煌壁畫中的蒙古族供養人雲肩研究》(《敦煌研究》3 期)結合元代與金代文獻、圖像、出土實物資料等,説明敦煌壁畫中所繪蒙古族供養人所着雲肩是元代流行的式樣,其形制源於金代,但與金代雲肩相比,製作工藝及服用範圍發生了變化。郭俊葉《敦煌壁畫中的經架——兼論莫高窟第 156 窟前室室頂南側壁畫題材》(《文物》10 期)認爲晚唐歸義軍節度使功德窟第 156 窟的經變正是對《佛頂尊勝陀羅尼經》中"禳災卻禍"的反映。楊森《敦煌壁畫中的高句麗、新羅、百濟人形象》(《社會科學戰綫》2 期)通過對所見高句麗、新羅、百濟人圖像的研究,認爲敦煌壁畫中也存在高句麗、新羅、百濟等國人的圖像,從而證實了大唐與東北亞周邊各國各民族的友好關係。孫淑芹《敦煌壁畫的構圖與圖案紋樣》(《大家》3 期)認爲敦煌圖案在莫高窟藝術中佔有重要地位,是建築、壁畫、彩塑等方面共有的裝飾圖案,同時也具有自身的獨立形態。姚綵玉《敦煌壁畫的臨摹歷程及其意義》(《文史博覽》4 期)對敦煌壁畫的臨摹歷程進行總結并對產生過重要影響的臨摹進行了介紹。申元東《敦煌莫高窟壁畫中飛天藝術風格的傳承》(《飛天》10 期)簡述了敦煌莫高窟壁畫中飛天藝術風格的傳承和發展的過程。于碩《大佛寺西遊記壁畫內容與繪製時間推證》(《敦煌研究》1 期)從明代刊本《李卓吾先生批評西遊記》版刻插圖入手,對大佛寺取經壁畫所繪具體故事內容逐一辨別和分析,嘗試推證西遊記壁畫的繪製時間爲清代。戴春陽《敦煌西晉畫像磚中白象內涵辨析》(《敦煌研究》2 期)從解析不同時期所謂"傳統題材"的不同文化內涵入手,認爲白象并不屬於傳統題材,同時期史籍中白象的闕如及其在佛典中的重要地位,表明白象這一藝術題材的文化淵源具有唯一性,因而白象祇能源自佛典,其所承載的佛教文化信息是毋庸置疑的。劉景剛《敦煌古代象戲小考》(《敦煌研究》2 期)認爲敦煌壁畫中的象戲,反映出了人類是以馴化動物爲條件而展開自身文明發展史的,同時也展開了人類自身的馴化史。文章從馴化和文明化的視角來認識人和周圍世界相互作用的關係。張元林《也談莫高窟第 217 窟南壁壁畫的定名——兼論與唐朝前期敦煌法華圖像相關的兩個問題》(《敦煌學輯刊》4 期)對莫高窟第 217 窟南壁壁畫的定名歷史進行回顧,認同新的定名,并對敦煌唐前期敦煌法華圖像相關的兩個問題提出了參考意見。

對經變畫的考量方面,束山健吾著,李梅譯,趙聲良審校《敦煌石窟本生故事畫的形成——以睒子本生圖爲中心》(《敦煌研究》2 期)主要分析睒子本生圖,對其構圖形式進行探討,并與印度、犍陀羅、克孜爾及麥積山、雲岡石窟的例證進行比較,詳細驗證敦煌壁畫中睒子本生的畫卷形式、連環畫形式及異時同圖法等,認爲敦煌壁畫中睒子本生并非漢代傳統形式的延續,而是在印度、犍陀羅的影響之下形成的。施萍婷、范泉《關於莫高窟第 217 窟南壁壁畫的思考》(《敦煌研究》2 期)認爲莫高窟第 217 窟南壁壁畫既不是法華經變,也非佛頂尊勝陀羅尼經變,壁畫的主題仍須進一步探討。王中旭《生天:〈彌勒變〉、〈天請問變〉的流行與對應——敦煌吐蕃時期經變對應問題研究之一》(《敦煌學輯刊》1 期)對於敦煌吐蕃時期最常見、最穩定的三對經變之一——《彌勒變》、《天請問變》的流行和對應問題進行了研究,并得出兩個結論。賀世哲《敦煌楞伽經變考論》(《敦煌研究》4 期)將敦煌楞伽經變畫畫面分爲羅婆那王請釋迦佛上山説法、譬喻畫、禁斷食肉等進行解讀,并分析了敦煌最早楞伽經變的粉本來源。殷光明《莫高窟第 449 窟東壁北側非〈佛頂尊勝陀羅尼經變〉辨析》(《敦煌研究》2 期)對莫高窟第 449 窟東壁門北是否爲《佛頂尊勝陀羅尼經變》進行了辨析,并説明經變中的經架并非判別《佛頂尊勝陀羅尼經變》的唯一標誌。施萍婷《敦煌經變畫》(《敦煌研究》5 期)分析了敦煌經變畫的意義和内涵,并以敦煌壁畫經變畫的代表作爲例,通過對照佛經及其文獻,指出各類經變畫的特徵與辨識的依據,着重分析了内容較豐富的經變的畫面特徵。

繪畫、圖像方面,桑吉扎西《敦煌石窟吐蕃時期的藏傳佛教繪畫藝術》(《法音》2 期)認爲吐蕃時期的壁畫藝術在吸收了漢畫與西域藝術手法的基礎上,又有了新的發展和突破;吐蕃統治前後期的壁畫藝術亦存在一定的差異。吐蕃時期的藏傳佛教藝術影響到唐末宋初、西夏直到元朝。張元林《敦煌藏經洞所出繪畫中的日、月圖像研究》(《敦煌吐魯番研究》12 卷)以目前所見藏經洞出土的 50 餘件作品中的日、月圖像爲研究對象,對它們的圖像進行系統的梳理和研究,并在此基礎上對其圖像來源作考證,以期認識敦煌佛教藝術的多元性和融合性特徵,從一個側面揭示敦煌在中西交流史上曾經扮演過的"融匯多元文化"的歷史角色。趙聲良《關於臺北故宮藏兩幅傳爲"隋代"的絹畫》(《敦煌研究》5 期)通過分析臺北故宮所藏兩幅傳爲"隋代"的絹畫,并與敦煌莫高窟壁畫比較,認爲臺北故宮所藏兩幅絹畫分別是臨摹莫高窟第 301 窟南壁佛像和第 244 窟北壁菩薩像,而臨摹者是張大千。冷維娟《敦煌菩薩畫像女性化與本土文化特質》(《文藝爭鳴》2 期)認爲敦煌菩薩是中國傳統倫理觀和審美觀在佛教造像中的集中體現,其整個女性化演變過程是中國本土文化"再創造"特質的體現。鄭怡楠《俄藏黑水城出土西夏水月觀音圖像研究》(《敦煌學輯刊》2 期)通過對俄藏黑城出土西夏水月觀音圖像中人物、樂器、舞蹈內容的研究,指出其爲西夏時期的樂舞圖像,也是目前僅存的西夏樂舞圖像。王惠民《華嚴圖像研究論著目錄》(《敦煌學輯刊》4 期)介紹了華嚴圖像的主要內容和圖像特徵,收集了盡可能完整的華嚴圖像研究論著目錄,以方便學者的進一步研究。

書法方面,毛秋瑾《寫經書法述論——以敦煌吐魯番寫本爲中心》(《故宮博物院院刊》3 期)以敦煌吐魯番地區發現的佛經寫本爲例,探討了兩方面問題,說明唐代抄寫佛經原典均以正書書寫,而抄錄同時代人的注疏、釋論時較多使用行草書,并分析了形成這一現象的諸多因素。故宮博物院編,王勇編寫《敦煌行草集字與創作》(紫禁城出版社)對敦煌文書中行草集字和創作進行了總論,并指出二者的結合即爲內容與形式的完美統一。

八、考古與文物保護

有關石窟的調查和探析,孫曉峰、臧全紅《甘肅合水縣蓮花寺石窟調查報告》(《敦煌研究》3 期)認爲蓮花寺唐代造像以阿彌陀佛爲主,造型具有明顯的時代特徵;其中宋代造像題材豐富,顯然受到了陝北地區同期造像的影響,反映出特定歷史條件下陝北及隴地石窟造像的時代風貌。侯世新《吐峪溝石窟寺第 38 窟龜茲風探析》(《敦煌學輯刊》2 期)認爲吐峪溝石窟介於龜茲與河西走廊之間,這對考察佛教美術的傳播與變遷具有重要意義。沙武田《榆林窟第 25 窟 T 形榜子再探》(《敦煌研究》5 期)認爲敦煌石窟中書寫藏漢文字的 T 形榜子頗具時代特徵,榆林窟第 25 窟八大菩薩曼荼羅造像中的 T 形榜子更具研究價值。王新春《近代中國西北考古:東西方的交融與碰撞——以黃文弼與貝格曼考古之比較爲中心》(《敦煌學輯刊》4 期)通過探討黃文弼與貝格曼二人在學術背景、考察目的、調查方法等方面的異同,探究他們之間出現的交流困境及原因,分析由此造成的結果和影響。馬若瓊《淺談蘭州伊斯蘭教建築裝飾藝術》(《敦煌學輯刊》4 期)主要以蘭州爲例,調查、探討伊斯蘭教建築的體系,建築裝飾風格及特點,清真寺建築裝飾構件在建築體系中的應用,并研究蘭州市伊斯蘭教建築的概況,清真寺名錄、現狀、開發及保護等問題。

對於佛教造像的探討,代表作有韋陀著,常紅紅譯《武威博物館藏喜金剛與大黑天金銅造像考》(《敦煌研究》1 期),文章通過對武威博物館藏的喜金剛與大黑天金銅造像特徵及其背景的分析,認爲其製作之地極可能是在 13 世紀中期的西藏,并證實了它們在漢藏關係史上的重要意義。董華鋒《四川出土的南朝彌勒造像及相關問題研究》(《敦煌學輯刊》2 期)在前期研究的基礎上,探討了四川出土的三尊南朝彌勒造像的圖像淵源,研究了南朝時期蜀地與西涼、荆州的佛教交流,揭示出造像所反映的"彌勒——無量壽"信仰和"彌勒——觀音"信仰,并討論了這兩種信仰之間的關係。吳榮國、榮紅梅《敦煌旱峽南口遺址發現彩塑佛像》(《敦煌研究》3 期)介紹了對敦煌三危山旱峽南口建築進行的搶救性發掘,并對遺址形制即出土的彩塑殘件的年代進行了考證和研究。劉海宇、史韶霞《青島市博物館藏雙丈八佛及相關問題探析》(《敦煌研究》4 期)通過對國内現存同類北朝丈八佛造像的比較,進一步探析丈八佛的起源以及兩佛并立佈局的深層社會文化因素。李小強《大足北山石刻第254 號造像題材探析——兼及大足五代十王造像的相關問題》(《敦煌研究》4 期)通過對大足北山石刻第 254 窟號的初步分析,認爲主尊像爲阿彌陀佛、觀音、地藏,側壁造像爲十王河判官,并認爲該龕在題材上具有濃厚的世俗化佛教色彩。賴文英《涇川王母宫石窟造像思想探析》(《敦煌學輯刊》2 期)通過對涇川王母宫石窟整體造像内容與結構的分析,認爲王母宫石窟將北涼石塔的法身意義引入石窟中。賀小萍《山東平原出土北齊天保七年石造像内容辨析》(《敦煌研究》1 期)依據經典記載,并通過對犍陀羅到我國中原地區相關造像的比較,認爲該造像底座右立面表現的是儒童菩薩本生故事。

對於彩繪墓磚、木片畫、石塔圖像等的相關探討,張有《絲綢之路河西地區魏晉墓彩繪磚畫——六博新考》(《敦煌研究》2 期)對河西地區漢魏墓出土的多幅六博磚畫和木俑博戲,以圖像和文獻相參照,重新確認磚畫表現形態應該是樗蒲和博塞而非六博。臧全紅《甘肅武山千佛洞石窟出土木片畫》(《敦煌學輯刊》2 期)在全面介紹武山千佛洞石窟出土木片畫的基礎上,從時代和功用方面對其作了初步研究。楊雄《大足石刻孔子及十哲龕初探》(《敦煌研究》4 期)認爲大足的十哲造像是現存最早有確切紀年的十哲造像,其歷史與藝術價值至爲珍貴,大足的孔子及十哲龕是與佛教、道教造像并列開鑿的,具有宗教的意義。張延清、董華鋒、梁旭澍《敦煌研究院藏甘丹四金羊年銅釜考》(《敦煌研究》5 期)認爲敦煌研究院收藏的甘丹寺金羊年銅釜鑄造於1751 年,由七世達賴喇嘛題寫頌詞,并於 1753 年親自爲此銅釜開光。俄玉楠《甘肅博物館藏卜氏石塔圖像調查研究》(《敦煌學輯刊》4 期)認爲現藏於甘肅省博物館的卜氏石塔造像内容豐富而成體系,20 幅圖像聯繫組成了一個完整的三世佛信仰世界,受到學界的關注。

有關壁畫、石窟等文物的保護方面,李成等《媒體資產管理系統在敦煌石窟影像資料中的應用和實踐》(《敦煌研究》2 期)通過敦煌研究院媒體資產管理系統的應用和實踐,對文物影像信息的管理和利用作了分析。王旭東《基於中國文物古迹保護準則的壁畫保護方法論探索與實踐》(《敦煌研究》6 期)以莫高窟第 85 窟和第 98 窟保護實踐的經驗和教訓爲例,闡述了《中國文物古迹保護準則》在壁畫保護中的基礎性指導作用,説明了凡事違背了《準則》程序開展的保護工作將會給文物造成不可挽回的損失,進一步驗證了《準則》的科學性。烏部里·買買提艾力《對 UNESCO 援助庫木吐喇石窟保護項目的思考》(《敦煌研究》6 期)以 UNESCO 援助庫木吐喇石窟保護項目爲例,對國際合作項目的管理,取得的技術成果和保護理念進行了闡述。劉洪麗等《文物價值定量評估方法研究——以榆林窟爲例》(《敦煌研究》6 期)嘗試採用 AHP方法,利用 Matlab 編程進行文物價值定量評估,以榆林窟爲例,根據評估提出價值相對重要性,提出保護利用措施與建議。蘇伯民等《有機硅——丙烯酸酯共聚水乳液的製備研究》(《敦煌研究》6 期)利用含氫硅油、甲基丙烯酸烯丙酯和丙烯酸酯單體製備有機硅——丙烯酸酯共聚水乳液,通過單因素分析對單體配比,乳化劑用量,有機硅含量等條件優化,并對材料進行滲透性、透氣性測試,同時與 B72 進行性能對比。劉斌等《聚硅氧烷低聚體製備及其石質文物封保性能研究》(《敦煌研究》6 期)以烷基硅氧烷、正硅酸乙酯、去離子水等爲反應物,加入催化劑,水解聚合生成聚硅氧烷低聚體,對材料的附着力,憎水性、透氣性、耐老化性進行分析測試評價,結果表明隨着烷基鏈長度的增加,材料的表面封護性能下降。張化冰等《壁畫保護材料 PVAc、PVA 的性質研究與表徵》(《敦煌研究》6 期)以聚乙烯醇 PVA—1788、PVA—1799、聚乙酸乙烯酯(PVAc)、PVA 乳液等四種爲代表,綜述了材料的歷史、結構、組成、型號和物化性質。趙天宇等《莫高窟壁畫地仗土的土水特性研究》(《敦煌研究》6 期)通過室内試驗開展地仗土的土水特性研究,期望能爲壁畫病害防治提供理論支持。党小娟等《山西長子崇慶寺泥塑中金屬構件的金相學分析研究》(《敦煌研究》6 期)試圖通過對兩類金屬構件工藝的揭示來印證其彩繪的歷史沿革及修復史方面的一些信息,爲保護這批彩塑提供科學依據。陳港泉等《甘肅河西地區館藏畫像磚物理力學性質試驗》(《敦煌研究》6 期)對甘肅河西地區的敦煌、酒泉、嘉峪關、高臺博物館部分館藏畫像磚物理力學性質,進行了分析研究。武發思等《嘉峪關魏晉墓腐蝕壁畫細菌類群的分子生物學檢測》(《敦煌研究》6 期)採用分子生物學技術對嘉峪關魏晉墓腐蝕磚壁畫細菌類群進行檢測和分析。李最雄等《砂礫岩石窟岩體裂隙灌漿新材料研究》(《敦煌研究》6 期)認爲中國傳統的古建築材料阿嘎土和料礓石經高溫焙燒改性後可作爲一種很好的砂礫岩石窟岩體裂隙灌漿材料。王逢睿、肖碧《甘肅石窟寺第 165 窟岩體穩定性分析研究》(《敦煌研究》6 期)以第 165 窟爲例,在對石窟洞石地質條件與各類影響因素分析的基礎上,對大跨度薄頂洞窟岩體的穩定性進行研究。張虎元等《潮濕土遺址界定及病害分類研究》(《敦煌研究》6 期)認爲導致潮濕土破壞的主要誘因,依次是大氣降水衝刷、地下水位波動、空氣濕度變化。郭青林等《南京報恩寺遺址土工程地質特徵與病害關係研究》(《敦煌研究》6 期)通過測試遺址土體的物理、力學、水理、微觀結構等方面的性質和特徵,分析了遺址土樣工程的地質特徵與遺址病害之間的關係。孫滿利等《楠竹錨桿加固土遺址黏結力研究》(《敦煌研究》6 期)通過楠竹錨桿野外現場基本試驗,研究了錨桿桿體與錨固體之間黏結强度。劉煒等《凍融破壞對漢長城遺址土的結構影響研究》(《敦煌研究》6 期)以漢長安城遺址土爲樣品,採用掃描電鏡觀測經不同凍融次數後加固和未加固土樣的微觀結構,分析漢長安城遺址土凍融破壞的微觀機理。俞天秀等《基於幾何形變改善的莫高窟數字壁畫圖像拼接方法研究》(《敦煌研究》6 期)通過修正相機的鏡頭畸變,改善單站壁畫的形變,優化自動拼接的效果,不僅使得圖像拼接自動化程度提高,也大大降低了自動拼接的錯誤率。常永敏等《基於激光掃描和高精度數字影響的敦煌石窟第 196、285 窟球幕圖像製作》(《敦煌研究》6 期)以莫高窟第 196 窟和 285 窟爲例,採用激光掃描技術建石窟三維數據模型,結合高精度紋理影響,建立逼真數字石窟模型,并實現了高精度球幕圖像的製作。王亞娜《由敦煌石窟文物保護研究陳列中心談遺產地配套設施項目》(《福建建築》7 期)認爲敦煌石窟文物保護研究陳列中心使遺產地服務類建築做出了創新性和高質量,并使之成爲和遺產地相得益彰的好建築。

九、少數民族歷史語言

少數民族歷史方面,主要著作有陸離《吐蕃統治河隴西域時期制度研究——以敦煌新疆出土文獻爲中心》(中華書局),本書共分爲十五章,内容包括:吐蕃統治時期敦煌的四級節兒和漢人都護、吐蕃統治時期敦煌的五十崗與五崗、吐蕃告身制度、吐蕃大蟲皮制度、吐蕃驛傳制度、吐蕃統治時期敦煌的賦稅制度等方面。陸慶夫《敦煌漢文文書中的民族資料分佈概述》(《敦煌學輯刊》1 期)從爬梳資料、提供信息出發,將含有民族資料的敦煌漢文文書劃歸十類,按類概要論述了民族資料的分佈情況,并通過注文列舉了學界對相關資料研究的論著成果。楊富學《甘州回鶻宗教信仰考》(《敦煌研究》3 期)認爲 9 世紀中葉隨着甘州回鶻王國的建立,回鶻宗教信仰發生重大變化,原來被奉爲國教的摩尼教勢力漸弱,佛教取代摩尼教成爲甘州回鶻國最爲流行的宗教,同時薩滿教的遺俗繼續存在。廖玲《羌族臨終關懷與羌族宗教》(《敦煌學輯刊》2 期)在羌族特定語境下,從其宗教信仰、法事儀式及經文入手,結合臨終關懷的宗旨和目的,探討了羌族臨終關懷與宗教信仰、生死觀之間的脈絡關係。馬德《吐蕃國相尚紇心兒事迹補述》(《敦煌研究》4 期)通過對羽077 號的《本團爲宰相就靈龕祈願文》等的記載分析,指出尚紇兒一生前後三次到敦煌,晚年又在敦煌建造聖光寺。

有關藏文、吐蕃文的研究方面,本年度的研究成果頗爲豐富。陳踐《敦煌古藏文 P. T. 992〈孔子項託相問書〉釋讀》(《中國藏學》3 期),文章在前人研究的基礎上,對 P. T. 992《孔子項託相問書》進行了釋讀,并與敦煌漢文文獻中的相關卷號進行了對比研究,同時指出敦煌古藏文文獻中漢譯藏文文獻的存在表明漢藏民族間文化交流的多元與頻繁。黃維忠《〈國家圖書館藏敦煌遺書〉條記目録中的藏文撰寫問題》(《中國藏學》S2 期)對於《國家圖書館藏敦煌遺書》條記目録中的藏文撰寫的誤録和遺漏給予整理和補正。楊銘《敦煌、西域古藏文文獻所見蘇毗與吐蕃關係史事》(《西域研究》3 期)結合敦煌、新疆出土的古藏文文書與相關的漢文文獻,深入地探討了有關唐代吐蕃與蘇毗關係中的若干史事,并進一步揭示了隋唐時期蘇毗在西北的分佈、活動及其融合於吐蕃的軌迹。任小波《敦煌吐蕃文書中的"人馬盟誓"情節新探——IOLTibJ731 號藏文寫卷研究釋例》(《中國藏學》3 期)重新轉録和譯釋了"人馬盟誓"段落,并將其與納西族東巴經《獻冥馬》作了文本溝通,另對其中的誓詞和盟誓儀式作了語詞和文化解析。武内紹人著,楊富學譯《後吐蕃時代藏語文在西域河西西夏的行用與影響》(《敦煌研究》5 期)認爲敦煌文獻中屬於後吐蕃時代的藏語文獻均爲 10 世紀末或 11 世紀初寫本,正可填補西藏本土缺乏的 9 世紀中葉以後至 12 世紀以前的藏文文獻,具有珍貴的價值。劉瑞《吐蕃時期翻譯文學漢譯藏的特點——以敦煌吐蕃文書 P. T. 1291 號和 986號爲例》(《四川民族學院學報》5 期)以敦煌吐蕃文書 P. T. 1291 號和 P. T. 986號爲例,考察吐蕃時期翻譯文學漢文翻譯爲藏文的特點,即語文翻譯準確,文獻具體內容翻譯完備和文獻思想內容翻譯合理等。當增扎西《從法藏敦煌藏文文獻中的觀音經卷看吐蕃觀音信仰》(《敦煌學輯刊》2 期)對於法藏敦煌藏文文獻中的觀音經卷內容的分析比較,探討吐蕃觀音信仰形態特徵。李并成、侯文昌《敦煌寫本吐蕃文雇工契 P. T. 1297_4 探析》(《敦煌研究》5 期)認爲此件吐蕃文雇工契與同期雇工契相比較,在文書格式上保持獨立特色的同時,更多地承襲了漢文契的模式:在雇傭關係方面契約雙方地位較爲平等,基本上是以役力換取糧食,屬於幫工性質。任小波《古藏文碑銘學的成就與前景——新刊〈古藏文碑銘〉録文評注》(《敦煌學輯刊》3 期)對日本新刊《古藏文碑銘》及其網絡版的學術價值作了綜論,尤其通過舉例分析對此書中的拉丁録文提出幾個層次的修改意見,進而對"古藏文碑銘學"的建立提出一些思考。勘措吉《莫高窟第 465 窟藏文題記再釋讀》（《敦煌學輯刊》4 期）通過對莫高窟第 465 窟東壁門上的藏文題記進行了再釋讀,認爲這條題記翻譯成漢文應該是“臘月二十五日全部（完整）尸材建成（繪成）”。這個藏文“（bod lo）”不是表示年代,而是表示具體日期,這或與臘月二十五日是金剛亥母的生日有關。侯文昌《敦煌出土吐蕃古藏文借馬契探析》（《科技新報》12 期）探討了敦煌出土的一件吐蕃古藏文借馬契的性質及其與漢文雇傭牲畜契的同與異。

通過藏文文書對于闐歷史的最新研究成果,首推朱麗雙的四篇論文,其《敦煌藏文文書 P. T. 960 所記于闐佛寺的創立——〈于闐教法史〉譯注之一》（《敦煌研究》1 期）對敦煌藏文文書 P. T. 960 的研究狀況及其與藏文大藏經《于闐國授記》等文獻的對應關係作了詳細的梳理,文中包括對這些文書最初三部分内容的譯注。《敦煌藏文文書 P. T. 960 所記于闐建國傳説——〈于闐教法史〉譯注之二》（《敦煌研究》2 期）對敦煌藏文文書 P. T. 960 的進一步分析和研究包括兩部分内容:一是毗沙門和舍利弗決海,于闐由海子轉成桑田;二是地乳王子和耶舍大臣建立于闐國的經過。《敦煌藏文文書 P. T. 960 所記守護于闐之神靈——〈于闐教法史〉譯注之三》（《敦煌研究》4 期）是對敦煌藏文文書 P. T. 960 的譯注之三,包括于闐的八大守護神、于闐的八大菩薩、于闐的靈驗伽藍以及于闐二部僧伽持見之情況等。《敦煌藏文文書 P. T. 960 所記佛法滅盡之情形——〈于闐教法史〉譯注之四》（《敦煌吐魯番研究》12 卷）通過對《于闐教法史》的譯注,闡述了敦煌藏文文書 P. T. 960 所記的佛法滅盡之情形。

吐火羅文研究方面,任平山《重提吐火羅——尉遲乙僧原籍考注》（《敦煌研究》3 期）通過梳理相關的史料,提出了新的看法,認爲吐火羅的説法不如于闐説更爲確切。張鐵山《吐火羅文和回鶻文〈彌勒會見記〉比較研究——以吐火羅文 YQ1.3 1/2、YQ1.3 1/1、YQ1.9 1/1 和 YQ1.9 1/2 四頁爲例》（《敦煌吐魯番研究》12 卷）對吐火羅文《彌勒會見記》殘頁與相應的回鶻文本進行對比分析,并得出多點重要認識,發現了依靠單一文本所不能認清的價值。

回鶻文研究方面,阿依達爾·米爾卡馬力等《吐魯番博物館藏回鶻文〈慈悲道場懺法〉殘葉研究》（《敦煌研究》4 期）對吐魯番發現的七葉回鶻文《慈悲道場懺法》原文進行了拉丁字母撰寫及注釋。張鐵山《吐魯番柏孜克里克出土回鶻文刻本〈佛説天地八陽神咒經〉殘頁研究》（《敦煌學輯刊》2 期）對吐魯番地區文物管理所發掘柏孜克里克千佛崖出土的回鶻文刻本《佛説天地八陽神咒經》殘頁進行原文換寫、原文拉丁字母撰寫、漢譯文和注釋,并根據以往的研究對相關問題進行探討。李樹輝《聖彼得堡藏 SI 2 Kr 17 號回鶻文文書研究》(《敦煌研究》5 期)認爲聖彼得堡藏 SI 2 Kr 17 號回鶻文文書反映了喀喇汗王朝與高昌回鶻王國間戰爭的某些重要史實,意味着當時高昌回鶻王國的西部邊界已由伊塞克湖東南地區回縮至今尤爾都斯盆地,正可補史料之缺。

蒙文研究方面,松川節著,敖特根、烏雲其木格譯《關於 1240 年漢蒙碑銘中的 aldaγ—situ》(《敦煌學輯刊》2 期)從古文字學的角度進行考釋,認爲 aldaγ—situ 應讀作 aldangqi,而非 aldaysi。

十、古　籍

許建平對國外敦煌文獻藏地的經部古籍整理成績顯著,其一爲《英俄所藏敦煌寫卷〈毛詩音〉的文獻價值》(《文獻》3 期),作者對英國圖書館所藏 S.2729B、俄羅斯科學院所藏 Дx. 01366《毛詩音》進行整理和考證。其二爲《杏雨書屋藏玄應〈一切經音義〉殘卷校釋》(《敦煌研究》5 期),作者移錄了此殘卷的內容,并以高麗藏本、磧砂藏本、《慧琳音義》轉錄之《玄應音義》以及磧砂藏本《華嚴經》經文對勘,校勘詳細。聶志軍《關於敦煌文書 S.5514 之定名》(《首都師範大學學報》5 期)通過對敦煌文書 S.5514 和 S.610《雜集時要用字》的對比考察,發現二者編排體例相同,并在殘存的能夠對照的內容上高度吻合。另外,劉波《普林斯頓大學藏吐魯番文書唐寫本〈經義策〉殘卷之整理與研究》(《文獻》3 期)對美國普林斯頓大學藏多件吐魯番文書唐寫本經義殘卷進行整理和研究。

對敦煌寫本諸子文獻以及律疏的探討,朱大星《敦煌諸子文獻分類芻議》(《敦煌研究》2 期)依據《漢書·藝文志》、《隋書·經籍志》、《通志》、《四庫全書總目》等書目的分類,結合敦煌文獻所存諸子寫卷的內容及數量等,對敦煌諸子文獻作了界定和分類。岳純之《所謂現存〈唐律疏議〉爲〈永徽律疏〉的新證——與鄭顯文先生商榷》(《敦煌研究》4 期)通過檢討鄭顯文先生的各項證據,發現其并不足以支持現存《唐律疏議》爲《永徽律疏》的觀點,唯一可以肯定的是,現存《唐律疏議》并不是永徽四年的《永徽律疏》。除此之外,對敦煌寫本《文選》的相關探討也較爲多見。丁紅旗《關於唐代敦煌教授〈文選〉的一點臆測》(《敦煌研究》1 期)通過諱字,大致推斷天津藝術博物館、日本永青文庫藏敦煌寫本《文選注》寫於唐德宗時代,性質上屬於講章的記錄,而內容與科舉有密切關係,可以說這種講解屬於唐代科舉下《文選》興盛的產物。施米特撰,徐美德譯《敦煌唐寫本〈文選〉解說》(《古典文獻研究》14 輯)對敦煌寫本 F242a,即 WX/F242a 之《文選》片段進行了分析和解說。

傳世史籍方面,肖瑜《日本書道博物館藏〈三國志·吳志·虞翻傳〉10 行殘卷研究》(《敦煌研究》2 期)對深藏於日本書道博物館的《三國志·吳志·

虞翻傳》10 行殘卷之流傳、公佈、著録情況進行詳細梳理,研究該殘卷文字中分屬於通假字、虛詞和語篇的三處異文,指出其凸顯古寫本近古存真的價值所在。徐暢《莫高窟北區石窟所出刻本〈資治通鑑〉殘片考訂》(《敦煌研究》5 期)對莫高窟北區第 64 窟、137 窟出土的 11 片漢文殘文書進行了版本和年代的考訂,認爲殘片年代爲 13 世紀末到 14 世紀前中期,并反映了元代的敦煌與當時作爲經濟、文化中心的長江江南地區,依然保持着密切的交流。張宗品《俄藏敦煌文獻所見存世最早的〈史記〉寫本殘片及其綴合》(《敦煌研究》5 期)對俄藏敦煌文獻中的《史記》最早寫本遺存進行綴合和研究,認爲它對了解早期北方《史記》寫本的形態及宋刻本的不足多有啓益。

十一、科　　技

本年度科技方面的著作,主要有王進玉《敦煌學和科技史》(甘肅教育出版社),此書是第一部綜合研究敦煌科技史的學術專著,作者在 30 餘年來對敦煌石窟壁畫實地考察和思考的基礎上,全面檢閲敦煌文書中的科技史史料,廣泛吸收國内外相關研究成果,使該書成爲資料詳備、論述精辟且富於創新性的著作。

對於敦煌遺書中相關醫籍的研究,劉海偉《敦煌遺書〈灸經圖〉中五勞七傷與慢性疲勞綜合徵》(《中醫雜誌》18 期)認爲《灸經圖》中灸治五勞七傷是很完善的,爲治療慢性疲勞綜合徵提供了新思路。王天生等《關於敦煌〈灸經圖〉保健灸、治未病組方探討》(《中國針灸》4 期)通過敦煌石窟《灸經圖》圖 4 的内容來探討保健灸和治未病組方,認爲此圖對推動當前針灸學的發展具有重要意義。劉稼等《敦煌遺書〈輔行訣〉小補瀉湯數術思想研究》(《中國中醫基礎醫學雜誌》6 期)通過對敦煌遺書《輔行訣五臟用藥法要》小補瀉湯組方思想進行系統的研究,發現五臟小補瀉方藴含着深刻的數術思想,秘藏着統一的運算模式。王亞麗《敦煌寫本張仲景〈五臟論〉用字考》(《中醫研究》6 期)通過比較張仲景《五臟論》的五種寫本,參照各類著述,兼及文義及醫理,并以此觀照隋唐五代時期的具體用字狀況。梁松濤《俄藏黑水城文獻 911 號西夏文醫書第 14—1 頁藥方考釋》(《敦煌學輯刊》4 期)首次對《俄藏黑水城文獻》第 10 册編爲 ИНВ911 號的西夏文醫書中第 1 頁所載藥方進行釋讀、考校,認爲此藥方爲治療出血性痢疾的“四白丸”,其組方爲“白石脂,白龍骨,胡粉,白礬”,而其藥方來源於宋《太平聖惠方》。王亞麗、段禎《〈俄羅斯藏敦煌醫藥文獻釋要〉補釋》(《中醫文獻雜誌》1 期)認爲《俄羅斯藏敦煌醫藥文獻釋要》在文字方面略嫌簡略,并對一些重要和典型的文字作出補充和更正。王亞麗《敦煌寫本爲中古用字提供書證例考——以敦煌寫本醫籍爲中心》(《求索》11 期）通過考證發現，敦煌寫本醫籍中的用字字例既可爲大型字典編纂提供歷史上使用而現有字典辭書未收的俗字字例及書證，還可彌補字典已收用字中古書證不足的缺憾。

另外，劉喜平、李沛清、辛寶《敦煌遺書中的中醫食療學思想探析》（《中國中醫基礎醫學雜誌》2 期）認爲敦煌醫藥文書中蘊含豐富的中醫食療學内容，其中食療本草對食物的認識、平衡膳食觀、藥食結合、救諸勞損的食療方劑等有重要的研究和應用價值。薛守宇、梁麗娟、安霞《敦煌遺書之婦科方書殘卷集萃》（《中醫研究》3 期）認爲敦煌古醫籍的内容以隋唐時期的醫藥學術成就爲主，所包括婦科等病醫方有着重要的學術價值和歷史價值。李金娟《醫禮情福：古代香包功能小考》（《敦煌學輯刊》1 期）通過考究傳世文獻中有關香包的史料，對古代香包的功能進行較爲完善的闡釋，以期爲香包的多元化發展提供理論參考。

十二、學術動態與紀念文

會議方面，由中國社會科學院文史哲學部主辦，學部工作局、歷史所、敦煌學研究中心承辦的“2011 年中國社會科學院國學論壇暨中國社會科學院敦煌學研究回顧與前瞻”研討會於 2011 年 4 月 28—29 日在北京“中國社會科學院第一報告廳”成功召開，研討會針對中國社會科學院與敦煌學研究、敦煌學學術回顧與前瞻等論題展開，安排學術報告數十場，對於聯合各學術機構的敦煌學者共同推動敦煌學的發展具有重要意義。

由甘肅省文物局、敦煌研究院、國家古代壁畫保護工程技術研究中心主辦的“2011 敦煌論壇：文化遺產與數字化國際學術討論會”於 2011 年 8 月 19—21 日敦煌莫高窟成功舉辦，會議共收到論文及演示文稿 57 篇，安排學術報告 45 場，是一次規模空前的學術盛會。

由敦煌研究院舉辦的“敦煌意象——中日岩彩畫展”於 2011 年 9 月 10 日在敦煌莫高窟開幕。本次展覽由敦煌研究院和日本京都藝術大學聯合主辦，共展出中日藝術家作品 69 幅，展覽持續至 10 月 9 日，并引起了多家媒體的關注。

2011 年 9 月 25 日至 29 日，“三維數字文化遺產建模 2011 國際研討會”在敦煌沙州陽光國際大酒店召開，敦煌研究院數字中心的相關人員參加了此次會議。會議參會人員就歐洲、亞洲、南美洲、非洲等多個著名的文化遺產保護項目進行了交流。

2011 年 10 月 10 日上午，“2011 國際敦煌項目學術研討會”在敦煌研究院舉行。學術討論會共安排兩場學術報告和四場學術討論會，由來自 IDP 項目各國合作機構、博物館、圖書館的代表對本國收藏的敦煌文獻的數字化進程作報告和總結。各國學者代表就與 IDP 項目密切相關的科學、研究網絡技術以及 IDP 未來的發展等問題展開了討論。

綜述方面,竇懷永《百年敦煌文獻整理研究國際學術討論會綜述》(《國際學術動態》2 期)對 2010 年 4 月 10—12 日舉行的"百年敦煌文獻整理研究國際學術討論會"進行介紹。陳麗萍、侯振兵《"中國社會科學院敦煌學研究回顧與前瞻學術研討會"綜述》(《中國史研究動態》5 期)對前揭"中國社會科學院敦煌學研究回顧與前瞻學術研討會"的相關會議內容進行了綜述。胡翠霞《敦煌〈放妻書〉研究綜述》(《絲綢之路》8 期)對敦煌文書《放妻書》的研究給予整理和總結,以期爲今後的研究提供參考和借鑒。王旭東、朱立芸《近代中國敦煌學研究述評》(《甘肅社會科學》6 期)認爲近代敦煌學研究不僅形成了敦煌學,而且還形成了敦煌精神,并傳承至今,爲當代敦煌學研究打下堅實的基礎。沙武田《吐蕃統治時期敦煌石窟研究綜述》(《西藏研究》3 期)從學術史的角度就敦煌吐蕃時期洞窟的研究,通過分類的方法,分別就綜合研究、洞窟營建史等問題的研究作了回顧,并就吐蕃時期石窟研究的特點作了總結。汪萬福等《遺產地植物與遺產保護間關係研究進展》(《敦煌研究》6 期)從全球遺產地和植被帶類型與分佈範圍的客觀尺度上,以及影響遺址保存區域環境中植物種類、數量以及根部特點等微觀尺度上開展討論,闡明遺產地植被類型與遺產保護間的關係。紀娟、張家峰等《中國古代幾種藍色顏料的起源與發展歷史》(《敦煌研究》6 期)主要論述了中國古代幾種常見藍色顏料的起源和發展歷史,每個時期顏料的流通和使用都反映了當時政治、經濟、文化科技水平及對外貿易的範圍。馬燕天等《史前洞窟阿爾塔米拉(Altamira Cave)壁畫微生物群落研究進展》(《敦煌研究》6 期)以西班牙的阿爾塔米拉洞窟壁畫爲例,綜合其自發現以來的研究歷程和主要成果,爲我國的文物保護工作提供參考。沙武田、寇克紅《高臺魏晉墓與河西歷史文化國際學術研討會綜述》(《敦煌學輯刊》4 期)對 2010 年 8 月 13—15 日在甘肅省高臺縣召開的"高臺魏晉墓與河西文化國家學術研討會"進行了綜合介紹,對來自中國大陸、香港、日本、韓國等地區 40 餘家高校及科研機構 70 多位專家學者的重要文章進行了概述。

紀念文方面,《敦煌吐魯番研究》第十二卷是爲紀念敦煌吐魯番學會第一任會長季羨林先生的紀念專號。其中郝春文在《卷首語》中敘述了季羨林先生在敦煌吐魯番學研究、敦煌吐魯番學會的組織、《敦煌吐魯番研究》的創辦中所具有的舉足輕重的作用,作者對此給予高度的評價,并對季羨林先生給予深切的緬懷。段晴《德國的印度學之初與季羨林先生的學術底蘊》首先回顧了19世紀初期的德國印度學的初創期,并述及哥廷根大學優秀的印度學傳統;其次敘述了季羨林先生的留學德國,回國後締造中國印度學的事迹,認爲季羨林先生爲中國印度學和西域古代語言文化的發展作出了巨大貢獻。王邦維《二十世紀八十年代西域研究的力作——季羨林先生與〈大唐西域記校注〉》從季羨林先生策劃和組織校注《大唐西域記》的事迹,說明了幾十年來中國西域學術研究的一個片段,折射出季羨林先生高瞻遠矚的學術眼光和研治絶學的人生追求。柴劍虹《高舉"敦煌學在世界"的大旗——紀念季羨林會長逝世一周年》以敦煌吐魯番學會副秘書長的身份,講述了季羨林先生盡心竭力、倡建敦煌吐魯番學會,孜孜不倦、研治絶學成就卓著,春風化雨、獎掖後進教育新人的偉大學術事迹。趙和平《我眼中心中的季羨林先生》以季先生"教外別傳"弟子的身份記述了自己眼中心中的季羨林先生,認爲季先生是一位純粹的教授學者,不僅學問做得好,教授更是當得好,季先生對北大中青年學者的教育以及敦煌吐魯番學學者的培育都作出了重大貢獻。王素《獎掖多後進 謙恭比前靈——記與季羨林先生交往二三事》回憶了與季羨林先生交往的二三事,從中折射出季先生高尚的道德與人格,并認爲季先生的道德與文章值得永遠學習和發揚光大。榮新江《季羨林先生〈西域佛教史〉讀後》簡要介紹了季羨林先生的晚年著作《西域佛教史》,認爲此書凝聚了季先生數十年的研究心得和心血,并利用了大量的吐火羅語的文獻來研究龜兹和焉耆的佛教史,具有重要的學術意義和價值。宇文卒編《季羨林先生敦煌吐魯番及東方學論著編年目錄》彙集了季羨林先生自1941年至2007年60多年以來的學術著作,包括東方語言學、東方文化、佛教典籍、中外文化比較交流等多個方面。

敦煌研究院前院長段文傑先生於2011年1月逝世,段先生是敦煌研究的領軍學者,對敦煌學研究事業作出了不可磨滅的貢獻,《敦煌研究》第3期闢爲紀念段文傑先生的專刊,紀念文章包括樊錦詩《段文傑先生對敦煌研究事業的貢獻》、柴劍虹《段文傑——敦煌研究傑出的領軍人》、關友惠《敦煌壁畫的臨摹工作——紀念段文傑先生》、李最雄《段文傑先生與敦煌石窟的科學保護事業》、趙聲良《段文傑先生的敦煌藝術研究》、穆紀光《段文傑對敦煌藝術史研究的貢獻》等,對段文傑先生的學術貢獻給予高度評價。

另外,伏俊璉、冷江山《向達先生的敦煌文學研究——紀念向達先生誕辰110周年》(《敦煌學輯刊》2期)對於向達先生的敦煌文學研究成果進行整理總結,認爲向達先生是早期敦煌學研究的重要學者之一,他對唐代俗講的考辨以及佛曲等概念的澄清對敦煌文學的研究有着指點迷津之功。

書評方面,劉屹《劉進寶主編〈百年敦煌學:歷史·現狀·趨勢〉(上、下)》(《敦煌吐魯番研究》12 卷)認爲劉進寶先生主編的《百年敦煌學：歷史·現狀·趨勢》,是以紀念百年敦煌學爲契機,總結既往研究的歷程和特點,評價當前研究的成績和不足,展望未來研究的路向和趨勢;作者給予此書高度的評價,同時提出了本書存在的體例方面的錯誤。沙武田《〈百年敦煌學：歷史·現狀·趨勢〉讀後》(《敦煌研究》3 期)對《百年敦煌學：歷史·現狀·趨勢》的基本內容做了介紹并簡單評價了該書的學術史價值和學術意義。高田時雄撰,裴成國譯《榮新江、李肖、孟憲實主編〈新獲吐魯番出土文獻〉上下二册》(《敦煌吐魯番研究》12 卷)首先回顧了吐魯番文獻的歷史和特點,對其收錄內容的全面和完備性給予高度評價,同時肯定了此書的價值和意義,并對此書可資改進的問題提出殷切的希望。

2011 年吐魯番學研究綜述

朱艷桐　　王蕾(蘭州大學)

據初步統計,2011 年出版吐魯番學專著 4 部,論文集 9 部,論文共計 178 篇。總體來看,2011 年吐魯番學研究成果主要體現在以下幾方面:一是運用吐魯番文獻研究吐魯番历史仍處於領先地位,特別是關於唐西州的研究成果顯著;二是在民族歷史與語言研究中,回鶻文文書轉寫方面取得了豐碩成果,粟特研究仍然是學術熱點;三是繪畫藝術方面,特別是圖像内容的考證有較大進展;四是考古方面仍向前發展。現將該年度吐魯番學成果分爲文書、政治、經濟、社會文化、民族、宗教、藝術、考古、文字、學術動態與紀念文以及重刊論文等十一个方面,綜述如下。

一、文　　書

吐魯番出土文書的内容是當時當地生活的真實寫照,對文書的鑒定與整理,爲我們探求當地的政治、經濟等奠定了堅實基礎。該年度無論是文書綜合研究,還是單篇文書考釋均有成果。如吳大旬、陳延安、張琦《近年新獲吐魯番出土文獻概述》(《貴州民族學院學報》6 期)將新獲吐魯番文書分爲高昌郡、闞氏高昌王國、麹氏高昌王國、唐西州四個時期加以概述,并與以往吐魯番出土文書比較異同。石立善《吐魯番出土儒家經籍殘卷考異》(《敦煌寫本研究年報》5 號)對吐魯番新出土儒家經籍殘卷録文,并藉助史料與文書對其中詞語進行考證。劉波《普林斯頓大學藏吐魯番文書唐寫本經義策殘卷之整理與研究》(《文獻》3 期)對普林斯頓大學所藏 23 件策問文書進行録文,研究策問内容,認爲這批文書的性質是學生習作而非考卷,并通過這批文書研究了吐魯番教育和經義策等多方面問題。陳國燦《古高昌大乘信仰盛況的再現——對旅博藏吐魯番出土佛經整理評介》(《中國敦煌吐魯番學會 2008 年度理事會議暨"敦煌漢藏佛教藝術與文化學術研討會"論文集》,三秦出版社)介紹了旅順博物館藏吐魯番出土佛經的整理情況。榮新江《唐代龜兹地區流傳的漢文典籍——以德藏"吐魯番收集品"爲中心》(《魏晉南北朝隋唐史》3 期)指出德藏"吐魯番收集品"中包含很多龜兹文書,并集中討論了《唐律》、《切韻》、史籍、漢譯佛典等文書,揭示了中原文化在龜兹地區的傳播,進一步推測安西四鎮或都有同類漢文文獻遺存。肖瑜《日本書道博物館藏〈三國志·吳志·虞翻傳〉10 行殘卷研究》(《敦煌研究》2 期)梳理了此文書之流傳、研究和著録情況,指出文書中的三處異文分别屬於虚詞、語篇和通假字。秦樺林《德藏吐魯番文獻〈龍龕手鑒·禾部〉殘頁小考》(《文獻》3 期)將德藏本殘頁與南宋本和高麗本進行比較,并在西脇常記先生的研究基礎上,根據版式、行款、字體進一步指出德本爲北宋浙本。胡鴻《柏林舊藏吐魯番出土"不知名類書"殘卷的初步研究》(《敦煌吐魯番研究》12 卷)認爲此類書成書於神龍元年(705)之後,是參考了《語對》、《籯金》和其他文獻濃縮而成的。

二、政　　治

政治史的研究成果可分爲漢、高昌國、唐西州、吐蕃至清末民初四個時段加以概述。限於出土文獻,漢代的研究成果較少,殷晴《柳中屯田與東漢後期的西域政局——兼析班勇的身世》(《西域研究》3 期)將班勇生平與東漢後期的西域政局相聯繫,否定班超娶疏勒夫人的觀點,指出班勇應爲于闐漢人所生,并肯定了班勇出屯柳中對穩定西域的貢獻。

由於高昌地處中西交通要衝,與其他政權的交流也十分頻繁,因此不僅在政治史方面有論著呈現,且交流史的研究也成爲重點。王欣《高昌內徙與西域政局》(《中國邊疆史地研究》3 期)檢討了北魏太和二十一年至神龜元年(497—518)間,高昌迫於高車與柔然的鬥爭而請求內遷的經過,認爲北魏出於平衡西域局勢的考慮,僅同意其東遷至伊吾,致使兩次內遷流産。文章的另一貢獻是對馬儒被殺一案提出新見解,即國人贊同內遷,但反對東遷至更危險的伊吾,而馬儒一意孤行以致遇害。王曉暉《高昌國若干政治經濟問題再探討——基於對高昌車牛殘奏和相關文書的分析》(《中國敦煌吐魯番學會2008 年度理事會議暨"敦煌漢藏佛教藝術與文化學術研討會"論文集》)通過《高昌出用、雜除、對額役使車牛殘奏(一)》和相關文書,分析了高昌國坊的設置和特點、高昌高官貴族地位與義和政變之間的關係,并探討了文書中出現的雜役項目及其含義,增加了對高昌國時期政治經濟制度的了解。馮培紅、白雪《略論敦煌吐魯番出土的東晉南朝文獻》(《東南文化》2 期)整理了敦煌吐魯番出土的東晉南朝文獻共 32 件,指出這些文獻除一件造於芮芮外,其他都抄譯於江南,即使在南北朝政治對峙時期,文化交流也未中斷,當時西北與江南的交往主要依靠河南道,但河西道也并未終止。

唐西州時期,對政治統治、官吏、法律、軍事等多方面都取得了豐碩成果。如李方《中古時期中原王朝和地方政權治理西域的經驗與教訓》(《南京師範大學學報》2 期)述及魏晉南北朝隋唐時期,中原王朝和地方政權都认识到西域的重要性,採取恩威并施的方式經營西域,多政權在成熟的地方特别是吐魯番地區建立郡縣,但中原政權不穩,統治者認識的局限性及錯誤決策都會影響西域的穩定與治理。杜文玉《"我群意識"與大唐帝國的崛起——兼論"我群意識"對西北地緣政治的影響》(《陝西師範大學學報》4 期)指出唐代西、庭等州已形成"我群意識",是穩定邊疆的主要力量,但此意識在羈縻地區難以確立,影響了唐西北統治的穩定。薛宗正《安西大都護府治所考——兼論豆勒豆爾奧庫爾古建築群》(《史學集刊》3 期)梳理了自龍朔二年(662)至長壽二年(693)間安西的建置級別、主將姓名和治所變遷,特別是在西州、庭州、碎葉、龜茲等地間的變遷,考證出豆勒豆爾奧庫爾遺址是長壽二年至元和三年(693—808)唐安西大都護府定型後的治所。

吐魯番文書的出土,使細緻研究下層官吏變成可能,這也是今年的重點。張宇《吐魯番文書所見唐西州"城主"考》(《南京師範大學學報》2 期)認爲城主設立於唐代,考察了其職責和身份地位,此文力排衆議,認爲"城主"是流外官而非役。通過學者們的多年努力,"城主"的職責範圍已經日漸清晰,對其身份地位的研究將成爲今後重點。藉助吐魯番文書,里正這一直接溝通官府與百姓的角色也漸趨明朗,劉再聰《唐西州里正銓擬、上直與縣吏分片管理制度》(《西域研究》2 期)討論了唐西州里正任職期限、"考語"及補任、跨地任用、文化程度與戶等問題,并認爲唐代實行里正上直和縣吏分片管理制度,且里正上直分可爲直縣和直州兩種,并指出村正上縣是里正上直制度的補充。徐秀玲《從吐魯番出土文書看唐代官吏請假制度》(《蘭臺世界》2 期)研究了唐代官吏的請假制度,特別關注請假的程序。文章用府兵主帥請替番上文書研究官吏請假問題,似文不對題,研究官吏制度應包括文官、武官,官和吏等基本分類。此外,李宗俊《敦煌吐魯番文書所見姚崇二職及其官履沉浮發微》(《吐魯番學研究》2 期)一文通過敦煌吐魯番文書印證和補充了姚崇的兩個重要任職,考證了其一生的任官履歷,并分析其數次陞遷和貶謫的原因。

法律方面有岳純之《所謂現存〈唐律疏議〉爲〈永徽律疏〉的新證——與鄭顯文先生商榷》(《敦煌研究》4 期),此文從鄭顯文先生論文的紕漏着手,細緻地比較了敦煌吐魯番出土的唐代律、律疏和現存《唐律疏議》,否定了現存《唐律疏議》爲《永徽律疏》,認爲其更接近《開元律疏》。黃正建《敦煌吐魯番法典文書與唐代法律文化》(《中國敦煌吐魯番學會 2008 年度理事會議暨"敦煌漢藏佛教藝術與文化學術研討會"論文集》)解釋了"法典文書"與"法律文化"的概念與意義,藉助敦煌吐魯番文書探討了法典的頒佈下傳過程、作用和地方法官等問題。馮學偉《敦煌吐魯番文書中的地方慣例》(《當代法學》2 期)研究了敦煌吐魯番契約文書、分書、牒文中"鄉元"、"大例"、"大乜(比)例"、"往例"的含義,認爲其都是地方慣例的概稱并具有習慣法性質。文章運用法學知識予以研究,使人耳目一新,但引文多爲轉引,欠缺可靠性。陳璽

《詣臺訴事慣例對唐御史臺司法權限的影響》(《湘潭大學學報》1 期)通過吐魯番文書和傳世史料指出唐代詣臺訴訟的慣例致使御史臺司法權力逐漸擴大。陳璽《唐代據狀論訴慣例之實際運行與社會影響》(《新西部》6 期)指出唐代訴訟應先由當事人製作訴牒,此文力求從敦煌吐魯番出土之訴牒研究其格式規範,并從筆記小説中看到訴牒的關鍵作用。訴牒對研究唐代訴訟習慣和观念都十分重要,但文章僅從敦煌吐魯番文書中各舉一例即得出其格式,未免有些草率,而忽略了訴牒在不同情況下的異同,如上訴內容、呈交對象等都可能對其造成影響,且文章尚未揭示出隨時間發展訴牒是否有變化發展等問題。

　　軍事研究成果主要集中在軍事屯田方面。張安福在此領域著述頗豐,其《屯墾西域與唐代西北邊疆安全體系的構建研究》(《寧夏社會科學》1 期)認爲屯田促進了吐魯番地區手工業、商業、文化等方面的發展。與郭寧合著的《唐代的西域屯墾開發與社會生活研究》(中國農業出版社)一書從吐魯番乃至西域地區的屯墾與開發、人口遷移、城鄉全體的社會生活、民眾的宗教信仰等多方面,研究屯墾與社會經濟文化之間的聯繫。另與王春輝合著的《西域屯墾人物論稿》(中國農業出版社)研究了班勇、張軌、張駿、沮渠安周、張雄、郭孝恪等歷代吐魯番、西域屯墾人物的仕宦經歷、屯墾概況、屯墾的主要成就及其社会影响等。王旭送《論唐代西域烽鋪屯田》(《石河子大學學報》3 期)從吐魯番出土文獻對烽鋪的屯墾作物、屯墾畝數、屯墾人數、屯墾產品的用途等方面進行闡述。

　　吐蕃統治時期的研究成果有陸離《吐蕃統治河隴西域時期制度研究:以敦煌新疆出土文獻爲中心》(中華書局),此書對吐蕃統治西域時期的職官、軍事、驛傳、法律等政治制度,賦稅、勞役、倉廩、市券等經濟制度,僧官、寺户等宗教制度都進行了探討。此書再現了中唐以後西域的社會狀況,極大地推動了吐魯番學的研究。關於清代吐魯番的研究成果較少,周軒《〈辛卯侍行記〉所記吐魯番與羅布之交通》(《吐魯番學研究》1 期)考證了清末民初作品《辛卯侍行記》中記載的由吐魯番直隸廳到羅布泊地區的三條綫路。羅佳《清代新疆移民地名考述》(《社會科學戰綫》6 期)以命名原因爲依據對新疆移民地名進行分類,并指出這些地名群的特點,文章認爲吐魯番直隸廳屬地出現了以軍事屯田名爲地名的現象。

三、經　　濟

　　吐魯番地區地處絲綢之路中段,經貿發達,對其經濟的考察一直在吐魯番學中佔據重要位置。今年的成果主要體現在契約文書、賦稅與户口及其他方面。

對契約文書的研究仍是熱點。乜小紅《對古代吐魯番葡萄園租佃契的考察》(《中國社會經濟史研究》3 期)一文認爲吐魯番葡萄園租佃形式有一年期和多年期兩種,葡萄園的租金額大體佔實際產值的 30％,租佃關係分寺院地主型和小農户間互助型。乜小紅《中古西域民漢文買賣契約比較研究》(《西域研究》2 期)一文重點將吐魯番等地出土的于闐文、回鶻文買賣契約同漢文契約作對比,認爲在契約程式、内容和行文用語上都呈現一致性,西域各民族契約文化源於對漢文契約模式的認同和效仿。張可輝《從敦煌吐魯番文書看中人與地權交易契約關係》(《西域研究》2 期)研究了不同稱謂的中人與其身份地位、責任義務、中人秩序間的關係,認爲中人的本質作用是賴於身份、地位、權威和公信力以平衡社會關係,中人也影響了契約觀念、契約文本和社會關係。通過學界多年的努力,對契約文書的研究已相當深入,此三篇文章不再停留在對外部因素的看法和見解,探討的是性質和本質的問題,這些觀點的提出有助於進一步推進吐魯番地區的經濟史研究。

賦稅制度一直是經濟史研究領域的重中之重。李錦繡《新出唐代陽朔縣銀鋌考釋——兼論唐開元天寶年間的户稅制度》(《中國史研究》1 期)結合敦煌吐魯番文書考釋出唐代陽朔縣銀鋌銘文中“前限稅”、“專知官令裴知言”、“典徐延”、“府□”等名詞,最後得出“唐後期兩稅法具有的特徵,開元天寶時期的户稅均已具備”這一重要論點,填補了從租庸調制向兩稅法演變的中間環節。研究户口管理的兩篇文章均屬高水平之作,徐暢《隋唐丁中制探源——從敦煌吐魯番出土户籍文書切入》(《中華文史論叢》2 期)將丁中制分成兩條脈絡進行考察:一是西晉制在十六國河西五涼政權和東晉南朝得到了繼承和保留,一是北魏至隋唐的丁中制發生了兩步變化。認爲從西晉“丁中老小”制發展爲完整的“黄小中丁老”制的演進主流在北朝而不是南朝,分析了變化產生的原因并推測這一變化產生在北魏太和到隋統一之前。張榮強《唐代吐魯番籍的“丁女”與敦煌籍的成年“中女”》(《歷史研究》1 期)對敦煌、吐魯番的户籍源流進行梳理,認爲敦煌沿襲北魏北朝隋唐一脈,將婚否作爲女子成丁標誌,因此成年在室女稱“中女”;吐魯番地區承襲西晉東晉丁中制,以年齡作爲成丁標誌,高昌實行唐代户籍政策後,“丁女”的稱謂被保留下來,僅用於成年在室女。這兩篇文章分別從整體的流變角度和具體的稱謂變化研究了自晉到唐丁中體制的發展變化,可互爲補充,以便了解吐魯番地區乃至唐代的户籍制度。

隨着近年考古的新發現,貨幣研究逐漸昇溫。楊潔在《絲路綠洲國家的貨幣:本地鑄造,抑或外部流入?》(《中國經濟史研究》3 期)一文中檢討了公元 5—8 世紀高昌自鑄銀錢、高昌吉利錢、波斯薩珊銀幣、拜占庭金幣在吐魯番地區的功能,并爲高昌是否自鑄銀錢這一爭論提供了新的論據。孟憲實《論十六國、北朝時期吐魯番地方的絲織業及相關問題》(《敦煌吐魯番研究》12卷)認爲北涼統治高昌時期和闞氏高昌時期絲織業得到了大力發展,但麴氏高昌後期,吐魯番當地的絲織業出現了大衰退,其原因有:西方的薩珊銀幣取代了絲織品成爲一般等價物;來自中原優質的絲綢織物給當地絲織業帶來了毀滅性的打擊。沙梅真《歷史上吐魯番地區"作人"來源問題的探討》(《中國敦煌吐魯番學會 2008 年度理事會議暨"敦煌漢藏佛教藝術與文化學術研討會"論文集》)認爲"作人"的主體并不是車師人,而是多來自域外,其身份是手工業者。盧向前《此槽頭非彼槽頭——鄯善文書"槽頭"與葡萄酒有關說》(《中國敦煌吐魯番學會 2008 年度理事會議暨"敦煌漢藏佛教藝術與文化學術研討會"論文集》)將《吐魯番出土文書》與鄯善文書結合,認爲"槽頭"與蓄獸無關,與葡萄酒有關。

總體而言,在經濟史研究方面,視角新穎獨特,探討的問題漸趨深入,不乏糾正傳統誤區、填補空白的重要之作。

四、社 會 文 化

吐魯番地區大量的出土材料爲研究婚姻史和婦女史提供了良好的素材。鄧小南《從出土材料看唐宋女性生活》(《文史知識》3 期)一文從唐代墓室畫作、墓誌銘、吐魯番文書等出土材料看唐代女性的家庭生活、經濟生活、參與法律事務和宗教活動等多方面實際内容,該文開啓思路,引導我們注重出土材料解讀的深入性和關聯性,以歷史的眼光去認識"婦女實際角色豐富而複雜的社會内涵"。趙曉芳《淺論吐魯番磚誌中的唐代西州女性》(《吐魯番學研究》1 期)繼承了鄧文的指導思想,從吐魯番女性磚誌内容中增加了女性品行、容貌與才學、恪守婦道等道德規範的現象,總結出當時社會對女性的期待和擇偶標準,指出女性磚誌中追述祖先仕宦的現象是高昌遺民懷舊感情的自然流露。

吐魯番文書也爲我們了解災害史提供了材料。王旭送《出土文獻所見中古時期吐魯番地區的災害》(《吐魯番學研究》1 期)一文研究了 6—8 世紀吐魯番地區的水旱災害、土地鹽鹼化、風災、蟲災、疫災等問題。吐魯番古代災害研究尚屬起步階段,作者多以現代自然条件和地理定義爲研究出發點,在土地鹽鹼化一節中,作者提及出土文獻中出現了多達七種水資源和土地資源的不合理應用,都可造成鹽鹼化。作者於此一筆帶過,想來此處還有深入研究的可能。在疫災一節,應進一步聯繫古代醫書,區分疫徵與疾病。總之,對於災害史這一題目尚有較大空間可繼續研究。

在吐魯番文化研究方面,張安福、王春輝《唐代西州主流文化認同研究》(《吐魯番學研究》1 期)認爲中原文化在西州文化中佔據引導地位,是西州民眾日常生活的價值趨向,胡漢通婚之風成爲時尚。仲高《西域綠洲農耕文化的脈搏》(《新疆大學學報》2 期)認爲天山南部地區脆弱的綠洲農業產生出了綠洲地區的精緻文化,如建築、木器、陶器等,西域綠洲所處的地理位置也使此地宗教信仰、語言文化呈現多元性。從文學角度研究詩歌演變的文章有歐陽偉、閆新紅《維吾爾族古典詩歌"頭韻"傳統的形式與演變》(《西北民族大學學報》6 期)指出高昌回鶻汗國的詩歌較好地保留了押頭韻的傳統。

飲食文化研究方面,韓鵬《吐魯番出土供食帳中所見高昌時期飲食情況》(《北方文學》2 期)從《吐魯番出土文書》中 14 件供食帳分析了高昌地區的飲食種類,認爲其飲食兼具漢族傳統和民族特點。賀菊蓮《天山家宴:西域飲食文化縱橫談》(蘭州大學出版社)探討了吐魯番地區酒文化的獨特地位,西域飲食文化與藝術、與宗教信仰的關係,西域飲食文化的層次及與生態環境間的互動關係等問題,集中揭示了西域飲食文化方面所呈現的交流與融合。賀菊蓮《晉唐時期吐魯番地區居民長壽之因芻議》(《蘭臺世界》25 期)從膳食結構、飲食療法、飲食知識的累積、飲食心理等飲食文化來看晉唐時期吐魯番地區居民長壽的原因。文章對膳食結構進行論述時僅舉孤證,且部分資料與結論的關聯甚不緊密,讓人難以信服。

五、民　　族

作爲多民族聚居地,吐魯番保留的大量語言文獻是研究民族語言與歷史的重要材料,相關研究在回鶻、粟特方面成果顯著。

回鶻研究方面,羅海山在《回鶻文契約"官罰"內容研究》(《貴州社會科學》9 期)中利用吐魯番出土回鶻文獻,對契約理論、法律規定、違約金的接受人三个方面進行分析,認爲"官罰"內容祇是格式套語,并不具有實際履行性,其真實目的是通過威嚇和震懾強調契約的效力。李樹輝的《回鶻文始用時間考》(《青海民族研究》3 期)利用吐魯番出土碑文及文書研究認爲回鶻文可能最早使用於 483 年,要早於如尼文,應是最早用來拼寫突厥語的文字體系。問永寧《古回鶻文易經與道教因素之西傳》(《世界宗教研究》1 期)一文通過吐魯番等地出土的回鶻文易經和道教符籙,研究了道教的西傳問題,探討了道教西傳的内容、人員、路徑和原因。沈淑花《黍、粟的維吾爾語詞源考》(《西域研究》4 期)利用 8 世紀吐魯番回鶻文文書分析維吾爾語中黍、粟的詞源、詞義,及其發生變化的原因,并探索其內部所蘊含的文化信息。孜莫娜-克里斯特亞娜·拉施曼著,阿不都熱西提·亞庫甫譯《柏孜克里克新出三件回鶻文〈金光明經〉殘片》(《吐魯番學研究》1 期)刊佈了 1980 年柏孜克里克千佛洞出土的三件回鶻文《金光明經》殘片,并提供了漢譯。李樹輝《聖彼得堡藏 SI 2 Kr 17 號回鶻文文書研究》(《敦煌研究》5 期)通過對 SI 2 Kr 17 號回鶻文文書注釋與分析,論述了高昌回鶻王國與喀喇汗王朝之間的戰事史實,補充了史料上的空白。張鐵山《吐火羅文和回鶻文〈彌勒會見記〉比較研究——以吐火羅文 YQ1.3 1/2、YQ1.3 1/1、YQ1.9 1/1 和 YQ1.9 1/2 四頁爲例》(《敦煌吐魯番研究》12 卷)將吐火羅《彌勒會見記》和回鶻文的漢文譯本進行比較研究,考察了二者異同,文章旨在説明應加强二種文本《彌勒會見記》比較研究的重要性。張鐵山《吐魯番柏孜克里克出土兩葉回鶻文〈慈悲道場懺法〉殘葉研究》(《民族語文》4 期)首次對 20 世紀 80 年代出土的這兩葉回鶻文《慈悲道場懺法》進行原文換寫、拉丁字母轉寫、漢譯和注釋,并探討其版本、經名、抄寫者、施主和抄寫年代等問題。阿依達爾·米爾卡馬力、迪拉娜·伊斯拉非爾《吐魯番博物館藏回鶻文〈慈悲道場懺法〉殘葉研究》(《敦煌研究》4 期)對七葉回鶻文《慈悲道場懺法》原文進行拉丁字母的轉寫和注釋,指出回鶻文本《慈悲道場懺法》是現存最重要的懺悔文文獻,對研究回鶻文及回鶻佛教具有較高的學術價值。張鐵山在《吐魯番柏孜克里克出土回鶻文刻本〈佛説天地八陽神咒經〉殘頁研究》(《敦煌學輯刊》2 期)一文中對回鶻文刻本《佛説天地八陽神咒經》殘文進行原文換寫、拉丁字母轉寫、漢譯文和注釋,并與其他版本、內容作比較,判斷此殘頁抄於元代中葉,地點在中國內地。茨默撰,王丁譯《柏孜克里克出土的〈玄奘傳〉回鶻語譯本新殘片》(《吐魯番學研究》2 期)將柏孜克里克出土的回鶻語《玄奘傳》與聖彼得堡本互校,對譯本進行漢譯,并在《大唐慈恩寺三藏法師傳》中找出相對應部分。

　　粟特研究方面,王睿《"阿攬"與"浮咻":吐魯番粟特胡名中的佛教因子》(《歷史研究》3 期)通過吐魯番文獻中的粟特胡名,探索"阿攬"與"浮咻"二詞的緣起與背景,分析來源與詞義,認爲是粟特文化多元性的重要表徵,也是佛教文化間接傳播的典型案例,爲粟特文化融入外來因子現象的研究作了一個開端。荒川正晴《唐代天山東部州府的典和粟特人》(《國學學刊》2 期)以 2004 年吐魯番出土粟特語文書斷片爲基礎,與漢文文書互爲驗證,探討了天山東部地區使用粟特語作爲唐代官文書的歷史背景,分析了其中粟特人和典之間的關係,及粟特人典在文書製作中的實際作用。于海琴、李輝朝《交河溝西粟特康氏家族的漢元素》(《吐魯番學研究》2 期)從交河溝西康氏墓葬的地理位置、墓葬形制、墓誌和隨葬品四方面來看粟特人的華化。

　　另外還有一篇關於胡人的研究,許全勝《西陲塢堡與胡姓家族——〈新獲吐魯番出土文獻〉研究二題》(《西域研究》4 期)依據《新獲吐魯番出土文獻》刊佈的文書,考證了目前吐魯番文書中所見年代最早的塢堡,討論了新獲吐魯番文書中的胡人,并探索了胡姓與胡名的問題。

六、宗　　教

由於民族的複雜性,吐魯番地區成爲以佛教爲主,道教、摩尼教并存的宗教信仰交匯區。對吐魯番佛教的研究有張惠明《伯孜克里克石窟〈金光明最勝王經變圖〉中的〈懺悔滅罪傳〉故事場面研究——兼談艾爾米塔什博物館所藏奧登堡收集品 Ty—575 號相關殘片的拼接》(《故宮博物院院刊》3 期)指出畫面的拼接錯誤并將其復原,結合敦煌寫本插圖和四川石窟造像確認了此故事畫面的題材和内容是回鶻文譯本《金光明最勝王經》卷首的《懺悔滅罪傳》。陳高華《元代内遷畏兀兒人與佛教》(《中國史研究》1 期)通過史書與文獻的記載,指出畏兀兒人以佛教爲晉身之階,進入仕途,并在元朝中央佛教管理機構佔有很大比例,内遷畏兀兒人積極從事翻譯、校勘佛經、修葺佛寺等宗教活動,對佛教的傳播有很大影響。在道教研究方面,劉屹《天尊的降格與道教的轉型——以德藏吐魯番道教文獻 Ch. 349、Ch. 1002 爲例》(《吐魯番学研究》1期)通過對兩件德藏吐魯番道書殘片的考察與分析,證明了在回鶻控制之下,道教依然在吐魯番繼續存在,從天尊的降格可知道教從重視經教傳統的中古道教轉型爲重視符咒齋醮的近世道教。在摩尼教研究方面,杨富學《〈樂山堂神記〉與福建摩尼教——霞浦與敦煌吐魯番等摩尼教文獻的比較研究》(《文史》4 輯)將福建發現的摩尼教科儀書中的神祇與敦煌吐魯番文書中的諸神作對比研究,之後又論述了回鶻摩尼教在福建开教的过程以及影响。許蔚《吐魯番出土編號81TB65：1 摩尼教殘卷插圖之臆说》(《敦煌研究》2 期)認爲吐魯番出土 81TB65：1 摩尼教殘卷插圖受到祆教圖式影響,畫面中人物經比對,確認爲代表日、月的二女神。

七、藝　　術

宗教發展的同時,藝術創作也得到充分的展現,主要分爲繪畫藝術與石窟、雕塑、建築、樂器藝術方面,相關研究如周菁葆《絲綢之路與新疆古代繪畫藝術》(《絲綢之路》14 期)一文對新疆繪畫藝術的種類進行了概括,如高昌石窟壁畫、古墓壁畫、紙畫和絹畫等,雖學術意義不大,但也可展現新疆古代繪畫藝術的多樣性與豐富性。杜紅《新疆石窟壁畫中的服飾文化》(《絲綢之路》24 期)介紹了龜兹和高昌壁畫中僧俗兩界的人物服飾。王志煒《吐魯番出土唐代仕女畫的藝術特徵》(《飛天》12 期)從繪畫技法的角度解讀了阿斯塔那 187 號墓出土絹畫中的部分仕女形象。此文以描述爲主,略顯單薄。姚瀟鶇《試論中古時期"蓮花化生"形象及觀念的演變——兼論民間摩睺羅形象之起源》(《敦煌吐魯番研究》12 卷)考察了敦煌吐魯番唐宋時期阿彌陀淨土信仰中蓮花化生形象及特點,在此基礎上聯繫傳世典籍,認爲唐代有求子意義的七夕化生人偶即來源於蓮花化生形象,并進一步得出宋元時期七夕的摩睺羅是化生的別稱。文章聯繫壁畫内容和唐宋節日風俗,文筆流暢,層層遞進式的研究方法使之清晰易懂。

石窟、雕塑、建築、樂器研究方面,侯世新《吐峪溝石窟寺第 38 窟龜兹風探析》(《敦煌學輯刊》2 期)認爲吐峪溝石窟寺第 38 窟在洞窟形制、壁畫題材内容和紋飾圖案上都體現出龜兹風。費泳《"垂領式"佛衣的典型特徵及其在北方佛像中的應用》(《敦煌學輯刊》2 期)認爲 5 世紀高昌地區,"垂領式"佛衣主要應用於表現以千佛爲代表的佛像。周菁葆《絲綢之路與新疆古代雕塑藝術》(《絲綢之路》2 期)從木雕、泥塑、銅鑄、金器、鹿石、石人、石球等,對新疆包括高昌地區的雕刻藝術進行了舉例式的概述。安尼瓦爾·哈斯木《吐魯番出土胡人俑造型藝術解析》(《吐魯番學研究》2 期)對阿斯塔那—哈拉和卓墓葬和鄯善縣洋海墓地出土的大量胡人俑進行研究,指出胡人俑的製作方式和風格、形象特點及藝術價值。建築藝術方面,周菁葆《絲綢之路與新疆古代建築藝術》(《絲綢之路》16 期)將新疆古代建築藝術分爲佛教和伊斯蘭教兩大類,之後再細分小類加以敘述其特點,特別介紹了高昌石窟和交河、高昌故城。此文屬分類概述型文章,實難展現新疆古代建築藝術的全貌。周菁葆《絲綢之路上的豎箜篌研究》(《吐魯番學研究》2 期)一文對豎箜篌進行了比較全面的研究,對箜篌的發源地,傳播情況和中國、朝鮮、日本的箜篌都作了研究,提出豎箜篌早在公元前 8 世紀之前就已經傳入中國的新説法,對新疆洋海出土的豎箜篌和柏孜克里克石窟壁畫中的箜篌進行介紹。

八、考　　古

吐魯番的考古工作繼續向前推進。新疆吐魯番學研究院、新疆文物考古研究所《新疆鄯善洋海墓地發掘報告》(《考古學報》1 期)對新疆鄯善洋海墓地的墓葬分佈情況、墓葬形制及隨葬品、葬式和葬具、隨葬品特徵作了介紹,并爲幾種器物定名,分析了墓葬的分期和年代。李肖、張永兵《2003—2004 年鄯善洋海墓地採集器物》(《吐魯番學研究》1 期)對 2003—2004 年鄯善洋海墓地採集的器物進行了詳細的介紹。中國社會科學院考古研究所邊疆民族考古研究室、吐魯番學研究院、龜兹研究院《新疆鄯善縣吐峪溝石窟寺遺址》(《考古》7 期)對新疆鄯善縣吐峪溝石窟寺的遺址概況以及溝東區北部石窟群和溝東區南部地面佛寺進行了介紹和分析。李裕群、李肖、陈凌《吐峪溝石窟的新發現影響吐魯番歷史的佛教遺址》(《中國文化遺產》2 期)展示了吐峪溝東區北部窟群、西區北部窟群、東區南部地面佛寺,考察了洞窟組合與形制、壁畫題材以及出土文物。于志勇《2006—2010 年的新疆考古新發現》(《中國文化遺產》4 期)詳細介紹了此期間國家建設中吐魯番等地區的考古工作成果,以及科技考古的新發現。吐魯番地區文物局《1987 年收繳的洋海墓地被盜出土器物》(《吐魯番學研究》2 期)對 1987 年收繳的一批洋海墓地出土器物進行分類介紹,并附綫描圖,部分附照片。新疆文物考古研究所、新疆吐魯番學研究院《高昌故城第二次考古發掘報告》(《吐魯番學研究》2 期)展示了 2007 年對高昌大佛寺東北排房遺址和外城西門南、北兩側各 200 米城牆的考古成果,并對出土遺物進行介紹。

文物研究方面,石靜瑩《淺析新疆地區發現的早期禦馬器》(《吐魯番学研究》1 期)對吐魯番等地區禦馬器的出土狀況進行整理,對其形制進行分類,并與中原地區、北方草原地區出土的同類器物進行比較,探討新疆地區早期馬具的發展規律及周邊的影響。王幼敏《一件被一分爲二的“高昌磚”》(《故宮博物院院刊》2 期)通過研究吐魯番出土的兩件高昌墓表,得出《麴氏祭妻王氏墓表》、《王氏夫人殘墓表》實爲一件墓表的結論。程兵《高昌墓磚研究初探》(《書畫世界》3 期)介紹了高昌墓磚在材質、表現形式、記述方式等方面的明顯特點,并論述了高昌墓磚與中原地區書法的關聯與差異。

古迹保護方面,柳方《吐魯番高昌故城保護研究策略探討——兼論新疆地區古城址保護研究思路》(《吐魯番學研究》1 期)結合實地考察對高昌故城的現狀作出評估,并以此爲基礎對高昌故城未來的保護和研究工作提出建議。徐婉玲、張銘心《一個維吾爾家庭與高昌故城的百年滄桑》(《敦煌吐魯番研究》12 卷)通過對一個維吾爾家庭的考察,見證了高昌故城百年的保護與發展歷程,同時也反映出保護遺址工作的重要性。安士佳《絲路遺產——吐峪溝大遺址保護籌劃會簡訊》(《吐魯番研究》1 期)一文介紹了會議情況。會議上中國社會科學院考古研究所對“2010 年吐峪溝考古發掘和出土文物情況”進行了彙報,北京清華城市規劃設計研究院文化遺產保護研究所對“吐峪溝大遺產文物保護規劃情況”進行了彙報。與會專家從不同角度建言獻策,提出了諸多寶貴的意見和建議。李肖、徐佑成、江紅南、杜志强《交河故城大佛寺遺址的三維重建研究》(《吐魯番學研究》1 期)的研究表明現代信息技術成爲文化遺址數字化存檔的主要技術手段,并大力推動了數字文物相關的建設工作。鄭偉《吐魯番地區古迹旅遊資源的保護與開發》(《絲綢之路》4 期)通過對吐魯番旅遊資源的分析,認爲對於此類脆弱和不可再生的旅遊資源,十分有必要分析和探討其保護方法和開發模式。

九、文　　字

對吐魯番文書中俗字構成、詞義、語法、符號、書法方面的研究也均有成果,如趙紅《漢語俗字構字理據性初探——以敦煌吐魯番文獻爲中心》(《西域研究》4 期)研究了敦煌吐魯番手寫文書中出現的更換、增加、表意部件和改變、重造字形等現象,説明書寫者對構字理據的追求是俗字的成因之一。何家興、張全生《釋"饟"》(《新疆大學學報》5 期)一文考證了"饟"的造字理據,并從吐魯番墓葬出土的類"饟"狀食品和西域飲食文化分析此問題。黑維强《敦煌、吐魯番文獻方言詞語例釋補遺》(《中國敦煌吐魯番學會 2008 年度理事會議暨"敦煌漢藏佛教藝術與文化學術研討會"論文集》)利用現今陝北方言對敦煌吐魯番文書中的詞語進行釋義。劉光蓉《〈吐魯番出土磚誌集注〉釋義校補》(《綿陽師範學院學報》6 期)對《吐魯番出土磚誌集注》中釋義有誤的"弔"、"笁"、"姤"、"葉"、"解褐"這五詞進行重新解釋。陳菲菲《敦煌吐魯番契約文書中"邊"類表方位名詞考察》(《語文知識》1 期)研究了唐五代敦煌吐魯番契約文書中"某甲於(或'從')某乙 + 表示方位名詞 + V……"這一固定句式,認爲位於"某乙"之後表示方位義的名詞主要有"邊"、"處"、"手下"、"面上"等,并分析了這些名詞使用的時空範圍。張涌泉、陳瑞峰合作的《古代寫本鈎乙號研究》(《浙江社会科学》5 期)一文是對鈎乙符號研究的繼續和深入,結合敦煌吐魯番文獻討論了鈎乙號的形狀和用法,并研究其起源和演變,指出"鈎乙"的"乙"是《説文》小篆"𠃌(⎿)"的訛變字。周珩帮《日常書寫與民間形態——公元 3—6 世紀的吐魯番民間書法》(《伊犂師範學院學報》4 期)認爲 3—6 世紀吐魯番的民間書體向風格統一的楷書、行書發展,佛教和經史典籍文書多用楷書,書丹後刊刻的碑文書體一般從隸書向楷書過渡,僅有朱書或墨書的墓碑墓表文字逐漸採用日常書體。毛秋瑾《寫經書法述論——以敦煌吐魯番寫本爲中心》(《故宮博物院院刊》3 期)中舉了大量敦煌吐魯番地區的佛經寫本例子,探討了翻譯和抄寫經文時遵循的一定程序,指出寫經者注重書法的優劣,歸納出在抄寫佛經原典時用正書,抄録注疏釋論時多用行草的規律,并分析了導致這種現象的三個原因。

十、學術動態與紀念文

徐自强、吳夢麟《敦吐學會、敦煌學、傳統文化簡述》(《中國敦煌吐魯番學會 2008 年度理事會議暨"敦煌漢藏佛教藝術與文化學術研討會"論文集》)分析了中國敦煌吐魯番學會於 1983 年在蘭州成立的特殊時代背景,并總結了二十多年來在各方面支持、協作下所取得的新進展及展現的新面貌。

書評方面,高田時雄撰,裴成國譯《〈新獲吐魯番出土文獻〉上下二册》(《敦煌吐魯番研究》12 卷)對《新獲吐魯番出土文獻》予以肯定,介紹了《新獲》所收文書的出土地、種類、内容及對學術研究的重大意義,也指出此書未附出土地地圖的缺憾。

紀念文方面,在季羨林先生離開我們一周年之際,諸多學者無不緬懷季先生的光輝人生,《敦煌吐魯番研究》第 12 卷中收有宇文卒編《季羨林先生敦煌吐魯番學及東方學論著編年目録》、柴劍虹《高舉"敦煌學在世界"的大旗——紀念季羨林會長逝世一周年》、王素《獎掖多後進 謙恭比前靈——記與季羨林先生交往二三事》等若干紀念文,整理了季羨林先生在敦煌吐魯番學及東方學研究方面所作的貢献,紀念季羨林先生盡心竭力倡建敦煌吐魯番學會,恂恂如也的高尚品質。

十一、重 刊 論 文

2011 年度出版關於吐魯番學的論文集 9 部,重新收録往年已刊論文 72 篇,佔文章總數的 40% 强。由於是重刊文章,本文不進行一一介紹,僅選取重點概述如下:

孟憲實、榮新江、李肖主編《秩序與生活:中古時期的吐魯番社會》(中國人民大學出版社)共收録 25 篇吐魯番學論文,内容包括導論、政治、籍帳、社會、宗教、民族等多方面。如榮新江《闞氏高昌王國與柔然、西域的關係》、文欣《唐代差科簿製作過程——從阿斯塔那 61 號墓所出役制文書談起》分別從使者的往來和文書的製作過程等動態角度重新審視文書。社會史方面有高丹丹、韓香、裴成國、陳昊等學者的精彩論述。孟憲實以《論唐朝的佛教管理——以僧籍的編造爲中心》和《新出唐代寺院手實研究》兩篇文章對首次發現的唐代寺院手實——《唐神龍三年(707)正月高昌縣開覺等寺手實》進行了深入研究。

劉安志《敦煌吐魯番文書與唐代西域史研究》(商務印書館)一書收録了 9 篇吐魯番學文章,其對再收録的文章都加以修改,且個別文章改動較大。這些文章將出土文書與宏觀的政治、軍事相結合,不僅揭示了西州、西域歷史,也梳理了西北的格局變化。政治、軍事方面主要有《唐初對西州的管理——以安西都護府與西州州府之關係爲中心》等 6 篇,在户口研究方面有《唐初西州的人口遷移》等 2 篇,《唐代西州的突厥人》一文是對民族問題的研究。

姚崇新的論文集《中古藝術宗教與西域歷史論稿》(商務印書館)收録了作者吐魯番政治、經濟、宗教和教育方面的 8 篇研究成果。如《從"義和政變"

到"延壽改制"——麴氏高昌晚期政治史探微》、《中外醫藥文化交流視域下的西州藥材市場——以〈交河郡市估案〉爲中心》及《北涼王族與高昌佛教》等 3 篇佛教文章,《唐代西州的官學——唐代西州的教育之一》等 3 篇分別研究官學、私學、醫學的文章。

王素《漢唐歷史與出土文獻》(北京故宮出版社)一書收錄了 27 篇吐魯番學文章。文書研究成果有《關於前涼討伐戊己校尉趙貞的新資料——大谷文書 8001 號考釋》等 8 篇,圖畫與書法方面的研究成果有《吐魯番出土〈地主生活圖〉新探》等 5 篇,此書也收錄多篇序跋與書評。

《中國敦煌吐魯番學會 2008 年度理事會議暨"敦煌漢藏佛教藝術與文化學術研討會"論文集》一書,除上文已提到的新刊論文外,有些論文已經在其他雜誌上先行發表,如王素《故宮博物院藏麴氏王國延壽十六年寫經》等,本論文集也均予收錄。

此外,還有鄭阿財《鄭阿財敦煌佛教文獻與文學研究》(上海古籍出版社)、耿昇译《法国敦煌學精粹》(甘肅人民出版社)、王永生《錢幣與西域歷史研究》(中華書局)、余太山《兩漢魏晉南北朝與西域關係史研究》(商務印書館)等論文集也包含重刊吐魯番學論文。2011 年出版的論文集,多爲已刊論文的重新结集再版,該年度吐魯番學研究的這一現象值得深思。

以上是 2011 年吐魯番學研究的總體概況。關於學術研究中比較重要的理論與方法問題,僅見程喜霖《略論吐魯番學理論與研究方法》(《吐魯番學研究》2 期)一文,其文總結了吐魯番學的概念及特點,認爲吐魯番學處在以專題研究爲主導的初期發展階段,主要研究方法是"二重證據法",也指出吐魯番學應具有的學風和學術規範。對於學術領域而言,理論及方法的重要性不言而喻,吐魯番學研究要在原有史料基礎上獲得新的突破,如何在研究方法上得到新的啓示,相信也是不容忽視的問題。

百年來敦煌吐魯番商業貿易研究回顧

楊潔(蘭州大學)

　　敦煌、吐魯番兩地均是位於古代絲綢之路上的交通樞紐,伴隨着絲綢之路貿易的興起和發展,敦煌和吐魯番不再局限於絲路驛站的功能,而是更多地參與到絲綢之路商貿活動當中,經營中轉貿易,逐漸發展成爲絲路沿綫重要的商業城鎮。20 世紀以來以敦煌、吐魯番文獻的出土爲契機,敦煌吐魯番學研究興起,兩地商業貿易諸課題在幾代學者的努力下獲得豐碩的研究成果,以下分類別對研究狀況作簡要回顧。

一、材料的刊佈及整理

　　與歷史地理、社會政治方面的研究相比,敦煌吐魯番地區商業貿易的研究起步較晚。1961 年出版的由中國科學院歷史研究所資料室輯録的《敦煌資料》第一輯(中華書局,1961 年)對當時刊佈的敦煌文書中社會經濟部分進行整理和録文,收録包括户籍、土地文書、帳簿、契約等方面的 170 多件文書。從某種意義上説,這本書的出版標誌着國内研究敦煌地區經濟、商貿歷史的開端。繼《敦煌資料》之後,陸續有一大批敦煌、吐魯番社會經濟文獻得以刊佈。對出土文書的整理有池田温《中國古代籍帳研究》(東京大學東洋文化研究所,1979 年);唐長孺主編《吐魯番出土文書》①(文物出版社,1981—1991年);唐耕耦、陸宏基編《敦煌社會經濟文獻真蹟釋録》1—5 輯(第 1 輯書目文獻出版社,1986 年;2—5 輯全國圖書館文獻縮微複製中心,1990 年);山本達郎等人編著《敦煌吐魯番社會經濟史料》四卷本,分《法律文書》、《籍帳》、《契約》、《補編》,每卷分〈A〉解説・録文和〈B〉圖版兩册(*Tun-huang and Turfan Documents*, *concerning Social and Economic History*, Ⅰ, *Legal Texts*; Ⅱ, *Census Registers*; Ⅲ, *Contracts*; *Supplement.* 〈A〉 *Introduction & Texts*; 〈B〉 *Plates.* 東洋文庫,1978—2001 年)。對各類文獻的綜合整理有王永興編著《隋唐五代經濟史料彙編校注》第一編(上下兩册,中華書局,1987 年),該書收集的資料來源於史籍和敦煌、吐魯番文獻,内容涉及隋唐五代的官私奴婢、工匠、賦税、借貸及買賣等;王仲犖遺著《金泥玉屑叢考》(中華書局,1998 年)爲從上古至宋代各類商品物産的價格考證,其中卷三"漢晉河西物價考"和卷六"唐西陲物

---

① 文物出版社在 1992—1996 年間陸續出版圖録本《吐魯番出土文書》,共 4 册。

價考”与敦煌、吐魯番有直接關聯。胡語文獻方面,以回鶻文文書刊佈及整理成果較多,回鶻文文書的年代大致在 9 世紀末至 14 世紀之間,大部分屬於契約類文書。具體有山田信夫編著《ウィゲル文契約文書集成》(大阪大學出版社,1993 年),李經緯《吐魯番回鶻文社會經濟文書研究》(新疆人民出版社,1996 年)和《回鶻文社會經濟文書研究》(新疆大學出版社,1996 年),耿世民《回鶻文社會經濟文書研究》(中央民族大學出版社,2006 年)。對於社會經濟材料的整理,除上述專著外,還有不少單篇論文,限於篇幅,此處不再一一介紹。這些材料的公佈,極大地推進了敦煌吐魯番地區商業貿易史的研究。

二、通論及專題論著

姜伯勤《敦煌吐魯番文書與絲綢之路》(文物出版社,1994 年)一書是利用敦煌吐魯番出土文書和文物研究絲綢之路貿易的經典之作。該書以敦煌、吐魯番兩地爲中心,研究內容包括敦煌吐魯番兩地通往拜占庭的道路,通往波斯的“白銀之路”和通往印度的“香藥之路”,以及兩地所見參與絲路貿易的粟特人和突厥人的活動等。作者提出的“白銀之路”和將吐魯番的粟特商人分成著籍和非著籍兩種不同身份的觀點影響深遠。李明偉主編《絲綢之路貿易史研究》(甘肅人民出版社,1991 年)和《隋唐絲綢之路——中世紀的中國西北社會與文明》(甘肅人民出版社,1994 年),以絲綢之路爲主綫,對隋唐時期絲綢之路繁榮的基礎、西北貿易路發展的規律與特徵、貿易商鎮、粟特胡商的貢獻、絲路貿易中的商品和絲路貿易的商業制度等問題都展開有益的探討。李明偉著《絲綢之路貿易史》(甘肅人民出版社,1997 年)一書,站在中原歷史發展的立場,論述絲綢之路貿易興盛衰亡的歷程。殷晴《絲綢之路與西域經濟——十二世紀前新疆開發史稿》(中華書局,2007 年)是作者在數十年研究基礎之上對西域經濟史的全域式考察,依時代演進的順序討論不同時期新疆的社會經濟發展狀況,包括手工業、交通道路、西州的中轉貿易等內容。李瑞哲的博士論文以胡商爲研究對象,題爲《魏晉南北朝隋唐時期陸路絲綢之路上的胡商》(四川大學,2007 年),其研究的一個重點是絲綢之路上的商隊,利用墓葬壁畫和出土文書來分析商隊的行進路綫、規模、首領等問題,并嘗試對商隊成員的國別進行甄別。另可參考李瑞哲已刊論文《試論胡商在絲綢之路上的活動以及中原王朝對待胡商的政策》(《敦煌學輯刊》2009 年 2 期)和《古代絲綢之路商隊的活動特點分析》(《蘭州大學學報》2009 年 3 期)。

國外研究方面,池田溫《敦煌の流通經濟》(《講座敦煌 3:敦煌の社會》,大東出版社,1980 年)從通貨的變遷、流通的承擔者商人、外來胡商等角度爲敦煌這座絲路驛站城市的經濟貿易建立起一個整體框架。荒川正晴長期關注吐魯番地區的商貿研究,成果較多,集大成之作是新出版的《ユーラシアの交通・交易と唐帝国》(名古屋大學出版會,2010年),全書共3部,10章。第Ⅱ部"唐帝國和歐亞東部的交通體制"和第Ⅲ部"唐帝國與胡漢商人的移動・交易"對公元6—8世紀唐朝統治下帕米爾以東地區的交通、胡漢商人的貿易、商旅的過所和公驗等諸多重要問題展開研究。森安孝夫《シルクロードと唐帝国》(講談社,2007年)立足唐代,重在分析絲綢之路對唐朝社會經濟文化的影響,相關章節對粟特人的商業活動、奴隸貿易等問題進行論述。

魏義天(Étienne de la Vaissière)的 *Histoire des Marchands Sogdiens*[1](法蘭西學院漢學研究所,2002年)一書第一次系統地對粟特商人的歷史脈絡進行梳理,共分爲四個部分。第一部分講述古代的交通(起源至350年),重點探討敦煌出土的粟特人信劄以及粟特與印度之間的貿易;第二部分是商業帝國時期(350—750年),敘述索格底亞那本土經濟商貿的發展和粟特商人在中國的擴散;第三部分是商業和外交活動(550—750年),分析突厥與粟特人所結聯盟的商業活動和粟特商人西去的貿易綫路,與波斯、拜占庭、可薩、花剌子模等的貿易往來;第四部分是商業網絡的解體(700—1000年),講述8世紀以後在伊斯蘭世界中粟特商人活動所面臨的困境以及粟特與回鶻之間的接觸。該書基本反映歐美學界粟特人研究的狀況,其中涉及的一些內容,如粟特與印度、粟特與花剌子模之間的貿易往來等,是中國學者不熟悉的領域,這一研究成果的發表對於我們更加全面地了解中亞粟特人的貿易活動很有幫助。該書也存在一定的問題,森安孝夫批評該書涉及粟特人在東方發展史方面,有很多日本學界的研究成果沒有被利用。同樣的問題也發生在對中國研究成果的利用上,在該書參考文獻中,除中國史書和考古資料外,研究方面僅引用蔡鴻生、姜伯勤和榮新江等先生的幾篇文章,缺乏對中國學界研究成果的運用。

三、粟特商人的活動及聚落分佈

中亞粟特人善於經商,《新唐書》卷二二一《西域傳》描寫康國人"善商賈,好利。丈夫年二十,去傍國,利所在無不至"。這些粟特人離開家鄉,沿着絲綢之路展開貿易,他們在絲綢之路上的各個據點以及貿易目的地建立聚落來支持商隊的貿易活動。對敦煌吐魯番地區粟特商人的研究,集中在商人聚落、粟特文2號信劄及粟特人參與貿易三方面。

---

[1]　本書初版於2002年,2004年出版修訂本。英譯本由James Ward 翻譯,*Sogdian traders: A history*, Leiden:Brill Academic Publishers, 2005.

　　粟特人聚落問題研究起步很早,伯希和(Paul Pelliot)通過對敦煌文書 P. 2005《沙州都督府圖經》的研究,考察唐代蒲昌海地區的粟特人聚落 (*Journal Asiatique*,11,1916;馮承鈞譯爲《沙州都督府圖經及蒲昌海之康居聚 落》(《西域南海史地考證譯叢七編》,商務印書館,1957 年)。蒲立本(Edwin G. Pulleyblank) *A Sogdian Colony in Inner Mongolia*(*T'oung Pao*,vol. 41,1952) 一文利用粟特文 2 號信劄的内容來分析粟特人的分佈。池田溫《8 世紀中葉 における敦煌のソグド人聚落》(《ユーラシア文化研究》1,1965 年;辛德勇 譯《8 世紀中葉敦煌的粟特人聚落》,《日本學者研究中國史論著選譯》9《民族 交通》,中華書局,1993 年)利用 P. 2657《天寶十載(751)敦煌縣差科簿》來分 析敦煌從化鄉胡人聚落的興起與瓦解的過程,至今仍然是研究粟特人聚落問 題的代表之作。姜伯勤《敦煌・吐魯番とシルクロードのソグド人》(《季刊 東西交涉》5—1/2/3,1985 年)和陳國燦《魏晉至隋唐河西人的聚居與火祆 教》(《西北民族研究》1988 年 1 期)分别對吐魯番和河西地區的胡人聚落與 活動進行探討。其後榮新江撰有系列文章分析粟特人的聚落分佈,全面梳理 中古時期出現在中國的粟特人聚落,具體有《西域粟特移民聚落考》(《西域考 察与研究》,新疆人民出版社,1994 年)、《北朝隋唐粟特人之遷徙及其聚落》 (《國學研究》6,1999 年)、《西域粟特移民聚落補考》(《西域研究》2005 年 2 期)、《北朝隋唐粟特人之遷徙及其聚落補考》(《歐亞學刊》6,2007 年)、《從 聚落到鄉里——敦煌等地胡人集團的社會變遷》(《敦煌寫本研究年報》3,京 都大學人文科學研究所,2009 年)和《九、十世紀西域北道的粟特人》(《吐魯 番學研究:第三屆吐魯番學暨歐亞遊牧民族的起源與遷徙國際學術研討會論 文集》,上海古籍出版社,2010 年)等文,勾勒出入華粟特人聚落的整體脈絡分 佈。斯加夫(Jonathan Karam Skaff)寫有 The Sogdian Trade Diaspora in East Turkestan During the Seventh and Eighth Centuries(*Journal of the Economic and Social History of the Orient*,46/4,2003)一文,以敦煌、吐魯番兩地文書爲基礎, 對河西至西域的粟特人聚落進行研究,他認爲粟特人不僅主導7—8 世紀的絲 綢之路貿易,同時粟特聚落內部的農業和手工業也得到發展。陳海濤、劉慧 琴著《來自文明十字路口的民族——唐代入華粟特人的研究》(商務印書館, 2006 年)一書,將入華粟特人的聚落分爲皈化型、部落型和商業型三種,并對 粟特人商業活動的特點及意義進行分析。鄭炳林《晚唐五代敦煌地區的胡姓 居民與聚落》(《粟特人在中國——歷史、考古、語言的新探索》,中華書局, 2005 年)通過對晚唐五代歸義軍時期敦煌的胡姓居民、祆教信仰、聚落及歸義 軍政權對胡姓聚落的管理等相關問題的考證,證實了這一時期敦煌粟特聚落 的存在。

　　根據粟特文古信劄的内容,早在西晉時期,粟特人便已經定居在敦煌地區,并往來於周邊及中原地區經商。粟特文古信劄指的是 1907 年斯坦因在敦煌一個長城烽燧遺址處發現的 8 件用粟特文寫成的信件,其中 5 件保存相對完整。研究的重點是 2 號信劄,2 號信劄發現時裏層用絲綢包裹,外面有麻織物所做的封皮,墨書字迹,正文部分共 63 行。關於 2 號信劄的書寫年代,現在基本可以認定在 4 世紀初的 312—313 年間。1962 年哈爾瑪塔(J. Harmatta)發表 2 號信劄的全文釋讀"Sogdian Sources for the History of Pre-Islamic Central Asia"(*Prolegomena to the Sources on the History of Pre-Islamic Central Asia*, Budapest: Akadémiai Kiadó, 1979),在之後很長一段時期内學界均以哈爾瑪塔的釋讀爲研究基礎,王冀青《斯坦因所獲粟特文〈二號信劄〉譯注》(《西北史地》1986 年 1 期)發表 2 號信的中譯本。2001 年辛姆斯—威廉姆斯(Nicholas Sims-Williams)在 Sogdian Ancient Letter Ⅱ(*Monks and merchants: Silk Road Treasures from Northwest China*, *Gansu and Ningxia*, *4‒7 Century*. New York: Harry N. Abrams,2001)一文中公佈對 2 號信劄最新的轉寫和注釋,隨即成爲現今學術界討論時最常用的底本。國内有幾個不同版本的譯文,各有側重點。蘇銀梅譯《古粟特文信劄(Ⅱ 號)》(《考古與文物》2003 年 5 期,封二圖)的譯文後附有信劄彩圖;畢波《粟特文古信劄漢譯與注釋》(《文史》2004 年 2 輯)注釋詳盡,信中粟特人名的漢文轉寫由粟特語專家吉田豐翻譯;麥超美《粟特文古信劄的斷代》(《魏晉南北朝隋唐史資料》24,2008 年)給出辛姆斯—威廉姆斯的英文原文,但譯文不全,欠缺原文 21—40 行的内容。劉波《敦煌所出粟特語古信劄與兩晉之際敦煌姑臧的粟特人》(《敦煌研究》1995 年 3 期)認爲 4 世紀前後粟特人在姑臧、敦煌、金城等地設有辦事處,并對信劄中出現的麻織品、毛氈、絲綢和麝香四類商品進行説明。

　　粟特人不僅定居於敦煌、吐魯番地區,同時也積極參與到當地的商貿活動當中,成爲絲路貿易的重要擔當者。黄惠賢《〈唐西州高昌縣上安西都護府牒爲録上訊問曹禄山訴李紹謹兩造辯辭事〉釋》(《敦煌吐魯番文書初探》,武漢大學出版社,1983 年)指出文書中的胡商曹炎延、京師漢李紹謹等長期往來販易於長安、高昌、弓月城之間,體現出絲綢之路上胡漢商人紛錯往來的貿易活動。陳連慶《漢唐之際的西域賈胡》(《1983 年全國敦煌學術討論會文集》(文史·遺書編)上,甘肅人民出版社,1987 年)一文介紹從漢至唐史籍所見西域胡商在中原地區的分佈情況和他們所攜帶的貿易商品。朱雷《東晉十六國時期姑臧、長安、襄陽的"互市"》(《古代長江中游的經濟開發》,武漢出版社,1988 年)認爲中亞胡商充當互市人的角色,來往於姑臧和長安之間。程越《入華粟特人在唐代的商業與政治活動》(《西北民族研究》1994 年 1 期)認爲唐中期粟特人的貿易活動達到發展頂峰,他們的貿易活動促進了歐亞內陸的多邊貿易。程喜霖《唐代過所与胡漢商人貿易》(《西域研究》1995 年 1 期)從唐朝官府頒發給行人商旅的過所入手,利用過所中反映的申請過所人員的組成、來往地區、申請事由、隨行人員和攜帶物品等內容,説明胡漢商人尤其是胡商參與絲路貿易的情況。李方《唐西州的譯語人》(《文物》1994 年 2 期)指出粟特人在定居點所承擔的譯語人身份,他們廣泛參與到軍事活動、商業交易及官府案件審理等事項中。陳海濤《從胡商到編民——吐魯番文書所見麴氏高昌時期的粟特人》(《魏晉南北朝隋唐史資料》19,2002 年)指出粟特人以商人、保人、見證人等多種身份參與到高昌國的商貿活動中。劉慧琴、陳海濤《商業移民與部落遷徙——敦煌、吐魯番著籍粟特人的主要來源》(《敦煌學輯刊》2005 年 2 期)認爲敦煌和吐魯番的粟特人來源,隋唐以前以商人爲主,隋唐之後則以部落遷徙居多。荒川正晴《唐帝國とソゲド人の交易活動》(《東洋史研究》56—3,1997 年;陳海濤譯《唐帝國和粟特人的交易活動》,《敦煌研究》2002 年 3 期)和《唐代粟特商人與漢族商人》(《粟特人在中國——歷史、考古、語言的新探索》,中華書局,2005 年)對隋唐時期絲綢之路上的商人和商隊的活動進行深入研究,認爲當粟特人的本土成爲唐朝的羈縻州府後,粟特商人與漢族商人享有基本相同的權利,可以在唐帝國勢力範圍內廣泛進行遠距離的貿易活動。近年荒川正晴又發表《遊牧國家とオアシス國家の共生關係——西突厥と麴氏高昌國のケースから——》(《東洋史研究》67—2,2008年)探討西突厥向高昌派遣使節的常規化和粟特人擔當使節的經濟活動,認爲粟特人在貿易往來中發揮重要作用。張慶捷《北朝隋唐的胡商俑、胡商圖与胡商文書》(《中外關係史:新史料与新問題》,科學出版社,2004 年)對北朝至隋唐時期考古所見胡商俑和圖像加以整理,并利用吐魯番出土的胡商文書,對胡商的形象特徵、貿易商品和生活等方面展開分析。

四、貿易市場与商品

敦煌吐魯番兩地的貿易市場往往具有雙重功能,既是本地區百姓進行日常交易的場所,同時是外來商品的中轉市場,現有研究更爲注重敦煌和吐魯番在絲綢之路貿易中的地位問題。關於敦煌的市場,鄭炳林、徐曉麗《論晚唐五代敦煌貿易市場的國際化程度》(《中國經濟史研究》2003 年 2 期)一文認爲晚唐五代敦煌貿易市場的國際化主要體現在貿易商人、商品和貨幣的使用上。鄭炳林《晚唐五代敦煌商業貿易市場研究》(《敦煌學輯刊》2004 年 1 期)指出晚唐五代敦煌的商品生產有一定發展,當地貿易市場活躍,對外貿易仍以中轉貿易爲主,商團貿易包括百姓個體貿易、歸義軍政權派遣使節代表的官方貿易和僧人爲主體的僧使貿易。

吐魯番的市場,李鴻賓《唐代西州市場商品初考——兼論西州市場的三種職能》(《敦煌學輯刊》1988 年 1、2 期)分析《唐天寶二年(743)交河郡市估案》反映的西州市場的商品情况:絲布織品和成衣均來自内地,食用日雜多爲西州地區以及西北其他地區生產和製造,外來商品多集中在牲畜行,并認爲西州承擔着對内地、本地及周邊地區、國外(波斯、印度、西亞等)貿易文化交流的市場職能。陳國燦《唐西州在絲綢之路上的地位和作用》(《吐魯番學研究》2006 年 2 期)認爲西州是東西貿易中的一個中心市場,唐政府以西州爲基地,維護絲綢之路的繁榮和暢通。殷晴《唐代西域的絲路貿易與西州商品經濟的繁盛》(《新疆社會科學》2007 年 3 期)認爲當時西州的商品經濟發展處於全國前列,不僅是我國西北區域性市場,作爲西域門户實際上已經發揮國際市場的作用。

商品及物價方面,敦煌和吐魯番文書反映出兩地市場上的商品種類豐富,產地多元化。韓國磐《唐天寶時農民生活之一瞥——敦煌吐魯番資料閱讀劄記之一》(《廈門大學學報》1963 年 4 期)利用文書中的物價材料來探索唐天寶年河西等地的農民生活狀况。池田温《中國古代物價の一考察(一)(二)——天寶元年交河郡市估案斷片を中心として——》(《史學雜誌》77 編 1、2 號,1968 年;韓昇译《中國古代物價初探——關於天寶二年交河郡市估案斷片》,《日本學者研究中國史論著選譯》4,中華書局,1992 年;後又增補錄文 50 行,收入池田温《唐研究論文選集》,中國社會科學出版社,1999 年)對大谷文書中的交河郡市估材料進行拼接、綴合,共計 125 片。這批市估案反映出唐天寶年間西域的物價水平,涉及數十類商品,史料價值很高。朱雷《麴氏高昌王國的"稱價錢"——麴朝稅制零拾》(《魏晉南北朝隋唐史資料》4,1982 年)考證吐魯番文書中出現的"臧錢"和"稱價錢",認爲它們都是麴氏王國的王室所屬"内臧"部門向商胡徵收的某種商稅,不經過官府。唐耕耦《8 至 10 世紀敦煌的物價》(《紀念陳寅恪教授國際學術討論會文集》,中山大學出版社,1989 年)將文書所見 80 多種物品分爲 12 大類,逐一輯錄。盧向前《唐前期市估法研究》(《敦煌吐魯番學研究論文集》,漢語大詞典出版社,1990 年),探討時估的制定與市估法的功能。王仲犖《唐西陲物價考》(《敦煌吐魯番文獻研究論集》5,北京大學出版社,1992 年)一文從敦煌、吐魯番、于闐文書中檢錄出各種商品的價格。高維剛《從漢簡管窺河西四郡市場》(《四川大學學報》1994 年 2 期)利用漢簡對漢代敦煌、武威等四郡的市場分佈、商品、物價和貨幣等問題逐一分析,認爲河西的糧食布帛價格要高於内地,而牛馬等牲畜價格較便宜。鄭炳林《晚唐五代敦煌貿易市場的物價》(《敦煌研究》1997 年 3 期)利用歸義軍官府和寺院的收支賬目,對敦煌市場上各類商品的價格進行考證,在反映敦煌地區這一時期的物價水準的同時也充分説明貿易商品之豐富。鄭炳林《晚唐五代敦煌貿易市場的外來商品輯考》(《中華文史論叢》63 輯,2000 年)對非敦煌出產的商品進行考證,有西域特產如龜兹的胡粉、于闐的美玉和西州的棉布等,也有中原的絲織品、鐵器等,更有來自遙遠波斯的銀器、印度的香料及高麗的絲綢,對外貿易涉及地域十分廣泛。鄭學檬《唐代物價散論》(《2000 年敦煌國際學術討論會文集:紀念藏經洞發現暨敦煌學百年:1900—2000》(歷史文化卷)上,甘肅民族出版社,2003 年)主要以唐代絹價和糧食價格之間的比較,來説明唐代物價波動之態勢。錢伯泉《從〈高昌内藏奏得稱價錢賬〉看麴氏王朝時期絲綢之路的商人和商品》(《西北史地》1992 年 3 期)分析該件文書中出現的商人是以康國爲首的粟特九姓胡商,并考證貿易商品銀、金、香料、鍮石、絲等的產地。衡之《唐代吐魯番地區的物價管理》(《西域研究》1997 年 4 期)據《唐天寶二年(743)交河郡市估案》分析唐政府的市司如何給商品定價及維護市估的權威性。以上所列論文多從全局角度對貿易商品及物價展開研究,具體考證某一類商品的論文頗多,以下主要介紹涉及商貿活動的部分。

第一,紡織品。絲綢之路貿易中的大宗商品始終是以絲綢爲代表的紡織品,這一點從敦煌吐魯番文獻和出土實物中得到印證。吐魯番文書中有各種紡織品,韓國磐《從吐魯番出土文書來看高昌的絲綿織業》(《敦煌吐魯番經濟文書研究》,廈門大學出版社,1986 年)認爲文書中那些沒有標明產地的絲織品如綾、羅、錦、絹等大多數是高昌和唐代西州所產,而缽斯錦(波斯錦)、疏勒錦、魏錦等并非本地所產。姜伯勤將波斯錦按地域分爲廣義、狹義兩種,狹義指原產波斯的織錦,通過絲路貿易流入高昌;廣義指薩珊式織錦,產地可以是粟特或中國西北或其他地方(《敦煌吐魯番文書與絲綢之路》,文物出版社,1994 年)。宋曉梅將高昌地區的絲織品分爲"拿來"和地產兩類,并認爲斜紋紋錦技術在高昌的傳播与粟特人有關(《高昌國——公元五至七世紀絲綢之路上的一個移民小社會》,中國社會科學出版社,2003 年)。乜小紅《略論十六國以來高昌地區的絲織業》(《西北師範大學學報》2003 年 5 期)認爲高昌仿製大量薩珊式樣的波斯錦、粟特錦等銷往中亞、西亞乃至歐洲各地。吐魯番地區出土大量精美的紡織品實物,孔祥星《唐代"絲綢之路"上的紡織品貿易中心西州——吐魯番文書研究》(《文物》1982 年 4 期)利用吐魯番出土紡織品説明唐代西州已成爲重要的紡織品貿易中心。武敏對吐魯番出土紡織品實物作過一系列研究,如《吐魯番出土蜀錦的研究》(《文物》1984 年 6 期)指出一些錦標本屬於蜀錦,是作爲商品從四川輾轉販運到吐魯番的;《新疆出土的古代織物——以漢—唐(1—8 世紀)絲織品爲主》(《吐魯番學研究》2002年 2 期)指出古代高昌還曾是中國蠶絲和織品的產地。并根據吐魯番出土的唐代織錦,説明"唐代(中國)無經錦"的提法有誤。趙豐《經營西域絲路的經濟利益——敦煌和吐魯番出土兩份絲綢物價表的比較研究》一文(《浙江與敦煌學——常書鴻先生誕辰一百周年紀念文集》,浙江古籍出版社,2004 年)指出敦煌市場上的絲綢不僅來自中國內地,也有中亞系統的織錦,由於絲綢在中原、西域、中亞等地的價格差異,唐朝將絲綢作爲貨幣推銷到絲路沿途各地,獲利極大。

第二,奴婢。在敦煌吐魯番地區,有關奴婢貿易的記載不少。張勛燎《敦煌石室奴婢馬匹價目殘紙的初步研究》(《四川大學學報》1978 年 3 期)對四川省圖書館藏敦煌奴婢馬匹價格文書進行介紹,并對文書年代和內容作出初步分析。朱雷進一步將本件文書定名爲《唐沙州某市時價簿口馬行時估》(《敦煌所出〈唐沙州某市時價簿口馬行時估〉考》,《敦煌吐魯番文書初探》,武漢大學出版社,1983 年)考察唐代的行、市制度及奴婢馬匹的買賣。特別要提到一件粟特文的奴婢買賣契約,出土於吐魯番阿斯塔那 135 號墓。內容是639 年高昌—漢族張姓沙門和粟特人之間的胡奴交易,女奴價格是波斯製銀幣 120 文。文書解讀見吉田豐、森安孝夫、新疆維吾爾自治區博物館合作的《麴氏高昌国時代ソグド文女奴隷売買文書》(《内陸アジア言語の研究》Ⅳ,1989 年;柳洪亮譯《麴氏高昌國時代粟特文買賣女奴隷文書》,《新疆文物》1993 年 4 期)。荒川正晴《トゥルファン出土〈麴氏高昌国時代ソグド文女奴隷売買文書〉の理解をめぐって》(《内陸アジア言語の研究》Ⅴ,1990 年)對該件文書涉及的墓主人、貨幣等問題詳加討論,支持吉田等人關於墓主人爲漢人的判斷。林梅村《粟特文買婢契與絲綢之路上的女奴貿易》(《文物》1992年 9 期)指出吉田豐等人釋讀中的一些錯誤,認爲買主并非漢族,而是俗姓石氏的粟特沙門。從文書所載交易奴婢的姓名及身份來看,胡奴婢佔據大多數。吳震《唐代絲綢之路與胡奴婢買賣》(《1994 年敦煌學國際研討會文集(宗教文史卷)》下册,甘肅民族出版社,2000 年)指出胡奴販運多從價格低廉的粟特、突厥等地流入售價頗高的中原市場。溫翠芳《唐代長安西市中的胡姬與絲綢之路上的女奴貿易》(《西域研究》2006 年 2 期)指出胡奴貿易同絲綢一樣具有高額利潤,吐魯番市場上的女奴很可能販賣至長安,成爲長安西市中的胡姬。劉文鎖《唐代西州奴婢交易的若干問題》分析唐代奴婢交易"元券"和"市券"的辦理,并總結出奴婢交易遵循的法則(《絲綢之路——内陸歐亞考古与歷史》,蘭州大學出版社,2010 年)。

第三,香藥等。王新民《麴氏高昌與鐵勒突厥的商業貿易》(《新疆大學學報》1993 年 3 期)認爲高昌缺乏礦產資源,高昌市場上的許多礦產品來自鐵勒人和突厥人之手,同時鐵勒、突厥與高昌之間存在錢馬貿易。鄭炳林《〈康秀華寫經施入疏〉與〈炫和尚貨賣胡粉曆〉研究》(《敦煌吐魯番研究》3 卷,北京大學出版社,1998 年)對 P. 2912 背面吐蕃佔領敦煌時期的兩篇文書進行分析,胡粉這種外來的化妝品在敦煌居民中普遍使用,粟特商人康秀華向寺院施捨大量財物體現出敦煌市場上商品的豐富,而寺院籍帳所載物品內容也反映出當時中外商業貿易之規模。陳明《"商胡輒自夸":中古胡商的藥材貿易与作僞》(《歷史研究》2007 年 4 期)獨闢蹊徑,對胡商在香藥貿易中以次充好的行爲展開分析。姚崇新《中外醫藥文化交流視域下的西州藥材市場——〈以交河郡市估案〉爲中心》(《文史》2009 年 4 輯)分析從高昌到西州,吐魯番地區的藥材貿易得到進一步發展,官府也參與到貿易中;西州藥材市場成爲亞洲各地區藥物產品的匯聚之地,在唐代陸路中外醫藥貿易中地位突出。溫翠芳《中古時代絲綢之路上的香藥貿易中介商研究》(《唐史論叢》12,三秦出版社,2010 年)認爲粟特人是當時陸路絲綢之路上香藥貿易的擔當者。中田裕子專門對西州的馬匹貿易展開研究,并注意到唐代官方和民間的馬匹貿易中有不少粟特商人參與(《唐代西州における群牧と馬の賣買》,《敦煌寫本研究年報》4,2010 年)。

五、貿易契約及貨幣

敦煌吐魯番兩地出土契約文書數量衆多,錄文有沙知《敦煌契約文書輯校》(江蘇古籍出版社,1998 年),其中收錄敦煌所出契約文書 300 餘件,錄文精確度較高。之後劉戈、乜小紅分別對回鶻文買賣契約和俄藏敦煌文獻中的契約部分進行錄文(劉戈《回鶻文買賣契約譯注》,中華書局,2006 年;乜小紅《俄藏敦煌契約文書研究》,上海古籍出版社,2009 年)。對敦煌吐魯番地區契約文書的研究,側重於兩個方面,即對契約內容及年代的考證和契約所體現的法律文獻方面的內容。陳國燦《敦煌所出諸借契年代考》(《魏晉南北朝隋唐史資料》4,1982 年)和《唐代的民間借貸——吐魯番敦煌等地所出唐代借貸契券初探》(《敦煌吐魯番文書初探》,武漢大學出版社,1983 年)對文書所體現的借貸類型進行劃分,并考證出一批契約的年代。唐耕耦《唐五代時期的高利貸》(《敦煌學輯刊》1986 年 1 期)同樣劃分借貸文書的類別,并對借貸雙方的身份、借貸原因、利息率、違約處罰擔保等問題展開全面考察。李天石《敦煌所出賣身、典身契約年代考》(《敦煌學輯刊》1988 年 1 期)對 S. 3877、P. 3150、P. 3964 和北圖餘字 81 號這四件敦煌契約的年代進行考證,分別爲916 年、943 年、935 年和 921(或 981)年。吳震《吐魯番出土券契文書的表層考察》(《敦煌吐魯番研究》1 卷,北京大學出版社,1995 年)對《吐魯番出土文書》收錄的 250 件契約進行全面梳理,對券契定名、分類與分期、縱向不同年代契券形式的比較,以及契券用語方面的内容逐一討論。楊際平《敦煌吐魯番出土雇工契研究》(《敦煌吐魯番研究》2 卷,1997 年)列出吐魯番出土的 25 件雇工契和敦煌出土的 34 件雇工契,雇工契按期限可分爲短雇和歲作兩類,按作業性質可劃分爲農業、畜牧業、手工業、雇人代官役和其他類。陳永勝《敦煌文獻中民間借貸契約法律制度初探》(《甘肅政法學院學報》2000 年 3 期)和《敦煌買賣契約法律制度探析》(《敦煌研究》2000 年 4 期)二文,分別對敦煌出土的 89 件借貸契券和 33 件買賣契券進行研究。陳永勝又結合吐魯番出土文書,對兩地所出契約進行整體研究(《敦煌吐魯番契約中的契約形式與契約制度》,《2000 年敦煌學國際學術討論會文集:紀念敦煌藏經洞發現暨敦煌學百年 1900—2000》(歷史文化卷)上,甘肅民族出版社,2003 年)。童丕(éric Trombert)《敦煌的借貸:中國中古時代的物質生活與社會》(余欣、陳建偉譯,中華書局,2003 年)通過研究敦煌契約文書的書式及借貸機制,分析織物借貸反映的商人出行與貿易活動。乜小紅《從粟特文券契看高昌王國奴婢買賣之官文券》(《西域研究》2009 年 4 期)將粟特文買賣契約和漢文《高昌延壽四年(627)趙明兒買作人券》進行比較,説明粟特文契約保存着一些粟特民族的特色,但更多的是遵循漢文契券的模式。乜小紅《中古西域民漢文買賣契約比較研究》(《西域研究》2011 年 2 期)將回鶻文、粟特文契約與漢文契約進行比較,指出各類契約在内容、形式和慣用語方面具有一致性,體現出漢文化在西域的傳承。楊慧玲《敦煌契約文書中的保人、口承人、同便人、同取人》(《敦煌研究》2002 年 6 期)和敏春芳《敦煌契約文書中的"證人""保人"流變考釋》(《敦煌學輯刊》2004 年 2 期)關注契約中的見證人這一群體,對契約所見不同身份的見證人逐一分析。張可輝《從敦煌吐魯番文書看中人與地權交易契約關係》(《西域研究》2011 年 2 期)對土地買賣契約及簽約時的"中人"角色進行分析,認爲中人發揮着重要的平衡作用。

貨幣方面,敦煌和吐魯番兩地呈現不同的特點。敦煌一地貨幣變遷脈絡比較清晰。劉漢東《略論漢隋間河西走廊的貨幣》(《西北史地》1987 年 4 期)對這一時期河西流通的銅錢、黄金、白銀和實物貨幣的流通情況分別進行討論。鄭學檬《從敦煌文書看唐代河西地區的商品貨幣經濟》(《敦煌吐魯番出土經濟文書研究》,廈門大學出版社,1986 年)利用敦煌文書的籍帳材料,認爲唐代河西地區商品貨幣經濟的發展特點是以糧食貿易爲中心,過境貿易是經濟繁榮的標誌,但整體缺乏足量的通貨供給。尹偉先《從敦煌文書看唐代河西地區的貨幣流通》(《社科縱橫》1992 年 6 期)將唐代河西貨幣變遷歷史分爲唐初期銅錢和布帛的流通、吐蕃時期各種實物貨幣的通行和歸義軍時期布帛糧食爲主的三個階段。蘇金花《唐、五代敦煌地區的商品貨幣形態》(《敦煌研究》1999 年 2 期)分析敦煌地區的貨幣,唐前期以中央政府發行的銅錢爲主,同時錢貨兼用;晚唐五代主要使用實物貨幣,吐蕃統治和歸義軍時期都以糧食、布匹、絹帛爲主要貨幣,也有少量使用金銀的交易。鄭炳林《晚唐五代敦煌貿易市場的等價物》(《中國史研究》2002 年 3 期)指出晚唐五代敦煌貿易市場錢幣匱乏,對外貿易及大宗貿易中主要用金銀器皿和絲綢支付,同時也使用金銀錢幣。由於金銀錢幣和器皿及絲綢分割困難,不利於小宗貿易,因此從吐蕃佔領敦煌到歸義軍時期結束,敦煌貿易市場一般使用實物貨幣。作爲交換計算價格標準的等價物,係以麥爲主,輔之以粟。

吐魯番地區的貿易貨幣問題較爲複雜,不同時代曾流通過實物貨幣、五銖錢、銀錢和開元通寶等各類貨幣。此外,墓葬出土有拜占庭的金幣、波斯薩珊朝的銀幣和"高昌吉利"銅錢,對於這些錢幣功能的考察也是研究的一個熱點。貨幣體系方面,宋傑《吐魯番文書所反映的高昌物價與貨幣問題》(《北京師範學院院報》1990 年 2 期)以銀錢、銅錢爲基準單位,列出高昌的糧食、紡織品、馬匹等商品的價格,并揭示出十六國、高昌國、唐西州三個階段貨幣的演變。盧向前《高昌西州四百年貨幣關係演變述略》(《敦煌吐魯番文書論稿》,江西人民出版社,1992 年)分析高昌王國前期以毯、氎布等織物作爲實物貨幣,大約在 560 年左右銀錢成爲主要的流通貨幣。銀錢方面,吐魯番文書表明"銀錢"是高昌國時期的貨幣,但銀錢具體是哪種錢幣,史籍和文書中都沒有明確的記載,學術界一般認爲銀錢即是波斯薩珊朝的銀幣。鄭學檬《十六國至麴氏王朝時期高昌使用銀錢的情況研究》(《敦煌吐魯番經濟文書研究》,廈門大學出版社,1986 年)、郭媛《試論隋唐之際吐魯番地區的銀錢》(《中國史研究》1990 年 4 期)、錢伯泉《吐魯番發現的薩珊銀幣及其在高昌王國的物價比值》(《西域研究》2006 年 1 期)分別對銀錢使用情況進行分析,説明銀錢在貿易中廣泛使用。姜伯勤認爲文書中出現的銀錢是波斯銀幣、粟特銀幣和喀什米爾等地的西域銀幣,一般都以波斯銀幣爲標準貨幣(《敦煌吐魯番文書與絲綢之路》,文物出版社,1994 年)。林友華《從四世紀到七世紀中高昌貨幣形態初探》(《敦煌吐魯番學研究論文集》,漢語大詞典出版社,1991 年)則認爲文書中的銀錢是高昌自鑄的銀錢。森安孝夫《シルクロード東部における通貨——絹・西方銀錢・官布から銀錠へ——》(《中央アジア出土文物論叢》,朋友書店,2004 年)着眼整個絲綢之路東部貿易貨幣的演變來研究回鶻貨幣的使用,認爲 10—11 世紀使用棉布(即官布),13—14 世紀以銀錠爲主。汪海嵐(Helen Wang)著 *Money on the Silk Road. The Evidence from Eastern*

Central Asia to AD 800（London：the British Museum Press，2004）一書,第一部分介紹 20 世紀初斯坦因從新疆獲得的各種錢幣,第二部分結合文書材料對中古時代新疆的貨幣制度展開討論,第三部分是對大英博物館藏斯坦因所獲錢幣的詳細列表。另可參考汪海嵐的單篇論文《一匹駱駝多少錢?——公元 800 年之前的絲綢之路貨幣新解》(王樾譯,《西域文史》3 輯,2008 年)。

出土錢幣方面,以波斯薩珊銀幣最爲重要。夏鼐《新疆吐魯番最近出土的波斯薩珊朝銀幣》(《考古》1966 年 4 期)、《中國最近發現的波斯薩珊朝銀幣》(《考古學報》1957 年 2 期)、《綜述中國出土的波斯薩珊朝銀幣》(《考古學報》1974 年 1 期)和桑山正進《東方におけるサーサーン式銀貨の再檢討》(《東方學報》第 54 册,1982 年)具體考察新疆出土的波斯薩珊朝銀幣,并附以錢幣圖片。王義康《中國境內東羅馬金幣、波斯薩珊銀幣相關問題研究》(《中國歷史文物》2006 年 4 期)將金銀幣及其仿製幣區分開來,認爲真幣在西域地區是流通的,而仿製幣則多爲葬俗所需。楊潔《論流入中國的波斯薩珊銀幣的功能——以吐魯番出土銀幣爲例》(《中国社会经济史研究》2010 年 2 期)統計吐魯番出土的薩珊銀幣及仿製幣共計 184 枚,其中墓葬出土 46 枚,并從薩珊銀幣的存在年代及物價比值等方面進一步論證波斯薩珊銀幣并非吐魯番地區流通的銀錢。楊潔《絲路綠洲國家的貨幣:本地鑄造,抑或外部流入》(《中國經濟史研究》2011 年 3 期)通過分析吐魯番文書中的金錢、銀錢和銅錢的記載,結合出土錢幣,認爲麴氏高昌國時期,自鑄的銀錢佔據很重要的地位,波斯薩珊銀幣出現在胡商之間的貿易中,殘損的薩珊銀幣由於價值貶低,往往以殘錢的形式參與流通,而拜占庭金幣及仿製幣并沒有在吐魯番發揮貨幣的功能。出土金幣主要是拜占庭金幣,吐魯番共計出土 28 枚拜占庭金幣,全部爲仿製幣。形質及出土情況可參蒂埃里、莫里森《簡述在中國發現的拜占庭帝國金幣及其仿製品》(郁軍譯,《中國錢幣》2001 年 4 期)、羅豐《中國境內發現的東羅馬金幣》(《胡漢之間——絲綢之路与西北歷史考古》,文物出版社,2004 年)、陳志強《我國所見拜占庭鑄幣相關問題研究》(《考古學報》2004 年 3 期)和林英《拂菻金幣考辨》(《唐代拂菻叢說》,中華書局,2006 年)。專題研究有郭雲艷的博士論文《中國發現的拜占庭金幣及其仿製品研究》(南開大學,2006 年)。高昌吉利錢是高昌自鑄的錢幣,鑄造年代基本定爲麴氏高昌時期,功能方面有作爲厭勝錢和貨幣兩種觀點。片山章雄《高昌吉利錢について》(《小田義久博士還曆紀念東洋史論集》,1995 年;于志勇譯《關於高昌吉利錢》,《西域研究》1995 年 1 期)對出土的高昌吉利錢情況進行梳理。盛觀熙《再論"高昌吉利"錢》(《新疆錢幣》2004 年 3 期)一文收集大量高昌吉利錢幣出土材料,認爲高昌吉利錢屬於厭勝錢。錢伯泉《從吐魯番出土文書看“高昌吉利”的鑄作時間和錢幣性質》(《新疆錢幣》2006 年 1 期)則認爲高昌吉利錢是實用和流通的銅質貨幣。王永生《“高昌吉利”錢幣考——兼論隋唐之際高昌地區的文化融合》(《西域研究》2007 年 1 期)認爲“吉利”二字是突厥語 ilk 或 ilg 的漢語音譯,“高昌吉利”對應的漢語意思爲“高昌王”,這一名稱正是胡漢兩種文化交融於高昌的具體表現。另外岡內三真《トルフアン五銖錢と中原五銖錢》(《吐魯番學研究——第三屆吐魯番學暨歐亞遊牧民族的起源与遷徙國際學術研討會論文集》,上海古籍出版社,2010 年)介紹吐魯番出土的 11 枚五銖錢,并認爲這些五銖錢應是西漢時期流入車師國。

六、与中原的貿易往來及其他

与中原等地的商貿往來方面,前田正名《北魏官營貿易に關する考察——西域貿易の展開を中心として——》(《東洋史研究》13—6,1955 年)以景明元年(500)爲界,將北魏與西域的貿易交往分爲兩個時代,并列表說明西域各地區与北魏的往來頻次。作者認爲中原開展貿易并不是祇爲追求奢侈品,而是意識到西域商品的流入對中原經濟的補充作用。雷學華《略述唐朝對西域的商業貿易管理》(《敦煌學輯刊》1983 年,總 4 期)分析唐政府對“市”的管理,指出錢帛并用的規定在西域也得到執行。雷學華《唐代中原与西域間的商業貿易關係》(《中南民族學院學報》1986 年 3 期)將唐朝中原和西域的商貿往來分爲漸興期、繁榮期和衰落期三個階段。凍國棟《唐代民族貿易与管理雜考》(《魏晉南北朝隋唐史資料》9、10,1988 年)指出,在互市貿易之外,唐邊州軍政機構和少數民族政權之間以及民間的商業活動十分活躍。吳玉貴《試論兩件高昌供食文書》(《中國史研究》1990 年 1 期)利用客館文書推算出高昌國流動人口數量十分龐大,體現出絲路貿易的繁榮。鄭炳林、馮培紅《唐五代歸義軍政權對外關係中的使頭一職》(《敦煌學輯刊》1995 年 1 期)認爲歸義軍政權派遣使團中的“使頭”在經濟上發揮貿易使人的作用。齊陳駿、馮培紅《晚唐五代宋初歸義軍對外商業貿易》(《敦煌學輯刊》1997 年 1 期)指出歸義軍的對外貿易是當時絲綢之路經濟貿易的一個重要組成部分,敦煌及周邊市場的發展是歸義軍得以開展對外貿易的現實經濟基礎。郝玉玲《古代吐魯番地區与中原王朝的朝貢貿易》(《西域研究》2000 年 1 期)依年代順序敘述吐魯番与中原之間以朝貢爲名的貿易往來。榮新江《高昌王國与中西交通》(《歐亞學刊》2,2000 年)指出高昌官府爲胡商提供自由買賣的場所并從中獲益,通過對西方移民的安置和管理吸引胡商來此定居,促進了高昌當地的經濟繁榮。余欣《唐宋時期敦煌土貢考》(《敦煌寫本研究年報》4,2010 年)對敦煌文獻中的土貢資料進行整理,并探討棋子、玉石和羚羊角等貢物的來源。

　　与絲綢之路貿易關係,楊秀清編著《華戎交會的都市——敦煌與絲綢之路》(甘肅人民出版社,2000 年)和榮新江《華戎交匯:敦煌民族與中西交通》(甘肅教育出版社,2007 年)兩書相關章節分別論述敦煌作爲絲綢之路國際商貿中心的具體表現和敦煌所見的絲路貿易。宋曉梅《都官文書中的臧錢與高昌對外貿易中的幾個問題》(《西域研究》2001 年 4 期)認爲在麴氏高昌國時期對外貿易以轉口貿易爲主,同時兼營直接、間接的進出口貿易。斯加夫(Jonathan Karam Skaff)《吐魯番發現的薩珊銀幣和阿拉伯—薩珊銀幣——它們與國際貿易和地方經濟的關係》(《敦煌吐魯番研究》4 卷,1999 年)認爲 6 世紀晚期的高昌具有貿易中心的地位,高昌的貿易狀況并非由自身經濟發展水準所決定,而是受絲綢之路國際貿易方式的支配。韓森(Valerie Hansen)《絲綢之路貿易對吐魯番地方社會的影響:公元 500—800 年》(《粟特人在中國——歷史、考古、語言的新探索》,中華書局,2005 年)認爲在高昌國的居民組成中居於中心的是專職貿易的粟特商人,官府、譯語人等爲商人提供服務,佔人口大多數的百姓很少參與絲路貿易。韓森另有《從吐魯番、撒馬爾罕文書看絲綢之路上的貿易——本文獻給年初逝世的吐魯番考古學家吳震先生》(王錦萍譯,《吐魯番學研究——第三屆吐魯番學暨歐亞遊牧民族的起源與遷徙國際學術研討會論文集》,上海古籍出版社,2010 年)一文,嘗試將吐魯番、庫車和撒馬爾罕出土的經濟文書作爲一個整體,綜合全局來看絲綢之路貿易的規模。

　　回鶻與絲路貿易,除前列回鶻文契約文書外,敦煌出 S.8444 文書也是十分重要的材料。土肥義和《敦煌發現唐・回鶻交易關係漢文文書斷簡考》(《中國古代の法と社會——栗原益男先生古稀紀念論集》,汲古書院,1988 年;劉方譯《敦煌發現唐回鶻交易關係漢文文書殘片考》,《西北民族研究》1989 年 2 期)指出 S.8444 文書是唐代內文思使與回鶻國貿易時的一種收支決算文書,從文書所記回鶻的貢物和唐的回賜品,可以了解當時雙方貿易物品之間的價格比值。李德龍《敦煌遺書 S.8444 號研究——兼論唐末回鶻與唐的朝貢貿易》(《中央民族大學學報》1994 年 3 期)和陸慶夫《論甘州回鶻與中原王朝的貢使關係》(《民族研究》1999 年 3 期)分別對 S.8444 文書所體現的唐晚期甘州回鶻與中央政府的貢使來往和朝貢商品進行分析。陸文進一步指出這種貢使關係不僅是雙方貿易交往的體現,同時也維繫着絲綢之路的暢通,保障了東西方經濟文化的交流。陳愛峰、楊富學《西夏與回鶻貿易關係考》(《敦煌研究》2009 年 2 期)利用黑水城、敦煌等地的文書,對北宋和南宋時期西夏与回鶻之間貿易發展程度進行分析。

　　近百年以來,學術界關於敦煌吐魯番地區商業貿易研究的成果可謂碩果累累。受篇幅所限,本文未能收録全部相關論著,更廣範圍的研究成果可參考相關綜述。如程越《國内粟特研究綜述》(《中國史研究動態》1995 年 9期)、楊富學《回鶻文社會經濟文書研究百年回顧》(《敦煌研究》2000 年 4期)、凍國棟《二十世紀唐代商業史研究述評》(原爲《二十世紀唐研究》中的商業篇,後收入《中國中古經濟与社會史論稿》,湖北教育出版社,2005 年)、楊潔《高昌王國貿易史研究綜述》(《敦煌學輯刊》2009 年 1 期)。敦煌和吐魯番是絲綢之路東段兩個重要的商鎮,整體而言,這兩個地區的商業貿易活動深受絲綢之路貿易的支配和影響,當地市場上出售的商品、參与貿易的商人和貿易所用貨幣都具有同樣的特徵,即多元文化的滲透和融合。

　　本文爲教育部哲學社會科學重大課題攻關項目"百年敦煌學史研究"(批准號:07JZD0038)的部分成果。

敦煌本《下女夫詞》研究綜述

宋雪春（首都師範大學）

敦煌本《下女夫詞》以其反映唐五代瓜沙地區具體生動的民間婚禮習俗，及古樸清新、委婉活潑的民歌情趣，自 20 世紀 20 年代以來一直備受國内外學者的關注，研究成果亦層出不窮，以下對其學術史進行簡要梳理。

一、研究成果述評

首先，學界對於《下女夫詞》寫本的刊佈和整理工作可謂持續不斷。國内首先注意到它并予以披露的學者是劉復，早在其 20 世紀 20 年代所輯的《敦煌掇瑣》即收録了《下女夫詞》，所依據的底本爲巴黎所藏的 P.3350 號寫本[①]。十多年後，向達發現此作在大英博物館也有收藏，即 S.3877、S.5515、S.5949 等三件寫本[②]。王重民所撰《敦煌變文集》中的《下女夫詞》即以 P.3350 號爲底本，與 S.3877、S.5949、S.5515、P.3893、P.3909 等寫本合校而成[③]。20 世紀 80 年代中期，楊寶玉在《〈敦煌變文集〉未入校的兩個〈下女夫詞〉殘卷校録》中加録了《敦煌變文集》未入校的 P.2976 及北京大學圖書館藏 D246 兩件寫本[④]，由此《下女夫詞》的寫本數量增至八件。1994 年，榮新江在《英國圖書館藏敦煌漢文非佛教文獻殘卷目録》指出：S.9501、S.9502、S.13002、S.11419 可綴合爲一卷，爲《下女夫詞》的研究提供新的材料[⑤]。1996 年，《晉魏隋唐殘墨》出版，李刈考釋出其中第 70 號爲《下女夫詞》殘片，方廣錩對其進行了補充説明；幸運的是，《中國書店藏敦煌文獻》對其所藏 ZSD.068《下女夫詞》給予公佈，筆者通過比對發現兩者乃爲同一寫卷的兩件殘片，并可互相綴合[⑥]。90

---

① 劉復《敦煌掇瑣》，中研院歷史語言研究所刻本，1925 年，瑣 75：第 299—304 頁；另收入《敦煌叢刊初集》（十五），臺北：新文豐出版公司，1985 年，第 323—328 頁。

② 向達《記倫敦所藏的敦煌俗文學》，《新中華雜誌》1937 年 5 卷 13 號，第 123—128 頁；另收入氏著《唐代長安與西域文明》，北京：三聯書店，1957 年，第 241—242 頁。

③ 王重民認爲 P.2976 是簡縮本，故未入校。參閲王重民《敦煌變文集》，北京：人民文學出版社，1957 年，第 273—284 頁；同書 1984 年版，第 277 頁。

④ 楊寶玉《〈敦煌變文集〉未入校的兩個〈下女夫詞〉殘卷校録》，《敦煌語言文學研究》，北京大學出版社，1988 年，第 270 頁；另收入《中國敦煌學百年文庫·文學卷》（四），第 337—343 頁。

⑤ 榮新江《英國圖書館藏敦煌漢文非佛教文獻殘卷目録（S.6981—13624）》，臺北：新文豐出版公司，1994 年，第 134 頁；另收入氏著《英國圖書館藏敦煌漢文非佛教文獻殘卷概述——敦煌文藪（下）》，臺北：新文豐出版公司，1999 年，第 126 頁。

⑥ 《晉魏隋唐殘墨》中的寫卷係石谷風個人藏品，并經由啓功、黄賓虹等審訂、定年，具有較高的文物價值與文獻價值。《下女夫詞》屬於其中“唐殘墨”部分，題目録作“唐文書殘片”（參閲石谷風墨迹收藏《晉魏隋唐殘墨》，合肥：安徽美術出版社，1996 年，第 81 頁）；李刈參照《敦煌變文集》對其進行了釋録（參閲李刈《石谷風藏敦煌遺書殘卷内容小考》，《敦煌研究》2001 年 4 期，第 134—137 頁）；方廣錩將《下女夫詞》編爲第 75 號，并對其進行了補充説明：此卷首尾下部均殘，僅餘 4 行，有烏絲欄，長 16.2 釐米，高 12.8 釐米，從紙張、字體等方面看，本號爲唐寫本，約 8、9 世紀（參閲方廣錩《〈晉魏隋唐殘墨〉綴目》，《敦煌吐魯番研究》6 卷，北京大學出版社，2002 年，第 335—352 頁）。

年代末,《俄藏敦煌文獻》先後載録了 Дх.2654、Дх.3885A 兩件《下女夫詞》殘片①。2000 年,《敦煌遺書總目索引新編》指出 P.3147b 爲《下女夫詞》之殘片②。至此,《下女夫詞》的寫本數量增加到十二件。2010 年,王三慶對《下女夫詞》進行重新整理和研究,又增加了《俄藏敦煌文獻》中的四件《下女夫詞》的寫本:Дх.3860、Дх.3135 + Дх.3138、Дх.11049Rv、Дх.12833Rv③。由上可知,目前所見的敦煌本《下女夫詞》共有十六件:P.2976、P.3147b、P.3266v、P.3350、P.3893、P.3909、S.3877v、S.5515、S.5949、綴合本(S.9501 + S.9502v + S.11419 + S.13002)、北大藏 D246、中國書店藏 ZSD.068、Дх.3885A、Дх.3860 + Дх.3860v、Дх.3135 + Дх.3138、Дх.2654 + Дх.11049 + Дх.12834。由於《下女夫詞》不同寫本之間的内容差異,可將其分爲甲、乙、丙三個系統,甲系統包括 P.3350、P.3147b、P.3266v、P.3893、P.3909、S.3877v、S.5515、S.5949、北大藏 D246、中國书店藏 ZSD.068 +《殘墨》第 70 號、Дх.3860、Дх.3135 + Дх.3138、Дх.2654 + Дх.11049 + Дх.12834 等十三件寫本④;乙系統爲 P.2976 一件寫本;丙系統爲綴合本(S.9501 + S.9502v + S.11419 + S.13002)。

其次,關於《下女夫詞》的性質探討,學術界存在喜歌、故事賦、戲劇劇本、對話體散文等不同的觀點。李家瑞的《談嫁娶喜歌》認爲《下女夫詞》是我國現今可見到的一篇"最早"的嫁娶喜歌⑤。鄭阿財指出《下女夫詞》是敦煌孝道變文之一種,屬於孝道文學的範疇⑥。李宗爲將其歸爲故事賦的一種,并從文學的角度分析了此賦的故事化⑦。另外,任光偉分析了《下女夫詞》寫卷格式、内容、對唱等特性,提出它應當爲"民間藝人排練演出的戲曲劇本"的看法⑧。譚達先的《中國婚嫁儀式歌謠研究》中指出唐代流行的《下女夫詞》是婚禮中的一種攔門詩歌⑨。日本學者金岡照光認爲《下女夫詞》是散文體類中的對話體類文學文獻,是與《項託相問書》、《燕子賦》、《茶酒論》相同的對話

① 俄羅斯科學院東方研究所聖彼得堡分所、俄羅斯科學出版社東方文學部、上海古籍出版社主編《俄藏敦煌文獻》9 册,1998 年,上海古籍出版社,第 318 頁;《俄藏敦煌文獻》11 册,1999 年,上海古籍出版社,第 81 頁。
② 敦煌研究院編《敦煌遺書總目索引新編》,北京:中華書局,2000 年,第 269 頁。
③ 其中,《俄藏敦煌文獻》對 Дх.3860 未予定名;將 Дх.3135 + Дх.3138 定名爲《變文》或《佛經》,其實爲《下女夫詞》的殘片。另外,筆者通過比對發現,Дх.11049v + Дх.12833R、Дх.11049 + Дх.12833v、Дх.2654,三件殘片可相綴合。
④ 因 Дх.3885A 僅保留"下女夫詞一本"(即題目)六個字,遂不對其歸類。
⑤ 李家瑞《談嫁娶喜歌》,《歌謠》1936 年版 2 卷 25 期;另收《中國敦煌學百年文庫·文學卷》(三),第 35 頁。張鴻勛認爲李家瑞所論斷的《下女夫詞》爲現今可見的"最早"之嫁娶喜歌不正確,張氏認爲《詩經》中有更爲古老的婚禮歌曲。
⑥ 鄭阿財《敦煌孝道文學研究》,臺北:石門圖書公司,1982 年,第 77 頁。
⑦ 李宗爲《唐人傳奇》,北京:中華書局,1985 年,第 21 頁。
⑧ 任光偉《敦煌石室古劇鈎沉》,《戲曲研究》33 期,1990 年,第 202—213 頁;另收入氏著《西域戲劇與戲劇的發生》,烏魯木齊:新疆人民出版社,1992 年,第 77 頁。
⑨ 譚達先《中國婚嫁儀式歌謠研究》,臺北:商務印書館,1988 年,第 46 頁。

體類散文①。

　　隨着學界對《下女夫詞》研究的不斷深入,有些學者對於其變文的文體性質提出質疑,20 世紀 80 年代初,周紹良在《讀變文劄記》中指出,《下女夫詞》不是變文文體②。隨後,張鴻勛在對敦煌講唱文學的體制和類型的探析中,認爲唐代敦煌地區婚姻文化對於唐代小說的創作具有重要作用,應將《下女夫詞》與一般的講唱文學區分開來③。張氏的觀點給學界對《下女夫詞》的認識提供了新的啓發和起點。至 80 年代末,學界一致認爲《下女夫詞》不應歸入變文或講唱文學的範疇④,至此將《下女夫詞》從變文中剝離出來。

　　第三,從《下女夫詞》所體現的社會功能上看,學界將其視爲研究敦煌民間婚俗乃至唐代社會生活的重要史料。20 世紀 40 年代,傅芸子最早在《敦煌俗文學之發現及其展開》中將《下女夫詞》歸爲俗文學資料的雜文之一種,并強調該詞是一篇"至足珍貴"的"社會史料"⑤。1963 年,趙守儼的《唐代婚姻禮俗考略》結合此篇與《吉凶書儀》等文獻,對唐代婚姻禮俗進行了探討⑥。周一良《敦煌寫本所見的唐代婚喪禮俗》指出《下女夫詞》所描述的婚禮細節多不見於《大唐開元禮》,具有敦煌地區特色⑦。日本學者除了金岡氏之外,伊藤美重子對《下女夫詞》給予長時間的關注,伊藤氏在《敦煌本〈下女夫詞〉について》⑧和《敦煌の婚禮資料について》⑨中均對敦煌本《下女夫詞》進行了詳細的文本內容分析,并指出其爲敦煌地區重要的婚禮資料。

　　值得一提的是,對《下女夫詞》進行專門研究和探討的主要有張鴻勛、李正宇、譚蟬雪等多位學者。張鴻勛在研究敦煌講唱文學的基礎上,對敦煌本《下女夫詞》作出新的探討,認爲《下女夫詞》爲唐代民間婚禮中儀式歌的一部

---

①　金岡照光《散文體類》,《敦煌の文學文獻》(講座敦煌 9),東京: 大東出版社,1992 年,第 177 頁。

②　周紹良《讀變文劄記》,《文史》1980 年 7 輯。周氏將《下女夫詞》歸爲"新婚詩"一類,此論點還體現在周紹良《敦煌文學芻議》,《社會科學》1988 年 1 期;另收入氏著《敦煌文學芻議及其他》,臺北: 新文豐出版公司,1992 年,第 22 頁。

③　張鴻勛《敦煌講唱文學的體制及類型初探》,《文學遺產增刊》14 輯,北京: 中華書局,1982 年;另收入氏著《敦煌俗文學研究》,蘭州: 甘肅教育出版社, 2000 年,第 7 頁。

④　周紹良爲《敦煌語言文學研究》所作的"前言",引起與會學者的廣泛討論,雖存在不同的意見,但一致認爲《下女夫詞》"當作變文看待顯然不合適,劃入講唱文學也不夠確切,它似乎是一種儀式歌。總之,這篇作品反映了唐五代的民俗,具有珍貴的史料價值,雖然應從《敦煌變文集》剔出,卻是一篇很重要的作品"。

⑤　傅芸子《敦煌俗文學之發現及其展開》,《中央亞細亞》1941 年 1 卷 2 期;另收入氏著《白川集》,瀋陽: 遼寧教育出版社,2000 年,第 201 頁。《白川集》於 1943 年 12 月在東京文求堂初版。

⑥　趙守儼《唐代婚姻禮俗考略》,《文史》3 輯,北京: 中華書局,1963 年;另收入《趙守儼文存》,北京: 中華書局,1998 年,第 13—31 頁。

⑦　周一良《敦煌寫本所見的唐代婚喪禮俗》,《文物》1985 年 7 期,第 17—25 頁;另收入周一良、趙和平《唐五代書儀研究》,北京: 中國社會科學出版社,1995 年,第 285—301 頁。

⑧　伊藤美重子《敦煌本〈下女夫詞〉について》,《お茶の水女子大學中國文學會報》,1985 年,第 61—80 頁。

⑨　伊藤美重子《敦煌の婚禮資料について》,《富山大學人文學部紀要》24,1996 年。

分,是民間歌謠中性質比較特殊的一種婚禮儀式歌①。另外,張氏對新獲英藏《下女夫詞》的殘卷(即綴合本)進行校釋和研究,指出與其他寫卷內容的諸多不同之處,認爲此件新本反映了"敦煌民間婚禮儀式具有相當的靈活性"②。李正宇對《下女夫詞》的性質進行了重新考量,既不同意其爲變文的説法,亦不認爲其爲"迎親喜歌"。李氏從歷史學的角度對其作了仔細的考察,得出此作是禮賓人員編輯的親迎禮辭手册的觀點,并認爲此種手册的目的是保證親迎儀式的品質和水準,《下女夫詞》的產生時間是在中和四年至乾寧元年(883—894),而詞中的新郎就是歸義軍節度使張議潮的某位公子③。譚蟬雪有關敦煌婚姻文化的研究成果頗爲豐碩,對《下女夫詞》的考察亦較深刻。譚氏認爲《下女夫詞》反映了敦煌婚俗的親迎部分,對古六禮在沿襲中又有變異;譚氏針對李正宇的研究成果提出異議,認爲詞中以"新郎"爲"刺史"等的説法是當地流行的"攝盛"之禮,并非實指④。另外,譚氏對於《下女夫詞》的內容涵蓋範圍提出新的觀點:"《下女夫詞》是男女雙方儐相的對答之詞,《論女婿》則是女婿進入女家,每至一處所作的詠詩。二者從內容、地點、人物及體裁都相異。再看原文各卷的記載:P.3350在請便自扶來(下各卷同此)接《論女家大門詞》,P.3893接《開撒帳合詩》,P.3909接着是空行,然後題作《論女婿》,S.5515中爲空行,然後題作《第一女婿至大門詠》,S.5949下缺,隱約可見空行,然後是'南山柏,將'等字,可知《論女婿》組詩與《下女夫詞》并非同篇,故分析之。"⑤因此譚氏將《下女夫詞》、《論女婿》和《婚嫁詩》同歸爲敦煌地區"婚嫁詩詞"的三個并列部分,此種觀點得到多位學者的認同⑥。無獨有偶,王三慶對《下女夫詞》的內容涵蓋及研究亦提出新的見解,認爲:"張敖《新集吉凶書儀·吉儀卷上》婚禮的這段記錄不但反映了晚唐婚禮的步驟,也和《今時禮本書》一書的篇次內容兩相呼應,同時更證明了學者整理《下女

---

① 張鴻勛《敦煌本〈下女夫詞〉新探》,《1983年國際敦煌學術討論會文集·文史遺書編》(下),蘭州:甘肅人民出版社,1987年,第162—180頁。
② 張鴻勛《新獲英藏〈下女夫詞〉殘卷校釋》,《段文傑敦煌研究五十年紀念文集》,北京:世界圖書出版公司,1996年,第267—278頁;另收入氏著《敦煌俗文學研究》,第407—428頁。
③ 李正宇《〈下女夫詞〉研究》,《敦煌研究》1986年4期,第40—50頁;另收入謝生保主編《敦煌民俗研究》,蘭州:甘肅人民出版社,1995年,第20—38頁。
④ 譚蟬雪《敦煌婚姻文化》,蘭州:甘肅人民出版社,1993年,第34—44、141—157頁。相關成果,亦可參閱譚蟬雪《敦煌婚嫁詩詞》,《社科縱橫》1994年4期,第18—21頁;《敦煌婚俗的特點》,《敦煌學國際研討會論文集·史地語文編》,瀋陽:遼寧美術出版社,1995年,第613頁;《敦煌民俗——絲路明珠傳風情》,蘭州:甘肅人民出版社,2006年,第189—224頁;《敦煌石窟全集·民俗畫卷》,香港:商務印書館,2005年,第103—140頁;《磑檔探析》,《敦煌研究》2006年3期,第33—36頁。
⑤ 譚蟬雪《敦煌婚姻文化》,第42頁。
⑥ 呂敦華在利用《下女夫詞》來論述"唐代婚禮"時,亦將《下女夫詞》與《論女婿》分言之(參閱呂敦華《唐代婚禮研究》,臺灣大學中國文學研究所碩士論文,1995年5月,第8—9頁);余欣在論述"生活空間與信仰空間的轉換"方面,認爲《下女夫詞》的內容涵蓋應從譚氏之説(參閱《神道人心——唐宋之際敦煌民生宗教社會史研究》,北京:中華書局,2006年,第241頁)。

夫詞》的不合理性。因爲從嚴而論,《下女夫詞》名義原祇限於請女婿下馬的戲舞部分,但是敦煌文獻中的諸多抄者往往還加録了經過門户及催妝等詩文,并以《下女夫詞》爲冠首總稱,縱使大家勉强接受,但是排除較具趣味性的戲舞的《障車文》及《咒願新人》,則期期以爲不可,否則應當重新整理,一并收入,改題《今時禮本書》。"①譚、王二氏的觀點引發了學界對於《下女夫詞》的重新考量與認識。

　　進入 21 世紀後,學術界對於《下女夫詞》的研究不斷向縱深方向發展。學者們從風俗習慣、民生宗教、性文化、女性地位與教育、科舉制度等不同的角度對《下女夫詞》進行釋讀。趙睿才在《敦煌寫本〈下女夫詞〉的民俗解讀》、《唐詩與民俗關係研究》等著述中從民俗學的角度對《下女夫詞》中的"一雙"、"兩"、"九"等吉利數字的運用,對於植物通媒、通情,以及男就婦家成禮的民俗進行了闡釋②。余欣《神道人心——唐宋之際敦煌民生宗教社會史研究》中從婚嫁禮俗與家宅之間的關係着手,認爲《下女夫詞》體現了儒家禮儀與民生宗教的結合③。劉達臨在其《中國古代性文化》和《雲雨陰陽——中國性文化象徵》等書中指出了敦煌婚禮儀式中的性文化象徵,例如《下女夫詞》中所體現的結髮、去花、去扇、撒帳等儀式都滲透了性文化的痕迹④。趙跟喜認爲《下女夫詞》體現了婚前性教育思想,是敦煌地區人民在現實生活中對女子進行教育的例子⑤。金瀅坤在《論唐五代科舉對婚姻觀念的影響》、《中晚唐五代科舉與社會變遷》等著述中論及了《下女夫詞》作爲敦煌地區婚禮儀式上的唱詞,女方的如意郎君或是"進士及第",或是"三史明閑","九經爲業"的科舉出身者,反映了當時人們對於科舉出身的鍾情與喜愛⑥。楊明璋的近作《敦煌文學與中國古代的諧隱文化》是在其博士論文的基礎上出版的,其對包括《下女夫詞》在内的敦煌本婚嫁詩歌提出新的觀點和看法,認爲一般傳世文獻所見與敦煌本婚嫁儀式詩文所反映的唐五代婚嫁儀式之親迎儀節并沒有太大的差別⑦。由上可見,學術界對《下女夫詞》的研究趨於細化和深化,并從中發掘出更高的史料價值。

---

　　① 王三慶《〈敦煌變文集〉"下女夫詞"的整理兼論其與"咒愿文一本"、"障車文"、"驅儺文"、"上樑文"之關涉問題》,《敦煌寫本研究年報》第 4 號,2010 年,第 15—33 頁。

　　② 趙睿才《敦煌寫本〈下女夫詞〉的民俗解讀》,《名作欣賞》2005 年 22 期,第 14—16 頁;亦可參閱同作者《唐詩與民俗關係研究》,上海古籍出版社,2008 年,第 410—414 頁。

　　③ 余欣《神道人心——唐宋之際敦煌民生宗教社會史研究》,第 240 頁。

　　④ 劉達臨《中國古代性文化》,銀川:寧夏人民出版社,2003 年,第 455—459 頁;劉達臨、胡宏霞《雲雨陰陽——中國性文化象徵》,成都:四川人民出版社,2005 年。

　　⑤ 趙跟喜《敦煌唐宋時期的女子教育初探》,《敦煌研究》2006 年 2 期,第 95 頁。

　　⑥ 金瀅坤《論唐五代科舉對婚姻觀念的影響》,《廈門大學學報》2008 年 1 期,第 105 頁;亦可參閱同作者《中晚唐五代科舉與社會變遷》,北京:人民出版社,2009 年,第 237—238 頁。

　　⑦ 楊明璋《敦煌文學與中國古代的諧隱文化》,臺北:新文豐出版公司,2011 年,第 291—293 頁。

二、相關詞語釋義

自20世紀20年代以來,隨着學界對《下女夫詞》的不斷關注和深入研究,學者對《下女夫詞》中概念和意義的闡釋存在不同的觀點和分歧,兹分別介紹如下。

(一)"下"的不同釋義

對於《下女夫詞》之"下"的釋義,迄今未形成定論,其中比較有代表性的爲以下三種:首先,張鴻勛認爲,上古韻"下"、"戲"同屬魚部,可以相通,有戲弄調侃之意,"下女夫"即"弄女婿"或"下婿"①。持相似觀點的爲譚蟬雪,譚氏引述顏真卿的奏議及《封氏聞見記》中明確提出的"下婿",《隋唐嘉話》的"下兵",認爲此"下"字作爲動詞比較合適,在親迎開始的"下女夫"之俗中反映了故作刁難、戲耍新女婿的内容②。其次,白化文認爲,"下"和"女夫"結合在一起,成爲一個謂賓結構,爲使動用法,是"使女夫下",即設法讓女夫從馬上下來③。葉國良在此基礎上提出新的釋義:"下"爲"能下人"、"禮賢下士"之"下",謂使婿卑辭遜禮④。除此之外,高國藩則指出"下女"是指敦煌民間的普通女子,"下女夫"即"下女"之丈夫⑤。

(二)"詞"的釋義

對於《下女夫詞》之"詞"的定義,直接關係到對《下女夫詞》的定性問題。《下女夫詞》之"詞",是爲唱詠之歌還是吟誦之詞,一直以來頗受爭議。趙守儼認爲《下女夫詞》的内容完全是用吉利話編成韻語⑥。高國藩推斷《下女夫詞》是新郎、新娘在結婚儀式上直接對面互吐傾慕之忱的"對歌",新娘一反"哭嫁"傳統而唱出了"願嫁"的喜歌⑦。王三慶認爲《下女夫詞》一文乃爲嫁女時之雜詠歌詞⑧。楊寶玉指出《下女夫詞》之"詞"就是現在"對口詞"之

---

① 張鴻勛以《下兵詞》作爲佐證,指出:唐曲子有《下兵詞》,與《回波樂》的性質相似,情趣亦與《下女夫詞》同,因此"下女夫"之"下",與"下兵"之"下"同爲唐人俗語,都有戲弄調侃的意思。參閱張鴻勛《敦煌寫本〈下女夫詞〉新探》,第164頁。
② 譚蟬雪《敦煌婚姻文化》,第142頁。
③ 白化文認爲:"下"字本來是方位詞,作謂語使用時,按常規是不能帶賓語的;"使女夫下"也就是説女夫本是坐在馬上的,通過對歌想辦法讓女夫從馬上下來,而"下女夫"這個使動用法的謂賓詞組,又是"詞"的修飾語,和"詞"共同組成一個偏正結構的詞組。參閲楊寶玉《〈敦煌變文集〉未入校的兩個〈下女夫詞〉殘卷校録》,中國敦煌吐魯番學會語言文學分會編纂《敦煌語言文學研究》,北京大學出版社,1988年,第278頁。
④ 葉國良《從婚喪禮俗中的異族文化成分談禮俗之融合與轉化》,臺大中文系、成大中文系"六朝唐宋學術研討會"編輯小組《遨遊在中古文化的場域:六朝唐宋學術研討會論文集》,臺北:里仁書局,2004年,第70頁,注釋(10)。
⑤ 高國藩《敦煌民俗學簡論》,敦煌文物研究所編《1983年全國敦煌學術討論會文集——文史·遺書編(下)》,蘭州:甘肅人民出版社,1987年,第397頁;亦載於氏著《敦煌俗文學》,上海:三聯書店,1999年,第169頁。
⑥ 趙守儼《唐代婚姻禮俗考》,第16頁。
⑦ 高國藩《敦煌民俗學簡論》,第394—395頁;後載於氏著《敦煌民俗學》,第166—167頁。
⑧ 王三慶《敦煌卷卷記載的婚禮節目與程式》,柳存仁主編《潘石禪九秩華誕敦煌學特刊》,1996年,臺北:文津出版社,第548頁。

"詞"①。譚蟬雪在論及《下女夫詞》及婚嫁詩是歌唱還是吟誦的問題時,提出:"'兒家初發言'、'女答'、'兒答'……這看似不是歌唱而是禮贊之詞,從《論女婿》以下的婚嫁詩,原文多處標有'詠'字,如《下至大門詠詩》、《至中門詠》等,最後是《詠下簾詩》",并認爲:"'詠'是有一定韻律的,詠者是歌唱之意,後代以歌詠相結合爲一詞,可見《下女夫詞》爲禮贊詞,而《論女婿》以下的婚嫁詩則爲婚嫁儀式歌,不應與《下女夫詞》統一論之。"②譚氏并以此來補證《下女夫詞》的内容涵蓋問題。

(三)"兒答"、"女答"的發起人

關於《下女夫詞》中"兒答"、"女答"的對答者的身份界定,學界的觀點并不一致。向達認爲《下女夫詞》是新郎、新婦相互問答之詞,反映了古代敦煌地區的婚姻禮俗③。羅宗濤明確指出此歌詞由新郎與女方唱和,新郎即詞中出現的"相郎",至於女方的演唱者則未交待④。張鴻勛認爲,演唱者的身份,并非通常意義上的説唱藝人,多是女家姑嫂(伴娘)或專司贊禮的儐相,甚至就是新婚夫婦本人,與始終由一二人以第三人稱叙述講唱的表演,大不相同⑤。李正宇進一步指出:所謂"兒答"、"女答"絶不是"新郎答"或"新娘答",實際上是"男女儐相答"和"女方姑嫂答","女方姑嫂"與男方儐相的身份對等,實際上是"女儐相"或"女知客"⑥。

三、結　語

八九十年來,中外學術界對於《下女夫詞》的校錄和研究相當全面,以上僅僅是對相關研究成果作了粗略的羅列,漏訛定多。由於敦煌學研究的特殊性,如分散在國内外公私手中的敦煌寫卷,尚待進一步發掘披露,究竟有多少件《下女夫詞》還不能作最後結論,另外對於《下女夫詞》的定性問題亦需假以時日,因此對《下女夫詞》作專題的寫卷整理和研究工作仍是一個需要深入拓展的課題。

---

① 楊寶玉《〈敦煌變文集〉未入校的兩個〈下女夫詞〉殘卷校錄》,第 278 頁。
② 譚蟬雪《敦煌婚姻文化》,第 157 頁。
③ 向達《記倫敦所藏的敦煌俗文學》,第 241—242、247 頁。
④ 羅宗濤《敦煌變文社會風俗事物考》,臺北:文史哲出版社,1974 年,第 100 頁。
⑤ 張鴻勛《敦煌寫本〈下女夫詞〉新探》,第 179 頁。
⑥ 李正宇《〈下女夫詞〉研究》,第 44 頁。

中國百年摩醯首羅天研究述評

吕德廷(蘭州大學)

摩醯首羅天,梵文Maheśvara,又譯作摩醯伊濕伐羅、摩醯濕伐羅。《大智度論》卷二:"如摩醯首羅天,秦言大自在,八臂三眼騎白牛。"[①]《一切經音義》卷二一:"摩醯首羅正云摩醯濕伐羅,言摩醯者,此云大也;濕伐羅者,自在也。謂此大王于大千界中得自在故。"[②]摩醯首羅原爲印度教三大主神之一的濕婆神(Siva),印度教的濕婆派認爲濕婆是宇宙的創造者,後被佛教吸收,成爲佛教的護法神,列在天部,名"大自在天"。有佛經記載大自在天王"通身青色,三面正面作天王形;右邊頭如夜叉形,而見忿怒相,露出牙齒;左邊頭作天女形,美貌紅白。三面皆具天眼螺髻寶冠,首圓光而作赤色。四臂,左上手柱三股叉,下掌金君持瓶;右上手持花供養本尊,下持數珠當心。嚴以天衣瓔珞,儼然而立。"[③]另外還有三目十八臂或坐騎爲青牛的記載,可見佛經中的記載并不完全一致。相關圖像在《大正藏·圖像部》、雲岡石窟、敦煌、新疆、四川、西藏等地都有出現。

20世紀至今,許多學者致力於石窟藝術的研究,隨着對石窟的全面調查,作爲石窟藝術一部分的摩醯首羅天圖像也進入了研究的視野。最初完成的是摩醯首羅天形象的搜集、整理,之後是對其形象來源、藝術風格與功能的解析。經過了百年的整理與研究,如今摩醯首羅天研究取得了豐碩的成果。

研究的開展始於資料的收集與整理。19世紀末,先後有大批西方及日本的探險家來中國進行文物的搜集與調查,盜取了我國大量文物,許多有關摩醯首羅天的藝術品也散落國外。斯坦因(M. Aurel Stein)、格倫威德爾(Albert Grünwedel)等人將相關活動整理和搜集的文物整理成考察報告,其中保留了許多有關摩醯首羅天的信息。

一、摩醯首羅天形象的釋讀

1906年,格倫威德爾調查了新疆克孜爾石窟,於1912年出版的《新疆古佛寺——1905—1907年考察成果》一書中介紹了克孜爾石窟魔鬼洞B(現在編號爲第198窟)窟中的壁畫,將一組三頭六臂坐於臥牛之上的形象及身邊

---

① (後秦)鳩摩羅什譯《大智度論》,《大正藏》第25冊,第73頁a(a、b、c分別指大正藏正文的上、中、下三欄)。
② (唐)慧苑撰《一切經音義》卷二一,《大正藏》第54冊,第440頁c。
③ (唐)般若力譯《迦樓羅及諸天密言經》,《大正藏》第21冊,第334頁a。

的女神定名爲濕婆神及雪山神女。他還在克孜爾第三區第 5 窟（第 224 窟）找到了類似的圖像①。格倫威德爾的《古代庫車》（Alt-Kutscha）一書又一次提到克孜爾石窟魔鬼洞 B 窟中的濕婆神和雪山神女，與《新疆古佛寺》簡單的描述、定名相比，此書中找到了與之相似的印度、西藏地區的濕婆像②。格倫威德爾所進行的圖像對比大大深化了此問題的研究，他採用的圖像比對的方法對此後的研究有很大的意義。

斯坦因初步考釋了 D. Ⅶ. 6 背面三頭四臂坐於白牛之上的形象，他根據正面的波斯王公形象，認爲背面形象與科伊卡瓦哲壁畫中的羅斯旦像相同，根據波斯故事，"羅斯旦曾努力奮鬥戰勝群魔，强迫群魔效忠其王，這裏所繪的大概就是諸魔之一"③，因此他將背面形象命名爲"魔王"。1962 年，閻文儒認爲壁畫是從丹丹烏里克寺院遺址中發現的，應當從佛教故事的題材中去尋找。他認爲此形象可能是《大智度論》中所説的"八臂三眼騎白牛"摩醯首羅天，或爲閻鬘迦像，依據是閻鬘迦"頂上火鬘髻，迅雷玄雲色。六面十八眼，極大忿怒相。輝焰過衆電，水牛以爲座"④。王嶸評價了斯坦因和閻文儒的觀點，根據圖像特徵，認爲"顯然是印度婆羅門教的濕婆神形象"。又根據公元7、8 世紀丹丹烏里克和附近寺院裏連續出現大自在天、鬼母子圖、大日如來、象頭神像等密宗神像，認爲此時印度密宗佛教已經傳入于闐⑤。

較早深入研究敦煌畫的是 1937 年出版的松本榮一《燉煌畫の研究》⑥，松本氏認爲莫高窟 285 窟西壁主龕左側三頭六臂坐牛的形象爲摩醯首羅天，這一定名爲《中國石窟·敦煌莫高窟》、《敦煌莫高窟内容總録》所接受⑦。松本氏按手臂和頭的數量將摩醯首羅天分爲二臂、四臂、六臂、八臂，一面和三面，找到了在佛經中的記載。松本氏的主要貢獻在於結合佛經記載討論摩醯首羅天形象，同時涉及雲岡第 8 窟以及斯坦因在丹丹烏里克發現的類似圖像。但其討論的敦煌、雲岡的摩醯首羅天形象時間從北魏到北宋，依據的佛經也没有區分顯密，摩醯首羅天的分類僅僅以手臂、頭部的數量爲標準。這就不足以將摩醯首羅天的發展軌跡論述清晰。雖然存在不足，但是他的成果使摩醯首羅天研究具有了很高的起點，大大推動了進一步的研究。

松本氏的這一研究成果并未被學界立即接受。1952 年，水野清一、長廣

① 格倫威德爾著，趙崇民、巫新華譯《新疆古佛寺》，北京：中國人民大學出版社，2007 年，第 232、297 頁。
② Albert Grünwedel, Alt-Kutscha：vol. 1, Otto Elsner Verlagsgesellschaft M. B. H, 1920, pp. Ⅱ65 - 70.
③ 斯坦因著，向達譯《西域考古記》，北京：中華書局，1936 年，第 47 頁。
④ 閻文儒《就斯坦因在我國新疆丹丹烏里克、磨朗遺址所發現幾十塊壁畫問題的新評述》，《現代佛學》1962 年5 期。
⑤ 王嶸《丹丹烏里克出土木板畫釋疑》，《新疆藝術》1998 年 5 期，第 19 頁。
⑥ 松本榮一《燉煌畫の研究·圖像部》，東京：東方文化學院東京研究所，1937 年，第 732—736 頁。
⑦ 敦煌文物研究所整理《敦煌莫高窟内容總録》，北京：文物出版社，1982 年，第 102 頁。

敏雄的雲岡石窟調查報告仍將第 8 窟拱門東側神像定名爲濕婆神①。

二、對莫高窟第 285 窟中摩醯首羅天的研究

由於摩醯首羅天在佛教藝術中并非主要神靈,學界對其關注較少。隨着莫高窟第 285 窟全面、深入的研究,之前關注較少的摩醯首羅天也得到重視。學者對窟中摩醯首羅天圖像來源、頭光中的形象、圖像功能等方面的探討,大大深化了此方面的研究。

賀世哲《敦煌莫高窟第 285 窟西壁內容考釋》一文考釋了西壁圖像,認爲西壁的壁畫題材屬於我國早期的密教圖像。將坐於牛背上的神靈命名爲摩醯首羅天。与《燉煌畫の研究》相比,文章的突破在於利用了印度神話,論述了摩醯首羅天與濕婆神的傳承關係。至於繪製摩醯首羅天的原因,賀氏認爲與摩醯首羅天司善惡、主吉凶、指導人們就吉避凶有關②。

饒宗頤《圍陀與敦煌壁畫》一文從東漢末年翻譯的《摩登伽經》并結合吠陀典籍來考察第 285 窟壁畫。以《摩登伽經》中的"變圍陀作宅圖法"爲出發點,認爲"前人製作壁畫上的圖繪,不知不覺在使用宅圖法時,即採取圍陀中的諸天,除苦厄求福祉"③,但沒有舉出確鑿的證據以證明莫高窟第 285 窟繪製諸天神與宅圖法存在聯繫。

張文玲《敦煌莫高窟第二八五窟印度教圖像之初探》以印度教的觀點來探討摩醯首羅天等六尊神。作者不但追溯了摩醯首羅天來源於印度的濕婆神,還結合《夜柔吠陀》、《阿闥婆吠陀》、《奧義書》,討論了濕婆更早的形象——魯特羅(Rudra),闡釋了濕婆在印度地位逐漸昇高的趨勢及 6 世紀漢譯佛教典籍對摩醯首羅天持否定態度;將濕婆神造像與第 285 窟摩醯首羅天作了比對、分析,找到了第 285 窟中摩醯首羅天高舉日月,手中物品與濕婆造像的相同之處。文章最後論述,濕婆等印度神被安置在中央大龕兩側是因爲其侍從、護法的作用④。此文特點是運用了豐富的印度典籍和大量現存的圖像,詳細論述了摩醯首羅天形象源於濕婆神。

陳清香以雲岡第 8 窟的摩醯首羅天和鳩摩羅天爲切入點,結合考古材料和文獻,論述了多臂多首神的源流。認爲至少在 2 世紀前後,多首多臂天神已

---

① 轉引自:陳清香《雲岡石窟多臂護法神探源——從第 8 窟摩醯首羅天與鳩摩羅天談起》,《2005 年雲岡國際學術研討會文集·研究卷》,北京:文物出版社,2006 年,第 287 頁。

② 賀世哲《敦煌莫高窟第 285 窟西壁內容考釋》,段文傑主編《1987 年敦煌石窟研究國際討論會文集·石窟考古編》,瀋陽:遼寧美術出版社,1990 年,第 350—382 頁。

③ 中國敦煌吐魯番學會編《敦煌吐魯番學研究論文集》,上海:漢語大詞典出版社,1990 年,第 16—26 頁。

④ 張文玲《敦煌莫高窟第二八五窟印度教圖像之初探》,敦煌研究院編《1994 年敦煌學國際研討會文集——紀念敦煌研究院成立 50 周年》(石窟考古卷,上册),蘭州:甘肅民族出版社,2000 年,第 124—158 頁。

經在恒河和印度河流域形成,隨着佛教的發展,這些神祇成爲佛教的護法神;雲岡第 8 窟的摩醯首羅天和鳩摩羅天是中國多首多臂尊像造型的開始①。文章的不足之處是材料并不豐富。文章也存在失誤,一處就是認爲波斯風格的神靈與摩醯首羅天繪製於兩件木板上,其實祇是一件木板畫的正反兩面。

摩醯首羅天形象來源是研究的重點,但學界對細節的研究也逐步深入,如考察莫高窟第 285 窟摩醯首羅天頭光中的形象。奧登堡考察第 285 窟時,曾記錄了此形象:"頭冠中有一黑色的半身人,以雙手抓着毛皮(?)"②。由於頭光中的現存形象很不清晰,存在爭議也在所難免。賀世哲根據《摩醯首羅大自在天神通化生伎藝天女念誦法》:"爾時摩醯首羅天王,於大自在天上,與諸天女前後圍繞,神通遊戲,作諸伎樂。忽然之間,於髮際中化出一天女",認爲頭光中應爲伎藝天女③。張文玲《敦煌莫高窟第二八五窟印度教圖像之初探》認爲"頭上之女神乃 Gaṅgā(恒河)河神。神話中 Gaṅgā 原爲天上之河,爲防止此河神由天上到地下所產生之震動,就讓此河神落至濕婆神的頭髮中"④。王惠民持同樣的觀點⑤。佐佐木律子《莫高窟第 285 窟西壁內容解釋試論》把頭冠中的人物形象釋讀爲風神,舉出了克孜爾第 38 窟主室頂中的風神圖像加以佐證。她認爲頭冠中之所以出現風神可能是爲了表現摩醯首羅天乘風從天而降的護法神的形象,但是對其形成的原因未作進一步的探討⑥。但克孜爾第 38 窟中的風神手持的風袋位於身後,不同於莫高窟第 285 窟中的形象。我們將摩醯首羅天頭光中的形象與柏孜克里克第 20 窟、吐魯番木頭溝絹畫中摩醯首羅天頭光中的形象結合起來研究,認爲頭光中的形象是小鬼,這個小鬼是摩醯首羅天從梵天的第五顆頭顱中取出的。

賀世哲、張文玲等學者將摩醯首羅天的源頭追溯到印度教的濕婆神,也有不少學者認爲摩醯首羅天與祆教存在聯繫。姜伯勤引用前蘇聯學者 V. A. 里夫斯基對粟特城市片治肯特祆祠壁畫的研究成果,認爲片治肯特壁畫中的維施帕卡神(Weshparkar)與古人所描述的摩醯首羅相似,唐宋諸家記載的祆神相當於摩醯首羅天⑦。

張元林論述了莫高窟第 285 窟中的摩醯首羅天有較爲鮮明的粟特/祆教

---

① 陳清香《雲岡石窟多臂護法神探源——從第 8 窟摩醯首羅天與鳩摩羅天談起》,《2005 年雲岡國際學術研討會文集·研究卷》,第 286—300 頁。

② 《俄藏敦煌藝術品》第 6 册,上海古籍出版社,2005 年,第 193 頁。

③ 賀世哲《敦煌莫高窟第 285 窟西壁內容考釋》,第 365 頁。

④ 張文玲《敦煌莫高窟第二八五窟印度教圖像之初探》,第 126 頁。

⑤ 王惠民《敦煌毗那夜迦像》,《敦煌學輯刊》2009 年 1 期,第 65—76 頁。

⑥ 佐佐木律子《敦煌莫高窟第二八五窟西壁內容解釋試論》,《藝術史》第 142 册,1997 年。轉引自:張元林《觀念與圖像的交融——莫高窟 285 窟摩醯首羅天圖像研究》,《敦煌學輯刊》2007 年 4 期,第 252 頁。

⑦ 姜伯勤《敦煌白畫中的粟特神祇》,《敦煌吐魯番學研究論文集》,第 304 頁。

藝術因素①。張氏認爲摩醯首羅天不僅是佛教的護法神還是祆教的天神,摩醯首羅天圖像下的鳩摩羅天手中持有作爲粟特代表性的葡萄,可見摩醯首羅天也應受到粟特藝術影響。但文章在摩醯首羅天圖像分析上着力較少,作者也認爲"缺乏有足夠説服力的直接的圖像證據"②。張氏寫作《觀念與圖像的交融——莫高窟 285 窟摩醯首羅天圖像研究》繼續探討摩醯首羅天的藝術特徵、圖像源流③,認爲摩醯首羅天還是祆教的風神,第 285 窟的摩醯首羅天形象"既不是直接源自印度教的濕婆形象,也不是祆教風神 Veshparkar 的簡單翻版,而是在祆教風神的圖像中糅進了很可能是印度教風神的形象而成的。可見,早於第 285 窟開鑿的時代摩醯首羅天形象就已經是祆教的風神了。"

中國典籍記載摩醯首羅天與"祆"、"胡天"存在對應關係。韋述《兩京新記》載:"胡祆祠,武德四年所立。西城胡天神,佛經所謂摩醯首羅也。"④《通典》記載:"視從七品:薩寶府祆正祆,呼煙反。祆者,西域國天神,佛經所謂摩醯首羅也。武德四年,置祆祠及官,常有群胡奉事,取火祝詛。"⑤《廣川畫跋》記:"祆祠世所以奉梵相也。其相希異,即經所謂摩醯首羅。"⑥

摩醯首羅天是否與祆教存在聯繫的基礎在於對"祆祠"、"祆神"、"火祆"等祠的理解。

祆祠上,顯堅反,本無此字。胡人謂神明曰天,語轉呼天爲祆。前賢隨音書出此字,從示從天,以別之⑦。

祆神上,顯堅反。《考聲》云:"胡謂神爲天,今開中人謂天神爲祆也。"⑧

祆祠上,呼煙反。胡神官名。《方言》云:"本胡地多事於天,謂天爲祆,因以作字。"⑨

根據上述解釋,我們看不出"祆"與瑣羅亞斯德教存在對應關係。例如,天廟中的神也可以稱之爲祆神,"若於天廟内誦此咒者,一切祆神咸來敬奉"⑩。佛經中提到的天廟一般供奉毗濕奴、濕婆。陳垣也認爲,"祆者天神之省文,不稱天神而稱祆者,明其爲外國天神也"⑪。"《大唐西域記》所述凡百

---

① 張元林《粟特人與莫高窟第 285 窟的營建——粟特人及其藝術對敦煌藝術貢獻》,《2005 雲岡國際學術研討會論文集》(研究卷),北京:文物出版社,2006 年。
② 張元林《觀念與圖像的交融——莫高窟 285 窟摩醯首羅天圖像研究》,《敦煌學輯刊》2007 年 4 期,第 251 頁。
③ 張元林《觀念與圖像的交融——莫高窟 285 窟摩醯首羅天圖像研究》,第 251—256 頁。
④ 韋述撰,辛德勇輯校《兩京新記輯校》,西安:三秦出版社,2006 年,第 34 頁。
⑤ 杜佑《通典》卷四〇《職官》,北京:中華書局,1988 年,第 1103 頁。
⑥ 董逌《廣川畫跋》卷四《書常彥輔祆神像》,于安瀾編《畫品叢書》,上海人民美術出版社,1982 年,第 275 頁。
⑦ (唐)慧琳撰《一切經音義》卷三六,《大正藏》第 54 册,第 545 頁 c。
⑧ (唐)慧琳撰《一切經音義》卷三七,《大正藏》第 54 册,第 550 頁 c。
⑨ (遼)希麟集《續一切經音義》卷九,《大正藏》第 54 册,第 975 頁 a。
⑩ 《牟梨曼荼羅咒經》,《大正藏》第 19 册,第 658 頁 a。
⑪ 陳垣《火祆教入中國考》,《國立北京大學國學季刊》1923 年 1 期,第 27 頁。

三十八國,有天祠者七十八,多供大自在天,然與波斯火祆教無涉,不得强爲附會也"[1]。"祆"應是較爲寬泛的名詞,它可以包含瑣羅亞斯德教,卻不特指該宗教。這或許是陳先生用"火祆教"一詞指瑣羅亞斯德教,而沒有直接用"祆教"的原因。

從單個圖像分析,摩醯首羅天、瑣羅亞斯德教中的風神——維什派克神(Veshparkar)兩者的形象有共同之處,如三頭多臂、手執三叉戟等,但是從整體來看,現在沒有足夠的證據表明兩者存在淵源關係。

我們不能否認西域文化影響了摩醯首羅天的形象。傳入中國的佛教并不完全等同於印度本土的佛教。"其實自漢以來,來中國的譯經僧多爲中亞人,故早期傳來東土的佛教并不是面目全同於印度的佛教,而是流行於中亞及西域一帶的佛教或經過中亞這個中介而帶有中亞化的佛教。"[2]中西文化不斷交流、融合,文化的融合在一定程度上影響了藝術的創作,例如新疆地區,佛教、祆教、摩尼教都在這裏傳播、發展,難免互相影響。雲岡石窟第8窟摩醯首羅天手中執有葡萄,葡萄帶有鮮明的中亞色彩,這也説明了摩醯首羅天在傳播的過程中受到西域文化的影響。中亞文化包括粟特文化、瑣羅亞斯德教文明,但并不局限於此。

摩醯首羅天的形象來源於濕婆神,并受到了西域文化的影響,但并非由粟特地區祆教中的主神地位下降爲佛教中的護法神。

三、對敦煌文書或絹畫中摩醯首羅天的研究

藏經洞出土了有關摩醯首羅天的藝術品。S. P. 35《千手千眼觀世音菩薩圖》和 MG. 17659《太平興國六年(981)繪千手千眼觀音》右側中央均有坐在牛背上的摩醯首羅天。學術界對 S. P. 35、MG. 17659 中的摩醯首羅天的關注不如莫高窟第 285 窟中的形象。兩幅藏品中的圖像旁有榜題,所表達的含義也很清楚,學術界主要從整體上探討作品的風格及反映的歷史問題。對S. P. 35,趙曉星、寇甲認爲"是一幅完全的漢地風格的作品"[3]。圖中摩醯首羅天左大腿上跪有一女子,田中公明認爲"男性尊將女性尊置於左膝上的形式爲尼泊爾所崇尚"[4]。謝繼勝分析這一圖像佈局,認爲吐蕃統治敦煌時期無上

---

[1] 陳垣《火祆教入中國考》,第 28 頁。
[2] 韓香《唐代外來宗教與中亞文明》,《陝西師範大學學報》2006 年 5 期,第 61 頁。
[3] 趙曉星、寇甲《吐蕃統治敦煌時期的密教源流與藝術風格——吐蕃統治敦煌時期的密教研究之三》,《敦煌學輯刊》2007 年 4 期,第 281 頁。
[4] 轉引自:趙曉星、寇甲《吐蕃統治敦煌時期的密教源流與藝術風格——吐蕃統治敦煌時期的密教研究之三》,第 281 頁。

瑜伽密已經在當地開始出現①。我們認爲此圖像并非無上瑜伽影響的結果。

四、研究存在的問題及展望

松本榮一、賀世哲、饒宗頤諸先生對摩醯首羅天作了詳細的考釋,但因爲考古材料的限制,主要論述的是莫高窟和雲岡石窟的形象。隨着文物調查的開展,摩醯首羅天在新疆、四川、重慶、北京等地都有發現,但現有研究多數衹限於介紹資料,并未深入研究其源流。可以説,目前的研究正處於"源已明,流未辨"的狀態。

佛教因時代變化而不斷發展,佛教藝術也處於變化之中,在此大環境中,摩醯首羅天的表現形式自北魏至明清面目也不盡相同。目前,研究重點在於北朝時期的敦煌、雲岡兩地的摩醯首羅天,對於唐至明清階段其他地區的摩醯首羅天基本沒有進行深入研究,尤其是南宋至明清時期,尚未引起足夠的重視。

從地域方面講,摩醯首羅天形象隨同佛教沿絲綢之路傳播,新疆地區也發現了許多摩醯首羅天圖像,數量也非常可觀,但是未與敦煌、雲岡石窟一樣成爲研究的重點。缺少新疆的圖像不足以清晰地展現摩醯首羅天發展的情況。摩醯首羅天以密教藝術的形式傳入四川地區,并取得了較大發展。除四川外,北京、山西也發現了此類圖像。上述地區發現的形象使得摩醯首羅天的研究不可再局限於中國北方,而應將研究的地域範圍擴展到全國。

因此,無論從時間還是地域兩方面來講都有必要明辨其發展脈絡,并盡可能將全國範圍内的摩醯首羅天形象納入研究的範圍,進一步探討其演變。

另外,一些形象的命名需要重新探討。有榜題的摩醯首羅天可以識別,但是有些圖像可能符合兩位或更多神靈的某些特徵,卻無法與一位神靈的標準形象相吻合。對於存在爭議的形象,穩妥的辦法是謹慎使用這些材料。敦煌藏經洞中出土的 S. p. 161(ch. ⅩⅦ. 002)有一位站於臥牛之上的形象。對其命名,學術界存在不同的觀點。松本榮一將此神像定名爲"摩醯首羅天",而《西域美術》定名爲焰摩天②。此形象或許是觀世音三十三身之一的大自在天身。麥積山石窟第 5 窟中龕龕外左側有一立像,站於牛背之上。身着長甲及環狀護胸,腳下踩臥牛。右側與之對稱的造像已經不存在。馮國瑞稱之爲"威神踏伏牛造像"。1954 年《麥積山石窟内容總録》提到"前廊現存天王立

---

① 謝繼勝《關於敦煌第 465 窟斷代的幾個問題(續)》,《中國藏學》2000 年 4 期,第 75 頁。持此觀點的還有許新國《郭里木吐蕃墓葬棺板畫研究》,《中國藏學》2005 年 1 期,第 63 頁。
② 大英博物館監修《西域美術》第 2 卷,東京:講談社,1982 年,Fig. 109。

像一軀,腳踏'牛兒'"①。稱此造像爲天王,此後爲大多數學者所接受。還有學者稱其爲"天神"②。溫廷寬認爲此造像爲摩醯首羅天③。我們認爲應是那羅延天。

總而言之,揭示北魏至明清時期摩醯首羅天形象演變的趨勢,總結某一階段此形象的特徵實屬必要。

---

① 麥積山勘察團編《麥積山石窟内容總録》,《文物參考資料》1954 年 2 期,第 28 頁。
② 孫紀元《麥積山雕塑藝術的成就》,《中國石窟·天水麥積山》,北京:文物出版社、東京平凡社,1998 年,第 185 頁。
③ 溫廷寬《我國北部的幾處石窟藝術》,《文物參考資料》1955 年 1 期,第 74 頁。

敦煌與中外關係史研究三十年
——紀念中國中外關係史學會成立三十周年

楊富學（敦煌研究院）

"絲綢之路"原本指我國與西域諸國交往的陸上交通道路,因以絲綢作爲貿易中間媒介而得名,并不包括今天所謂的"西南絲綢之路"、"海上絲綢之路"、"草原絲綢之路"、"吐蕃絲綢之路"等交通路綫。在張騫"鑿空"之前,由中原通往西域的絲綢之路即已存在。漢武帝於河西設立武威、張掖、酒泉、敦煌四郡,其中的敦煌郡不僅是西北重鎮、河西要塞,而且後來發展成爲溝通東西方往來的鎖鑰,東來西往的使臣、商販、高僧相望於道,在溝通東西方經濟、文化交往的過程中,發揮了重要作用。故而長期以來,敦煌與中西關係的問題,一直深受學術界的關注。尤其是自 1981 年 5 月中國中外關係史學會成立以來三十年間,我國學者對這一問題的研究取得了突飛猛進的發展,成就巨大,這裏僅擷取其中研究成果比較集中的幾個問題略作概述,冀爲中外關係史之進一步研究提供些許信息。

一、敦煌與波斯的頻繁往來

波斯自古以來以善於經商、文明昌盛而著稱於世。早在魏晉南北朝時期,波斯就與中原王朝頗多往來。據《魏書》記載,波斯使臣來中原交聘達數十次之多,曾給北魏皇帝帶來了各種禮品。敦煌吐魯番文獻中也不乏對波斯的記載,如吐魯番文獻中的"波斯軍"、"送波斯王"等;敦煌文獻所見的"波斯僧",以及西魏時期曾滯留敦煌的"波斯使主"。而敦煌所出的星占文書、籍帳、敦煌莫高窟壁畫等都透露出波斯與中原王朝在政治、經濟、文化、宗教等方面的密切關係。姜伯勤指出魏時期曾滯留敦煌的"波斯使主"一度在敦煌的動蕩政局中"行州事",而由穆斯林波斯人建立的薩曼王朝與我國河西地區也有過交往。在敦煌,波斯僧、波斯佛這種名稱用於指景教;在敦煌流傳的星占之術中,也可以看到一種中國文化與波斯文化相生相成的情景①。

波斯人藉由扼控絲綢之路要道的有利地位,逐漸發展成爲中國與拜占庭之間貿易的壟斷者。波斯商人活躍於西亞、中亞,乃至帕米爾以東地區。中國境內,西起新疆,東至河北、江蘇等地均有波斯銀幣出土,見證了古代波斯

---

① 姜伯勤《敦煌與波斯》,《敦煌研究》1990 年 3 期,第 1—15 頁。

商人在中國境內頻繁的商業活動①。值得注意的是,1988 年敦煌研究院有關人員在對敦煌莫高窟北區 222 窟進行清理時,掘得波斯薩珊朝卑路斯銀幣一枚②,這是繼 1970 年在張掖大佛寺出土的六枚波斯薩珊王朝銀幣後,波斯銀幣在河西地區的又一次出土。莫高窟波斯銀幣的出土填補了敦煌地區絲路貨幣史之一項空白③。此外,同樣在莫高窟北區還發現了一件有波斯連珠紋的絲織物和八件有可能來自波斯的八角器④。

絲綢之路上的麝香貿易亦很繁榮,許多國家都由中國進口麝香。波斯雖不出產麝香,但波斯人在薩珊王朝時已開始使用麝香。"和田的麝香"在波斯久負盛名,一般波斯人也以爲和田盛產麝香。其實,這些所謂的"和田的麝香"大都并非出產於和田,而是從中國的關中地區、四川盆地和青藏高原等產地通過"河西路"、"青海路"等絲綢之路傳到和田,再輸入波斯的⑤。中國發現有來自波斯的錢幣、玻璃、陶瓷、建築遺物及石刻;在波斯等伊斯蘭世界則出土有唐宋時代的陶瓷、錢幣、銅鏡、紡織品等。在敦煌莫高窟壁畫中可見有相當多的玻璃器皿,研究證實,其中 80% 當來自波斯和羅馬⑥。

隨着波斯與中國政治、經濟聯繫的日益密切,文化領域的聯繫也逐步增多。7 世紀甚或更早,波斯文化主要通過古老的"絲綢之路"而東行於中國。

薩珊波斯以瑣羅亞斯德教爲國教,隨着粟特人的不斷移徙入居,祆教文化在敦煌一帶興盛。敦煌遺書中保存了大量粟特語文獻和有關唐五代宋初敦煌粟特人活動狀況的記錄,榮新江利用敦煌吐魯番出土的伊朗語文書,論證祆教早在 4 世紀初就由粟特人攜至中國;至於北朝隋唐文獻和文書中的"天神",均指祆神無疑⑦。林梅村從考古發現的角度探究了火祆教在中國的初傳⑧。敦煌出土的一幅祆教圖像原被誤作佛畫,經由姜伯勤辨識,確認爲祆教圖像⑨。張廣達進一步論證了這幅敦煌白畫上的形象很可能是祆教善神妲

①　夏鼐《綜述中國出土波斯薩珊朝銀幣》,《考古學報》1974 年 1 期,第 91—112 頁;王義康《中國發現東羅馬金幣波斯薩珊朝銀幣相關問題研究》,鄭炳林、樊錦詩、楊富學主編《絲綢之路民族古文字與文化學術討論會文集》,西安:三秦出版社,2007 年,第 557—575 頁。
②　彭金章、王建軍編著《敦煌莫高窟北區石窟》第 3 卷,北京:文物出版社,2004 年,第 323 頁;彭金章、沙武田《試論敦煌莫高窟北區出土的波斯銀幣和西夏錢幣》,《文物》1998 年 10 期,第 22—27 頁。
③　康柳碩《敦煌莫高窟出土的波斯銀幣》,《中國錢幣》2000 年 4 期,第 71 頁;康柳碩《波斯薩珊王朝銀幣在中國西北地方流通述略》,《蘭州學刊》1990 年 3 期,第 82—92 頁。
④　彭金章《中外文化交流的歷史見證——以敦煌莫高窟北區考古發現爲例》,包銘新主編《絲綢之路:圖像與歷史論文集》,上海:東華大學出版社,2011 年,第 70—71 頁。
⑤　王一丹《波斯、和田與中國的麝香》,《北京大學學報》1993 年 2 期,第 78—88 頁。
⑥　安家瑤《敦煌莫高窟壁畫上的玻璃器皿》,《敦煌吐魯番文獻研究論集》2,北京大學出版社,1983 年,第 425—464 頁。
⑦　榮新江《祆教初傳中國年代考》,《國學研究》第 3 卷,北京大學出版社,1996 年,第 335—353 頁。
⑧　林梅村《從考古發現看火祆教在中國的初傳》,《西域研究》1996 年 4 期,第 54—60 頁。
⑨　姜伯勤《敦煌白畫中的粟特神祇》,《敦煌吐魯番學研究論文集》,上海:漢語大詞典出版社,1990 年,第 296—309 頁。

厄娜(Daēna)和惡神姐厄女媧(Daēva)[①]。格瑞内(F. Grenet)和張廣達結合文獻和繪畫,説明歸義軍時期的敦煌祆教仍在流行[②]。姜伯勤雖接受將姐厄娜與 Daēna 相比定的説法,但確定另一幅神像是女神娜娜(Nanā)[③]。自兩漢張騫、班超通西域後,河西地區有不少中亞胡人在活動,尤其是魏晉以來,河西地區九姓胡人的增加和聚居,使得中亞諸胡所尊崇的火祆教在河西地區有所傳播。然而,這一宗教未能在古代中國盛行開來,以致唐代以後逐漸衰落[④]。

敦煌有祆祠,P. 2005《沙州都督府圖經》有明確記載,在《敦煌廿詠》中有《安城祆詠》,此安城乃九姓粟特胡人聚居地,時間約在初唐[⑤]。敦煌民俗賽祆活動的形成,即與祆教在敦煌的流行息息相關[⑥]。敦煌之賽祆已被納入中國的傳統祭祀活動當中,可見祆教對中國文化影響之一斑[⑦]。

敦煌文化對波斯產生影響,則以活字印刷技術的西傳最爲典型。12 世紀末到 13 世紀上半葉,敦煌回鶻人已開始使用活字印刷技術,後向西傳播。在今天的波斯語中,與印刷術有關的語詞,大多都借自維吾爾語的 basma。可以推定,波斯語對回鶻語 basma 的借用當在 1294 年之前[⑧]。

二、粟特人在敦煌的活動與影響

如同波斯一樣,來自中亞的粟特人也以善於經商而聞名。粟特人發源於以澤拉夫善河(Zarafshan)爲中心的阿姆河和錫爾河流域,隨着絲綢之路的開通,大批粟特人湧入中原内地。他們或往返於中西之地經商、遊歷、傳教,或沿絲綢之路定居、生息繁衍。敦煌文書中保存了大量唐五代宋初敦煌粟特人的活動狀況。

20 世紀初,英人斯坦因於敦煌西北漢代烽燧(斯坦因編號:T. Ⅻ. a,甘肅省博物館編號:D22)附近發現了八封粟特文信劄(現藏倫敦大英圖書館),

---

① 張廣達《唐代祆教圖像再考——敦煌漢文寫卷伯希和號 P. 4518 之附件 24 表現的形象是否祆教神祇姐厄娜(Daēna)和姐厄女媧(Daēva)?》,《唐研究》第 3 卷,北京大學出版社,1997 年,第 1—17 頁。

② F. Grenet-Zhang Guangda, The Last Refuge of the Sogdian Religion:Dunhuang in the Nineth and Tenth Centuries, *Bulletin of the Asia Institute*, new series 10 (= Studies in Honor of Vladimir A Livshits), 1996, pp. 175 - 186.

③ 姜伯勤《敦煌白畫中粟特神祇圖像的再考察》,《藝術史研究》2 卷,廣東:中山大學出版社,2000 年,第 263—291 頁。

④ 陳國燦《魏晉至隋唐河西胡人的聚居與火祆教》,《西北民族研究》1988 年 1 期,第 198—209 頁。

⑤ 陳國燦《唐五代敦煌縣鄉里制的演變》,《敦煌研究》1989 年 3 期,第 46—47 頁;劉銘恕《敦煌遺書雜記四篇》之《敦煌遺書中所見之祆教》,《敦煌學論集》,蘭州:甘肅人民出版社,1985 年,第 45—67 頁。

⑥ 譚蟬雪《敦煌歲時文化導論》,臺北:新文豐出版公司,1998 年,第 57—62 頁;譚蟬雪《敦煌的粟特居民及祆神祈賽》,《2000 年敦煌學國際學術討論會文集·歷史文化卷(下)》,蘭州:甘肅民族出版社,2003 年,第 56—73 頁;解梅《唐五代敦煌地區賽祆儀式考》,《敦煌學輯刊》2005 年 2 期,第 144—149 頁。

⑦ 姜伯勤《論高昌胡天與敦煌祆寺——兼論其與王朝祭禮的關係》,《世界宗教研究》1993 年 1 期,第 1—18 頁。

⑧ 楊富學《少數民族對古代敦煌文化的貢獻》,《敦煌學輯刊》2005 年 2 期,第97 頁。

內容多與商業活動有關,談及許多日用品,包括金、銀、樟腦、胡椒粉、麝香、小麥、各種各樣的織物,以及稱爲白石墨的東西,它們是粟特胡商在敦煌活動的最早證據。八封古信劄中,以Ⅱ號信劄內容最爲豐富,不僅信文最長,而且涉及洛陽被焚毀這一歷史事件。對該事件的認定,有助於判定古信劄的年代,故而受到學者最多的重視。但是對於Ⅱ號信劄的年代,國內外學者見仁見智,意見頗不一致。王冀青認爲從信文內容看,寫於東晉初年的可能性較大,但對其絕對年代的確定在目前還是很困難的[1]。而麥超美則通過對歷史文獻記載以及紙張的研究,指出Ⅱ號信所記述的在中國發生的事情應在西晉永嘉之亂發生後不久,因此,Ⅱ號信以至整份粟特文古信劄的年代應是西晉末年(4 世紀初)[2]。林梅村認爲這些商業信劄書寫於西晉末的 311 年前後,它們反映出當時已有粟特胡商往來於中亞、敦煌、涼州,以及長安、洛陽之間,并且有兩封信件就是從敦煌發出的[3]。這表明,至少在這一時期,在敦煌地區就有粟特胡商的活動。至於是否有粟特胡商在敦煌定居著籍并形成聚落,信劄中并沒有提供充分的證據。這裏還應提及,吳其昱將Ⅱ號信劄推定爲上元三年(762)三月[4]。李志敏更將該信劄寫成的年代後推至五代後晉天福二年(937)九月前後[5]。後二説所定時代似乎有些過晚,存疑。

　　儘管Ⅱ號信劄時代難定,但仍不失爲研究在華粟特商人早期活動的珍貴原始資料。信中提到敦煌、酒泉、姑臧、金城、長安、洛陽、黎陽、南陽、淮陽、薊城等地都有粟特人的足迹,僅黎陽一地就住着一百個粟特貴族。信中還反映出粟特商人經營的物品,他們在華銷售大麻織物、毛氈(毛毯)、香料等,從中國收購絲綢、麝香等[6]。從古信劄可以看出,4 世紀前後粟特人在姑臧、敦煌、金城等地活動頻繁。儘管目前尚不能確定敦煌粟特聚落的形成時間,但可以肯定在倉慈善待胡賈之前,敦煌就有西域胡人過往和居住了,而其中最主要的便是粟特商賈[7]。此後,有關粟特人在敦煌活動的資料非常罕見,而在敦煌文書 S.1613v《西魏大統十三年(547)瓜州計帳》中出現的曹匹智拔、曹烏地拔兩人,有可能是粟特人[8]。他們與漢人一并受田交租,表明他們是定居的著

　　[1]　王冀青《斯坦因所獲粟特文〈二號信劄〉譯注》,《西北史地》1986 年 1 期,第 66—72 頁。
　　[2]　麥超美《粟特文古信劄的斷代》,《魏晉南北朝隋唐史資料》24 輯,2008 年,第 219—238 頁。
　　[3]　林梅村《敦煌出土粟特文古書信的斷代問題》,《中國史研究》1986 年 1 期,第 87—99 頁;陳國燦《敦煌所出粟特文信劄的書寫地點和時間問題》,《魏晉南北朝隋唐史資料》7 期,1985 年,第 10—18 頁。
　　[4]　吳其昱《論伯希和粟特文寫本二號之年月》,《敦煌學》12 輯,臺北,1987 年,第 1—4 頁。
　　[5]　李志敏《有關地名研究與斯坦因所獲粟特信劄斷代問題》,《中國歷史地理論叢》1992 年 4 期,第 137—152 頁。
　　[6]　王進玉《從敦煌文物看中西文化交流》,《西域研究》1999 年 1 期,第 56—62 頁。
　　[7]　劉波《敦煌所出粟特語古信劄與兩晉之際敦煌姑臧的粟特人》,《敦煌研究》1995 年 3 期,第 147—154 頁。
　　[8]　池田溫《8 世紀中葉における敦煌のソダド人聚落》,《ユヲシア文化研究》一,1965 年,第 49—92 頁。

籍人口①。莫高窟藏經洞還出土一部粟特語祆教殘經（Or. 8212—84，原編號 Ch.00289），其年代甚至早於敦煌漢長城遺址發現的粟特古書信（約 3—4 世紀），是現存最早的粟特語文獻②。

粟特人穿行於絲綢之路，甚或在敦煌、吐魯番、長安等地定居。自魏晉直至隋唐，整個河西地區，胡人作爲一支社會力量顯現於史，而且在長安、洛陽、幽州等地，也不乏粟特人的身影③。

近年來，對敦煌、吐魯番粟特聚落的研究成爲學術界關注的焦點問題之一。日本學者池田溫就曾利用吐魯番文書，揭櫫 8 世紀初就有粟特人在西州定居、著籍、受田，認爲敦煌粟特聚落出現的時間大致在唐初，上限在隋代，下限在 7 世紀中葉，而敦煌粟特聚落從化鄉的出現，則應在 8 世紀中葉④。對從化鄉形成時間，陳國燦提出了不同看法，認爲當時敦煌祇有《武周聖曆二年敦煌縣諸鄉營麥豆畝數計會帳》中所記録的 11 鄉，至少在 703 年時，從化鄉并不存在。由此推測從化鄉的出現是由於景龍元年（707）西突厥故將阿史那闕啜忠節勒兵攻打于闐、坎城，使原居於且末河流域的粟特部落逃往敦煌，由沙州官府對其加以安置，并建鄉設置，編入户籍，其時間約在景龍元年⑤。榮新江認爲絲路沿綫包括敦煌與吐魯番在内的地區，粟特人聚落的存在大約在 4—5 世紀間⑥。姜伯勤利用敦煌、吐魯番文書資料，將兩地所見粟特人分爲著籍與未著籍兩類⑦。劉惠琴、陳海濤認爲，漢唐時期之所以會出現中亞粟特人向東方的移民運動，主因有二，即商業移民與部落遷徙。這一特點，在敦煌與吐魯番地區定居的粟特人中有比較鮮明的反映。從總體來看，在隋唐以前這兩個地區著籍粟特人的來源以商業移民爲主，而在此之後則主要以部落遷徙爲主⑧。除了上述敦煌、吐魯番存在粟特聚落外，長安等地也形成了大大小小的粟特聚落⑨。

在吐蕃統治敦煌的 60 餘年裏，很多粟特人繼續居住在敦煌城周圍，這種情況同 8 世紀中葉敦煌從化鄉的粟特人聚落以安城爲中心的情況基本一致。吐蕃統治敦煌下的粟特人，在敦煌居住區有所變化但沒有大量外徙，相反卻

---

① 榮新江《北朝隋唐粟特人之遷徙及其聚落》，《國學研究》6 卷，北京大學出版社，1999 年，第 27—86 頁。

② 林梅村《從考古發現看火祆教在中國的初傳》，《西域研究》1996 年 4 期，第 54—60 頁。

③ 陳國燦《魏晉隋唐河西胡人的聚落與火祆教》，第 198—209 頁；榮新江《北朝隋唐粟特人之遷徙及其聚落》，《國學研究》第 6 卷，北京大學出版社，1999 年，第 27—86 頁。

④ 池田溫《8 世紀中葉における敦煌のソダド人聚落》，《ユヲシア文化研究》一，1965 年，第 49—92 頁。

⑤ 陳國燦《唐五代敦煌縣鄉里制的演變》，《敦煌研究》1989 年 3 期，第 45 頁。

⑥ 榮新江《北朝隋唐粟特人之遷徙及其聚落》，第 27—86 頁。

⑦ 姜伯勤《敦煌吐魯番文書與絲綢之路》，北京：文物出版社，1994 年，第 154—188 頁。

⑧ 劉惠琴、陳海濤《商業移民與部落遷徙——敦煌、吐魯番著籍粟特人的主要來源》，《敦煌學輯刊》2005 年 2 期，第 117—125 頁。

⑨ 陸慶夫《從敦煌寫本判文看唐代長安的粟特聚落》，《敦煌學輯刊》1996 年 1 期，第 47—51 頁。

有內徙之勢,諸部落中普遍有粟特居民①。

　　透過敦煌文書可見晚唐五代歸義軍時期,居住敦煌的粟特人不但充斥於歸義軍政權和佛教教團中,而且在敦煌醫學、釀酒、建築等行業亦非常活躍,爲中西科技文化的交流作出了巨大貢獻②。晚唐五代,敦煌貿易市場具有國際貿易市場的性質,其國際化程度主要表現在三個方面,即從事商業貿易主體商人的國際化、商品的國際化和使用貨幣的國際化。敦煌地區晚唐五代時期建立的區域性政權力量很小,但是卻能維持將近兩百年時間;出產雖然貧乏,但是建立了一個匯集中外商品的繁榮的貿易市場。其中主要的原因就是積極開展對外商業貿易,開展中轉貿易,通過敦煌爲中心的商業貿易市場對周邊地區商品達到互通有無③。

　　粟特民族往來於絲綢之路,不僅溝通了東西方經濟,更成爲了東西文化交流的媒介。他們將優秀的民族文化攜至中國內陸,種子撒播於絲綢之路沿綫地區,對當地文化的發展產生了深遠影響。隨着粟特聚落的離散和粟特人的漢化,不論是寺廟還是墓葬中的祆教圖像,都逐漸爲其他宗教或禮儀的因素所取代,但粟特祆教美術的某些圖像,仍然可以在中國佛教美術或其他美術作品中找到它們的痕迹④。絲綢之路重鎮敦煌,是中外文化交匯的大熔爐。通過對與粟特有關的考古資料的研究,可以揭示僅靠文獻材料難以明了的一些歷史內容,如粟特壁畫在繪製佛陀本生故事方面,風格與敦煌本生故事極不相同,與新疆米蘭所出繪畫略有相似,但亦有例外,而粟特壁畫在諸天形象繪製方面卻與敦煌莫高窟 285 窟諸天形象頗爲相似。而敦煌西魏諸天形象與粟特壁畫諸天形象都可追溯到貴霜大月氏文化的影響⑤,隋代壁畫的製作也明顯受到粟特的影響⑥。莫高窟 285 窟爲敦煌石窟藝術的代表作之一,具有濃厚的西域、中亞、印度、波斯,甚至希臘藝術色彩,堪稱多元文明的交匯點。張元林通過對北壁粟特供養人及粟特美術因素的探討,認爲 285 窟所見祆教、粟特藝術因素的出現并非偶然,是 5 世紀中葉入華粟特人及其文化藝術影響的必然反映,表明當地的粟特群落,特別是粟特上層貴族直接參與了第 285 窟

---

　　① 鄭炳林、王尚達《吐蕃統治下的敦煌粟特人》,《中國藏學》1996 年 4 期,第 43—53 頁。
　　② 鄭炳林《唐五代敦煌醫學釀酒建築業中的粟特人》,《西北第二民族學院學報》1999 年 4 期,第 19—25 頁。
　　③ 鄭炳林《晚唐五代敦煌貿易市場外來商品輯考》,《中華文史論叢》63 輯,上海古籍出版社,2000 年,第 55—91 頁;鄭炳林、徐曉麗《論晚唐五代敦煌貿易市場的國際化程度》,《中國經濟史研究》2003 年 2 期,第 14—18 頁;鄭炳林《晚唐五代敦煌商業貿易市場研究》,《敦煌學輯刊》2004 年 1 期,第 103—118 頁。
　　④ 榮新江《粟特祆教美術東傳過程中的轉化——從粟特到中國》,《漢唐之間文化藝術的互動與交融》,北京:文物出版社,2001 年,第 51—72 頁。
　　⑤ 姜伯勤《敦煌壁畫與粟特壁畫的比較研究》,《敦煌研究》1988 年 2 期,第 82—84 頁。
　　⑥ 姜伯勤《莫高窟隋說法圖中龍王與象王的圖像學研究——兼論有聯珠紋邊飾的一組說法圖中晚唐犍陀羅派及粟特畫派的影響》,《敦煌吐魯番研究》1 卷,北京大學出版社,1996 年,第 139—159 頁。

的營建①。莫高窟第 322 窟洞窟圖像亦受到粟特美術的影響,該窟之功德主很可能是流寓敦煌的中亞粟特九姓胡人②。敦煌石窟壁畫中還可見多幅粟特人供養像③。這些具有濃郁西方文化特色的藝術元素究竟來自何處,又是誰將它們帶來,爲什麼會曇花一現般地在第 285 窟出現後就再也難覓蹤影,值得深入研究。

三、敦煌與中亞之歷史文化關係

在敦煌與中亞的關係中,以粟特居其首,故研究成果最豐,前已專項述及。這裏僅就粟特以外之敦煌中亞關係問題略作敘述。

古代敦煌與中亞的大宛、康居、罽賓等國有着密切的交往。大宛位於帕米爾高原西麓,錫爾河上、中游,當爲今烏兹別克斯坦費爾干納盆地,原始居民似以塞種爲主。公元前 130 年左右,漢朝使臣張騫西行時即途次大宛、康居等地,後張騫使烏孫時,又曾遣副使出使大宛。後漢武帝於太初元年(前 104)遣李廣利征大宛,得大宛馬數千匹而歸,《史記》、《漢書》對此均有記載。康居東界烏孫,西達奄蔡,南接大月氏,東南臨大宛,約在今巴爾喀什湖和鹹海之間。漢武帝太初二年(前 103)出兵伐大宛時,康居曾有意援助大宛,未逞,但對漢長期採取敵對態度。晉武帝時曾遣使獻善馬,及至南北朝時,役屬於嚈噠。至 3 世紀時康居似仍遊牧於錫爾河中游,其後益弱,勢力遠不如兩漢時期。

1990 年 10 月—1992 年 12 月,甘肅省文物考古研究所對敦煌懸泉置遺址進行了全面的清理和發掘,獲得了大量的文獻和文物。文獻以簡牘爲主,目前經過釋讀者已多達 17914 枚。敦煌文獻中很少有對西域諸國與漢王朝關係的記載,故而懸泉漢簡的發現極大地彌補了文獻之缺失。除安息外,康居、大宛、罽賓、烏弋山離等國與漢朝交往的材料在懸泉漢簡中都有發現④。

兩漢時期,康居是中亞大國,在中亞史上地位重要,對中西交通史的發展也發揮過重要作用。但古希臘和波斯文獻都沒有留下有關康居的記載,僅有的材料就是漢文史册。而漢史的記載又過於簡略。懸泉置出土簡牘保存有若干康居材料,彌足珍貴。張德芳通過對其中 35 枚簡的細緻研究,指出至少

---

① 張元林《粟特人與莫高窟第 285 窟的營建——粟特人及其藝術對敦煌藝術貢獻》,雲岡石窟研究院編《2005 年雲岡國際學術研討會論文集·研究卷》,北京:文物出版社,2006 年,第 349—406 頁;Zhang Yuanlin, Dialogue Among the Civilizations: the Origin of the Three Guardian Deities' Images in Cave 285, Mogao Grottoes, *The Silk Road*, vol. 6, no. 2, 2009, pp. 33-48.

② 沙武田《莫高窟第 322 窟圖像的胡風因素——兼談洞窟功德主的粟特九姓胡人屬性》,《故宮博物院院刊》2011 年 3 期,第 71—96 頁。

③ 沙武田《敦煌石窟粟特九姓胡人供養像研究》,《敦煌學輯刊》2008 年 4 期,第 132—144 頁。

④ 胡平生、張德芳《敦煌懸泉漢簡釋粹》,上海古籍出版社,2001 年。

在西漢的後半期,地處撒馬爾罕一帶的康居國始終同漢王朝保持着貢使往來關係,這是過去已知史料中所未有反映的①。懸泉漢簡中有 14 枚與康居國有關,其中 11 枚有明確紀年,由王素進行了釋讀研究②。郝樹聲認爲康居與西漢在政治上是朝貢和侍子關係,經濟上"賈市爲好",商貿往來頻繁,文化交流繁盛,這是史籍和漢簡所見康居和漢朝相互關係的基本內容③。而袁延勝則結合其中有明確紀年的 11 枚漢簡,探討了宣、元、成三帝時期康居與西漢王朝的關係,指出懸泉漢簡中有 3 枚漢簡證明早在宣帝甘露二年和黃龍元年康居與漢朝就友好交往了;第四簡至第十簡表現出元帝時期康居與漢朝政治關係不和諧;而懸泉漢簡第十一簡則明確了康居第二次遣子侍漢的時間,有助於深化對成帝時期康居與漢朝曲折關係的認識④。

懸泉漢簡中亦有對大宛的珍貴記錄,由張德芳進行了詳細考證,認爲兩漢時期大宛的中心在今費爾干納盆地,但地域範圍包括今天的烏茲別克斯坦、吉爾吉斯斯坦、塔吉克斯坦的大部,以及哈薩克斯坦、土庫曼斯坦的一部,是古代中國最早與之建立外交關係的國家和地區之一。懸泉漢簡中有 10 多枚記載了大宛貴人、使者前來漢朝通好朝貢的史實,爲研究漢與中亞諸國友好交往的歷史提供了最直接的實物證據⑤。

中亞藝術與敦煌也存在着密切關係,如在古代印度、中亞以及中國、日本等地流傳甚廣的涅槃圖像,由於時空的差異,在表現形式上有很大不同。莫高窟隋代涅槃圖的基本形式,基本繼承了犍陀羅及中亞藝術的基本特徵,第 280、295 窟釋迦頭前彌勒菩薩的出現爲莫高窟其他時代的洞窟所獨有⑥。日本學者樋口隆康早年提出的"阿姆河流派"造像美術存在於西域以西至印度河上游犍陀羅地區的中間地帶,屬佛教美術東傳中失落的環節。通過對阿姆河流派美術特徵及其流傳過程的研究,可以看出,大夏美術、貴霜美術及犍陀羅佛教美術間存在着密切的聯繫。通過對敦煌美術中裝飾紋樣、佛教造像中交腳佛像的個案研究,可見阿姆河流派美術曾對敦煌有一定的影響。作爲阿姆河流派美術影響東傳進入敦煌的必由之路,新疆的佛教美術與阿姆河流派

① 張德芳《懸泉漢簡中若干西域資料考論》,榮新江、李孝聰主編《中外關係史:新史料與新問題》,北京:科學出版社,2004 年,第 129—147 頁。

② 王素《懸泉漢簡所見康居史料考釋》,同上,第 149—161 頁。

③ 郝樹聲《簡論敦煌懸泉漢簡〈康居王使者冊〉及西漢與康居的關係》,《敦煌研究》2009 年 1 期,第 53—58 頁。

④ 袁延勝《懸泉漢簡所見康居與西漢的關係》,《西域研究》2009 年 2 期,第 9—15 頁。

⑤ 張德芳《敦煌懸泉漢簡中的"大宛"簡以及漢朝與大宛的關係考述》,提交"絲綢之路上的哈薩克斯坦"國際學術討論會(International Conference "Kazakhstan on Silk Road")論文(阿拉木圖,2009 年 6 月 18 日至 19 日)。

⑥ 劉永增《敦煌莫高窟隋代的涅槃變相圖與古代印度、中亞地區的涅槃圖像之比較研究》,《敦煌研究》1995 年 1 期,第 16—35 頁。

美術之間也可能會存在某些關聯①。衛藏地區之波羅—中亞藝術風格的形成,與印度、敦煌佛教藝術息息相關,9—11 世紀間,西北諸族間的佛教藝術通過絲綢之路聯繫起來,印度波羅藝術也通過這條通道進入中國,在敦煌留下了豐富的遺迹。波羅—中亞藝術風格的醖釀合成是由吐蕃完成的,之後又通過"下路弘法"而進入衛藏②。通過對敦煌紋飾和阿姆河流派藝術的比較,不難看出,敦煌的裝飾和紋樣因受東西方不同因素的影響而發生嬗變③。而位處絲路古道大月氏故地的咀密石窟,與敦煌莫高窟同樣存在着密切聯繫。咀密石窟開鑿於砂岩之上,與敦煌石窟同。由咀密而東,經克孜爾石窟、柏孜克里克石窟而至敦煌,形成了一個沙岩石窟地帶,迥異於印度非砂岩石窟。咀密卡拉切佩比丘圖壁畫,在圖像學上最重要的意義在於由此而發現了考古學中最早的佛像身光,即背光圖像,由此影響到後來的佛教雕塑,也影響到身光圖像在克孜爾及敦煌佛教壁畫中的流行。阿姆河流派藝術的倡説,爲敦煌美術與西域美術的比較研究開拓了新天地④。

四、印度文化在敦煌的傳播與影響

在中國歷史上,對印度的最早記載見於《史記·大宛傳》,稱作"身毒"。作爲中國的比鄰,印度自古就與中國存在着密不可分的關係。借助絲綢之路,印度文化,特別是佛教文化廣被華夏,對中國歷史文化產生了既深且巨的影響。

作爲佛教的發祥地,印度一直是中國僧人的嚮往之所,赴印度求法,也成爲中國僧衆的崇高理想,故而先後有難以數計的僧人不遠萬里,西行求法。其中最負盛名者,莫過於東晉法顯、唐代玄奘和義淨。處於絲綢之路咽喉地帶的敦煌,也成爲大多數高僧們西行東返的必經之地。關於他們在敦煌的活動及其所留下的歷史足迹,先後有多位學者撰文進行了探討。

法顯西行,途次張掖、敦煌,并在敦煌太守李浩的支持下穿越白龍堆而進入鄯善國,繼而取道新疆西南而入北天竺⑤。玄奘西行印度,往返都足履沙州、瓜州之地,并在敦煌講經説法,教誨僧衆。玄奘行程,由瓜州經伊吾道而

① 劉波《敦煌與阿姆河流派造像美術比較研究》,《敦煌研究》1999 年 2 期,第 31—38 頁;3 期,第 46—50 頁;劉波《敦煌美術與古代中亞阿姆河流派美術的比較研究》(《中國佛教學術論典》80),高雄:佛光山文教基金會,2003 年,第 1—157 頁。

② 張亞莎《印度·衛藏·敦煌的波羅——中亞藝術風格論》,《敦煌研究》2002 年 3 期,第 1—8 頁。

③ 劉波《敦煌與阿姆河流派美術圖案紋樣比較研究》,《敦煌研究》2000 年 3 期,第 25—36 頁。

④ 姜伯勤《論咀密石窟寺與西域佛教美術中的烏滸河流派——兼論敦煌藝術與貴霜大夏及小貴霜時代藝術的關連》,敦煌研究院編《段文傑敦煌研究五十年紀念文集》,北京:世界圖書出版公司,1996 年,第 29—45 頁。

⑤ 郭永琴《法顯與中國古代中西交通》,《五臺山研究》2010 年 3 期,第 14—18 頁。

西行①。行前曾在瓜州阿育王寺逗留一月,玄奘在該寺遇到胡人石磐陀,并爲其授五戒,在其協助下渡葫蘆河過玉門關②。瓜州榆林窟所見玄奘取經圖,堪稱中印文化關係之歷史見證③。

義淨是唐代著名的高僧和佛經翻譯家,撰有《南海寄歸内法傳》,其殘卷在敦煌亦有出土,原書四卷,今敦煌寫本僅存第一卷(P. 2001)。王邦維指出今日研究印度佛教史、中國佛教史、唐代中外關係史,乃至古印度及南海地區之歷史、地理、文化、社會生活等,其重要性自不待言④。

北魏一代佛教風行,魏明帝時曾派敦煌人宋雲等赴印度求經,取回大乘經典 170 部。這是中西交通史上的一椿盛事。關於宋雲西行,有許多問題至今還存在不同説法。杜斗城認爲根據《洛陽伽藍記》的記載,學界所謂宋雲於熙平年間出使之説難以成立;"吕光伐胡"時作"無胡貌"的佛像之説亦不可信;"伏侯城"并非宋雲所經的"吐谷渾城",其位置在柴達木盆地東南沿的巴隆。但在談論西方佛教藝術對東方的影響時,不能忽視中原化了的佛教藝術對西方的影響⑤。

佛教的東漸,使來自印度的語言文字也在敦煌地區生根、開花、結果。敦煌石窟中發現的梵文寫卷即證實了這一點⑥。在敦煌西岷州坊廟内甚至還發現有六朝人鐫刻的婆羅謎字因緣經經幢殘石⑦。宋人洪皓《松漠紀聞》記載,甘、涼、瓜、沙諸地回鶻人"誦經則衣袈裟,作西竺語"。此"西竺語"即梵語,體現了梵語在河西地區影響之深遠⑧。

敦煌遺書 P. 3931 號寫卷,爲五代甘州回鶻國的一宗漢文文獻匯抄,包括 49 件文書。其中第 4 件是印度普化大師赴五臺山巡禮的記録。這篇佚文當是後唐明宗至末帝間(926—936)的作品,上承唐僧慧祥《古清涼傳》,下接宋僧延一《廣清涼傳》及張商英《續清涼傳》,恰可填補五代時期五臺山記事的缺環⑨。

---

① 李正宇《玄奘瓜州、伊吾經行考》,《敦煌研究》2006 年 6 期,第 82—91 頁。

② 惠怡安、曹紅、鄭炳林《唐玄奘西行取經瓜州停留寺院考》,《敦煌學輯刊》2010 年 2 期,第 29—40 頁。

③ 段文傑《玄奘取經圖研究》,《1990 年敦煌學國際研討會文集·石窟藝術編》,瀋陽:遼寧美術出版社,1995 年,第 1—19 頁。

④ 王邦維《敦煌寫本〈南海寄歸内法傳〉(P. 2001)題記》,《中國文化》創刊號,1990 年,第 44—46 頁。

⑤ 杜斗城《關於敦煌人宋雲西行的幾個問題》,《甘肅社會科學》1982 年 2 期,第 85—88 頁。

⑥ 段晴《敦煌莫高窟北區出土的一件梵語殘卷》,《戒幢佛學》第 2 卷,長沙:岳麓書社,2002 年,第 68—78 頁;彭金章《中外文化交流的歷史見證——以敦煌莫高窟北區考古發現爲例》,包銘新主編《絲綢之路圖像與歷史論文集》,上海:東華大學出版社,2011 年,第 71—72 頁。

⑦ 向達《記敦煌出六朝婆羅謎字因緣經經幢殘石》,閆文儒、陳玉龍編《向達先生紀念論文集》,烏魯木齊:新疆人民出版社,1986 年,第 12—19 頁。

⑧ 楊富學《甘州回鶻行用文字考》,提交"西域古典語言學高峰論壇——語言背後的歷史"論文,吐魯番,2010 年 10 月。

⑨ 李正宇《印度普化大師五臺山巡禮記》,《五臺山研究》1990 年 1 期,第 32—33 頁。

印度表演藝術與敦煌變文講唱之間淵源頗深，二者在授受流變過程中，逐步形成對異質文化融匯時的過濾機制。佛教入華，亦帶來了印度歷史悠久的講唱藝術，促成中土釋門梵唄、轉讀、唱導、俗講的發展繁榮。另一方面，梵劇途經西域傳入中國，在當地文化影響下產生蛻變，最終在敦煌完全漢化，和變文講唱融爲一體①。

科技交流亦是中印文化交往史上的重要内容之一。貴霜王朝時，隨着佛教在中土的廣泛流佈，印度的香藥和製糖法等都源源不斷地流入。敦煌出土的古文獻殘卷 P. 3303 號是一張寫經背面有印度製糖法的殘卷，季羨林先生先後撰文對其作了細緻的録文與詮釋②。繼之，王繼如指出該殘卷所述印度製糖法中實未涉及製糖加石灰的問題，認爲首寫此卷者(不是指抄録者)若非沙州、高昌人，也定與沙州、高昌存在關聯；印度製糖法是經過沙州、高昌而傳往内地的③。季羨林稽核周秦以來中外群籍，從“糖”字的演變入手，剖析甘蔗的種植與製糖業的發展，揭櫫了中外文化的交流和融合問題④。印度香料也曾輸入我國，姜伯勤已撰文考之⑤。而温翠芳則從絲路貿易額的平衡入手，探尋中古中國進口香藥之數量與總價值，發現其進口額度與絲綢出口之額度大致相當，香藥換絲綢實爲中古時代東西方貿易之主要推動力。這些外來香藥在唐人世俗生活中曾得到廣泛應用⑥。

關於造紙術的傳播，季羨林先後發表了《中國紙和造紙法輸入印度的時間和地點問題》、《中國紙和造紙法輸入印度問題的補遺》、《中國紙和造紙法最初是否是由海路傳到印度去的?》等文，認爲中國紙與造紙法先由内地傳入西域，再從西域傳入印度，造紙法是阿拉伯人輾轉傳入的⑦。黄盛璋指出中國的紙和造紙法是 650—670 年間由吐蕃尼波羅道傳入印度的⑧。關於蠶絲輸入印度問題，經考證，上限不遲於公元前 4 世紀，傳播道路有南海、西域、西藏、緬甸、安南五路⑨。關於印度製糖法入華問題，季羨林肯定唐太宗時期印度甘

---

① 吕超《印度表演藝術與敦煌變文講唱》，《南亞研究》2007 年 2 期，第 79—82 頁。
② 季羨林《一張有關印度製糖法傳入中國的敦煌殘卷》，《歷史研究》1982 年 1 期，第 124—136 頁；季羨林《對〈一張有關印度製糖法傳入中國的敦煌殘卷的一點補充〉》，《歷史研究》1982 年 3 期，第 93—94 頁。
③ 王繼如《P. 3303 號印度製糖法的釋讀》，《敦煌研究》2000 年 4 期，第 127—129 頁；王繼如《伯 3303 號印度製糖法釋讀商榷》，《中國典籍與文化》2001 年 2 期，第 43—46 頁。
④ 季羨林《文化交流的軌迹——中華蔗糖史》，北京：《經濟日報》出版社，1997 年。
⑤ 姜伯勤《敦煌吐魯番與香藥之路》，李錚、蔣忠新主編《季羨林教授八十華誕紀念論文集》(下)，南昌：江西人民出版社，1991 年，第 837—848 頁。
⑥ 温翠芳《唐代的外來香藥研究》，陝西師範大學 2006 年博士論文。
⑦ 均收入《中印文化關係史論文集》，北京：三聯書店，1982 年。
⑧ 黄盛璋《關於中國紙和造紙法傳入印巴次大陸的時間和路綫問題》，《歷史研究》1980 年 1 期，第 113—133 頁。
⑨ 季羨林《中國蠶絲輸入印度問題的初步研究》，《季羨林論中印文化交流》，北京：新世界出版社，2006 年，第 75—126 頁。

蔗製糖術傳入中國的説法,衹是無法確定這些技術到底是用於製造砂糖還是石蜜①。

醫學交流亦值得一書,敦煌在其交流過程中起到了橋樑作用。印度醫典《醫理精華(Siddhasāra)》約成書於7世紀中葉,曾被譯成吐蕃、于闐、阿拉伯和回鶻等語文,流傳於西域、敦煌、西藏等地②。陳明從敦煌學、本草學、佛教醫學三個角度對《醫理精華》進行了比較研究,揭示了它在中印醫藥文化交流史中的巨大價值③。繼之,他探究了《醫理精華》的作者、性質、内容、各種文本以及研究情況,提出漢文資料是研究《醫理精華》的一個新視點,可以揭示它在中印醫藥文化交流史中所具有的價值。并以"八分醫方"和沙糖的藥用爲例,利用敦煌漢文醫學文書進行了比較研究④。隨後,他指出《醫理精華》和佛教醫學在疾病的分類、病因學、飲食與時令對疾病的影響、醫德、護理學等理論方面,存在着許多相似之處,這是因爲它們均繼承了印度生命吠陀體系的理論素養。它們最大的不同在於,《醫理精華》沒有什麼宗教色彩,而佛教醫學則將佛學理論融合進印度傳統醫學之中。這種融合既對印度生命吠陀體系是一種較大的改造,也是某種程度上的豐富。不過,由於佛經的繁複,佛教醫學理論的本身也有不相一致之處⑤。

《耆婆書(Jīvaka-pustaka)》是敦煌出土的另一部印度醫書,用梵、于闐雙語寫成,屬於印度"生命吠陀"體系,約抄寫於11世紀之前,現存爲4個部分,具備醫方精選之特點。其中明顯含有佛教影響之痕迹。《耆婆書》現有兩種文本,差異較大,當爲印度"生命吠陀"醫學與于闐本土醫學知識交流和融合的產物⑥。西域出土包括梵語在内的胡語醫學文書數量較多,研究證實,西域、敦煌出土的漢語醫學文獻中外來醫學因素相當豐富,形成了早期的"中西(胡)醫結合"的獨特現象。中醫的哲學基礎以儒爲主,夾雜着道的成分。佛教在印度本土失去活力之後,中印文化的交流就走向了低潮,印度古代醫學的影響也就日趨式微,而中醫學始終沒有在印度本土打開局面,對印度醫學的影響難覓其蹤⑦。

印度著名的英雄史詩《羅摩衍那》也曾傳入敦煌,莫高窟出土于闐文、吐

---

① 季羨林《唐太宗與摩揭陀——唐代印度制糖法傳入中國問題》(上、下),《文獻》1982年2期,第3—21頁;3期,第232—248頁。

② 陳明《印度梵文醫典〈醫理精華〉研究》,北京:中華書局,2002年。

③ 陳明《〈醫理精華〉是一部重要的印度梵文醫典》,《五臺山研究》1999年4期,第29—35頁。

④ 陳明《印度梵文醫典〈醫理精華〉及其敦煌于闐文寫本》,《敦煌研究》2000年3期,第115—127頁。

⑤ 陳明《〈醫理精華〉和印度佛教醫學理論之比較》(上、下),《法音》2001年3期,第28—33頁;2001年4期,第27—30頁。

⑥ 陳明《敦煌出土的梵文于闐文雙語醫典〈耆婆書〉》,《中國科技史料》2001年1期,第77—90頁;陳明《敦煌出土胡語醫典〈耆婆書〉研究》,臺北:新文豐出版公司,2005年。

⑦ 陳明《殊方異藥——出土文書與西域醫學》,北京大學出版社,2005年。

蕃文寫卷即證明了這一點①。對于闐文寫本的研究證明，該故事雖然是印度的，但在被接受的過程中，經過了于闐人的再創造②。該文獻還被譯入回鶻文，有關寫本在敦煌、吐魯番等地都有發現。從敦煌等地發現的文獻不難看出，史詩《羅摩衍那》由印度傳入中土，性質已發生了深刻變化。中土佛教對其進行了融攝與改造，藉以弘法佈道③。

五、小　　結

綜上所述，三十年來，國内在敦煌與中外關係史研究領域，成果豐碩，在深度與廣度上都不斷加强，不僅豐富了中外關係史研究，也使得敦煌學研究愈發豐盈。肇始於西漢武帝的絲綢之路，開啓了中西交往的大門，自此古老的東方國度向西方世界敞開了懷抱，海納百川，吸引着中亞、西亞、天竺，乃至更爲遙遠的拜占庭帝國的關注。而西方的來客，亦滿載着其獨特的文化、物產，紛至遝來，爲中華文明的發展注入了新的活力，敦煌由是而成爲東西方不同人種、不同民族匯聚的大熔爐，多元文化濟濟一堂，碰撞融合，進而促成了輝煌燦爛的敦煌文明的形成與發展。千百年來，作爲中西方交往的視窗，在飛沙走石的敦煌之地，遍佈着中西交往的歷史印記，同時，敦煌又是中西交往的橋樑，借助絲綢之路，位於不同境域的中西古國，風采迥異的中西文明，發生了密切的聯繫。西方諸國、諸民族以敦煌作爲過渡地帶，向中原之地蔓延，在中原内陸留下了深刻的烙印。而中華文明亦沿絲綢之路西去，影響着西方世界。

敦煌對於絲綢之路意義非凡，對中外關係史研究更是舉足輕重。西方世界與中國悠遠的交往歷史，中外史料雖不乏記載，但缺載、不明之處甚多，特別是對於中古時期，中國與西域諸國及遙遙相望的波斯、拜占庭等西方國家的交往歷史，需要進一步釐定尚多。幸賴敦煌文獻與石窟藝術的存在，印證了中西關係的歷史，使許多已被歲月抹去了痕迹的史實，得以重新爲我們所認識。尤其是數量巨多的敦煌文獻，一方面可以與其他中西方史料相印證，另一方面可以彌補傳統史料記載的不足，進而深化中外政治、經濟、文化等方面的歷史研究，意義非常重大。

本文爲教育部哲學社會科學研究重大課題"百年敦煌學史研究"（07JZD0038）階段性成果。

---

① 季羨林《〈羅摩衍那〉在中國》，《印度文學研究集刊》2 輯，上海譯文出版社，1986 年，第 25—33 頁。
② 段晴《于闐語〈羅摩衍那〉的故事》，《東方民間文學比較研究》，北京大學出版社，2003 年，第 138—157 頁。
③ 楊富學《從回鶻文〈羅摩衍那〉看佛教對印度史詩的融攝》，《覺群·學術論文集》4 卷，北京：宗教文化出版社，2004 年，第 422—431 頁；楊富學《印度宗教文化與回鶻民間文學》，北京：民族出版社，2007 年，第 252—267 頁。

敦煌體育史研究回顧與述評

叢振(蘭州大學)

自漢唐至宋元,敦煌都是一個具有獨特文化傳統的地區。作爲中國、印度、希臘和伊斯蘭四個文化體系匯流的唯一地方①和絲綢之路的重鎮,自古以來敦煌就被稱爲"華戎所交,一都會也"②。往來於絲綢之路上的各族人民,在進行貿易交易的同時,也在自覺不自覺地進行文化的傳播。古代希臘、羅馬、印度、波斯的體育隨着絲綢之路傳入中國本土,在敦煌地區與中國古代的角抵、百戲、鞠戲、棋弈、射獵等活動實現了不同程度的融會,以漢唐至宋元時期敦煌的社會文化變遷爲背景,逐漸形成敦煌古代體育文化。敦煌古代千姿百態、絢麗多彩的體育世界,在莫高窟現存 4.5 萬平方米的壁畫、近 3000 身彩塑和莫高窟藏經洞所出的 5 萬餘件(號)寫卷、印本、絹畫中展現出來,供後世瞻仰和研究。莫高窟壁畫和敦煌遺書中所見的體育資料,不僅開拓了敦煌學研究的新領域,也爲中國體育史的研究提供了新課題和新資料。因此,20 世紀 80 年代以來,敦煌體育研究得到敦煌學界和體育史學界的關注漸多,無論是對敦煌體育的綜合研究,還是對敦煌體育中的專題研究,都取得了較爲豐碩的研究成果。本文對敦煌體育的研究狀況進行系統回顧,兼作評述,以期學界對敦煌體育的研究脈絡有一個較爲清晰的認識。

一、敦煌體育的綜合研究

當我們對敦煌古代體育的發生和發展作縱向追溯時,不難發現,在其一千六百餘年的形成和發展史中,總是在驗證一個無法否認的事實,即在其初始形態即已與人和社會的存在保持一種難以改變的本體同構關係。敦煌壁畫和遺書中所反映的古代體育活動,其最初目的,有的是爲了生產,有的爲了練習各種軍事技能,有的則是節日民俗或宗教祭祀場合的表演和比賽等。這些現象是從古代敦煌地區的各種社會活動中分化出來的,其內容和形式經過長期的演變,逐漸形成了敦煌古代體育活動的特殊形態。這種特殊性,在敦煌體育的研究對象和內容、敦煌體育的價值、敦煌體育文化的特徵及成因等方面都鮮明地表現出來。

---

① 季羨林主編《敦煌學大辭典》,上海辭書出版社,1998 年 12 月,第 19 頁。

② 司馬彪《續漢書·郡國志五》劉昭注補引《耆舊記》,范曄《後漢書》第 12 册,北京:中華書局,1965 年,第 3521 頁。

（一）敦煌體育的對象和內容

敦煌體育研究作爲敦煌學和體育史學的交叉研究，其研究对象和研究内容的界定尤爲重要。如同其他新興研究和交叉研究一樣，敦煌體育研究的内容也經歷了由狹義到廣義、由内涵到外延的轉變。1980 年，楊泓在《古文物圖像中的相撲》一文中，以莫高窟第 290 窟等壁畫中所見的相撲圖來研究古代相撲①，開創了敦煌體育研究之先河。易紹武以敦煌壁畫爲出發點，把敦煌體育從内容上分爲古代武術、射箭、舉重、技巧、摔跤（相撲）、馬術、博弈、遊戲等②。民祥提出敦煌寫本中的體育"不僅有百戲、藏鈎、樗蒲、雙陸之戲，還有打球、弈棋、傀儡戲、鬥花草之戲"③。謝生保在《敦煌壁畫中的民俗資料概述》中把敦煌體育分爲體育武術（武術、射箭、相撲、圍棋）和樂舞百戲（天宮樂舞、世俗樂舞）④。李重申、韓佐生《敦煌體育文物概述》一文中，把敦煌體育擴展到更爲寬泛的研究領域：衛生保健、摔跤與相撲、射箭、體操和技巧、健美與舉重、棋弈、跳高、投擲、水嬉、游泳、操舟划船、馬伎與馬球、武術、投壺、遊戲、踏青、秋千、舞蹈等⑤。1998 年出版的《敦煌學大辭典》把敦煌體育闡釋爲："敦煌石窟和敦煌遺書中具有體育本質屬性和特徵的資料及其研究。屬古代體育範疇。包括圖像和文獻兩個方面，前者指敦煌壁畫中的體育形象資料，後者指莫高窟藏經洞所出之有關體育的資料，包括絹畫上的體育形象資料等……"⑥2007 年，李重申《忘憂清樂——敦煌的體育》一書中，對敦煌體育的内容進行了更爲完善的分類：敦煌的競技體育寶藏（從狩獵到射箭比賽；從角抵、角力、相撲到競技摔跤；從"講武之禮"到"百戲競技"；從蹴鞠、擊鞠、步打球到捶丸；從嬉水到游泳；從舉鼎到舉重；從逾高、超遠、投擲到善走；從尚武到健美）；敦煌的博弈戲（六博；樗蒲；波羅塞戲與雙陸；圍棋；象棋）；敦煌的武術（敦煌壁畫、漢簡、文獻中的武術；金剛、藥叉形象與武術；劍術）；敦煌的休閑與娛樂（投壺、竹馬、風箏、秋千、彈弓、滑沙、印沙、踏舞、踏青、登高、舞獅、藏鈎、操舟）；敦煌的養生與保健（強身健體的養身觀、祛病延年的保健觀）⑦。李氏在此書中對敦煌體育的分類，幾乎囊括了中國體育史中古代體育的所有項目，可見敦煌體育内容之豐富，但此時的敦煌體育已不僅僅局限於莫高窟

---

① 楊泓《古文物圖像中的相撲》，《文物》1980 年 10 期，第 88—90 轉 85 頁；《文物叢談》，北京：文物出版社，1991 年 12 月，第 406—413 頁；《逝去的風韻——楊泓談文物》，北京：中華書局，2007 年 3 月，第 61—65 頁。
② 易紹武《敦煌壁畫中所見的古代體育》，《敦煌學輯刊》1985 年 1 期，第 101—120 頁；《體育科學》1985 年 3 期，第 16—23 頁；謝生保主編《敦煌民俗研究》，蘭州：甘肅人民出版社，1995 年 10 月，第 278—305 頁。
③ 民祥《敦煌寫本中的古代體育運動》，《體育與科學》1991 年 4 期，第 8 頁。
④ 謝生保《敦煌壁畫中的民俗資料概述》，《敦煌研究》1998 年 3 期，第 107—109 頁。
⑤ 李重申、韓佐生《敦煌體育文物概述》，《體育文化導刊》1992 年 1 期，第 27—31 轉 21 頁。
⑥ 季羨林主編《敦煌學大辭典》，上海辭書出版社，1998 年 12 月，第 597 頁。
⑦ 李重申、李金梅《忘憂清樂——敦煌的體育》，蘭州：甘肅教育出版社，2007 年 12 月，第 1—2 頁。

壁畫和敦煌遺書,而是擴展到彩繪陶罐、石窟壁畫(榆林窟)、墓葬磚畫、漢簡、寫卷、古籍、絹畫等遺物和遺迹中。

(二) 敦煌體育的價值

陳寅恪先生在《陳垣〈敦煌劫餘録〉序》中指出:"一時代之學術,必有其新材料與新問題。取用此材料,以研求問題,則爲此時代學術之新潮流"①。敦煌文獻爲中國體育史的重寫提供了大量的第一手材料。就射箭、舞蹈、相撲、摔跤、武術、棋弈、馬術、馬球、高爾夫球、體操、技巧、競走等均有許多新材料。如,馬球起源於吐蕃,高爾夫球源自中國的捶丸,蹴鞠等體育項目就發生形成在中國,但由於受封建制度和文化的影響,始終未能發展爲公平競爭的競技體育運動。敦煌文獻,可補充和修正中國體育史,爲編纂《中國體育通史》提供大量的新材料②。

這其中,最爲重要的當屬敦煌文獻 S.5574《碁經》的出土,改變了北宋關於張擬《碁經十三篇》是中國圍棋現存的最早資料之説,提供了以往文獻中從未提到過的圍棋原理、原則、戰略戰術、棋法規則和術語等;證實了我國在1500餘年前,圍棋學術理論已達到較高的水準,同時已製訂了較全面的競技法規③。

李重申、韓佐生通過分析莫高窟壁畫和藏經洞出土文獻中有關古人具體運動形式的物證,認爲敦煌體育文物,爲後人保存了大量先魏晉、隋唐、宋元體育萌芽形狀的視覺形象資料,這些資料將凝固了千餘年的敦煌體育歷史文化展現出來,有可能發現更多前人所未能發現的東西,彌補史料記載的不足,同時有助於研究了解當時體育的嬗變演進,也有助於了解西域體育文化和中原體育文化之影響關係④。李建軍、司璞在《出土文獻與體育史學研究》一文中提到:對敦煌出土文獻的研究,發現了中國古代的遊戲、娛樂、軍事、養生中的體育觀和競爭觀;發現了狩獵等體育活動階級的分化,因大多狩獵活動祇限於國王、太子等上層人士;發現了古代女子參加體育運動的事實;發現了宗教和體育之間的關係等⑤。《追尋敦煌壁畫上的"奧運項目"》一文的作者通過"河西秋射堪比奧運射箭"、"曲棍球的源頭:步打球"、"馬戲到馬術"、"從角抵到摔跤柔道"、"聞所未聞的跳馬跳駝"等五個方面,把敦煌壁畫裏的古代體育項目和現代奧運會的比賽項目進行了類比分析,并認爲敦煌古代體育壁畫一方面證明了中國古代體育的興盛,另一方面也説明,古老的敦煌壁畫和

---

① 陳寅恪《陳垣〈敦煌劫餘録〉序》,《金明館叢稿二編》,上海古籍出版社,2001 年 7 月,第 266 頁。
② 李金梅、李重申《敦煌文獻與體育史研究之關係》,《敦煌研究》2002 年 2 期,第 44—46 頁。
③ 李金梅、李重申、馬德福《敦煌〈碁經〉考析》,《社科縱橫》1994 年 5 期,第 91—94 轉 82 頁。
④ 李重申、韓佐生《敦煌體育文物概述》,《體育文化導刊》1992 年 1 期,第 27 頁。
⑤ 李建軍、司璞《出土文獻與體育史學研究》,《體育文史》2001 年 3 期,第 41—42 頁。

現代的一些奧運比賽項目之間有着傳承關係①。易紹武論證了在榆林窟第3窟千年觀音佛畫中繪有刀、槍、劍、棍、斧、戟、叉等各種武術器械,而且有冶鐵、鍛造的具體場面,加之此窟係西夏時期所建,因此更顯珍貴。它對研究古代武術器械的發展演變,以及少數民族對武術的貢獻,都是不可多得的形象資料②。

敦煌古代體育對現代體育也有着直接的貢獻。徐時儀在《敦煌民間體育文化考略》一文中舉例到:由崆峒派武術第十代掌門人燕飛霞傳授的花架拳就是由崆峒派始祖飛虹法師根據壁畫中的形象動作編成的,分成出水芙蓉、香飄宇庭、碧雲掌、彩雲飛、萬花飛舞笑春風五路拳術。甘肅武術館也根據莫高窟壁畫中有關武術動作的形象描繪和在西北地方流行的地方拳種的風格特點,創編了敦煌武術的刀、槍、劍、棍、拳、氣功等套路。這套武術中的飛天散花、天神托馬、太子比武、阿修撩腿、摩詰獻書、反彈琵琶等典型動作皆採自敦煌壁畫中的形象,在首屆中國絲路節上表演獲一舉成功③。

由此可見,敦煌莫高窟壁畫和敦煌遺書中所見的體育資料,從一定程度上對中國體育史某些斷裂空白之處作了有益的彌縫與連綴。爲探尋和梳理中國體育史的發展脈絡,提供了寶貴的新環節,從而大大推進了對中國古代體育史的認識和重構,爲中國體育史研究開拓了廣闊的新領域。

(三) 敦煌體育文化特徵及其成因

敦煌作爲一個各民族聚居的移民社會,農、牧、商貿經濟繁榮,物質生活自給有餘,官學、私學和寺學并存,儒學及佛、道、祆、摩尼、景教等各種宗教相容,歲時節慶活動頻繁,軍事文化與市俗文化的交匯,本土文化與西域文化的融合,都對敦煌古代體育的發展起到了積極的推動作用。爲古代敦煌體育活動提供了寬廣的舞臺,也形成了敦煌獨特的體育文化特徵。

《敦煌體育文化價值的研究》一文中作者提出敦煌體育文化是一種蘊涵極爲豐富的文化現象。它的體態和風姿,與敦煌民族文化心理有直接的關係。敦煌民族文化心理的形成,又和敦煌哲學、宗教、民俗、倫理、藝術、軍事、政治、經濟等,都發生着層次深淺不同的各種聯繫。古代的敦煌體育文化屬於一種由遊戲、娛樂、養生、競技逐漸向體育運動演變的準體育文化形態和亞體育文化形態④。柴劍虹認爲敦煌體育的特性體現在四個方面:一是門類齊全,内容豐富多彩,與歲時節慶密切相關;二是融匯各民族及多種宗教文化,

---

① 王文元《追尋敦煌壁畫上的"奧運項目"》,《傳承》2008 年 8 期,第 36—39 頁。
② 易紹武《敦煌壁畫中所見的古代體育》,《敦煌學輯刊》1985 年 1 期,第 105 頁;《體育科學》1985 年 3 期,第 19 頁;謝生保主編《敦煌民俗研究》,蘭州:甘肅人民出版社,1995 年 10 月,第 289 頁。
③ 徐時儀《敦煌民間體育文化考略》,《喀什師範學院院報》1999 年 1 期,第 61—67 頁。
④ 董茜、揚景選《敦煌體育文化價值的研究》,《河西學院學報》2005 年 5 期,第 87—89 頁。

形式活潑多樣;三是民衆廣泛參與,自發、自娛、自主的休閑特色;四是因地制宜,因時而辦,地域風格鮮明①。由於長期的生活和戰爭需要,敦煌地區的人民養成了尚武圖强的習俗,具有武勇剽悍的性格,崇尚剛健勁勇、孔武有力。這種社會風尚形成了敦煌地區的民俗追求强健的體魄和以强健爲美的審美觀念。陳靈絹認爲敦煌古代體育的產生與敦煌地區人們長期生產生活有關。在敦煌莫高窟和榆林窟壁畫中至少有80幅繪有古人運用弓箭狩獵、作戰的生動場面,這充分説明了古代體育的產生與人們的生產生活息息相關,與軍事戰爭息息相關,并且敦煌體育種類項目繁多且主題明確,具有先進性②。《從體育考古看我國古代民俗體育文化特徵》一文利用敦煌莫高窟藏經洞内的唐幡畫摔跤圖,認爲西北地方少數民族地區盛行摔跤的習俗③。敦煌古代體育的初始形態實際上是與宗教禮儀分不開的,它不僅成爲歷史主體生活的一部分,而且主導着當事人的生活。李重申、韓佐生提出,佛教聖地敦煌無疑爲今人探討我國古代體育發展演化的金鑰匙,體育則是僧人身心修煉、增强體質、保衛寺院的手段,而又成爲佛教活動的一部分。北周第290窟、五代第61窟及《佛本行集經》中,較集中地表現了釋迦牟尼參與體育實踐的形象和記載。佛教哲理中的陰陽互解、剛柔相濟、天人合一、天體合一、情景合一、和諧統一等樸素的整體統一思維觀,是中國古代體育演化發展的基本理論基礎,從這一理論基礎出發,創建了形神兼備、内外合一、動靜結合、虛實結合、欲放先收、欲左先右、欲前先後等習武方法。由此可見,敦煌歷史本身發展所顯示出的中國古代體育深深打上了佛教文化烙印,并顯示出舉世無雙的獨特風貌和審美意識④。

關於敦煌體育特徵的成因,學界也多有闡釋。石江年在《敦煌古代體育文化植根的地域性因素考釋》一文中提出以下因素: 敦煌古代勞動人民的生存環境和生產方式對敦煌古代體育文化演進的制約性;宗教活動的昌盛,促進了體育文化的發展;敦煌古代人民在抗擊異族入侵,保家衛國,習武自衛的過程中無意識地促進了敦煌古代體育文化的發展⑤。《敦煌體育文化的歷史成因和社會文化背景分析》一文認爲原始民族文化的沉澱形成敦煌體育文化的雛形;絲綢之路的暢通形成了敦煌體育文化繁榮的必要條件;中原文化的傳播與滲透豐富和發展了敦煌體育文化;宗教文化的傳播給予敦煌體育文

① 柴劍虹《發揚中華民族體育傳統——以古代敦煌的民俗體育活動爲例》,《2010年全國民族傳統體育學術大會論文集》2010年11月,第6—8頁。
② 陳靈絹《從敦煌文化看我國古代體育文化》,《黑龍江史志》2008年22期,第58轉36頁。
③ 吕利平、郭成傑《從體育考古看我國古代民俗體育文化特徵》,《成都體育學院學報》2000年4期,第15頁。
④ 李重申、韓佐生《敦煌佛教文化與體育》,《敦煌研究》1992年2期,第8—10轉18頁。
⑤ 石江年《敦煌古代體育文化植根的地域性因素考釋》,《南京體育學院學報》2005年1期,第58—60頁。

神秘的色彩；多元文化的碰撞和交融，成爲敦煌體育文化生生不息的力量源泉；特殊的軍事地理位置使敦煌體育文化具有强烈的尚武氣息；特殊的自然環境給予敦煌體育文化得以保存和發展的條件。敦煌體育文化是由敦煌地區全體居民創造的、以中原傳統文化爲主體和主導的。敦煌體育文化的靈魂正是與敦煌地區以漢人爲主體的居民的生存權和發展權緊密地聯繫在一起的鄉土深情，是中原情結以及二者的交融。同時也是多元文明的碰撞和交融的結果①。石金亮認爲敦煌特殊的地理位置爲敦煌體育文化的形成和發展創造了優越的條件，民族性和地域性是敦煌古代體育文化最明顯的特徵，可以從不同階段出土的文物中得到充分反映。宗教節日期間在佛教寺院舉辦的體育表演活動體現了敦煌古代體育文化地方色彩的宗教性特徵；壁畫中豐富的武術形象資料，如古代相撲、摔跤和以劍作武器對陣的場面也很多，栩栩如生地反映了敦煌民間在抵禦入侵者的壓迫過程中，民間盛行的練武尚武風氣，充溢着保家衛國的精神②。

二、敦煌體育的專題研究

（一）敦煌的武術

武術作爲"中華文明史上一顆璀璨明星"，不僅存在於敦煌歷史之中，而且與敦煌文化有着千絲萬縷的内在聯繫。從敦煌壁畫中有關護法神的形象、佛教禪定修行的僧侶、佛降衆魔、軍事比武、各民族間遊戲娛樂等方面，都可以生動地捕捉到融中華民族文化於一爐的武術之光。

1. 敦煌武術的綜合研究

敦煌體育中的武術研究開展較早，因爲敦煌壁畫中反映武術形象的内容很多，給研究者的視覺衝擊更直接、更强烈。易紹武在《敦煌壁畫中的古代武術》一文中，通過分析西魏時期第285窟壁畫上的"力士舞"、第428窟方柱後壁下部的"對打圖"，認爲這種舉手蹈足的"力士舞"大約是一種武術套路的表演，對我們了解古代武術提供了重要的形象資料。另外，他還對北周第290窟和五代第61窟的兩幅相撲圖以及盛唐第217窟北壁中的集體矛盾對打圖進行了研究③。邱劍榮對敦煌壁畫中的武術進行了分類：一是技擊性武術，包括拳術、相撲、器械技擊、射箭、劍術；二是武術的内功，如佛家的禪定等。他亦通過壁畫對分類後的武術進行了論證，并得出結論：南北朝以至隋唐五代是中國武術文化在隨着社會存在和需要之發展不斷融合各種思想、各種運動技

① 馬興勝《敦煌體育文化的歷史成因和社會文化背景分析》，《成都體育學院學報》2005年4期，第38—40頁。
② 石金亮《地方因素與敦煌壁畫文書中古代體育文化源流考》，《蘭臺世界》2009年23期，第75—76頁。
③ 易紹武《敦煌壁畫中的古代武術》，《新體育》1982年7期，第18—19頁。

巧和運動法則而形成狂風巨浪的時期,它爲宋以後出現的武術各門派的理論與實踐蓄存了豐富的文化内涵①。敦煌的武術,尤其是拳術堪稱西北武術的代表之作。陳青、黃雪松在《莫高窟壁畫中的敦煌武術》一文中,首先對第428窟"對打圖"中兩人的"放對"進行了釋讀,認爲其乃近世西北流傳的八極拳對接技術,此套路非常適合西北人種身强力壯者演練,其技術受西方拳擊影響頗大;繼而又闡述了敦煌武術的特點——舞、武相濟;最後認爲現今西北流行的拳種,都能從敦煌石窟壁畫中找到它們的原型,它們是敦煌武術流變傳承的結果②。李金梅等在《敦煌傳統文化與武術》中提出狩獵、祭禮、軍事、舞蹈、百戲、戲曲、哲學、文學、宗教等對中國武術的完善和自成體系,曾產生過廣泛和深刻的影響,并爲其發展奠定了基礎,敦煌傳統文化對武術融兵、藝、醫、氣等爲一體的影響,使武術動作的運動軌迹與陰陽辯證思想有機地結合③。段小强、陳康在上述研究的基礎上,運用敦煌壁畫、雕塑及文書中所提供的資料,從徒手格鬥、武舞、劍術三方面就武術的淵源和發展作了更進一步的探討④。通過上述論著,我們可知敦煌武術既是宗教文化的一部分,又是宗教祭祀禮儀的表演形式;既是戰爭的派生物,又是軍事訓練的重要手段;既是中華武術演變的活化石,又是武術與宗教血緣關係的標本;既是中華武術審美特質的突出範例,又是戰爭、軍訓、祭祀等武術特質與功用的最佳例證。

2. 射箭

敦煌壁畫中,射箭圖像資料十分豐富,它系統反映了我國自公元 4 世紀至 14 世紀千餘年間的射箭内容,是研究我國射箭歷史絶佳的圖像資料。莫高窟北周第 290 窟、五代第 61 窟、北魏第 249 窟、盛唐第 130 窟、唐代第 156 窟等窟中皆有射箭的圖像。王進玉把敦煌壁畫的射箭内容歸納爲三類:一是有關習射活動的内容,其中包括步射和騎射;二是狩獵中的射箭;三是戰爭中的射箭⑤。陳康從射禮在北朝民族政權中的繼承和發展;北方少數民族的射術;唐代的射術三個方面敦煌的射箭壁畫進行了研究⑥,進而又專門對敦煌北朝壁畫中的射箭圖像進行了分析,并認爲北周時期的"主皮之射"是對西周射禮的發展⑦。

3. 相撲

敦煌莫高窟壁畫和遺書中都有反映角抵、相撲和摔跤的圖像,雖然大部

① 邱劍榮《敦煌壁畫與武術文化》,《甘肅畫報》1993 年 4 期,第 7—9 頁。
② 陳青、黃雪松《莫高窟壁畫中的敦煌武術》,《絲綢之路》1994 年 2 期,第 58—59 頁。
③ 李金梅、劉傳緒、李重申《敦煌傳統文化與武術》,《敦煌研究》1995 年 2 期,第 194—202 頁。
④ 段小强、陳康《敦煌武術史料考略》,《敦煌研究》2004 年 1 期,第 89—92 頁。
⑤ 王進玉《敦煌壁畫中的軍事科技》,《歷史大觀園》1993 年 10 月,第 36 頁。
⑥ 陳康《敦煌壁畫射箭圖像研究》,《西北民族研究》2003 年 4 期,第 148—151 轉 69 頁。
⑦ 陳康、劉可《敦煌北朝壁畫中的射箭圖像研究》,《敦煌研究》2004 年 1 期,第 93—96 頁。

分出現在佛經畫面中,但其中人物的着裝、比賽場地、角逐姿勢與方法等都與文獻記載相符①。李重申在《敦煌古代體育文化》一書中寫到"角抵(相撲與摔跤),也稱角力、拍張、爭交、摔跤等,是古人以兩人對抗,運用勁力和技巧進行較量的一種活動"②,可見他認爲角抵、相撲與摔跤是同一項運動,祇是各時代的稱謂不同而已。但郝招卻認爲不應當將角抵、角力認定爲相撲。他根據《俄藏敦煌文獻》第 10 册刊佈的 Дx.02822 號文書③,相撲被分在音樂部,而音樂部的詞語大多是樂器,其次是影戲、雜劇,這説明相撲與樂舞有關,而且是樂舞的表現形式。因此,可以認定"相撲"原爲一種樂舞表演形式。在古代漢語中,"相"是一種擊打的樂器,"撲"是搏擊、撲打之意,"相撲"是一種在擊打樂器伴奏下相互撲擊的活動形式。在唐代,官方的相撲活動,在開始前往往要擂以大鼓,造成氣氛。這就是中國相撲的本來面目和傳統形式。敦煌壁畫中莫高窟第 428 窟的"相撲"畫面,是與其他的伎樂金剛同繪於一壁,無論是否爲相撲,首先它本身就説明其應該屬於樂舞的性質④。

　　《敦煌壁畫中的古代摔跤》一文,作者對莫高窟中的摔跤圖進行了較爲詳盡的描述:北周第 290 窟西披上層有一幅太子摔跤壁畫;莫高窟唐第 175 窟有一幅摔跤圖,表現了一場快速摔跤的較量,一個力士雙腿一蹲,兩手一摟,對方已應聲倒地,顯示了高度的技巧;五代第 61 窟中的摔跤圖,則描摹了一場有場地規範的公開摔跤比賽⑤。《中國角抵戲的本體發展與歷史演進》一文論述了莫高窟西魏第 288 窟,中心塔柱下繪有兩名正在進行角力的圖像。兩藥叉赤裸上身,下繫一條腰帶和布兜襠,他們身高體壯,勇猛憨强,左面一藥叉雙手抱住對方脖頸,左腿前伸施法進攻,而右面的藥叉以右手摟對方之背,左腿作掃踢腿的動作,兩藥叉均持呈進攻狀態。莫高窟北周第 290 盛唐第 175 窟繪有一幅三名角抵手正在進行訓練的壁畫。還有兩幅唐代的相撲圖是 20 世紀敦煌莫高窟藏經洞(第 17 窟)所發現的佛幡絹畫和白描畫,現分別藏於英國倫敦大英博物館和法國國家圖書館。莫高窟五代第 61 窟西壁屏風畫佛傳中繪有兩幅角抵圖⑥。藏經洞所出 S.1366《庚辰(980)至壬午年(982)歸義軍衙內面油破曆》內即有"准舊相撲漢兒面五斗"⑦的記載,説明相撲作爲民間

① 如《西京賦》中描述角抵者"朱髮髶鬌,植髮如竿。袒裼戟手,奎踽盤桓",確與敦煌壁畫中的角抵者相像。
② 李重申《敦煌古代體育文化》,蘭州:甘肅人民出版社,2000 年 6 月,第 29 頁。
③ 上海古籍出版社、俄羅斯科學出版社東方文學部編第 10 册《俄藏敦煌文獻》,上海古籍出版社,1998 年,第 62 頁上。
④ 郝招《敦煌"相撲"之管窺》,《敦煌研究》2004 年 1 期,第 97—98 頁。
⑤ 倪怡中《敦煌壁畫中的古代摔跤》,《體育文化導刊》1990 年 1 期,第 27—28 頁。
⑥ 路志峻、張有《中國角抵戲的本體發展與歷史演進》,《敦煌研究》2008 年 4 期,第 113—114 頁。
⑦ 《英藏敦煌文獻(漢文佛經以外部分)第二卷》,成都:四川人民出版社,1990 年 9 月,第 278 頁上。參見郝春文主編《英藏敦煌社會歷史文獻釋錄》(第五卷),北京:社會科學文獻出版社,2006 年 7 月,第 416 頁。

賽神活動的一個項目,也得到了當時歸義軍政權的物質支持。

(二) 敦煌的百戲

敦煌莫高窟壁畫中有大量反映百戲的畫面,百戲不僅在形態上以音樂爲節奏、以歌舞的表演爲主體,在功能上更是秉承了樂文化的精神血脈,從而表現出一種世俗娛樂和觀衆爲主導的價值取向。

1. 敦煌百戲綜合研究

倪怡中在《敦煌壁畫中的百戲圖》一文中描述了第 290 窟、第 175 窟和第 61 窟的角抵,認爲是當時世俗生活角抵盛行的真實反映,最令人感興趣的是第 61 窟角抵圖中的地毯,按人物比例測算,其面積與近代極其相近;第 156 窟"宋國夫人出行圖"中的竿木雜技表演已達到高度驚險與完美的程度,與現代頂竿雜技表演相比,也絲毫不遜色;第 61 窟的馬術表演有的一手托木一手懸空,有的鐙裏藏身飛馳而過,有的在五匹并排飛奔的駿馬之間來回跳躍,最讓人拍手稱讚的是六匹駿馬頸鬃直豎,風馳電掣,一人騎在其中的一匹上,正在進行雙手同時拉開兩張硬弓的表演。最後作者認爲佛教寺院是百戲表演的場所,敦煌壁畫中描摹了許多百戲表演的場景也就很自然了[1]。《敦煌古代百戲考述》一文,作者把敦煌壁畫和文獻中的百戲史料分爲雜耍與樂舞兩大類:雜耍主要有橦技、角抵、倒植、筋斗、舞馬、走索等;樂舞大體可分爲兩類,一類是天宮伎樂、飛天、伎樂天、菩薩、藥叉的舞蹈,另一類是禮佛、娛佛的舞蹈場面。作者認爲敦煌古代百戲技藝不僅是人體文化的展現,而且是身體、技巧、力量、心理、能力、動律的顯示,有助於後人清楚地看到百戲與現代體育之間的血緣關係,百戲無疑是現代器械體操、技巧運動的雛形和起源之一[2]。《敦煌壁畫文獻中所見的古代百戲》一文的作者通過結合傳世文獻分析了第 61 窟、第 290 窟、第 175 窟中的三幅描繪角抵全過程的圖;第 61 窟須大拏太子習武圖中非常精彩的馬術表演圖;第 149 窟的胡人倒立、兩腿迴旋至頭頂圖等,認爲敦煌壁畫是佛教藝術,但它不可能超越現實去憑空地轉移摹寫,佛國世界裏的百戲圖正是世俗生活裏百戲大興的寫照[3]。《百戲在六朝的流行及隋唐的極盛》一文認爲敦煌唐五代壁畫保存了許多百戲表演圖畫,如馬術、獅舞、載竿、雜耍等。其中載竿表演形式十分生動,也最爲精彩。如第 72 窟、第 9 窟、第 85 窟、第 156 窟等,都繪有百戲載竿圖。敦煌壁畫中還保存了有表演百戲時的即興歌舞和宴飲中的"對舞"[4]。

---

① 倪怡中《敦煌壁畫中的百戲圖》,《炎黃春秋》1998 年 1 期,第 71—72 頁。
② 李金梅、李重申、路志峻《敦煌古代百戲考述》,《敦煌研究》2001 年 1 期,第 105—114 頁。
③ 倪怡中《敦煌壁畫文獻中所見的古代百戲》,《圖書館理論與實踐》1999 年 1 期,第 49—51 頁。
④ 馬興勝、王志鵬《百戲在六朝的流行及隋唐的極盛》,《敦煌研究》2006 年 2 期,第 78—82 頁。

2. 倒立

倒立,是以雙臂或單臂支撐,頭朝下,兩腳向上的平衡技術。李重申提出敦煌莫高窟北魏至宋時期的壁畫中,繪有形態各異的倒立圖像。如,莫高窟北魏第 251 窟、西魏第 249 窟、初唐第 220 窟、中唐第 158 窟、第 361 窟、盛唐第 79 窟、晚唐第 156 窟等的壁畫中具有倒植的圖像,難度不同,形式多樣,有雙臂倒立、分腿倒立、水準支撐倒立、單臂倒立①。

《從文物史籍資料看我國唐代的體操》一文作者分析了第 185 窟的倒立圖,第 361 窟的一名兒童單臂倒立,還有一名兒童正在做"橋"狀,其腹上還站一童子。第 156 窟戴竿表演。一人頭頂長竿,竿的上部呈"十"字形,上有數人在做動作,其中一人在竿頂做水準支撐,極似現代器械體操中的水準支撐動作。②《敦煌壁畫"倒立"圖像的考析》一文作者認爲,在敦煌早期經變畫中所出現的倒立圖像,在很大程度上受瑜伽功法的影響。從技術上看,由不規範的挺胸塌腰的支撐倒立,逐步發展至準確的含胸收肩、立腰直腿的倒立。這些直觀的圖像,爲我們提供了研究倒立技術沿革發展的史實。該文還提出了倒立源自人體的生理本能,而并非由西域傳入之説,并認爲從人體進化論角度來分析研究,是符合客觀生活、客觀實際的。③ 李建軍、張軍認爲敦煌壁畫中的百戲表演都可以看到倒立的影子,它是雜技、舞蹈和百戲表演者所必須要訓練的基本功。④

3. 馬戲

敦煌壁畫中的馬戲内容較爲豐富,許多經變畫、佛傳故事畫和本生故事畫中都繪有馴馬、賽馬、舞馬的場景。《敦煌壁畫和文書中的馬文化》一文主要描繪了莫高窟五代第 61 窟的"佛傳故事屏風畫"中精彩的馬術表演:表演者有的在奔馬背上做燕式平衡,有的在奔馬上做"鐙裏藏身"的動作,撿起地上的繩子,有的在馬背上手舉重物,有的在并排奔跑的馬背上翻筋斗,即"猴跳"⑤。敦煌遺書中也有關於馬戲的記載。如,P. 4906《寺院殘帳》載:"栗一碩二斗沽酒,調馬騎看阿郎用"⑥。S. 1366《歸義軍衙府破曆》記載:"(四月)准舊馬騎賽神細供七分、胡餅六十枚,用面四斗三升三合,油五合六勺。又償

---

① 李重申、李金梅《忘憂清樂——敦煌的體育》,蘭州:甘肅教育出版社,2007 年 12 月,第 38 頁。
② 麥緑葽《從文物史籍資料看我國唐代的體操》,《山東體育科技》1995 年 3 期,第 58—61 頁。
③ 李重申、劉克儉、吕克强《敦煌壁畫"倒立"圖像的考析》,《敦煌佛教文化研究》,社科縱横編輯部印編,1996 年 1 月,第 180—184 頁。
④ 李建軍、張軍《從敦煌壁畫看"倒立"運動》,《體育文化導刊》2001 年 4 期,第 57—58 頁。
⑤ 石江年、魏爭光《敦煌壁畫和文書中的馬文化》,《安徽體育科技》2003 年 4 期,第 75—76 頁。
⑥ 《法國國家圖書館藏敦煌西域文獻》第 33 册,上海古籍出版社,2005 年,第 257 頁上。

（賞）細供十分、胡餅六十枚,用面四斗九升,油八合"①。由此可見馬騎活動是敦煌上下都予以關注的大事,反映了古代敦煌人民在長期的馬上生活中產生了表現人馬結合的精神。

（三）敦煌的博弈

博弈一詞,在《論語·陽貨》中就已經有所記載:"飽食終日,無所用心,難矣哉。不有博弈者乎? 爲之猶賢乎已!"意思是整天吃得飽飽的,一點也不肯動腦筋,這樣的人可真是無聊啊! 不是有下棋之類的遊戲嗎? 玩玩這些,也比一點不動腦筋好啊②。可見,在先秦時期,博弈已是當時人民娛樂文化生活的重要組成部分。博弈在長期的歷史發展中,由最初的娛樂性逐漸向競技性、智益性、教育性等方面不斷發展,并形成俗雅之分。敦煌地區現存的壁畫、遺書和出土的木俑等,爲我們研究敦煌博弈文化提供了珍貴的視覺形象和文字記載等資料。

李重申在《敦煌古代體育文化》一文中認爲"博弈主要分博戲和弈戲兩部分。其中博戲包括: 六博、樗蒲、骰子、采選、藏鈎、雙陸、打馬、骨牌、麻將、蹴鞠、賽馬、捶丸、鬥雞等。弈戲:包括圍棋、象棋等"③。但筆者認爲博戲雖爲遊戲,但畢竟有賭博的性質,故而藏鈎屬於酒令遊戲,蹴鞠、捶丸應爲球類項目,不應歸入其內。

1. 圍棋

敦煌寫本 S.5574《碁經》④的發現對中國圍棋史有着重大意義,它是世界上唯一記載中國最古老棋藝的孤本,卻藏於倫敦大英博物館,被國人所了解和研究也歷經了漫長的過程。1936 年向達先生在大英博物館翻閱敦煌經卷時,對其進行了抄錄,并收入其專著《唐代西安與西域文明》⑤中。1962 年劉銘恕在《敦煌遺書總目錄索引》第 223 頁做了"碁經一卷"的條注⑥。郝春文、許福謙首先對《敦煌寫本圍棋經校釋》進行了校錄和解釋,并依據卷子末尾的藏文題記,和文中避"世"字之諱,從而斷定這個卷子的書寫年代是在吐蕃統治敦煌時期,即建中二年(781) 至大中二年(848)之間⑦。成恩元對敦煌《碁經》和張擬《棋經》進行了比較研究。他認爲在形式方面,兩經文體風格和篇章結構差異很大: 前者別字多,語言質樸,講求實際效果,以說理爲主;後者語

---

① 《英藏敦煌文獻(漢文佛經以外部分)第二卷》,成都: 四川人民出版社,1990 年 9 月,第 277 頁下。參見郝春文主編《英藏敦煌社會歷史文獻釋錄第五卷》,北京: 社會科學文獻出版社,2006 年 7 月,第 415 頁。

② 楊伯峻《論語譯注》,北京: 中華書局,1958 年,第 196 頁。

③ 李重申《敦煌古代體育文化》,蘭州: 甘肅人民出版社,2000 年 6 月,第 83 頁。

④ 《英藏敦煌文獻(漢文佛經以外部分)第八卷》,成都: 四川人民出版社,1992 年,第 126 頁上,第 61—64 頁。

⑤ 向達《唐代長安與西域文明》,北京: 三聯書店出版,1957 年 4 月,第 195—237 頁。

⑥ 商務印書館編《敦煌遺書總目索引》,北京: 商務印書館,1962 年 5 月,第 223 頁。

⑦ 郝春文、許福謙《敦煌寫本圍棋經校釋》,《敦煌學輯刊》1987 年 2 期,第 109—118 頁。

言華麗,在形式上也下了很大的工夫,把它寫成了權威性的十三篇模式,但同時也構成了他在理論上支離混雜的一項缺點。内容方面重點討論了《碁經》所獨具的戰略、戰術、法則、術語不見於《棋經》者約有64條,并分析了兩者所引用人物典故和成語、格言的不同,即敦本結合戰略、戰術列舉的人物典故3條,張本列舉人物典故僅3條。故而作者認爲張擬根本没有看到過這部敦煌《碁經》,兩經之間不存在傳承關係①。李金梅等在《敦煌〈碁經〉考析》一文中,從圍棋的行棋技術和規則方面對《碁經》中的七個篇目進行了考證,認爲其對圍棋的理解已具備了高度的學術性和科學性②。但李氏在結論中提出敦煌《碁經》與張擬《棋經十三篇》之間有傳承和發展關係的觀點,與成氏觀點相悖,惜文中没有給出具體的根據。日本學者渡部通義認爲敦煌《碁經》所記"棋有三百六十一道放周天之度"指的是十九道棋盤。另外,敦煌《碁經》載"棋有三惡……第一,傍畔縈角"、"初下半已前,爭取形勢。腹内須强,不得傍畔縈角,規覓小利,致失大勢",這一理論即後世所謂的"高者在腹"。這一棋理的提出,意義重大,不僅標誌着十九道棋盤已經出現,而且其運用臻於精深,絶非剛剛產生,應有一個演繹進步的過程③。敦煌壽昌以盛產進貢圍棋子而出名,高勇、陳康在《敦煌圍棋史料述略》提到唐代壽昌縣古城遺址中發現的66枚圍棋棋子,并引天寶年間《唐地志》中的相關記載:"都四千六百九十,貢棋子"。另通過安西榆林窟第31窟《維摩詰經變》中的棋弈場面,説明了敦煌地區圍棋活動的普及和流行程度。④

2. 樗蒲

樗蒲始於漢末魏初,係由六博演變而來,其博具有五木、枰、矢、馬⑤。敦煌遺書中存有多處關於樗蒲的記述,反映了其在古代敦煌地區的流行。P.2418《父母恩重經講經文》載"貪歡逐樂無時歇,打論樗蒲更不休"。又云"伴惡人,爲惡迹,飲酒樗蒲難勸激"⑥。P.3266《王梵志詩殘卷》載"男年十七八,莫遣倚街,若不行奸道,相構即樗蒲"、"飲酒妨生計,樗蒲必破家。但看此等色,不久作窮查"⑦。李金梅在《敦煌古代博弈文化考析》一文中,認爲這些寫本所記錄的樗蒲,不僅反映了簺蒲博戲在敦煌的流行,而且還爲我們提供

① 成恩元《敦煌寫本〈碁經〉與宋張擬〈棋經〉的比較研究》,《敦煌學輯刊》1989年2期,第98—109頁。
② 李金梅、李重申、馬德福《敦煌〈碁經〉考析》,《社科縱横》1994年5期,第91—94轉82頁。
③ （日）渡部通義著,蔣學松、李行譯《敦煌〈棋〉與孫吕遺譜:古代中國圍棋源流淺談》,《四川文物》1996年1期,第75—77頁。
④ 高勇、陳康《敦煌圍棋史料述略》,《西北民族大學學報》2004年6期,第143—145頁。
⑤ 體育詞典編輯委員會《體育詞典》,上海辭書出版社,1984年,第589頁。
⑥ 《法國國家圖書館藏敦煌西域文獻》第13册,上海古籍出版社,2000年,第302、312頁。參見王重民等編《敦煌變文集》下册,北京:人民文學出版社,1984年,第674、692頁。
⑦ 《法國國家圖書館藏敦煌西域文獻》第22册,上海古籍出版社,2002年,第327—328頁。

了摴蒲與飲酒結合,邊飲邊博,有時還與“打論”結合等特色。同時也表現出敦煌的摴蒲已由博走向賭轉化,滋長了貪婪、狡詐、淫逸的罪惡風習,造成了對個人、家庭及社會的損害①。

3. 雙陸

雙陸又名“長行”、“握槊”,因雙陸局如棋盤,左右各有六路,故而得名。雙陸子也叫馬,分黑白兩色,各十五枚,另有骰子兩枚。進行時擲采行馬,白馬自右歸左,黑馬自左歸右,馬先出盡為勝②。雙陸在唐時期的敦煌十分流行。李重申描述了莫高窟壁畫中的雙陸:“敦煌莫高窟中唐第7窟東壁門南,繪有一幅雙陸圖。畫面中坐者是維摩詰居士,棋盤左右各六路,乃雙陸博戲,兩人對坐與棋盤前正在對弈中”③。敦煌遺書中也有關於雙陸的記載。P.2718《王梵志詩一卷》云:“雙陸智人戲,圍棋出專能。解時終不惡,久後與仙通。”④P.2999《太子成道經》載:“是時淨飯大王,為宮中無太子,優(憂)悶尋常不樂,或於一日,作一夢,[夢見]雙陸憑殊者,問大臣是何意至? 大臣答曰:‘陛下夢見雙陸憑殊者,為宮中無太子,所以憑殊’”⑤。P.3883《孔子項託相問書》云:“夫子曰‘吾車中有雙陸局,共汝博戲如何?’小兒答曰‘吾不博戲也。天子好博,風雨無;諸侯好博,國事不治;吏人好博,文案稽遲;農人好博,耕種失時;學生好博,忘讀書詩;小兒好博,笞撻及之。此是無益之事,何用學之!’”⑥

從以上所述,可見敦煌所遺存的博弈文化種類豐富,而且歷史悠久。博戲憑機運取勝,而弈戲卻憑智力取勝,兩者性質完全不同,因而發展趨向也不同。弈戲向鍛煉思維、陶冶情操的教育性發展,而博戲卻向貪求物欲的功利性轉變,此兩種屬性的相悖而行,逐漸形成了古代博弈文化的基本特徵。

(四)敦煌的休閑活動

敦煌的休閑活動與體育雖然不同流,但與其卻是同源。它以遊藝的形式出現,強調主體的娛樂休閑性,不以競技爭鬥為目的。敦煌莫高窟和壁畫中有關休閑活動的記錄也是相當豐富的,如李重申《忘憂清樂——敦煌的體育》一書中列出的有關敦煌休閑娛樂的項目為投壺、竹馬、風箏、秋千、彈弓、滑沙、印沙、踏舞、踏青、登高、舞獅、藏鈎、操舟等13種⑦,但他并沒有利用壁畫

---

① 李金梅《敦煌古代博弈文化考析》,《體育科學》1999年5期,第14—17頁。
② 大辭海編輯委員會《大辭海·體育卷》,上海辭書出版社,2008年6月,第31頁。
③ 李重申、李金梅《忘憂清樂——敦煌的體育》,蘭州:甘肅教育出版社,2007年12月,第95頁。
④ 《法國國家圖書館藏敦煌西域文獻》第17冊,上海古籍出版社,2001年,第349頁下。
⑤ 《法國國家圖書館藏敦煌西域文獻》第21冊,上海古籍出版社,2002年,第1頁下。
⑥ 《法國國家圖書館藏敦煌西域文獻》第29冊,上海古籍出版社,2003年,第84頁上。
⑦ 李重申、李金梅《忘憂清樂——敦煌的體育》,蘭州:甘肅教育出版社,2007年12月,第115頁。

和遺書中的記錄結合傳世文獻對這些活動進行詳細論證。學界對敦煌休閑活動的關注也不是很多,高國藩的《敦煌民俗學》①和譚蟬雪的《敦煌民俗》②,雖然對這類活動有所涉及,但多作爲節慶活動的附帶,沒有展開充分的研究。

1. 兒童遊戲

《敦煌壁畫中的兒童騎竹馬圖》畫在敦煌晚唐第9窟的東壁門南,其中可以看到一幅反映1000多年前古代少年兒童騎竹馬遊戲的畫面。敦煌遺書中也有騎竹馬的文字記載。P.2418《父母恩重經講經文》云:"嬰孩漸長作童兒,兩頰桃花色整輝,五五相隨騎竹馬,三三結伴趁猧兒。"③敦煌壁畫中的這幅兒童騎竹馬圖,不僅是目前所見最早用圖像反映古代少年兒童生活情景的圖畫,同時也最爲真實地描繪了真正在廣大少年兒童中流傳的簡單易行的"竹馬"形象④。高德祥在《敦煌壁畫中的童子伎》中把其壁畫中的童子伎,從表演的不同形式分爲三類:化生伎、百戲伎和經變伎⑤。路志峻在《論敦煌文獻和壁畫中的兒童遊戲與體育》還論述了兒童的兩種遊戲:一是彈弓,敦煌文獻P.2598背面《使榜》載:"訪聞安傘之日,多有無知小兒,把彈弓打運花,不放師□事法事,兼打師僧及衆人,眼目損傷。"⑥其意是兒童們打運彈弓,擾亂道場,傷人眼目,使歸義軍衙府不得不出面制止。二是莫高窟盛唐第23窟南壁《法華經變》中,繪有一幅數名童子在玩堆沙成塔的遊戲⑦。

敦煌石窟壁畫是世界特有的文化瑰寶,所呈現的古代兒童遊戲與體育的形態與特徵,不僅爲體育演進的歷史提供了具體的例證,更積極的是,爲現代學者提供了具體的形象資料,爲研究之參考。在目前國內有關古代兒童體育資料極其有限的情況下,敦煌壁畫中的童戲,應能給予相關研究一份可貴的探索資料。

2. 藏鈎

藏鈎是古代的一種博戲,源於漢,盛於隋唐。敦煌遺書中有多處對藏鈎的記載。BD06412號《父母恩重經講經文》云:"幾度親情命看花,數遍藏鈎夜玩笑。"⑧從中不難看出藏鈎在當時是敦煌地區民間比較盛行的博戲文化活動。另外,S.4474《釋門雜文》中載:"公等投名兩扇,列位分朋。看上下以探

---

① 高國藩《敦煌民俗學》,上海文藝出版社,1987年10月。
② 譚蟬雪《敦煌民俗》,蘭州:甘肅教育出版社,2006年6月。
③ 《法國國家圖書館藏敦煌西域文獻》第13冊,上海古籍出版社,2000年,第307頁下。參見王重民等編《敦煌變文集》,北京:人民文學出版社,1984年,第682頁。
④ 胡朝陽、王義芝《敦煌壁畫中的兒童騎竹馬圖》,《尋根》2005年4期,第28—29頁。
⑤ 高德祥《敦煌壁畫中的童子伎》,《中國音樂》1991年2期,第36—38頁。
⑥ 《法國國家圖書館藏敦煌西域文獻》第16冊,上海古籍出版社,2001年,第187頁。
⑦ 路志峻《論敦煌文獻賀壁畫中的兒童遊戲與體育》,《敦煌學輯刊》2006年4期,第85—88頁。
⑧ 任繼愈主編《國家圖書館藏敦煌遺書》,北京圖書館出版社,2008年4月,第278頁。

籌,覘爭勝負。或長行而遠眺,望絕迹以無蹤,遠近勞藏,或度貌而難測。鈎母怕情而戰戰,把鈎者膽碎以兢兢。恐意度心,直擒斷行。或因言而□(失)馬,或因笑以輸籌,或含笑而命鈎,或緬腆而落節。連翩九勝,躑躅十強,叫動天山腳,聲遙海沸,定強弱於兩朋,建清齋於一會。"①以上對參與藏鈎遊戲之人的體態狀貌和心情姿態作了具體的描繪。

到了唐時,藏鈎得到了更大的發展,S. 6171《唐宮詞》載:"欲得藏鈎語少多,嬪妃宮女任相和。每朋一百人爲定,遣賭三千疋練羅。兩朋高語任爭籌,夜半君王與打鈎。恐欲天明催促漏,贏朋先起舞纏頭。"②對此,李重申認爲,當時的藏鈎遊戲規模之大,一次參與者達二百餘人,每隊一百人,勝者可獲三十疋練羅的獎勵③。

三、深化敦煌體育研究的幾點認識

以上對敦煌體育研究的成果作了系統回顧,作爲敦煌學和體育史學的交叉研究,這個課題受到了越來越多的關注,發表了相當數量的研究論著,使學界對敦煌體育有了較爲清晰的認識和整體的把握。隨着敦煌文獻更全面地公佈,以及對簡牘、墓葬壁畫和磚畫以及傳世史籍等相關資料的綜合利用,可以更加詳盡地掌握敦煌體育的資料;同時在總結 20 多年來有關敦煌體育的研究基礎上,敦煌體育的研究應進入一個更高的層級,尋找更多的突破點,僅就此談幾點拙見。

第一,敦煌文化的獨特性造成了敦煌體育的獨特性。但這種獨特性究竟表現在什麼地方? 如果僅就敦煌體育而論敦煌體育,是找不到其自身特點的。從前輩學者的論著中我們可以得知,敦煌體育在其發展和確立過程中,既受到中原體育的影響,又帶有明顯的胡人因素。因此,筆者認爲應把敦煌體育放到更寬泛的絲綢之路體育中去。通過比較其與當時中原體育、中亞體育的異同來確立自身的特徵。

第二,要更加充分地利用敦煌壁畫和遺書中的有關資料。雖然前輩學者對敦煌體育資料的整理和運用已取得了很多的成果,但仍有可開拓之處。如郝招提到:"關於敦煌古代體育史料的整理和研究的所有成果中并沒有涉及《雜集時要用字》中的體育用語,《雜集時要用字》中也沒有專門的古代體育、競技類詞語,但穿插在有關部(類別)中的相關的詞語,卻爲我們提供了相當

---

① 《英藏敦煌文獻(漢文佛經以外部分)第六卷》,成都:四川人民出版社,1992 年,第 126 頁上、101 頁上。
② 《英藏敦煌文獻(漢文佛經以外部分)第一卷》,成都:四川人民出版社,1994 年,第 126 頁上、135—136 頁。
③ 李重申、李金梅《忘憂清樂——敦煌的體育》,蘭州:甘肅教育出版社,2007 年 12 月,第 128 頁。

寶貴的古代體育詞語"①。

第三,應充分考慮敦煌宗教因素,尤其是敦煌佛教世俗化對敦煌體育的影響。敦煌體育資料有很大一部分是通過莫高窟壁畫中的佛教故事反映出來的,并且敦煌體育所進行活動的時間多爲佛事活動的時間,而活動地點一般也在寺院中。關於此命題,僅有李重申在《敦煌佛教文化與體育》②一文中進行了專題討論,值得進一步研究。

第四,對與敦煌體育同源但不同流的敦煌遊藝活動,應作進一步的考察。因爲一般意義上來講,遊藝比體育所涉及的領域更廣,更能使當時人們的世俗生活得以真實還原。正如林語堂所説:"若不知道人民日常的娛樂方法,便不能認識一個民族"③。對敦煌遊藝的研究,能對古代敦煌人們的日常生活有更全面和深入的認識,并探尋其端倪。就現有研究成果來看,對敦煌遊藝的研究還應處於發展階段,應作更細緻、全方位、立體性的探究。

本文爲教育部人文社會科學基金(西部)青年項目"敦煌遊藝文化研究"階段性成果(11XJCZH001)。

---

①　郝招《敦煌新本〈雜集時要用字〉中"相撲"一詞述略》,《體育文化導刊》2003 年 11 期,第 74 頁。

②　李重申、韓佐生《敦煌佛教文化與體育》,《敦煌研究》1992 年 2 期,第 8—10 轉 18 頁。

③　林語堂《吾國與吾民》,上海:世界新聞出版社,1940 年 11 月,第 411 頁。

2011"法中敦煌學討論會"綜述

張先堂(敦煌研究院)

由法國東亞文明研究所、遠東學院主辦的"法中敦煌學討論會"於 2011 年 6 月 14—15 日在法國巴黎舉行,來自法國、中國及英國的 15 位敦煌學專家學者作最新研究報告,每場報告均有法國專家學者和博士生等 50 餘人與會。

6 月 14 日的學術會在巴黎法蘭西學院舉行。上午的會議由主辦者——法國東亞文明研究所副所長童丕(Eric Trombert)先生、遠東學院教授郭麗英女士主持,二人分別致簡要的開幕詞,歡迎并向與會學者、工作人員致謝,介紹此次會議的籌備和議題。郭麗英教授還回顧了法國敦煌學者與敦煌研究院學者自 20 世紀 80 年代後三十餘年學術交往的歷史,并對前些年去世的石泰安(Rolf A. Stein)、蘇遠鳴(Michel Symié)、史葦湘、左景權和 2011 年去世的吳其昱、段文傑和賀世哲等敦煌學大師表示追悼。

上午舉行了此次學術會的第一項特別議程:爲 2011 年內新近去世的中國敦煌研究院名譽院長段文傑、法國漢學研究所研究員吳其昱、中國敦煌研究院前考古所所長賀世哲三位著名華人敦煌學家舉行紀念會。中國敦煌研究院樊錦詩院長概括介紹了段文傑先生作爲學者在敦煌壁畫臨摹、敦煌藝術研究方面的成就,以及他作爲敦煌研究院院長在大力培養人才、促進專業人員隊伍建設,促進敦煌文物保護工作的國際合作,使之進入科學保護新階段,促進敦煌學發展和敦煌學國際學術交流,推動敦煌文物保護、研究事業全面發展等方面作出的巨大貢獻。法國漢學家、敦煌學泰斗、法蘭西學院謝和耐(Jacques Gernet)教授以 88 歲高齡親臨本次學術會議,深情回憶吳其昱先生的生平、爲人品德,高度評價吳先生"尤擅長於亞洲的種種語言,并能解讀粟特文、梵文、藏文、蒙文、滿文及出現於 9 至 11 世紀中國西北部的西夏文;他能從語音的歷史源流重辨漢文,特別是中亞的方言。"讚譽其"著作題材廣泛,因他對精準及詳盡的要求,而內容卓越。"指出其"每於漢文文獻,或在中亞、西亞仍存的文字,或在敦煌及吐魯番的寫本中發現有可資研究的題材,他都投以熱情,發揮他語史學家特有的才華。他的每一項研究,均務求盡善盡美,他借助了龐大的書目,將時人的史觀,與音韻的溯源結合。"中國敦煌研究院張先堂研究員重點介紹了賀世哲先生在敦煌學研究三個方面的突出成就:一、對敦煌石窟營造史的研究作出了重要的開創性的貢獻;二、對於敦煌石窟壁畫造像題材內容的調查、考證和釋讀作出了許多開拓性的貢獻;三、在敦煌早期石窟圖像與功能研究方面取得了開拓性、突破性的成就。

其後,在 1 天半時間内,本次學術會共進行了 5 場報告會。在 6 月 14 日上午第一場報告會中,會議主辦者特意首先安排 4 位由中國遠道而來的學者作學術報告。

樊錦詩在以《敦煌石窟考古報告的編撰》爲題的報告中,首先介紹了敦煌研究院多卷本記録性考古報告《敦煌石窟全集》編輯出版計劃編製的方法、原則是"以洞窟建造時代前後順序爲脈絡,結合崖面洞窟排列佈局走向形成的現狀,以典型洞窟爲主,與鄰近的同時代或不同時代的若干非典型洞窟形成各分卷的組合";具體内容擬分爲"敦煌莫高窟分編"、"敦煌西千佛洞分編"、"瓜州榆林窟分編",各分卷逐窟記録洞窟位置、窟外立面、洞窟結構、洞窟塑像和壁畫、保存狀況,以及附屬題記、碑刻銘記等全部内容,并配合全面、準確的測繪圖和詳備的照片圖版,總數擬編成一百卷左右。接着重點介紹了已經編輯完成、即將出版的《敦煌石窟全集》第一卷《莫高窟第 266—275 窟考古報告》的測繪、攝影和文字記録。測繪是使用儀器來度量、繪製具有準確數據的測繪圖以記録石窟各種遺迹,攝影是利用照相機記録石窟各種遺迹的真實面貌和保存狀況,文字記録是全面、完整、系統地敘述石窟的全部遺迹。三者之間文字記録是對測繪圖和照片圖版的説明,測繪圖和照片圖版又是對文字記録的證實。本卷報告的測繪有新的重大突破,這就是改變了以往純手工測繪的方法,與北京戴世達數碼技術有限公司技術人員合作,利用現代工程測繪中新興的三維激光掃描技術,對洞窟實施了三維激光掃描數據採集,完整地拼接成三維點雲模型,并對模型進行了投影、剖面和影像生成等處理,最後由敦煌研究院的考古測繪人員根據三維激光掃描技術提供的準確點雲影像圖、洞窟結構圖、塑像和壁畫輪廓的初繪圖,輔之以數碼照片,按照考古測繪的要求,作進一步識别、區分、校對、修改、填充、深入、揭層,繪製完成各窟各種測繪圖,其中有窟外聯合平、立面圖,窟内結構的平、剖面圖,各壁立面圖和壁畫圖,窟頂仰視圖、投影圖,窟頂和龕内展開圖,塑像正、側、剖視圖、洞窟透視圖,平、立面的關係圖等洞窟結構、塑像圖和壁畫圖。樊錦詩的報告展示了敦煌研究院考古學者歷經數十年探索歷程後在敦煌石窟考古報告方面取得的最新的重大成果,對於促進敦煌學研究具有重要意義,因而引起了與會學者的極大興趣和關注,特别是當看到報告演示文件和現場特意展示的樣書中記録石窟建築、塑像、壁畫的測繪精準、綫條規範的測繪圖和豐富詳盡、色彩鮮艷的照片,許多學者表現出極大的興奮,頻頻詢問相關問題和情況。樊錦詩主編的《敦煌石窟全集》第一卷《莫高窟第 266—275 窟考古報告》已於 2011年 8 月由文物出版社出版。

中國社會科學院民族學與人類學研究所研究員史金波在《西夏學和敦煌學的關係及其研究展望》中概括總結了西夏學與敦煌學的發展及其關係，并對今後二者的互動發展提出建議。他指出，敦煌學中包含有部分西夏學的內容，如敦煌莫高窟、安西榆林窟中有大量西夏洞窟，敦煌洞窟自開鑿後歷經數百年，至唐代達到藝術頂峰，宋代已走向下坡路。至西夏時期雖未能恢復昔日輝煌，但在一些洞窟中卻不乏精彩的藝術顯現，特別是在莫高窟、榆林窟中引入藏傳佛教內容，甚至將傳統的漢傳佛教與藏傳佛教融爲一體，形成新的藝術風格，在一定程度上挽回了敦煌石窟藝術下滑的頹勢，使西夏時期的洞窟藝術達到新的境地。再如敦煌一帶出土有不少西夏文文獻，特別是敦煌研究院在莫高窟北區進行系統發掘，發現有多種西夏文文獻殘片，包含了不少重要的世俗和佛教典籍，其中有不少是國內僅存，或爲海內孤本，具有重要學術價值和文物價值。他還指出，西夏學中包含有部分敦煌學的內容，西夏學研究有助於深入了解敦煌被西夏管轄近 200 年的歷史，了解西夏時期敦煌莫高窟的特殊崇高地位。如莫高窟在西夏文題記、文書中被譽爲"聖宮"、"沙州神山"，莫高窟西夏洞窟藻井中出現大量西夏法典規定衹有皇家纔可使用的龍、鳳圖案，第 409 窟出現了穿團龍圖案服裝，跟隨持御用華蓋、翬扇等儀仗的西夏皇帝供養人形象。最後他提出，"就學科發展來說，敦煌學是大哥，西夏學是弟弟"，建議西夏學應利用敦煌學研究的方法和經驗，敦煌學和西夏學應密切聯繫，進行比較研究，敦煌學家和西夏學家密切合作，以推動兩學科的發展。史金波先生是享譽國際的西夏學專家，他對西夏學與敦煌學學科發展歷史關係的回顧與未來互動發展的建議，對於促進兩個學科的發展具有建設性意義。

張先堂在《瓜州東千佛洞第 5 窟西夏供養人初探》中報告其近年對瓜州東千佛洞第 5 窟供養人的最新研究成果。他首先考察此窟供養人圖像，經過多次實地考察，仔細識讀照片，指出此窟供養人畫像明顯地分爲 4 組，北壁東側、東壁男供養人和南壁女供養人的服飾、頭冠與榆林窟第 29 窟和黑水城出土的西夏武官及其女眷的服飾、頭冠類似，南壁西側男供養人戴幞頭，當爲西夏文官。其次考察供養人西夏文題記，將經過處理而顯示出字迹的近 20 條西夏文題記照片送請西夏學專家史金波先生識讀，借助史先生釋讀、翻譯出的 13 條題記，得知其中出現了金、田、地瑞、史等多個不同的姓氏，最後得出結論：東千佛洞第 5 窟是由來自西夏多個不同姓氏的武官、文官家族男女成員聯合出資營造的洞窟。東千佛洞第 5 窟是西夏晚期營造的代表性洞窟之一，以往學者很少研究，張先堂對此窟供養人的最新研究成果，使人們對於西夏石窟營造的組織形態增添了新的認識。

　　中國社科院文學研究所研究員揚之水女士的《“大秦之草”與連理枝——對波紋源流考》圍繞對波紋的名稱、圖案演變進行了追源溯流的考察。她指出,對波紋是南北朝至隋唐時期絲綢、建築裝飾中的流行紋樣。對波紋大致有兩種形式:一種是相互交纏,一種是不相交纏。單獨的一列對波紋,適合作邊飾,多用於石頭建築或仿石建築的立柱裝飾。它的橫向擴展則成爲四向延伸的蔓草紋。在織錦中抱合的一對蔓草便是骨架。南北朝時交纏或不相交纏的一對蔓草,多爲“忍冬”。所謂“忍冬紋”是近世方始使用并已約定俗成的名稱,但它并非中土固有的名稱。其實南北朝時是把來自西方的各式草葉紋樣統稱爲“大秦之草”,即古文獻所云“胡綾織大秦之草,戎布紡玄菟之花”,而“忍冬紋”自然是“大秦之草”中最爲流行的一種。中國把忍冬紋吸收過來作爲圖案,初始稍稍依樣,以後便在創造發揮之下演變爲完全中土化的各種各樣的纏枝卷草。以“對波”形式排列的“忍冬紋”,實即合抱式纏枝卷草。“對波”形式的圖案,在印度早期佛塔石雕上已經出現,然後東傳。東傳之後,這一類紋樣的骨架及骨架內外圖案的排列方式均被接受,而把骨架內外填充的各種異域因素一步步中土化。這在南北朝墓葬藝術、石窟藝術、織錦中都有許多例證。入唐後“對波紋”依然盛行不衰,更添注畫意,揮灑出綫條之美。她還認爲,以蔓草爲中堅的紋樣,在中國裝飾藝術中始終是充當輔紋。但這簡單之極的一對綫條的確含藏着豐富的文化信息。這樣一種傳播迅速、流行廣泛、流傳長久的紋樣,它是以哪一種觀念被接受,并進而把固有的傳統融入其中? 如作推測,就一個圖案單元來看,把“對波紋”的基本組成視作所謂“連理枝”,應該更貼近於古人的觀念和匠師的創意。“連理枝”本是南北朝以來至於後世頻繁見於歌詠的意象,詩歌所詠作爲絲綢紋樣的“連理”,并不是某一種植物的確指,而祇是形容它的生長樣態。以合抱式卷草爲設計意匠的“對波紋”對應於連理枝,當可成立。揚之水女士是著名名物研究專家,她近些年來對古代名物致力於“明名識物,探源尋流”的研究,發表了大量富有新意的成果。此文通過探索一種古代流行紋樣的名稱、淵源和演變,不僅展示了古代名物研究的最新成果,而且爲古代中外文化交流研究提供了一個鮮活的例證。

　　6 月 14 日下午由法國學者童丕主持舉行了第二場報告會,由三位法國學者作學術報告。

　　法國國家圖書館東方手稿部中文主管蒙曦女士(Nathalie Monnet)的英語報告《法國國家圖書館數碼敦煌寫卷》介紹了法國國家圖書館將伯希和收集敦煌寫卷數字化的情況,在網上檢索、使用數碼敦煌寫卷的具體途徑、方法。她介紹,近些年來法國國家圖書館在數字化圖書館的總體計劃下,已將伯希和收集的敦煌漢文、藏文寫卷全部作了數字化拍攝,漢文寫卷的數字化圖片和目錄已經全部公佈。在法國國家圖書館官方網站(http://www.bnf.fr/)上,可以通過兩種途徑訪問伯希和敦煌寫卷:一個途徑是 BnF Archives et manuscrits(法國國家圖書館檔案和手稿),這是一個目錄數據庫;另一個途徑是"Gallica",這是一個圖像數據庫。在目錄數據庫中,根據法國學者編寫的5卷目錄把龐大的伯希和中文寫本目錄分爲5部分(2001—2500、2501—3000、3001—3500、3501—4000、4001—6040),在每一個卷號下可以檢索到法國學者編寫的注記文本。在圖像數據庫中,可以檢索到每一個伯希和中文寫本的高清晰度彩色照片,可以使用放大、單張、多張等方式瀏覽圖片;可以瀏覽、下載所瀏覽文書的全部注記目錄;可以僅爲個人學術研究目的而選擇剪切、下載放大的高精度文書局部圖片;也可以僅爲個人使用免費下載、列印較低精度的圖片,下載可以選擇PDF版、全文書或部分文書等方式;如果要下載、列印高精度圖片用於公開出版等商業用途,則需要遵守版權規定,按價格付費、簽訂協議。最後她表示,法國圖書館的數字化工作仍在進行中,正在努力提高網站的品質,歡迎學者們告知問題、貢獻建議。蒙曦女士的報告具體明了,對於幫助學者們特別是中國學者了解、利用法國圖書館的數字化敦煌寫本具有很強的指導性和實用性。

郭麗英教授在題爲《莫高窟幾幅壁畫的不同解讀:法華經變?尊勝經變?或其他?》的報告中梳理了近些年來國際上一些學者圍繞莫高窟第217窟等洞窟中幾幅壁畫的不同解讀意見,并提出自己的觀點和今後值得研究的新問題。她指出,以往許多中外學者均將莫高窟第217窟南壁和第23窟窟頂東坡上壁畫定名爲"法華經變"。2004年日本青年學者下野玲子提出新的觀點,她以《佛頂尊勝陀羅尼經》經序中所載佛陀波利故事和經文本身——分段編號解説第217窟壁畫畫面,認爲此窟壁畫并非以往學者所認爲的"法華經變",而是"佛頂尊勝陀羅尼經變"。下野女士的觀點甚爲國外學界接受。今年敦煌研究院研究員施萍婷女士發文質疑下野女士的觀點,重點從217窟壁畫中與佛頂尊勝陀羅尼經所載四點不符之處予以論列,認爲下野女士對此窟壁畫沒能交代清楚,覺得以波利故事即經序加入經變不當,敦煌經變中無此例,認爲此經變既非法華經變,也非佛頂尊勝陀羅尼經變,是否是另外一種還未找到的經典?郭教授認爲,事實上,由10世紀中葉歸義軍節度使曹元忠所造55窟和曹延恭、曹延禄所造454窟北壁均有題爲"佛頂尊勝陀羅尼經變"各一鋪,其平面構圖雖與217、103窟經變圖不完全一樣,但有不少細節可與217、103窟甚至23、31窟頂斜坡上的壁畫相比者,如壇前作法、屍骨昇天,特別是於高幢、高樓、高山上安置寫有陀羅尼的木板物,類似經架,但非同一物。以經序加入經變是 217、103 窟畫面的特點。《佛頂尊勝陀羅尼經》出世後,其經序和經文本身幾乎是分不開的,在早期陀羅尼經幢上經序也常與經文同刻於一幢。值得一提的是,目前所知最早的例子是公元 731 年立於河南鞏縣石窟寺之幢。據賀世哲先生研究,217 窟由陰家開鑿於唐景龍年間(707—710),因此記有 689 年的《佛頂尊勝陀羅尼經》經序能於如此短暫的時間傳到敦煌真是一件不平常之事。她認爲施女士關於 217 窟經變畫可能依據另外一種尚未找到的經典的推測是很有意思的提議。這啓發我們繼續考慮一些尚未得到解釋的問題。如果肯定 23、103 和 217 窟均爲佛頂尊勝陀羅尼經變,因爲其中有與 55、454 窟中非常類似的畫面,特別是同時表示於幢上、高樓、高山安置抄寫陀羅尼木板,這是佛頂尊勝陀羅尼經變的特點之一,而不是祇有經架問題。31 窟窟頂東坡經變似乎更複雜,此經變的細節延畫到南坡和北坡,而此二坡應以西坡法華經二佛并坐寶塔爲中心,那麼東西二坡經變畫是否有關聯? 又東坡靠北處有二婦人仰手向上,其中一人手拿一似"布偶"物,此景在佛頂尊勝陀羅尼經文似未有記載,但在 454 窟佛頂尊勝陀羅尼經變即有此畫,并有榜題"女人懷孕受持佛頂尊勝陀羅尼經"等,此文是否與佛頂尊勝陀羅儀軌實行有關? 真還有未能解釋的畫面。如此,如施女士所言,讓"我們繼續努力"吧! 郭教授對近年熱議的莫高窟有關洞窟壁畫是法華經變或佛頂尊勝陀羅尼經變問題提出新的思路,對於促進此問題深入探討無疑具有啓示意義。

　　法國高等研究實驗學院牟和諦(Costantino Moretti)的《敦煌五世紀佛教疑偽經寫本》報告了他對敦煌藏經洞出土的 5 世紀所造最有特色的兩部偽經——《淨度三昧經》、《提謂波利經》的研究。他指出,在敦煌藏經洞寫本發現之前,《淨度三昧經》卷上已見載於日本所刊《續藏經》中,此經在敦煌共有 12 個抄本,日本學者落合俊典教授在日本名古屋七寺還發現了此經卷二及卷三抄本,可見其流傳很廣。在敦煌所抄的偽經《淨度三昧經》與《提謂波利經》在早期經錄中被認定爲"真經",在敦煌發現的寫本形式跟一般藏在佛寺經藏中的真經寫本無異。在《淨度三昧經》撰述後幾個世紀之間,幾部具有影響力的經錄,如梁僧佑《出三藏記集》、隋代法經《衆經目錄》、費長房《歷代三寶紀》均把它錄爲真經。彥琮在 602 年撰的《衆經目錄》第一次將《淨度三昧經》著錄爲"偽經",指其實爲蕭子良所造的抄經。此後雖有明佺編撰的《大周刊定衆經目錄》重新把《淨度三昧經》入藏,錄爲真經,但智昇《開元釋教錄》、圓照《貞元新定釋教目錄》均將其錄爲偽經,這是此後刊定大藏經不包括《淨度三昧經》的原因。《提謂波利經》的偽性是無疑的,5 世紀所傳世的此經一開始就被高僧名人判定爲偽經。梁僧佑斷定它爲疑偽經,以後經錄編纂者均沿用此說法,無人把它收入正藏錄中。《淨度三昧經》與《提謂波利經》的主要內容極爲相似,特別教導在家信徒信持三歸五戒,"八王日"、"三齋"、"六齋"等齋日持戒行善,天神隨守伺人身邊減壽奪算,增壽益算,五官伺察人行、二十五善神守護持齋修善人,及宣揚昇天或墮地獄等善惡報應觀念。6 世紀上半葉梁寶唱的《經律異相》及 7 世紀中葉唐道世的《法苑珠林》和《諸經要集》均引用《淨度三昧經》和《提謂波利經》的部分內容,特別是三十地獄及其地獄王名字,五官伺察人行,諸天帝釋於"八王日"下人世間定人罪福,天神迎善人及地獄獄卒捉惡人等説法。總之,這兩部僞經爲一般庶民所撰寫,其豐富內容對我們了解中國中古世紀在家佛教信徒的信仰和修行有很大的幫助,同時也對考察敦煌僞經的傳播及用法具有十分重要的意義。敦煌疑僞經研究是敦煌佛教研究中的重要課題,對於中國佛教史研究具有重要意義,牟和諦的研究報告顯示了法國學者在此研究領域內基於充分掌握材料并嫻熟運用之上的獨特思考,對於促進國際敦煌學者在敦煌佛教史研究領域的深入探索和互相交流無疑具有積極作用。

6 月 14 日下午還由法國學者魏義天(Étienne de La Vaissière)主持舉行了第二場報告會,有 2 位法國學者作報告。

法國國立東方語言文化學院教授戴思博(Catherine Despeux)女士在《敦煌:東方醫學的匯流中心》中報告了她根據敦煌漢文有關醫療寫本對多個國家民族醫學與治療技術相互影響匯流的考察。她指出,敦煌歷史上曾是多種文化匯聚中心,有三十多個族群交匯其間。其中有世代居住於此的大家族,不同時期來此的民衆以及大量過路的沙漠駱駝商隊、常客和移民。如唐朝與五代時期來自印度、波斯、粟特、帕米爾及于闐、庫車、吐魯番和黑水城等地人。敦煌不僅是印度和波斯的醫學交流中心,并且也是其他中亞如吐蕃、回鶻和稍晚期的西夏等王國的醫學與治療技術交匯地。她在此報告中想考察各個國家民族醫學與治療技術是否有互相的影響。她認爲我們對這方面的認識還在初步階段。敦煌四百份唐代至五代與療法有關的資料,可能都來自寺院,它們既不代表官方醫學,亦非本地醫學。對其他來自中亞其他地區的非漢文寫本如藏文、回鶻文、西夏和吐火羅語等已作的一些研究,可幫助我們了解敦煌的醫學和此地區醫學知識的匯流。目前我們還不能完全了解各個醫術彼此滲透的程度,由表面上看似乎各自處於封閉狀態,但由敦煌寫卷中我們可探討出彼此種種不同的醫療者有互相吸收借用的情況。敦煌地區除了正統的中醫外,亦有如粟特、吐蕃及回鶻等醫師,其他也有自家祖傳的專治一特種疾病的醫療者,市場上有賣藥草和藥方的人。加上僧人和道士以宗教信仰靈驗治病,又有病人本身自找刻於岩石上的官方靈方或年鑒月曆上所寫的藥方。各個醫學的影響主要可在醫學理論、病理學和病態的診斷上找其實例。至於醫療的實踐,市場上所賣的藥方和當地本身的療方均可影響滲入,其他藥方和心理治療方法則較難以表證。敦煌地區醫學主要曾有由朝廷官方於當地設立的漢醫學院,後又有當地市場的醫藥和藥方交流買賣,在這方面粟特商人扮演了一相當重要的角色。最後其他佛教寺院,東西來往僧人和聖地朝拜人士所扮演的角色亦不可忽視。北大陳明教授的敦煌和吐魯番醫學寫本文獻研究證實中國漢傳醫學曾受印度傳統吠陀醫學的影響,這不祇在藥方上,甚至於病理學及"三體液"(風、黃和痰)理論均承繼印度。祇是漢醫上採用的名詞完全漢化,故難以一目了然。她認爲既然敦煌醫學有受印度和藏傳醫學的影響,如果我們再進一步地探討或許亦可發現其他如粟特、波斯,甚至希臘的影響。其他專家研究也已證實印度和藏傳醫學確有受古希臘影響的例證。她進一步強調這種種文化交流的重要性,并認爲此互相影響的經過途徑應比我們所可想象的來得更複雜些。敦煌所存大量有關中外醫學的珍貴資料,對於研究中醫和亞洲其他地區、民族醫學之間的關係具有極其重要的價值,但由於這一研究領域涉及多種文字、多種文化所帶來的特殊複雜性和難度,導致對其研究的匱乏和薄弱。法國學者戴思博女士利用自身的有利條件對敦煌多民族醫學及其互動和影響開展研究,對於促進國際敦煌學界對敦煌醫學領域的研究無疑具有積極意義。她主編的《中國中古世紀的醫學、宗教和社會——敦煌和吐魯番漢文寫本研究》一套三册,共 1386 頁,已由法蘭西學院漢學研究所於 2010 年出版(Médecine, *religion et société dans la Chine médiévale: étude de manuscrits chinois de Dunhuang et de Turfan*, *sous la direction de Catherine Despeux*, Paris: Collège de France, Institut des hautes études chinois, 2010),書中除 14 章節作專題研究外,還逐一介紹了出自敦煌和吐魯番的有關醫療寫卷。

法國高等研究實驗學院戴仁(Jean-Pierre Drège)教授在《中國古代漢文寫卷文本排置》中報告了他在中國書籍史的背景下對古代漢文寫卷文本排置問題的研究。他指出,直至目前爲止,中國書籍史的編寫大都局限於印本時期,而敦煌和吐魯番 5 至 10 世紀的紙寫本,以及秦漢時期遺留下來的木寫本和絲絹寫本,都有助於重塑趨於完整的書籍史。我們研究的目的并不在於完全填補以上書籍史的空白,而是着重於理解書籍與其書寫本之間的關係。我們想了解它們是如何被製作并被排置的,其中部分文本是經由何種手段來強調其突出性,以及文本是如何被讀者接受和閱讀的。我們無法忽視書籍書寫介質的主要地位,因爲同樣一個文本在一卷 7.5 cm 寬的木簡上和在一張 10 × 10 cm 大小的縫腋裝紙上的書寫空間是決然不同的。他還指出,我們意識到印刷術對書籍和書寫標準化的影響并不全面。在佛教書籍領域,祇有折本書纔擁有了可以與卷本書抗衡的影響力,并在印刷術的發展過程中將其取代。而如果說木板印刷術緩慢而深刻地改變了書籍的外形和書寫過程,這一變化并非書籍史的第一次突變,在書寫介質方面,由竹木和絲絹向紙張的重大轉移早在 8 個世紀前即已發生。以往紙寫本與竹木絲絹寫本通常是被分開研究的,因爲介於這兩種書寫介質過渡期(公元 2—5 世紀)的現存寫本和相應的書目文獻都有着不同程度的缺失。目前 13 位研究者協力推進的共同研究項目則將兩大類寫本放在一起研究,旨在建立二者之間的關聯性和歷史延續性。由於漢文與西方寫本的巨大差異,許多問題應運而生。寫本并非鐵板一成不變,它時而伴有評注,時而以章節排列,時而又冠以目錄。該如何理解各種注標、方位標、標點、插圖、圖釋的存在呢?他以"類書"文本爲例介紹了他們的研究工作。如以 P. 2526 所載的一部較早產生的類書《修文殿御覽》,S. 2072 所載的分類記載傳記軼事的《珮玉集》,在敦煌存有 11 個寫本的倫理型類書《勵忠節抄》,在 9 至 10 世紀的敦煌地區十分流行的以教育指導爲目的的私人常用類書《篡金》及其節本《略出篡金》,以問答爲基本形式的"語對"類書等爲例,具體說明各種類書抄寫的排列格式、標注方式、字體大小選擇方式等。最後他得出結論:至少在敦煌地區,由卷軸本向縫繢裝本的過渡過程并沒有對中國古代寫卷文本的排置產生重大影響。相比之下,之後由寫本過渡到印本所帶來的影響則更爲顯而易見。以往中國敦煌學者多注重敦煌寫本所抄內容的歷史文獻價值,而對敦煌寫本的文物價值重視不夠。戴仁先生本篇論文延續了他多年堅持的獨特的"書籍考古學"研究思路,無論對於中國書籍史研究還是敦煌寫本學研究都具有重要的啓示和示範意義。他所主持 13 位學者對寫本書的共同研究項目成果業已成書,現正編輯中,將由法蘭西學院漢學研究所出版。其中有戴仁教授的序論和 51 篇專題論文(Jean-Pierre Drège(éd.), *La fabrique du lisible: la mise en texte des manuscrits de la Chine ancienne et médiévale*, Paris:Collège de France, Institut des hautes études chinois)。

6 月 15 日上午本次學術會轉場到遠東學院進行,第 1 場報告會由童丕主持,有 2 位學者作學術報告。

中國敦煌研究院研究員彭金章先生的報告題爲《鮮爲人知的敦煌莫高窟北區——敦煌莫高窟北區考古發現的價值及其意義》。他介紹,莫高窟北區崖面長 700 餘米,存洞窟數百個,其中僅有 5 個洞窟被編號、記錄,其餘洞窟未被編號、記錄,幾乎成了被人遺忘的角落。爲了揭開蒙在北區洞窟的神秘面紗,徹底弄清這些洞窟的性質與功能,從 1988 年至 1995 年,敦煌研究院組織考古專業人員對北區洞窟進行了長達七八年的考古發掘,并取得了重要收穫。北區考古發現具有多方面的學術價值和重要意義：一、徹底弄清楚了莫高窟北區崖面現存洞窟數量。經此次考古發掘與研究,確知莫高窟北區崖面現存洞窟總數爲248個,其中243個洞窟爲此次新編號洞窟。二、基本搞清楚了北區洞窟的性質與功能。北區洞窟分別屬於禪窟、僧房窟、僧房窟附設禪窟、瘞窟、廩窟、禮佛窟。糾正了以往認爲北區洞窟是畫工窟和塑匠窟的不確切看法。其中僧房窟、僧房窟附設禪窟、瘞窟、廩窟爲莫高窟乃至敦煌石窟的首次發現。這一發現,不僅填補了莫高窟僧人日常起居生活、倉儲以及死後瘞埋所用洞窟的空白,而且還爲敦煌石窟增加了新的洞窟類型。三、明確了北區洞窟與南區洞窟的關係。有壁畫和彩塑的南區是禮佛窟集中分佈區域,而北區則是僧衆生前日常生活、修禪和死後瘞埋的場所,南區和北區合起來纔組成了完整的莫高窟石窟群。四、弄清楚了北區洞窟的時代,得知北區最早的洞窟開鑿於十六國時期,最晚的洞窟開鑿於元代,南區洞窟和北區洞窟的開鑿和廢止大致同步。五、出土了一批罕見的古代佛經、文書、錢幣等珍貴遺物。如《唐開元廿四年(736)後沙州檢勘丁租腳窖錢糧牒》爲敦煌藏經洞文獻和吐魯番出土文書沒有見過的新資料;元代西夏文佛經《龍樹菩薩爲禪陀迦王説法要偈》是中國國內唯一一件有押捺漢文施經愿文"僧祿廣福大師管主八施大藏經於沙州文殊舍利塔寺永遠流通供養"的西夏文大藏經;西夏文《持金牌詑二三等發愿誦讀功效文》堪稱海內外獨一無二的西夏文文獻孤本;漢文韻書《排字韻》是當今存世孤本;西夏文、漢文雙語雙解辭典《番漢合時掌中珠》填補了該典籍在中國國內的空白;西夏文《道教文獻》雖爲一殘件,但卻是目前所能看到的唯一存世的西夏文道教經典;回鶻文木活字,是唯一一經過科學的考古發掘出土的回鶻文木活字;敍利亞文《詩篇》課經殘本,當爲中國現存最古之本,亦可能爲中國現存最古之舊約經文;景教銅十字架係敦煌地區首次發現;西夏錢幣28枚,均爲鐵幣,有天盛元寶和乾祐元寶,填補了莫高窟乃至敦煌地區西夏錢幣的空白;波斯銀幣是在莫高窟乃至古敦煌郡內波斯銀幣的首次發現,從而填補了敦煌地區波斯銀幣的空白。總之,莫高窟北區洞窟的考古發掘與發現,揭示了許多鮮爲人知的內涵,填補了敦煌莫高窟乃至全國佛教石窟考古領域的某些空白。這一重大的考古新發現,對於世人全面了解莫高窟的營建史,促進敦煌學和其他學科的深入研究和更大發展,進而探索敦煌在中國、印度、希臘、伊斯蘭四大文化體系匯流中所起作用和影響,具有很高的學術價值和極其重要的意義。彭金章先生的報告不僅內容豐富精彩,幫助學者們特別是法國學者了解莫高窟北區考古發現的價值和意義,而且他抑揚頓挫、生動活潑的演講也極大地吸引了與會法國學者。

英國圖書館高奕睿(Imre Galambos)的《一名乾德年間西行漢僧的蕃漢文

書》報告了他對一件英藏敦煌文書的最新研究。他指出,斯坦因在敦煌所獲藏文文獻中有一個卷子(館藏號爲 IOL Tib J 754),是一名漢僧西行時攜帶的寫本。卷子由三種不同寫本組合,其中 A 本最長,正面有漢文《報恩經》卷三,背面是藏文密教文獻。B 本記錄幾封給僧人在河西地區路過的各佛寺僧主的藏文介紹信。C 寫本僅爲一張紙,正面有《涼州禦山感通寺修營記》,是一篇當地碑文的抄本。他認爲,因爲 C 寫本有年號的題記,而文字與 B 寫本上的藏文信函之間的漢文記錄均出於同一人之手,可以肯定卷子的年代和僧人經過河西的時間是乾德六年(968)。這正好與傳世文獻(《文獻通考》、《宋史》、《遊方記抄》等)中記錄乾德年間的求法取經活動相印證,因此這個卷子很可能是這次較大規模西行求法取經活動的遺物,從中也反映了當時河西地區漢藏文化的交流與融合。

6 月 15 日上午第二場報告會由戴思博教授主持,有 3 位學者作報告。

童丕的《曹魏時傳到敦煌的"耬犁"是否一播種機?》報告了他對"耬犁"的全新研究,對中國學術界以往認爲曹魏時傳到敦煌的"耬犁"是一種播種機的流行觀點提出了否定意見。他指出,敦煌壁畫爲中國科技史提供了極有意義的圖像佐證,如一種畜力播種機最早的 2 幅圖像就是在莫高窟第 454 窟的東壁和南壁上找到的。在這兩幅壁畫中出現了三腳耬,在南壁的圖像中耬斗畫得很清楚。應該先給畜力播種機一個精確的定義。這個工具最早的描述出現在 1313 年出版的王禎《農書》裏,被稱作"耬車"。這種工具已經達到極高的完美程度。多數的農業專家都同意,耬車的發明貢獻很大,使中國的土地很早就能餵養衆多的人口,是中國農業史上一項非常重要的發明。過去中國學術界認爲播種機始於西漢,把《魏略》中記載三國時敦煌太守皇甫隆爲當地民衆"教作耬犁"當作有關播種機傳到敦煌綠洲的最早記錄,這是很值得懷疑的。過去史學家們輕易地接受耬犁就是耬車之説。如果仔細研究耬車的歷史,就會發現耬車始於西漢的假設是無法立足的。因爲它的根據是西漢時崔寔所寫《政論》中關於"犁"、"耬"的記載。其實他所説"耬"指稱一種執行一個明確步驟之農具,在播種之後使用耬,因而無法證明耬就是後來叫做"耬車"的播種機。他還仔細研究了"耬"字的歷史,指出此字有"耙"、"耩"兩種不同涵義,"耩"古時候意謂"耕",後來表示"以耬播種",而《齊民要術》中所有提到耬耩之處皆指下種之前執行的步驟。因此可知在此書之前 3 個世紀的《魏略》中記載引進敦煌的耬犁并沒有播種機的涵義。《齊民要術》中注解的作者很可能因爲《政論》文句當中有耬字就把它當做播種用的耬車,這似乎是引起耬犁與耬車混淆的源頭。事實上,崔寔所描寫的農具祇是一種多鑱無鐴犁,以耩的方式劃出幾條壟。《政論》的文句裏沒有提到與如何播種直接有關的設備,像樓斗和樓管,而播種機的機要就在這兩部分。他最後總結道,我們試圖重構畜力播種機之演變史,這顯示了詮釋文獻的困難,尤其當引文是出於文人、大官或思想家之手,這些人就如崔寔在試圖描寫他們很陌生的農業技術時傾向於美化之,為了凸顯先人的發明精神,也可能為了激勵同代人的創新精神。他們的描寫文句因幾個世紀中語義的變化而越來越不清楚,導致在時間上出現很大的出入。事實上,崔寔所描寫的西漢時所用的犁很可能祇是發明樓車的第一步。至於敦煌太守皇普隆引進到敦煌的農業工具,要很久之後纔產生如王禎書裏所描述的樓車。因此必須重新評估敦煌當地農民從該工具所獲得的實際益處。童丕的報告不僅為中國農業史的研究提出了全新的學術觀點,有助於促進這一研究領域的發展,而且顯示出法國學者獨立自由、客觀理性的學術精神和研究思路,對中國學者具有借鑒和啓發意義。

大英博物館汪海嵐(Helen Wang)女士的《絲綢之路上紡織品作為貨幣》報告了由英國、中國、法國、美國、日本學者聯合對絲綢之路上紡織品作為貨幣研究課題的進展情況。她介紹,中國歷史很清楚地告訴我們,紡織品曾被作為貨幣。但是,紡織品作為貨幣的功能是如何發揮的呢? 根據新疆還有敦煌遺址的出土文獻可知,各類紡織品(如絲絹、麻布)被用作付款,還被作為財務協議(如契約)。大量紡織品在新疆和甘肅的考古遺址出土。2007 年,來自各國的專家小組聚集在倫敦初步探討了紡織品在絲綢之路上如何作為貨幣的問題,專家們來自歷史學、古文字學、紡織學和錢幣學等不同領域。2009 年在美國耶魯大學進行了第一次專題研討會,2010 年在中國上海、杭州舉辦了最後一次專題研討會。通過各學科專家分別進行專業研究,并試圖回答組中其他人提出的問題,各位與會者對紡織品在絲綢之路上如何作為貨幣已經有了更深的理解。所有的論文將於 2011 年底在英國皇家亞洲學會學報特刊上發表。論文作者有(按英文姓名首字排序): 荒川正晴(Arakawa Masaharu,日本大阪大學)、段晴(北京大學)、韓森(Valerie Hansen,耶魯大學)、榮新江(北京大學)、盛餘韻(Angela Sheng,加拿大麥克馬斯斯特大學)、童丕(法國東亞文明研究所)、王炳華(新疆文物考古研究所)、汪海嵐(Helen Wang,大英博物館)、王樂(東華大學)、徐暢(北京大學)、趙豐(中國絲綢博物館)。

最後一位報告者是法國吉美博物館的勞合·費日(Laure Feugère)女士,她的《法國所藏敦煌紡織品》報告了吉美博物館伯希和收集敦煌紡織品的收藏、展覽、研究等情況。她介紹,法國所藏伯希和收集敦煌紡織品很長時間內乏人研究。有關其研究成果於 1970 年第一次問世,由法國熱衷紡織品的收藏家克里希娜·里布(Khrishna Riboud)女士與里昂紡織學院教授加布里埃爾·維亞爾(Gabriel Vial)合作出版《吉美博物館和法國國家圖書館藏敦煌紡織品》（*Tissus de Touen-Houang conservés au Musée Guimet et Bibliothèque Nationale*，Paris：Adrien-Maisonneuve，1970）。直到 2010 年這批紡織品纔最終得以清理和編目，由中國絲綢博物館趙豐先生主編，上海東華大學出版（*Textiles de Dunhuang dans les collections françaises*，Shanghai：Donghua University Press，2010）。敦煌紡織品很少被展覽，祇在巴黎、羅馬舉辦過很少幾次展覽（巴黎：1976，1995；羅馬：1994），因爲這些紡織品非常脆弱，不能長期展出，必須避光保存。費日女士特別介紹了伯希和所收集敦煌紡織品的具體情況。其中有經帙，如三件精美的竹編經帙（EO.1200、EO.1208 和 EO.1209/1）風格獨特，由彩色的絲綫與竹篾絞編，在表面形成花卉紋和幾何紋。此外還有一部分紡織品製作的經帙，其中有一些反映了外來文化對中原的影響，例如薩珊風格的連珠紋。有供桌桌布，如 EO.1147 是一塊麻質供桌桌布，上繪對鳳、對獅和一個鑲嵌珠寶的香爐，周圍裝飾花邊。類似的桌布在繪畫作品中也有發現，如 MG.26462 絹畫華嚴經變中每個佛像前面都有一個覆以桌布的供桌，其上置香爐，桌布的花邊與此件非常相似。還有數量較多的幡，其中有三種情況：第一種繪以菩薩；第二種爲所謂的"錯彩"幡，通常使用對比強烈的色彩，通過顏色的重疊獲得一種類似金屬的效果，有 102 件；第三種爲銀泥幡，使用了印泥工藝，有 83 件。許多幡爲"五色幡"，象徵五方和五行。不同顏色的織物裁成大小不同的片從上到下排列組成幡身。幡頭使用的材料一般和幡身不同，幡頭斜邊常用質地結實的錦製作，上有懸絆，可懸掛在朝聖列隊手持旗桿的圓環上。還有幡帶，幡帶的製作非常講究，幡手縫在三角形幡頭底邊幡身兩側，與用來保持幡身平整的細竹幡竿位於同一高度，有時在幡的背面可見細竹幡竿，常纏有彩色絲綫，與華麗的幡身、幡帶匹配。幡身底部并排縫有三至五根幡帶（又稱幡足），底端相連并嵌入木質彩繪懸板底端的凹槽。她最後總結道，雖然伯希和收集的紡織品不如斯坦因收集的那麼精彩（當然，那些大型的幡和竹編經帙還是相當精彩的），但是它爲我們提供了更爲完整豐富的唐代紡織品實例，使我們深化了對唐代紡織品的認識。勞合・費日女士曾數十年參與吉美博物館伯希和收集品的保管、研究，她的報告對於幫助學者們了解法藏伯希和收集紡織品，具有十分重要的參考價值。

會議期間，會議主辦者還安排與會學者特別是中國學者先後考察了吉美博物館藏敦煌絹畫、絲綢、回鶻文木活字，法國國家圖書館藏敦煌漢文佛經寫卷、回鶻文、西夏文殘片等珍貴文物，使學者們有機會通過親眼目睹、親手感觸而增加了對於法藏敦煌文物的感性認識。

1983 年，曾由法國聖加・波利亞克基金會（Fondation Singer-Polignac）在

巴黎舉辦過"法中敦煌學學術報告會",時隔近 30 年後法中敦煌學者又聚首巴黎,再一次舉辦法中敦煌學學術會。與會的法國、中國及英國學者圍繞敦煌石窟考古、圖像與藝術品、佛教寫卷、西夏學與敦煌學關係、農業史、醫學史、絲路貿易史、敦煌文獻數字化研究等專題發表了新的研究成果,進行了有益的學術對話,對於促進國際敦煌學者的學術溝通與交流具有積極意義。本次學術會雖然規模不大,但法國著名敦煌學專家戴仁、童丕、郭麗英,中國著名敦煌學專家樊錦詩、彭金章和西夏學專家史金波、名物研究專家揚之水參會報告最新研究論文。這些論文涉及領域廣,水準高,觀點新,一些論文甚至具有顛覆性,勢必引起學術界的反響。總之,本次學術會可以説是一次小而精的高水準的國際敦煌學會議。

中國敦煌吐魯番學會理事會暨民族文獻學術研討會綜述

張秀清整理（西北民族大學）

2011 年 8 月 12 日至 13 日，中國敦煌吐魯番學會理事會暨民族文獻學術研討會在甘肅蘭州隆重召開。這次會議由西北民族大學主辦，中國敦煌吐魯番學會、敦煌研究院和上海古籍出版社協辦，西北民族大學海外民族文獻研究所承辦。來自北京、上海、江蘇、福建、四川、新疆、西藏以及甘肅等地的 100 餘名專家、學者參加了這次大會。

大會主題報告由中國敦煌吐魯番學會會長郝春文主持。首先，中國敦煌吐魯番學會副會長兼秘書長柴劍虹《關於西北出土的少數民族文字文獻整理的國際交流合作問題》指出：近幾年來，我國西北地方出土的少數民族文字文獻的整理研究取得了不少的進展，其顯著的標誌就是由西北民族大學、北方民族大學和國外收藏機構合作，由上海古籍出版社、中華書局分別出版了英、法、俄藏若干種藏文、西夏文文獻的圖錄本。在這種國際合作交流的過程中，有幾個問題還必須予以重視：第一，19 世紀末至 20 世紀初，中國西北地方文物的流散以及中國學者參與研究困難重重，是在一個特定的歷史時期發生的令國人和學界痛心疾首之事，即陳寅恪先生所説“中國學術之傷心史”。今天合作整理出版，應該對這段歷史有正確的認識。第二，出土文獻刊佈的目的，是爲了推進學術文化的發展。因此，我們整理出版這些文獻的圖錄本，應該盡量反映學界的新成果，尤其是在這些文獻的定名上，要更加科學、準確。對國外學者的研究成果，也應該有我們自己的判斷與評價，決不能盲從。第三，今天在少數民族文字文獻研究方面的國際交流合作，應該不滿足於搜集整理資料并加以刊佈的狀況，不僅在具體的研究課題（尤其是前沿課題）上要進行實質性的合作，而且要特別注意取長補短，利用國外的優勢，培養這方面的人才。中國人民大學沈衛榮《敦煌古藏文佛教文獻、塔波寺文書和〈禪定目炬〉研究：對新近研究成果的評述》分別評述了敦煌古藏文佛教文獻、塔波寺文書和《禪定目炬》的新近研究成果。敦煌研究院民族研究所楊富學《敦煌莫高窟 464 窟分期研究》認爲：敦煌莫高窟 464 窟原被定爲西夏窟缺乏證據。近期的考古研究材料可證，該窟的開鑿其實當在北涼，原爲禪窟，後來纔被改造爲禮佛窟。由前室通往後室的甬道二壁各有漢風菩薩二身，其中南壁右側 4 行文字講述的是五地菩薩之容貌，左側 4 行文字講述的則是四地菩薩，北壁左側 9 行文字講述的則是十地菩薩之裝飾，右側的當爲九地菩薩。藉由回鶻文題記,十地菩薩繪畫内容第一次在敦煌石窟中得到確認。通過逐字對譯,可以明顯看出,這三段回鶻文標注内容皆來自勝光法師譯回鶻文《金光明最勝王經》第四卷。故可定,三榜題皆爲勝光法師譯《金光明最勝王經》之摘抄。這一發現,結合該窟發現的回鶻文寫本與其他題記,可以證明莫高窟第464窟甬道與前室爲元代末期的回鶻窟,而後室壁畫可以確定爲元代遺墨,但早於甬道與前室之壁畫,可定爲元代早期遺存。西北民族大學海外民族文獻研究所才讓《P.T.449號〈心經〉研究》,深入研究了《心經》的藏譯本、P.T.449號寫本的題記,并將該寫本與漢譯本進行比對。

學會少數民族語言專業委員會負責人束錫紅介紹該專業委員會成立以來的工作進展情況;紡織服飾專業委員會負責人包銘新介紹該專業委員會成立以來的工作進展情況;學會副秘書長劉屹介紹學會的組織機構、集體會員(新疆吐魯番學會、龜兹學會、甘肅敦煌學會、浙江敦煌學會等)、吸納新會員的程式,以及收取會費的通知等;討論學會2012—2015年的工作計劃,聽取與會代表的建議;修訂學會章程;確定2012年理事會的召開地點和承辦單位;商討2013年召開紀念學會成立30周年的學術會議;以及2014、2015年的工作計劃重點等。

分組討論主要圍繞三個議題:文獻整理與研究;西域歷史文化研究;石窟與考古研究。

一、文獻整理與研究

關於少數民族文獻的整理與研究,府憲展《民族古文獻的整理、出版展望》研討了民族文獻的整理及出版問題;束錫紅《海外藏敦煌西域藏文文獻的多元文化内涵和史學價值》揭示了這些藏文文獻的獲取與收藏、分佈及研究整理等情況,闡述了藏文文獻的多元文化内涵和史學價值和現實意義,提出了法藏、英藏敦煌西域藏文文獻的研究出版規劃。巴桑旺堆《英藏敦煌藏文文獻考察情況》介紹了多件有學術研究價值的寫本。牛宏《英藏敦煌藏文密教文獻研究狀況述評》介紹和評價了英藏敦煌藏文密教文獻相關研究成果。敖特根 *A Brief Introduction to the Fragments of a Clear Script Manuscript of the Thar-pa Čhen-po Found in Qinghai* 一文介紹了青海發現的 Thar-pa Čhen-po 文獻。西熱桑布《〈菩日文獻〉文化價值初探》介紹了一批珍貴的西藏古籍書卷,約有80餘函,於2002年西藏聶拉木縣菩日村農田改造時出土,現收藏於西藏大學圖書館。作者認爲這批文獻大致屬於吐蕃時期,并對文獻的編目整理,及其文化價值進行了闡述。王紅梅《蒙元時期回鶻文的使用概況》論述回鶻文字作爲官方文字爲蒙古族借用,用於書寫詔誥典祀,翻譯醫學、歷史學、儒學及佛教典籍等情況。張鐵山《我國察合台文及其文獻研究》分類介紹了部分重要的察合台文文獻及其研究情況。還有學者對文書進行個案解讀,如陳踐《IOL Tib JT49 號占卜文書解讀》、扎西當知《法藏敦煌藏文文本〈菩提薩埵卜辭〉淺析》等。

關於漢文文獻的整理與研究,郝春文《敦煌寫本〈六十甲子納音〉相關問題補說》介紹了包含《六十甲子納音》各寫卷的情況,探討其抄寫和流行的時代,并附有文書釋文、説明和校記。王友奎《敦煌寫本〈咒魅經〉研究》從寫本敘録及文本比較、思想來源及文本的形成、《咒魅經》所反映的信仰世界和《咒魅經》的流通功德四個方面進行研究。趙鑫曄《〈俄藏敦煌文獻〉第 11 册佛經殘片敘録》對《俄藏敦煌文獻》第 11 册 Дх. 03601 至 Дх. 03650 中的佛經殘片進行敘録,内容包括定名、圖版頁碼、同卷寫本信息、卷面描述等,并提供《大正藏》相同内容所在頁碼。伏俊璉《敦煌書儀研究綜述》對敦煌書儀已有研究成果作了分類綜述,從書儀文書的整理、書儀的名實與源流、敦煌書儀與唐代禮俗、敦煌書儀所反映的相關史實、書儀的語言學價值等方面對書儀研究的成果作了梳理,并對敦煌書儀文書研究的前景作了展望。還有學者對文書進行個案解讀,如馬德《敦煌本 S. 2472v〈佛出家日開經發願文〉》、曾良《有關〈恪法師第一抄〉雜考》、張小艷《杏雨書屋藏〈天復八年(909)吳安君分家遺書〉校釋》、吳浩軍《〈李君修慈悲佛龕碑〉校讀劄記》等。

二、西域歷史文化研究

朱悦梅《宗教文化對吐蕃職官管理制度的影響》指出:吐蕃王朝的社會管理模式既受到贊普時期苯教及其文化心理的影響,又因全面地接觸佛教文化而受到影響,特別是佛教理念在吐蕃王朝法律條文中的運用,成爲宗教文化與世俗管理的結合的社會心理基礎。通過對藏文典籍的梳理,還可以發現佛教文化在借助苯教神靈及吐蕃本土文化贏得吐蕃社會普遍認可的同時,佛教僧人也繼承了原來苯教僧人在社會管理過程中的身份,開始在贊普王庭中擔任低級官員,獲得了象徵官僚身份的低級告身,但這些官職無不與其宗教性質相關,尚未進入社會管理層面。佛教僧人地位的提昇甚或參與王朝決策管理與重大事務,經歷了由一般僧侶到貴族身份的轉化過程,即首先通過合法的方式獲得相當規模的經濟財產,繼而爭取到祇有貴族纔能擁有的高級告身,最終成爲左右王朝社會管理與社會控制的主要力量,實現了宗教文化與世俗管理的全面結合,并爲吐蕃王朝及其後世社會制度走向政教合一奠定了文化基礎與管理制度的模式。董曉榮《蒙元時期藏傳佛教在敦煌地區的傳播》説明蒙元時期藏傳佛教在敦煌地區的傳播原因,也討論了敦煌地區出土的碑石、文獻、石窟壁畫、遊人題記等内容,試圖揭示蒙元時期藏傳佛教在敦煌地區得到延緩和發展的概況及原因。烏蘭《試述藏傳佛教對衛拉特蒙古史學文化的影響》通過對 17—19 世紀的幾篇衛拉特史學文獻的研究,探討了藏傳佛教對衛拉特蒙古史學的影響。這些影響主要表現在體例上,有三段論,印藏蒙一統説,歷史文獻繼承發揚了印度、藏、蒙古一統説,藏傳佛教傳記史學體例和紀年中"教曆"的使用。陸離《敦煌文書 P. 3885 號中記載的有關唐朝與吐蕃戰事研究》提出:敦煌文書 P. 3885 號中的《前大斗軍使將軍康太和書與□□贊普》和《前河西隴右兩節度使蓋嘉運制[開元]二十九年燕支賊下事》是兩件官方文書,係唐代佚文,記載了開元二十九年(741)吐蕃贊普赤德祖贊(khri lde gtsug brtsan)率軍進攻唐朝河西甘、涼二州以及隴右廓州等地的進軍路綫,7 至 8 世紀時期吐蕃王朝在今青海東南部、甘肅南部、四川西北部黃河上游九曲地區磨環川等地設置的軍政機構黃河軍衙(rma grom,亦稱黃河節度使)的具體情況,當時佛教在吐蕃控制地區的傳播及其對吐蕃葬俗等方面的影響,吐蕃軍隊與唐軍交戰地點,以及唐朝河西隴右節度使在大斗軍、廓州等轄區的軍事佈防,當時的唐朝河西隴右節度使蓋嘉運上任後面對吐蕃進攻採取的軍事行動等方面史實,可以與傳世史籍和敦煌吐蕃歷史文書《編年史》等的記載相互印證,它們也充分彌補了傳世史籍中有關記載的不足。楊寶玉《晚唐敦煌文士張球事迹及相關歸義軍史研究》主要根據 S. 2059《〈佛説摩利支天菩薩陀羅尼經〉序》等敦煌文書,勾勒出了晚唐著名敦煌文士張球生平的大致輪廓,并通過對其部分作品的分析,闡釋了張球所參與的某些重大歷史事件和當時敦煌各政治集團之間的關係,認爲索勳曾周旋於張淮深與張淮鼎之間,并曾有過起用淮深舊屬之舉,而淮深故吏也隨政局變幻昇降沉浮。劉再聰、陰朝霞《唐宋婚俗中女家單獨"宴客"儀節——以敦煌〈榮親客目〉文書爲中心的研究》認爲唐宋時期,在婚姻禮俗中,婦家也有隆重的單獨宴客習俗。婦家的宴客禮儀是婦女參加社會交往的重要途徑,但婦女參加社會交往則以家庭爲核心。李并成《敦煌飲食文化的若干特點論略》提煉和概括敦煌飲食文化的特點如下:包羅宏大、美味俱全,中西飲食習俗匯聚交融,多民族飲食習俗匯聚交融,僧俗飲食習俗匯聚交融,飲食與醫療衛生、保健養身有機結合,飲食與歲時文化密切結合,飲食與歌舞藝術相結合。還有如扎西才讓《敦煌藏文文獻中的瑪中和集巴城等地名新探》、索南才讓《試探吐蕃政法的主要特點——透過敦煌、吐蕃石碑等同期文獻闡述》、蘭却加《從華瑞甘丹興慶寺發愿鐘銘文看佛教正式傳入吐蕃年代》等。

三、石窟與考古研究

高啓安《莫高窟藏經洞壁畫主題淺探——兼論藏經洞性質》主要從三個方面進行論證：藏經洞壁畫內容；圖像內容；藏經洞壁畫主題。張先堂《瓜州東千佛洞第 5 窟西夏供養人初探》在多次實地調查的基礎上，對東千佛洞第 5 窟供養人進行了專門研究。沙武田《一座反映唐蕃關係的“紀念碑”式洞窟——榆林窟第 25 窟營建的動機、思想及功德主試析》通過對洞窟藏文題記的再研究，結合吐蕃在處理唐蕃關係時建寺等佛教活動的傳統，洞窟營建的歷史背景，窟內壁畫內容及其藝術特色，最終表明榆林窟第 25 窟很有可能是 776 年瓜州陷蕃後、786 年沙州陷蕃前，身爲瓜州節度使、沙州作戰前沿總指揮尚乞心兒的功德窟，或者説是與他有密切關係的洞窟，而建窟的主要目的是吐蕃人爲了“紀念”對瓜州的佔領，又是爲了通過佛教手段向瓜沙地區的漢人表示友好，因此該窟實爲一“紀念碑性”洞窟，具有很強的“秘密性”，但其建窟的模式未得到廣泛的流傳。劉永增、陳菊霞《〈慈悲道場懺法〉與莫高窟第 98窟》通過抄録和核查窟頂千佛榜題，發現第 98 窟窟頂四坡的千佛名出自《慈悲道場懺法》。參照傳世佛教懺法典籍和一些敦煌禮懺文的“啓請”儀節，認爲第 98 窟應該是一個懺法道場。趙曉星《莫高窟第 148 窟對中唐敦煌石窟的影響》從第 148 窟的諸特徵着手，闡述吐蕃時期敦煌洞窟對盛唐晚期洞窟的“繼承”。王惠民《敦煌莫高窟第 322 窟“龍年”題記試釋》討論該窟東壁門南藥師三尊像下發願文中的“龍年”紀年，由於生肖紀年法不是漢族紀年法（有學者認爲也不是粟特紀年法），而是突厥紀年法，因此推測該窟可能還具有突厥因素。楊森《敦煌〈維摩詰經變〉壁畫中天女手持毛扇式塵尾圖像研究》提出敦煌壁畫中的塵尾圖像既可增加對塵尾形象的深刻認識，又可補塵尾研究史的許多不足，因爲敦煌壁畫中的許多塵尾形態在中原少見或未見。敦煌壁畫中塵尾圖像的出現，與中原塵尾圖像正式出現的時間是相近的，尤其是天女手中所持塵尾比較獨特。陳愛峰、陳玉珍《大桃兒溝第 9 窟八十四大成就者圖像考釋》針對該處八十四大成就者圖像進行了考釋。通過與西藏江孜白居寺以及莫高窟 465 窟四壁下部的大成就者圖像對比可知，該窟圖像與莫高窟 465 窟更加接近。這反映了此類繪畫的流傳情況，爲宋元時期藏傳佛教向西傳播的一個鮮明例證。包銘新《敦煌圖像中的中國古代西北少數民族服飾》分析了敦煌圖像中的中國古代西北少數民族服飾。張延清《敦煌研究院藏拉薩下密院金馬年銅釜考》對銅釜上的銘文進行釋讀，并對銘文記載的人物進行考證，進而根據關鍵人物的事迹和銅釜藏曆紀年，推定出銅釜的準確年代。羅世平《仙人好樓居——襄陽新出相輪陶樓與中國“浮圖祠”類證》認爲,襄陽相輪陶樓是一件佛教初傳中國的塔院模型,它的功能關係到漢末三國時期在民間流行的浮圖祠,陶樓漢—印結合的形制是中國樓閣式佛塔的早期面貌。李翎《妙見菩薩尋蹤》回顧了曾經盛行的妙見菩薩信仰,其樣式及宗教功能,希望恢復其在中國佛教圖像志中的位置,并希望以此辨識出更多或被誤識的圖像。

　　此次會議促進了國内學者間的學術交流,增强了民族文獻的整理研究水準,具有重要的學術意義。

第五屆"中國中古史青年學者國際研討會"綜述
宋雪春（首都師範大學）

2011 年 8 月 27 日至 28 日，第五屆"中國中古史青年學者國際研討會"在北京首都師範大學國際文化大廈第六會議室隆重召開。本屆研討會由首都師範大學歷史學院與北京大學中國古代史研究中心共同主辦。相較於前四屆，本次研討會在安排上作了較大調整。第一，縮短會議時間，壓縮到 2 天。第二，減少報告發表數，加重評議環節。報告發表從原來的 20 多篇減少到 12 篇，中國大陸、臺灣、日本三地各推選出 4 篇報告宣讀，再採用異地原則安排 2 位評議人。第三，增加綜合討論環節，邀請 20 世紀 60 年代出生的學者對研討會進行總評并提出今後研究的設想。第四，邀請在中國中古史領域內有建樹的其他青年學者作爲聯誼代表參與研討會討論，以擴大聯誼範圍。

8 月 27 日上午 9 點，游自勇副教授主持了簡短的開幕式。首都師範大學歷史學院院長、中國敦煌吐魯番學會會長郝春文教授代表主辦方發表了熱情洋溢的開幕致辭。他對各位學者的光臨表示感謝，對本次研討會的積極意義給予高度評價，并對今後的發展提出了建設性的意見。葉煒副教授代表北京大學中國古代史研究中心對研討會的順利召開表示祝賀，并對研討會的未來努力方向提出殷切的希望。隨後，與會學者合影留念并茶歇。

9 點 40 分，研討會正式開始。第一場由臺灣輔仁大學歷史學系陳識仁副教授主持，日本九州大學福永善隆和臺灣東吳大學王安泰發表報告。福永善隆的報告《漢代的尚書與內朝》，對兩漢時期的尚書與內朝的聯繫性，漢代官僚制度結構的特性進行了詳盡的闡述。評議人李昭毅（朝陽科技大學）指出此文的最大價值在於跳脫以尚書爲內朝中心的傳統框架，試圖以統治體制和政治架構作爲分析平臺，重新思考皇帝、內朝和尚書之間的結構即動態關係。但認爲文章標題的信息涵蓋不夠全面，作者對尚書與內朝官之間差異的論述似有再商討的餘地。徐沖（復旦大學）認爲福永氏的報告沒有把眼光局限於皇帝宮廷，而是進一步擴展到丞相府和郡太守府，并從三者結構的同構與演變的同程出發，對兩漢前期制度史的研究具有較好的推動作用，同時希望作者對"皇帝府"、"丞相府"、"郡太守府"三者關係的複雜性給予更爲整合性的解釋。自由討論階段，陳侃理（北京大學）認爲相對於中央機構，作者應對地方權力機構更多着墨；孫正軍（清華大學）提出兩漢時期的"皇帝府"、"太子府"和"王公府"是否也存在同構性與同程性的關係，作者應給予一定程度的關注;吕博(武漢大學)對於漢代構建新的僚屬結構中是否出現不同等級提出疑問。

王安泰的報告《内臣與外臣之間：魏晉南北朝過渡型内臣》,對魏晉南北朝體系與國際秩序中的特殊類型——過渡型内臣進行分析,從天下秩序的角度,探討過渡型内臣出現的原因及其發展歷程,并分析過渡型内臣自身的特色與意義。評議人阿部幸信(中央大學)充分肯定了作者探討魏晉南北朝時期中原王朝與周邊諸國和民族的關係的重要性,同時提醒了作者在史料和文獻運用中的不足之處。魏斌(武漢大學)評議了作者多處頗具啓發性的觀點和看法,認爲文章中"過渡型内臣"如何界定、分類和運作,仍有再予説明的空間。自由討論階段,佐川英治(東京大學)對於"過渡型内臣"在具體外交關係中的表現提出疑問;徐沖亦對"蠻夷"與内、外臣系統的關係問題提出質疑;另有多名與會者針對"過渡型内臣"概念運用、"内臣與外臣"的界定以及文中所體現的"夷夏之别"等多個問題展開了熱烈的討論。

第二場由日本中央大學文學部教授阿部幸信主持,臺灣大學黄旨彦和中國社會科學院歷史所淩文超發表報告。黄旨彦的報告《湯沐之資：漢晉南北朝公主的經濟基礎》,藉由探討漢晉南北朝公主的經濟基礎,重新檢視女性財産史的研究,并對女性政治與財富之間的關係提出新的觀點和看法。評議人張榮强(北京師範大學)認爲黄氏的寫作巧妙、視角新穎且立意深刻,同時指出傳世文獻與出土資料的缺乏和零散對本文的論述不可避免地帶來困擾,文章對部分史料的理解疏誤亦需引起注意。永田拓治(阪南大學)讚揚了作者對史料的精細把握和文章的豐富内涵,希冀作者對於公主財産與皇權的强弱關係給予充分闡釋。自由討論階段,户川貴行(九州大學)指出北朝公主制度是皇帝制度的一環,與南朝的公主制度不同,作者應該加以區别對待;另外"和親公主"這一特殊群體的財産取得和分配也需要給予關注。吴羽(武漢大學)提出公主宅第中私奴婢的存在與否有待新的證據證明。

淩文超的報告《走馬樓吴簡庫錢帳簿體系復原整理與研究》,以揭剥圖、清理號等考古學整理信息爲首要依據,結合簡牘形制、筆迹、簡文格式和内容等簡牘遺存信息,將吴簡採集庫錢簡視作獨立的材料進行文書學復原整理,辨析單個帳簿簡册所含的簡牘,關注簿書的原始狀態和内部聯繫。評議人安部聰一郎(金澤大學)肯定了淩文豐富而精彩的内容,認爲庫錢帳簿的分析應與州中倉和三州倉的體系進行比較,同時指出竹簡本身的殘留信息也值得關注。劉欣寧(中研院史語所)指出文章充分利用出土位置及簡牘形制等信息來復原簡册的原始存在形態,具有十分重要的意義,但對簡册的收卷順序和標題簡的運用提出異議,同時指出日本文書學的研究方法對此項研究具有較强的借鑒意義。

第三場由中國社會科學院歷史所副研究員雷聞主持,武漢大學姜望來和復旦大學孫英剛發表報告。本場集中於對中古時期"讖緯"與政治的關係探討。姜望來的報告《論"四七之期必盡"》,分析了"四七之期必盡"的含義與形成背景,探討其與佛道二教的關係,推論其對北齊局勢的影響,進而揭示在高氏統治時期佛道相爭背景下謠讖與北朝後期政治進程的關係。評議人蔡宗憲(中興大學)認爲姜氏想象力奔放,論文具有較開闊的格局,同時指出"四七"的背景由來和深刻意解有待深入研究,而且"四七之期必盡"的直接事證不多,論證中的部分推斷存在可再商榷的餘地。稻住哲朗(九州大學)指出姜氏基於當時國家和社會的考察而提出不少深具啓發意義的卓見,但認爲文中李公緒是否具有道教徒的身份、讖語中貶低佛教的意味等方面仍有重新檢討的必要。自由討論階段,主持人雷聞建議作者要釐清道教和方術的關係,并指出每位學者在運用有較多指向性的關鍵史料時都需謹慎;陳于柱(天水師範學院)亦對作者文中有關道教部分的論證提出質疑,并補充了一些材料;另有與會者提出北齊政權內部的政治鬥爭、與北周的緊張關係等因素都有可能對這種謠讖起到推波助瀾的作用。

孫英剛的報告《讖緯、音律、祥瑞——〈樂緯〉與中古政治》,以《樂緯》的論述爲中心,探討中古時期讖緯、音律、祥瑞與政治的關係,前兩節以樂舞爲中心探討音樂與政治的關係,後一節以災祥的變化來論述政治形勢的變遷。評議人張文昌(東海大學)讚揚了作者廣宏的視野和敏銳的觀察力,指出作者在闡發《樂緯》對政治示警者的身份與階層方面仍需再加筆墨。戶川貴行(九州大學)在肯定文章具有重要的開拓意義的同時,對隋唐時期的音樂劃分提出疑問。自由討論階段,游自勇(首都師範大學)提示作者應該注意對《册府元龜》資料的應用,另外對於《唐會要》的材料需要仔細甄別。

第四場由北京大學歷史學系副教授葉煒主持,首都師範大學顧江龍、臺灣大學吳修安、臺灣大學林楓珏發表報告。顧江龍的報告《晉武帝的封建與立儲》洋洋灑灑 5 萬多字,是本次提交報告中最長的一篇。作者圍繞晉武帝時期"分封與立儲"的論題展開探討,對晉武帝執政後期的政治傾向和發展演變進行了闡述。評議人小尾孝夫(東北大學)充分肯定了作者對於史料的謹慎考證和運用,指出作者對西晉初期政治史研究提出的嶄新觀點意義重大,但對重新發現西晉初期政治史的歷史特質的關鍵點提出質疑。黃玫茵(元智大學)認爲文章史料詳盡,考證綿密,并對文章的整體建構提出有益的感想。黃氏還指出作者對於郡縣、封建的取捨等問題有待進一步探討。自由討論階段,仇鹿鳴(復旦大學)指出"必建五等"反映了晉武帝的儒家思想傾向,并認爲"必建五等"是政治形勢所趨,而非單純的復古行爲。

吳修安的報告《梁末唐初的南川土豪酋帥——從政區演變考察其分佈與發展》,以梁唐之際江西政區演變爲綫索,考察了南川豪族的分佈與發展。評議人劉屹(首都師範大學)認爲作者從區域空間分佈的角度分析南朝後期地方豪强與中央政府的關係,是一項具有開拓性的論題,同時指出作者對於"分佈和發展"的界定不夠明確。北村一仁(龍谷大學)指出作者具有踏實的考研能力和獨立的觀察視角,認爲加入嶺南、淮南等地區的綜合研究,將更有利於了解各個地區的政治背景和狀况。自由討論階段,小尾孝夫指出作者在論述的過程中應將歷史、地理與政治制度相結合;魏斌指出南川豪族的分佈與水道的關係重大,提醒作者應予注意;董大學(首都師範大學)對於作者題目中的"梁末唐初"的表達方式提出質疑,并指出了文中輔公祐(應爲"祏")等的書寫錯誤;曾成(武漢大學)提出有關土豪酋帥崛起的時代特色和體現的問題,并與作者進行了探討。

林楓珏的報告《從三個面向探討中、晚唐基層行政的變化》,探討中唐到晚唐基層行政組織的變化,試圖理解當時的政府通過何種方式來重新掌握基層社會。評議人松下憲一(北海道大學)認爲作者以廣泛豐富的史料爲基礎,對中晚唐基層行政組織的變化作了詳細探討,但對文中村保、村長等不同組織與政府的關係提出不同看法。游自勇指出林氏從村、里胥和藩鎮押衙系統三個方面來審視唐王朝對基層行政系統的重建是文章的創新之處和貢獻所在,但認爲作者對於三者關係應作闡述,對唐後期職官胥吏化的問題應予考慮和重視,并建議作者對於"基層行政"的概念應作説明。自由討論階段,馮培紅(蘭州大學)指出作者對於押衙系統的理解存在偏差;侯旭東(清華大學)針對"鄉村社會"的含義等問題與作者進行了探討;石英(武漢大學)以《新唐書·韓滉傳》爲例,建議作者應對新、舊《唐書》中的史料記載差別給予關注。

第五場是日本學者專場,由北海道大學大學院文學研究科助教松下憲一主持,明治大學會田大輔、昭津工業高等專門學校平田陽一郎和大阪市立大學室山留美子發表報告。會田大輔的報告《西魏、北周、隋的對南朝意識——從對南朝表達的變化來看》,以文獻及石刻史料中北魏政權對南朝用詞的表達,來分析西魏、北周、隋代對南朝意識的變遷。評議人雷聞認爲會田報告的視角新穎,史料豐富。王萬雋(臺灣大學)對作者的立論和觀點給予正面評價。兩位評議人均建議作者應釐清"正統性"和"華夷觀"的概念,對不同史料的運用亦應更爲審慎。自由討論階段,陳識仁(輔仁大學)提示作者應注意不同場合下的文字表達差異;林楓珏(臺灣大學)建議作者應對這種變化的歷史背景和原因給予準確説明;孫正軍指出作者在關注西魏、北周、隋對南朝意識的同時,最好與南朝政權對北朝的意識進行對比分析;宋雪春(首都師範大學)提出文章中"對南朝意識"的界定應該在題目中有準確的體現。

平田陽一郎的報告《西魏、北周二十四軍與"府兵制"》,從三個方面論述了西魏、北周二十四軍與"府兵制"的關係,對史學界一直以來爭論頗多的"府兵制"問題給予新的闡釋。葉煒指出此文是一篇内容充實、富於啓發性的佳作,同時對府兵與鄉兵的關係、部落兵的傳統等問題提出疑問。林靜薇(中正大學)首先肯定此文是充分利用出土史料所作的集中考察,意義重大,同時建議作者應將二十四軍的内容變化等問題更爲清晰化。自由討論階段,李昭毅指出承平時期與戰亂時期的軍制是有差别的,作者應對承平時期的軍制特色有所披露,并對野戰軍與二十四軍的關係提出疑問;顧江龍(首都師範大學)提示作者應多注意西魏、北周時期的户籍材料。

室山留美子的報告《試論北魏墓誌史料的特性》,以墓誌製作的時期與當時的政治背景作爲綫索,推測墓誌資料的局限性,探討了這種局限性所轉換的可能信息,并用這種信息來探索當時社會某個方面的狀況等問題。評議人陳識仁認爲作者從宏觀的觀察和微觀的舉證兩個方面來探討北魏後期墓誌史料的政治背景,具有重要的開拓意義,同時對文章闡述的"贈"與"追贈"之關係、"異刻"的原因等問題提出不同見解。聶溦萌(北京大學)指出作者從墓誌製作的大背景來考量墓誌史料的特性,對更深刻地了解墓誌和當時社會的關係具有重大的推進作用,同時對墓誌原文和形狀的關係等問題提出疑問,認爲作者在全面利用和理解墓誌方面還有很大的空間可供發揮。自由討論階段,徐沖對於墓誌學和墓誌史料學的關係進行了補充説明,并指出日常政治對墓誌文化的影響不可忽視;陳昊(中國人民大學)認爲由於墓誌本身所體現的複雜性,如何在寫作中恰當地運用墓誌材料應引起學者的廣泛關注。

在進行了 2 天 12 場的報告和評議、討論之後,本次研討會進入綜合討論環節,由首都師範大學歷史學院劉屹教授主持。首先邀請東京大學文學部準教授佐川英治先生發表《中國中古都城史研究的方法及意義》的報告,這是佐川先生近幾年帶領團隊正在進行的一項研究工作,他認爲在中古史研究領域中,關於都城史的研究還有進一步發展的餘地,多部文學作品中的"都城"題材,都可作爲中國中古史研究領域的重要課題。此論題引起陳識仁、雷聞等多位學者的關注和探討。接着,首都師範大學歷史學院張金龍教授對本次研討會進行總評。他肯定了每篇報告都對所論議題作了很好的開掘和闡釋,大大推進了對相關歷史問題的認識;諸位評議人的點評切中肯綮,與報告相得益彰,有助於對各議題的理解和深化。張金龍教授針對本次研討會提出了三個問題,分別是"關於新概念、新術語的使用問題"、"如何看待前人的研究成果問題"、"關於史料的理解和詮釋問題",并結合自己的研究成果作了闡發,對青年才俊能夠作出遠超前人的巨大成績給予了殷切期待,這都給與會者留下深刻的印象。最後發言的是清華大學歷史系侯旭東教授,他從近代的斷裂和轉折説起,對中國古代史研究中遇到的一些理論問題提出了自己的看法,比如我們現在經常使用的一些詞彙、概念是近代纔開始出現,應作詞源上的梳理,不能不加選擇地使用;再如大陸學界近代普遍接受進化論和綫性歷史觀,不經嚴密論證即形成一些影響至深的基本論斷,這都給現在的中國古代史研究造成困擾等。三位教授的發言引起了許多人的共鳴,大家繼續就一些感興趣的理論問題進行了討論,會場氣氛十分熱烈。

最後,研討會在游自勇副教授的主持下舉行了簡短的閉幕式,阿部幸信、李昭毅、徐沖分別代表日本、中國臺灣、大陸三方發表會後感言,對主辦方的出色工作表示感謝,表達了將三地學術交流常態化的願望,并表示要積極推動聯誼會會刊的及時出版。李昭毅先生還建議在以後的會議中能擴大地域範圍,邀請香港、歐美的學者參加,這得到了與會學者的認同,期待在下一屆的研討會上能看到其他地域學者的身影。

本屆研討會歷時 2 天,雖然在報告總數上有了很大削減,但會議的強度絲毫未減,原定每次報告的時間是 50 分鐘,由於討論熱烈,每次都超時很多,顯示了青年學者思維的活躍性和交流的積極性。從與會學者的反映來看,本次研討會提交的報告都是建立在扎實的史料基礎之上,整體品質較以往不斷提高,12 篇報告涉及中國漢魏南北朝隋唐時期的政治、經濟、制度、思想文化等多個方面,尤以漢魏南北朝時期的制度史所佔比重爲大,顯示舊有的選題格局沒有出現重大變化。但從報告的問題意識來看,已在悄然發生轉向。比如黃旨彥對公主經濟基礎的研究,看似傳統的經濟史,但要探討的其實是女性史的問題;顧江龍之前從《晉書·地理志》考察西晉的爵制,由此延伸出來,對晉武帝分封與立儲這個老問題作出新解,其中可見田餘慶先生的治史風格;室山留美子總結其近年來對於北魏墓誌的研究路徑,考察墓誌作爲"史料"所具有的特性,這是日本學界近年來"史料批評"思路的展現,具有方法論的意義。這些都説明青年學者在接續傳統的基礎上又具有創新的能力。三地學者對彼此的研究課題和路徑都能找到共通之處,展開對話和討論,這與研討會開辦至今所創造的這個平臺密不可分,相信隨着本系列研討會在國際上的影響越來越大,不同地域學者之間的交流與溝通也會越來越順暢。

《英國國家圖書館藏敦煌遺書》(第 1—10 冊)出版

陳大爲(上海師範大學)

　　由上海師範大學與英國國家圖書館共同編纂,上海師範大學哲學院教授方廣錩、英國圖書館中文部主任吳芳思(Frances Wood)主編的大型圖錄《英國國家圖書館藏敦煌遺書》第一批 10 冊已由廣西師範大學出版社於 2011 年 9 月出版。全書約 100—120 冊,將在今後幾年陸續出齊。

　　本書收錄範圍爲英國國家圖書館所藏、編於 OR. 8210 號下的全部敦煌遺書,係斯坦因於 1907 年、1914 年第二次、第三次中亞探險時從敦煌攫取,約佔藏經洞遺書總量的三分之一。斯坦因到敦煌時,藏經洞還沒有遭受大規模的擾動,而斯坦因又是第一個大批得到敦煌遺書的人。所以,英國的這批敦煌遺書是最早大批量、一次性逸出藏經洞的敦煌遺書,保存了藏經洞開啓之初的大量信息,不但具有數量多、品質高、文獻種類豐富等特點,不少遺書還附有當年斯坦因的原始現場記錄。對研究藏經洞內敦煌遺書的原狀、藏經洞敦煌遺書的性質,以及藏經洞的封閉原因等問題具有特殊的價值。

　　對英國收藏的 14000 多號敦煌遺書,20 世紀 50 年代以來,該國曾發行過前 7599 號的縮微膠卷。90 年代以來,中國敦煌吐魯番學會、中國社會科學院歷史研究所與英方合作,編輯《英藏敦煌文獻(漢文佛經以外部分)》(全 15 冊),由四川人民出版社出版。該圖錄收入遺書大約佔總數的 10%。此次是第二次在中國出版英國的敦煌遺書圖錄,計劃是將 OR. 8210 號下的遺書全部出版。目前,俄國藏敦煌遺書、法國藏漢文敦煌遺書已經出版,中國國家圖書館藏敦煌遺書出版工作即將完成。《英國國家圖書館藏敦煌遺書》全部出齊以後,全世界敦煌遺書的主體部分將完全公之於世,這是敦煌研究資料整理工作的一項重大成果,對推進敦煌學的發展具有重大意義,無疑將成爲敦煌學界一個具有里程碑意義的重大事件。

　　由於敦煌遺書包含大量研究中國中古史的珍貴文獻,因此,本書的出版,還將爲中國中古史諸多領域的研究,特別是歷史、考古、宗教、藝術、語言、文學、民族、地理、哲學、科技、音樂、舞蹈、建築、古籍校勘、中西交通等提供諸多的新鮮資料,將推動這些領域研究的迅猛發展。

　　值得一提的是,本書除了完整、清晰的圖版影印之外,還配有蜚聲海内外的敦煌學研究者方廣錩教授經實地實卷精心調研後撰寫的條記目錄,共 1200

萬字,其中對每份文書的名稱、卷本、索書號、長度、高度、行數、外觀、首題、尾題、勘記、印章、卷面二次加工情況、近現代人所加内容等作了詳細的記錄及説明,從文物、文獻、文字三個方面盡可能完整地著録其研究信息,極具參考價值。

《唐後期五代宋初敦煌寺院財產管理研究》評介

徐秀玲（江西省博物館）

　　唐宋之際敦煌地區的寺院經濟，作爲唐宋時期寺院經濟的重要組成部分，自 20 世紀 40 年代以來開始受到學界的關注。國內外學者關於敦煌寺院經濟的研究，專著主要有（法）謝和耐《中國 5—10 世紀的寺院經濟》（耿昇譯，蘭州：甘肅人民出版社，1987 年），姜伯勤《唐五代敦煌寺戶制度》（北京：中華書局，1987 年；中國人民大學出版社，2011 年增訂再版），郝春文《唐後期五代宋初敦煌僧尼的社會生活》（北京：中國社會科學出版社，1998 年），（法）童丕《敦煌的借貸：中國中古時代的物質生活與社會》（余欣譯，北京：中華書局，2003 年），以及羅彤華《唐代民間借貸之研究》（臺灣：商務印書館有限公司，2005 年）等。這些論著主要從敦煌寺院寺戶制度的變遷、僧尼的社會生活、寺院的借貸等方面對敦煌教團經濟進行了研究。但明成滿《唐後期五代宋初敦煌寺院財產管理研究》（以下簡稱"明著"）一書另闢蹊徑，從財產管理的角度對敦煌寺院經濟進行了專題研究。該著已由臺灣蘭臺出版社 2011 年 4 月出版，全書約 18 萬字。由緒論、正文、結論、參考文獻等部分組成。

　　明著正文部分共分爲五章。第一章《敦煌寺院經濟文書概論》對敦煌出土文書中的契、牒、曆、書、帳、憑、簿、諮、籍、狀等 20 多種和寺院經濟有關的文書的屬性進行了分析和探討。第二章《敦煌寺院的財產管理人員和管理機構》對敦煌的寺院財產管理人員和管理機構的職權進行了梳理。在第三章《敦煌寺院的財產管理方式》中，作者對敦煌寺院財產管理方式中鮮有人研究的算會和點檢進行了探討。在第四章《敦煌寺院財產管理中體現的會計和審計思想》中，作者運用現代會計學和審計學的相關知識對敦煌寺院經濟文書體現的會計思想和審計思想進行了研究。第五章《敦煌寺院管理的特點和弊端》，作者就敦煌寺院財產管理的民主性特點、原因以及弊端等問題發表了獨到的見解。通讀是書，掩卷細思，筆者以爲明著有如下幾個特點：

　　其一，作者成功勾畫了敦煌寺院財產狀況的原貌。明著將敦煌寺院經濟文書進行了系統的爬梳，將其與傳世典籍中的記載相互印證。在此基礎上，作者清晰地說明了敦煌寺院經濟文書的屬性、財產管理人員、管理機構、財產管理方式，以及財產管理過程中體現的現代會計思想、審計思想和民主思想等，再現了晚唐五代宋初敦煌寺院財產管理的全貌。對敦煌寺院的管理人員，作者從都司僧官如都僧統、都司直轄機構僧官如僧錄、寺院僧官如寺主以及各寺和各機構的普通僧職人員等四個層面研究其 20 多種管理人員。由此作者得出結論,敦煌佛教教團從最高僧官都僧統到普通僧眾,都廣泛參與經濟管理,顯示了整個教團上下的僧職人員都爲經濟而奔忙不息的畫面,并形成了一個全方位、多層次、嚴密的經濟管理網絡,對寺院經濟實行有效的管理。在組織機構方面,作者從教團最高權利機構都司、都司的直轄機構如行像司、各個佛教寺院以及各寺的下屬機構如招提司等四個層面研究其 20 多種管理機構,在一定程度上説明唐宋之際的敦煌寺院財產管理機構眾多,各司其職,同時也承擔着頗多的社會功能:興辦寺學、救災濟貧、興修水利等。這些資料涉及方方面面,極其繁瑣,作者對這些資料的搜羅事無巨細,其細心和耐心程度讓人佩服。

其二,研究視角獨特,創新明顯。學術研究離不開創新,創新是學術的靈魂。明著最引人注目之處亦是創新。作者對敦煌寺院經濟文書中的文書技術、敦煌寺院的財產管理的算會和點檢、敦煌寺院經濟文書中體現的會計和審計思想、敦煌寺院財產管理的民主特點及其形成原因等,都給出了自己獨到的見解。如在文書技術方面,明著研究了敦煌寺院經濟文書中的注文、勾和畫押等文書符號,指出注文在敦煌寺院經濟文書中的使用很靈活,補充了經濟文書格式固定性的不足,是古代記帳制度完善的一個標誌。在寺院財產管理的方式上,從時間、周期、對象、參加者和機構等角度探討了敦煌寺院的算會和點檢這兩種財產管理方式。在民主特點上,作者對尚未有人研究的敦煌寺院經濟管理的民主性特點,從普通僧眾參加寺院的經濟管理、寺院經濟的集體管理、僧官的任免須經僧眾同意和教團內利益訴求機制暢通等層面研究了寺院民主經濟管理的表現。其中,對民主特點形成的原因,作者除從佛教教義、敦煌寺院僧眾日常事務的重點、敦煌教團的整體性等方面進行論述外,還重點提出了敦煌土地的寺院地主集體佔有制是其民主性特點形成的重要經濟原因。

對前人已有的研究,作者也時常能在證據比較充分的情況下提出不同的看法,或者對前人的研究作了補充,將其往前推進一步。如唐耕耦先生認爲P. 2856 文書是一件"某寺納草曆",作者通過梳理姜伯勤、謝重光等人的研究得出新的結論,認爲這件文書反映了常住百姓向都司繳納粗草,而不是向寺院繳納粗草(第 62—63 頁)。又如姜伯勤先生在《唐五代敦煌寺户制度》中認爲敦煌寺院經濟文書中的"廚田"一詞不單是指敦煌寺院中供養僧侶生活的土地,而是寺院地產的總稱(第 150 頁),但沒有説明具體的理由。明著對此作了詳細的説明,認爲在會昌滅佛的威懾之下,敦煌寺院將其所屬土地都稱爲"廚田",是爲了在保護寺院常住財產的旗號下使其地產獲得保護。

　　其三,有助於學者加深對敦煌佛教世俗化的了解,相關研究并可補傳世文獻記載之不足。長期以來,由於受到佛教《經》《戒》規範及佛學大師論著的影響,大部分學者祇是按照《經》《戒》規範的標準來描摹敦煌佛教,取其合乎《經》《戒》規範者,棄其不合《經》《戒》規範者,塑造出一個合經合範的理想型敦煌佛教。而這種按照佛教《經》《戒》標準塑造出來的理想型敦煌佛教,去實甚遠,并未能揭示敦煌佛教的真實面目①。敦煌的佛教作爲入世合俗的佛教,和日常生活聯繫緊密。自中晚唐起,世俗佛教成爲佛教的主流。在世俗佛教形成與發展的過程中,中晚唐乃是一個承上啓下的重要時期,是值得佛教史研究者,特別是世俗佛教研究者格外關注的時段②。近些年來,學者對敦煌佛教世俗化的研究多從僧尼擁有私產、僧掛俗籍或僧俗混籍、僧人服兵役、寺院釀酒、僧尼飲酒等方面入手,而明著以翔實的史料從一個較新穎的角度刻畫了世俗化的敦煌佛教,有助於我們對敦煌佛教世俗化以及敦煌佛教原貌的了解。除此以外,敦煌教團經濟管理的狀況引發人們思考:當時全國其他地區佛教寺院的經濟管理是一個怎樣的狀況? 同樣由於傳世文獻資料的缺乏,我們不得而知。敦煌寺院的經濟管理狀況能不能反映全國其他地區佛教寺院的經濟管理狀況? 關於這一點,楊際平先生指出,出土文獻和傳世文獻有很强的互補性,研究社會經濟史必須傳世文獻與出土文書相結合,兩條腿走路。出土文獻雖然帶有一定地區的特殊性,但是普遍性和特殊性是相對的,普遍性寓於特殊性之中,透過敦煌吐魯番地區的特殊性,我們能看出其反映全國一般情況的普遍性的一面③。基於此,我們有理由認爲明著中唐五代時期敦煌寺院的財產管理狀況是當時全國其他地區佛教寺院的一個縮影,在一定程度上反映着唐宋之際寺院經濟發展的狀態,可補傳世典籍中記載寺院經濟情況的不足。

　　其四,體現了新時期敦煌學研究的新趨勢。敦煌佛教文獻佔了敦煌文獻的90%以上,這些資料涉及敦煌佛教的各個側面。但是在很長的一段時間裏,學界對敦煌文獻的重點多集中在文書的校勘或政治、軍事、土地、賦稅、户籍、藝術等方面。雖然近年來敦煌學界的研究方向有了一些變化,敦煌佛教研究開始受到重視,并且也召開了幾次關於敦煌佛教文化或學術的研討會,如1995年的"敦煌佛教文化研討會",2002年的"中日敦煌佛教學術會議",2006年的"敦煌佛教與禪宗學術討論會",2007年的"敦煌佛教的世俗化——理論與實踐國際學術研討會"等。而明著對敦煌寺院財產狀況的研究,在一定程

---

① 李正宇《敦煌佛教研究的得與失》,劉進寶主編《百年敦煌學:歷史・現狀・趨勢》,蘭州:甘肅人民出版社,2009年,第415頁。

② 黃正建《中晚唐社會與政治研究》,北京:中國社會科學出版社,2006年,第576—577頁。

③ 楊際平《對敦煌學研究的回顧與展望》,《社會科學戰線》2009年9期。

度上體現了新時期敦煌學重視佛教研究的發展趨勢。明著系統地運用敦煌寺院經濟文書對唐五代時期寺院財産的管理情況進行了總體的研究,在一定程度上彌補了敦煌佛教文獻研究的薄弱環節,對敦煌寺院經濟文書進行了整體性研究。明著注重交叉學科的研究,亦體現了新時期敦煌學的要求。現在有學者主張敦煌學要注重進行多學科的交叉研究,并提出敦煌學的多學科交叉研究應注意以下幾個方面:一些文書包含了分屬不同學科的内容,要利用這些文書進行學科交叉研究;要利用不同學科的理論和方法研究敦煌文書,例如用經濟學的理論和方法分析敦煌文獻中的經濟史料等①。筆者認爲明著對敦煌寺院財産管理的研究即體現了這一點,作者對敦煌寺院財産管理的研究不是就敦煌文書而論敦煌文書,而是採用了敦煌學、隋唐史、經濟史等多學科的方法來研究敦煌寺院的財産管理,體現最明顯的是第四章,作者利用了現代會計學和審計學理論來説明敦煌寺院經濟文書所體現的會計和審計思想。

以上是筆者對明著特點的歸納,當然,明著也存在着不足。其一,排版校對不仔細。電腦排版時"乾"字一律排成了"干"字,但作者校對時沒有發現這一失誤。P.3578 文書"樑户史泛(氾)三沿寺諸處使用油曆"之"泛"字,應是"氾"字(第 134 頁)。S.526《歸義軍曹氏時期武威郡夫人陰氏致某和尚書》中的"武威郡"作者録文爲"威武郡","阿郎"録爲"阿朗"(第 35 頁)②。其二,作者對有些文書的定性不太準確。如上揭文提到的 S.526 文書,此文書從内容看,非寺院經濟文書。與此有同樣情況的還有記載敦煌僧尼户籍簿册的牌子曆、度牒、戒牒、告身、讚、記等,筆者以爲,它們雖然和寺院有關,但不是經濟文書。又如 S.5495 納物曆,作者將其歸入"支出類的曆"。納物曆是樑户等依附階層向寺院繳納物品的詳細記録。歸義軍時期,寺院的樑户承包了寺院的碾磑,向寺院交納樑課③。很顯然,這是"收入類的曆"。其三,對有些問題的研究還有待進一步深入。如作者提出敦煌土地的寺院地主集體佔有是敦煌寺院財産管理體現民主性特點的重要經濟原因,但是在明著的行文中,并未結合具體的敦煌文獻對這一觀點作進一步探討。如果作者能聯繫敦煌的地主土地所有制經濟對敦煌寺院財産管理的民主性特點進行研究,具體闡釋它們之間的契合點,這樣作者結論的得出就很自然了。

總體來説,明著是一部比較優秀的著作,它對於我們了解唐五代時期佛教寺院經濟狀況敦煌佛教世俗化、民間化,印證佛教教義以及唐宋時期佛教的變革,對於推動新時期敦煌學相關領域的研究都有重要的價值。

---

① 郝春文《交叉學科研究——敦煌學新的增長點》,《中國史研究》2009 年 3 期。
② 中國社會科學院歷史研究所等《英藏敦煌文獻》第 2 册,成都:四川人民出版社,1990 年,第 5 頁。
③ 姜伯勤《唐五代敦煌寺户制度》,北京:中華書局,1987 年,第 246—268 頁。

《英藏敦煌社會歷史文獻釋錄》讀書班側記

宋雪春（首都師範大學）

郝春文老師主持的"英藏敦煌社會歷史文獻整理與研究"榮列爲 2010 年度國家社科基金重大招標項目。爲推動項目的順利進行，2011 年伊始，郝老師圍繞該課題主持開辦了"英藏敦煌社會歷史文獻釋錄"的讀書班，由來自首都不同高校、科研機構的學者及博碩士研究生積極參與其中。近一年來，讀書班每周日定期舉行一次，採取課下悉心準備、課上集中討論的方法，爲《英藏敦煌社會歷史文獻釋錄》工作的順利進行摸索和積累了行之有效的經驗，具有重要的意義和價值。

一、《英藏敦煌社會歷史文獻釋錄》
具有統一嚴密的體例

"英藏敦煌社會歷史文獻的整理與研究"系統校錄英國國家圖書館收藏的敦煌社會歷史文獻，其最終成果《英藏敦煌社會歷史文獻釋錄》將成爲全面整理敦煌社會歷史文獻的第一期工程。《英藏敦煌社會歷史文獻釋錄》不僅爲敦煌學研究者提供了全面的研究資料，亦可爲以後全面開展《敦煌社會歷史文獻釋錄》工作摸索經驗和提供範例，因此具有重要的開拓價值和意義。在其開展過程中具有統一嚴密的體例和嚴格要求。

首先，徹底調查前人的校錄成果和相關學術信息，重要的校本和整理本一定要參照。研究者在釋錄之前要仔細甄選和徹查校本，選擇有校勘價值的校本進行比對和錄校。值得注意的是，并非祇有完整的寫本利用價值纔大，殘缺的寫本同樣具有校勘價值。同時全面吸收和利用學術界整理研究敦煌文獻的優秀成果，盡量消滅以往錄文中的錯校和漏校等問題。其次，反覆核對圖版，尤其要利用互聯網上公佈的更爲清晰的 IDP 圖版。核對圖版是釋錄敦煌文書的重要步驟，也是敦煌學學者進行研究的前提。由於 IDP 圖版爲彩色圖版，可以使文書上的朱書文字、朱色印章、朱筆校改以及圖版模糊不清的問題得到較爲有效的解決，在釋錄過程中要對其充分利用。與此同時，研究者要對文書的釋文反覆核查，力求精益求精。再次，認真撰寫説明文字。每件文書一般包括文書的標題、文書的釋文、説明、校記和參考文獻等幾個部分，釋文後的説明部分十分重要，可以將讀者引領到該文書的學術前沿。因此説明不僅要點明寫本的首起尾訖，指明正背面的内容及殘缺情況，而且包括對其進行定名、定性和定年的考釋。所以研究者在撰寫説明時力求做到言簡意賅,最大限度地向讀者提供該文書所包含的學術信息。

二、讀書班取得諸多有益的收穫

敦煌文獻的整理和釋録是爲讀者更有效地利用敦煌文獻掃除障礙,而品質較高的敦煌文獻釋録本將爲敦煌學以及歷史學的研究提供便利。敦煌文書與甲骨文、簡牘帛書、出土檔案等屬於同一類型,很多文書具有獨特的個性,而與刻本書存在極大的差別。敦煌文書很多屬於時人的筆記和抄本,由於個人理解、抄録等方面的因素造成了很多錯訛之處。英藏敦煌社會歷史文獻釋録工作對上述問題的處理極爲重視。讀書班在解決此類問題等方面亦取得了諸多有益的收穫。

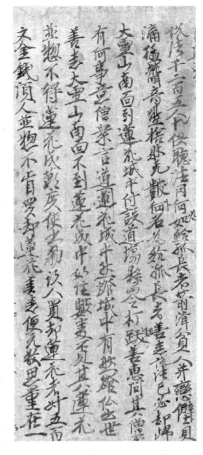

S. 3050 背《善惠和尚因緣》

（一）正確區分文書中的俗體字、異體字、河西方音字等是讀書班面臨的重大挑戰。由於敦煌文獻中的俗體字、異體字保存甚多,還有不少使用河西方音,釋讀這些文字一方面需要查閱大量的工具書,另一方面更需要長期工作經驗的積累。有時在一件文書中即可發現多處的俗體、異體以及方音字,如左圖 S. 3050 背《善惠和尚因緣》右起第一、二行文字:“給孤長者箭濟貧人,并戀僻貝漏,猛聾音啞,捨財无數”句中,

“箭”爲“接”之方音訛字,“戀僻貝漏”當爲“攣躄背僂”,“戀僻”是“攣躄”的形訛字,“貝漏”爲“背僂”的通假字;“猛聾音啞”當爲“盲聾喑啞”,“猛”是“盲”的方音訛字,“音”則爲“喑”的通假字。除此之外,S. 3702《文樣》中“有乖踈輕（親）,幸願相揚,共成法樂”句,“輕”爲“親”的方音訛字,“疏親”較“疏輕”使文義更爲清晰易懂;另 S. 3050 背《善惠和尚因緣》中“善惠便無敬（盡）思量,在一流水邊而坐,心中便是思惟者之事”句,“無敬思量”頗難理解,“敬”當爲“盡”之方音訛字,“無盡思量”將善惠和尚的惆悵與無奈表現得淋漓盡致。在區分俗、異字的過程中還應注意詞語古今意義的差異。如“奉禄”即俸禄,《史記·平津侯主父列傳》的記載可以證明:“弘位在三公,奉禄甚多”。“早世”即現代通行的“早逝”之義,如《續高僧傳·釋僧若》載:“少而俊

警長益廉退,經律通明不永早世"。類似的例子還有"眼精"、"者個"、"條教"等,"眼精"即眼球、眼睛,"者個"即古語"這個";"條教"的意爲"法規、法令",因與現在的説法差距較大,往往被誤當作"調教"。

(二)結合上下文準確辨析和更正書寫者的筆誤字是讀書班的一項常規工作。例如 S.5553《三元九宫行年等占法抄》有:"男女行年至六害,此歲富起人力會,宜修表啓覓身名,三月四月微(徵)災怪"。圖版中的"微"即書寫者因筆誤而導致的錯誤,需要在釋録的過程中給予更正。又如同文書的"德重齒尊"句,圖版顯示書寫者是將"年"字塗抹,并在其右側作一新字,因此將其釋爲"齒",從語義上來講,"齒"是最爲接近正確語義并與圖版中筆畫相契合的。由上可見,在對敦煌文書進行釋録的過程中,如果不從語義上進行推敲,則很容易出現錯誤。

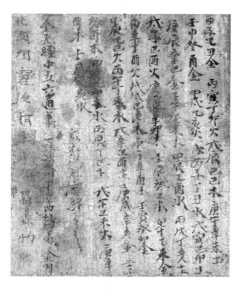

S.1815 背二《經疏標題與雜字》

(三)洞悉手寫寫本的抄寫和塗改的特徵是讀書班取得的重要經驗。古時人們一般按照從右至左的順序豎排書寫,但敦煌文書中有特例的存在,如右圖圖版所示的左起第二、三行文字,即 S.1815 背二《經疏標題及雜字》中"《金光經》中立六通義,《百法論》中立四緣義,《金剛般若波羅蜜經》云云"句,書寫者因空間不足,將"般若波羅蜜經云云"諸字轉入右邊抄寫,抄寫在"金光經中立六通義,百法論中立四緣義,金剛"右側的空白處。如果研究者未能正確意識到手寫寫本的這種特性,將會造成釋文内容和理解上的錯誤。另外,書寫者或校改者在更正錯字的時候,并非全字塗改并規範書寫,有的會衹塗改偏旁,有的則直接在錯字上面改寫。如 S.3702《文樣(請僧講經文、設難問疑致語)》中"故得宣揚講暢,獎詃群迷"句,其中"詃"字是書寫者將"該"字右側偏旁塗抹,衹保留"言"字旁,并在行間補"玄"字,因此學者多將其迻録爲"玄",或誤釋爲其他字。此外還有直接在錯字上面塗改的,如 S.3702 背《雜緣喻因由記》中"婆羅門到于家,家人必死"句,圖版中的"家"字下是書寫者在錯筆畫上直接添改的重文符號,衹有仔細辨認并通讀語句纔能將其識出。

(四)在準確識認行草文字方面,讀書班取得一定的成績。S.3702 背《雜緣喻因由記》是行草書寫,較難辨識。其中"有一婆羅門遊行,將䊫糖蜜果子種種於路上吃"句,以往學者針對此件文書所作的釋文中,或將"種種"二字釋作"和□",或直接未録,讀書班利用《書法大字典》等工具書作爲輔助,結合行草文字以及佛經中此類表達的常見搭配規律,將其釋作"種種",是頗爲合理的。又如 S.3702《文樣》中:"仰惟梁僧政等和尚,并洞曉五乘,精閑八藏,開《華嚴經》、《大雲經》、《起世經》。"其中"開《花嚴經》、《大雲經》、《起世經》"爲校改者以草書添加,以往學者對其辨識祇停留在"大雲經"三個字,"華嚴經"和"起世經"的準確識認有效地填補了其中的釋文空白(如下圖自右第一、二行文字所示)。

S.3702《文樣》

(五)將文獻整理與學術研究相結合是讀書班的終極目標。郝老師指出:"從寫本本身的留存信息來發掘其文獻價值和意義,是爲進行敦煌寫本歷史學考證的基礎和前提。對個體性很强的敦煌寫本而言,即使是同一内容的文本,由於抄寫目的的差異,其性質和用途也可能判然有别。"遺憾的是,目前學術界在對敦煌文獻的文本本身所透露信息的發掘并未給予足夠的重視。郝老師率先垂範,在對 S.1815 背一《六十甲子納音抄》進行考釋的過程中,發現目前所見的十幾件《六十甲子納音》寫本具有不同的性質和用途,可分爲正式的文本、非獨立的正式文本、隨手抄寫、興趣所致的隨意抄寫等四種類型;《六十甲子納音》不僅是占卜專業人員的基礎知識,還是與人們生活息息相關的曆日的基礎知識,同時也是古代盛行的陰陽五行學説的基礎知識,因而成爲當時人們的一般知識和生活常識。當時人們抄寫這類文字的目的是多元的,這也是敦煌文獻中保存《六十甲子納音》數量較多的原因所在。郝老師通過對《六十甲子納音》進行重新整理和考察,發現和糾正了以往學界對此類文書的錯誤論斷,使人們對相關占卜文書的種類和用途有更加深入的了解和正確的認識。郝老師的身體力行給讀書班對敦煌文獻的整理與研究工作提供了成功的範例。

三、讀書班的重要意義

雖然讀書班中對每件文書進行整理所取得的成績是具體的,但積少成多,方能聚沙成塔。實踐證明,讀書班對於開展英藏敦煌社會歷史文獻釋録工作無疑具有重要的推動作用。由於專業和水平的限制,研究者僅憑一己之力,難以做到盡善盡美,因此造成識字和斷句的諸多疏忽和錯誤。讀書班的開展,避免了個人釋録的局限性,使釋文質量得到較大的提高;而對初學者來説,讀書班使其增加了對不同寫本形態和内容的認識,開闊了學術視野,并逐漸摸索出更加有益的學習和研究方法。

郝老師常説:"對於出土文獻的整理來説,細節決定成敗,看似簡單的識字、斷句,以及對文書的定性、定年等工作,卻與嚴謹的治學態度息息相關。能否嚴格按照體例整理好一件具體的文書,既可衡量一個人的學術水平,也可看出一個人的治學態度。"郝老師通過讀書班對每件文書的整理,以小見大,將實例與理論相聯繫,對學生進行治學方法的教導和啓迪,并將教書與育人相結合,使學生在增長知識的過程中更多地增加了做人的智慧。

《詩經》有云:"靡不有初,鮮克有終。"對敦煌文獻的整理、釋録是一項十分艱苦的創造性勞動,因此要求研究者在整理和釋録過程中要十分認真和仔細,時刻保持如臨深淵、如履薄冰的謹慎態度,以確保此項工作能夠順利和高效地開展。同時,隨着讀書班的繼續開辦,將有更多的有志於敦煌學研究的優秀學者參與其中,對"英藏敦煌社會歷史文獻整理與研究"重大項目的推進作出更多更大的貢獻。

1994 年敦煌學研究論著目録

么振華（蘭州大學）　董大學（首都師範大學）

　　1994 年中國大陸地區共出版敦煌學專著 21 部,公開發表論文 370 餘篇。現將本年度敦煌學研究論著目録編製如下,其編排次序爲：一、專著部分；二、論文部分,論文分爲概説、歷史地理、社會、宗教、語言文字、文學、藝術、考古與文物保護、少數民族歷史語言、古籍、科技、學術動態與紀念文、其他等十三個專題。

一、專　　著

《英藏敦煌文獻（漢文佛經以外部分）》第 9、10、11 卷,成都：四川人民出版社,1994 年 9 月。

《法國國家圖書館藏敦煌西域文獻》第 2、3 卷,上海古籍出版社,1994 年 12 月。

《俄羅斯科學院東方研究所聖彼得堡分所藏敦煌文獻》第 5 卷,上海古籍出版社,1994 年 10 月。

常書鴻《九十春秋——敦煌學五十年》,杭州：浙江大學出版社,1994 年 4 月。

李最雄《李最雄石窟保護論文集》,蘭州：甘肅民族出版社,1994 年 8 月。

王永興《唐代前期西北軍事研究》,北京：中國社會科學出版社,1994 年 12 月。

蔣禮鴻《敦煌文獻語言詞典》,杭州大學出版社,1994 年 9 月。

閆國權等主編《敦煌宗教文化》,北京：新華出版社,1994 年 8 月。

閆國權、張克炘《歷史文化名城敦煌》,北京：新華出版社,1994 年 8 月。

王進玉《敦煌石窟探秘》,成都：四川教育出版社,1994 年 8 月。

敦煌研究院、江蘇美術出版社編《敦煌石窟藝術·莫高窟第九窟、第一二窟（晚唐）》,南京：江蘇美術出版社,1994 年 9 月。

敦煌研究院、江蘇美術出版社編《敦煌石窟藝術·莫高窟第二九〇窟（北周）》,南京：江蘇美術出版社,1994 年 10 月。

敦煌研究院、江蘇美術出版社編《敦煌石窟藝術·莫高窟第一五四窟附第二三一窟（中唐）》,南京：江蘇美術出版社,1994 年 10 月。

胡同慶、羅華慶《敦煌學入門》,蘭州：甘肅人民出版社,1994 年 7 月。

段文傑《敦煌書法庫》第 1 輯,蘭州：甘肅人民美術出版社,1994 年 1 月。

《敦煌寫卷書法精選》,合肥：安徽美術出版社,1994 年 12 月。

沃興華《敦煌書法藝術》,上海人民出版社,1994 年 12 月。

李愛民、王雲普《日漢敦煌學詞彙》,北京：中共中央黨校出版社,1994 年 4 月。

（法）伯希和著,耿昇譯《卡爾梅克史評注》,北京：中華書局,1994 年 5 月。

姜伯勤《敦煌吐魯番文書與絲綢之路》,北京：文物出版社,1994 年 2 月。

林聰明《談敦煌文書的抄寫問題》,《紀念陳寅恪先生百年誕辰學術論文集》,南昌：江西教育出版社,1994 年 8 月。

二、論　文

（一）概説

傅振倫《敦煌莫高窟學術編年》(上),《文物春秋》1994 年 1 期。

傅振倫《敦煌莫高窟學術編年》(下),《文物春秋》1994 年 2 期。

趙吉惠《敦煌藏經洞發現之謎》,《書城》1994 年 10 期。

伏俊璉《敦煌遺書》,《中國典籍與文化》1994 年 4 期。

黃權才《中國圖書館史上獨特的敦煌藏書》,《圖書館界》1994 年 2 期。

齊陳駿《敦煌學與古代西部文化》,《敦煌學輯刊》1994 年 1 期。

施萍婷《日本公私收藏敦煌遺書敘錄(二)》,《敦煌研究》1994 年 3 期。

殷光明《敦煌市博物館藏敦煌遺書目錄補錄》,《敦煌研究》1994 年 3 期。

羅志歡《國外所藏中國古籍概觀(上)》,《中國典籍與文化》1994 年 1 期。

羅志歡《國外所藏中國古籍概觀(下)》,《中國典籍與文化》1994 年 2 期。

馬德《敦煌文書題記資料零拾》,《敦煌研究》1994 年 3 期。

黃征《敦煌願文散校》,《敦煌研究》1994 年 3 期。

（日）杉森久英、藤枝晃、上山大峻著,施萍婷譯《有關大谷探險隊的答問》,《敦煌研究》1994 年 4 期。

王冀青《英國圖書館藏“舍里夫文書”來源蠡測》,《敦煌學輯刊》1994 年 1 期。

（俄）鄂登堡著,楊自福譯《鄂登堡來華考察日記摘譯》,《敦煌學輯刊》1994 年 1 期。

（美）J. O. 布里特著,楊富學、李吉和譯《普林斯頓收藏的敦煌寫本殘卷》,《敦煌學輯刊》1994 年 1 期。

陳國燦《對赤井南明堂藏二敦煌寫卷的鑒定》,《敦煌學輯刊》1994 年 2 期。

鄧文寬《敦煌吐魯番文獻重文符號釋讀舉隅》,《文獻》1991 年 1 期。

鄭炳林、馮培紅《讀〈中國古代寫本識語集錄〉劄記》,《西北史地》1994 年 4 期。

胡同慶、周維平《敦煌學發展階段述論》,《社科縱橫》1994 年 3 期。

羅靈山《題跋三論》,《益陽師專學報》1994 年 2 期。

(日)池田溫著,李德範譯,孫曉林校《〈中國古代寫本識語集録〉解説(上)》,《北京圖書館館刊》1994 年 3 期。

武承明《列强在華的三次文化劫掠》,《中學歷史教學參考》1994 年 11 期。

史樹青《敦煌遺書概述》,《中國圖書論集》,北京:商務印書館,1994 年 8 月。

王重民《敦煌文物被盗記》,《中國圖書論集》,北京:商務印書館,1994 年 8 月。

(二) 歷史地理

王永興《敦煌吐魯番出土唐官府文書縫背縫表記事押署鈐印問題初探》,《文史》1994 年 40 輯。

榮新江《于闐王國與瓜沙曹氏》,《敦煌研究》1994 年 2 期。

趙和平《敦煌寫本伯 2481 號性質初探》,《文獻》1994 年 4 期。

馬德《張淮興敦煌史事探幽》,《敦煌學輯刊》1994 年 2 期。

王惠民《一條曹議金稱"大王"的新資料》,《北京圖書館館刊》1994 年 3 期。

孫修身《唐朝傑出外交活動家王玄策史迹研究》,《敦煌研究》1994 年 3 期。

鄭炳林《〈索勛紀德碑〉研究》,《敦煌學輯刊》1994 年 2 期。

劉進寶《試談歸義軍時期敦煌縣鄉的建置》,《敦煌研究》1994 年 3 期。

王永曾《試論唐代敦煌的鄉里》,《敦煌學輯刊》1994 年 1 期。

劉進寶《關於吐蕃統治經營河西地區的若干問題》,《中國邊疆史地研究》1994 年 1 期。

馬子海、徐麗《吐蕃統治下的河西走廊》,《西北師範大學學報》1994 年 5 期。

楊銘《一件有關敦煌陷蕃時間的藏文文書——兼及 S. 1438 背〈書儀〉》,《敦煌研究》1994 年 3 期。

孫修身《試論甘州回鶻和北宋王朝的交通》,《敦煌研究》1994 年 4 期。

宋曉梅《麴氏高昌張氏之婚姻》,《中國史研究》1994 年 2 期。

李德龍《敦煌遺書 S.8444 號研究——兼論唐末回鶻與唐的朝貢貿易》,《中央民族大學學報》1994 年 3 期。

顏廷亮《〈沙州百姓一萬人上回鶻天可汗狀〉新校并序》,《蘭州教育學院學報》1994 年 1 期。

陸慶夫《思結請糧文書與思結歸唐史事考》,《敦煌研究》1994 年 4 期。

龔元建《五涼護軍考述》,《敦煌學輯刊》1994 年 4 期。

顏廷亮《敦煌學者劉昞述論》,《甘肅社會科學》1994 年 3 期。

党新玲《五代敦煌粟特人醫家史再盈》,《甘肅中醫學院學報》1994 年 3 期。

王堯《從兩件敦煌吐魯番文書來談洪巧的事迹——P. T. 999、P. T. 1201 卷子譯解》,《選堂文史論苑》,上海古籍出版社,1994 年。

王永興《讀敦煌吐魯番文書劄記》,《北京大學學報》1994 年 1 期。

張尚謙、張萍《敦煌古代戶籍殘卷研究》,《雲南教育學院學報》1994 年 6 期。

樓勁《漢唐對絲路上一般中外交往的管理》,《敦煌學輯刊》1994 年 1 期。

余太山《西涼、北涼與西域關係述考》,《西北史地》1994 年 3 期。

齊陳駿《有關遺產繼承的幾件敦煌遺書》,《敦煌學輯刊》1994 年 2 期。

姜洪源《敦煌契約文書的簽押手續》,《浙江檔案》1994 年 5 期。

李正宇《論敦煌古塞城》,《敦煌研究》1994 年 1 期。

鄭炳林《唐五代敦煌新開道考》,《敦煌學輯刊》1994 年 1 期。

李并成《河西走廊中部漢長城遺迹考》,《敦煌學輯刊》1994 年 1 期。

李并成《瓜沙二州間一塊消失了的綠洲》,《敦煌研究》1994 年 3 期。

李正宇《陽關區域古迹新探》,《敦煌研究》1994 年 4 期。

楊希義、唐莉芸《唐代絲綢之路東段長安至敦煌間的館驛》,《敦煌研究》1994 年 4 期。

王宗維《五船道與伊吾路》,《西域研究》1994 年 4 期。

賈俊霞《明清時期的敦煌》,《史學集刊》1994 年 1 期。

張玉強《漢簡文書傳遞制度述論》,《人文雜誌》1994 年 5 期。

李文實《西陲地名的語言考察》,《中國歷史地理論叢》1994 年 1 期。

趙評春《西漢玉門關、縣及其長城建置時序考》,《中國歷史地理論叢》1994 年 2 期。

杜思平、李永平《考古所見河西走廊西部的農業發展》,《西北史地》1994 年 1 期。

唐曉軍《漢簡所見關傳與過所的關係》,《西北史地》1994 年 3 期。

黎人忠《裴岑紀功碑》,《四川文物》1995 年 5 期。

李并成《歷史上的三處玉門關》,《絲綢之路》1994 年 2 期。

(三) 社會

寧可、郝春文《敦煌寫本社邑文書述略》,《首都師範大學學報》1994 年 4 期。

譚蟬雪《西域鼠國及鼠神摭談》,《敦煌研究》1994 年 2 期。

楊森《"婆姨"與"優婆姨"稱謂芻議》,《敦煌研究》1994 年 3 期。

李重申、田鶴鳴、李金梅、馬德福《敦煌馬毬史料探析》,《敦煌研究》1994 年 4 期。

梁全錄、梁娟《敦煌古代體育史畫錄》,《體育文史》1994 年 2 期。

鄭炳林、高偉《唐五代敦煌釀酒業初探》,《西北史地》1994 年 1 期。

鄭炳林、董念清《唐五代敦煌私營釀酒業初探》,《社科縱橫》1994 年 4 期。

李德龍《敦煌遺書〈茶酒論〉中的茶酒爭勝》,《農業考古》1994 年 2 期。

陳青、黃雪松《莫高窟壁畫中的敦煌武術》,《絲綢之路》1994 年 2 期。

陳青《異葩奇放——談敦煌武術的歷史文化背景》,《中華武術》1994 年 1 期。

安國強《古代敦煌的祈賽風俗》,《絲綢之路》1994 年 5 期。

王仲純《從敦煌服飾管窺唐代文化》,《社科縱橫》1994 年 4 期。

謝生保《敦煌壁畫中的唐代"胡風"——之一〈胡樂胡舞〉》,《社科縱橫》1994
    年 4 期。

李金梅、李重申、馬德福《敦煌〈碁經〉考析》,《社科縱橫》1994 年 5 期。

史成禮《敦煌"性文化"初探》,《中國優生與遺傳雜誌》1994 年 4 期。

黃正建《唐朝人住房面積小考》,《陝西師範大學學報》1994 年 3 期。

馬瑞俊《我國古籍中有關鳴沙現象的記述》,《中國沙漠》1994 年 1 期。

(韓) 金金南《同心結風俗考辨》,《東南文化》1994 年 5 期。

黃正建《從衣食住行看唐代文化的過渡性》,《華夏文化》1994 年 3 期。

安國強《唐代馬球熱》,《絲綢之路》1994 年 2 期。

朱大渭《中古漢人由跪坐到垂腳高坐》,《中國史研究》1994 年 4 期。

(四) 宗教

張學榮、何靜珍《論涼州佛教及沮渠蒙遜的崇佛尊儒》,《敦煌研究》1994 年
    2 期。

陸慶夫《五涼佛教及其東傳》,《敦煌學輯刊》1994 年 1 期。

方廣錩、許培鈴《敦煌遺書中的〈維摩詰所説經〉及其注疏》,《敦煌研究》1994
    年 4 期。

(丹麥)索仁森著,李吉和譯《敦煌漢文禪籍特徵概觀》,《敦煌研究》1994 年
    1 期。

榮新江、鄧文寬《有關敦博本禪籍的幾個問題》,《敦煌學輯刊》1994 年 1 期。

伍先林《慧能思想探析》,《宗教學研究》1994 年 4 期。

張子開《永嘉玄覺及其〈證道歌〉考辨》,《宗教學研究》1994 年 Z1 期。

呂建福《千鉢文殊的產生及其影響》,《五臺山研究》1994 年 3 期。

(日)岩本裕著,劉永增譯《梵語〈法華經〉及其研究》,《敦煌研究》1994 年
    4 期。

黃明信、東主才讓《敦煌藏文寫卷〈大乘無量壽宗要經〉及其漢文本之研究》,
    《中國藏學》1994 年 2 期。

陳澤奎《試論唐人寫經題記的原始著作權意義》,《敦煌研究》1994 年 3 期。

施萍婷《法照與敦煌文學》,《社科縱橫》1994 年 4 期。

譚世寶《敦煌寫卷 S. 1344(2)號中所謂鳩摩羅什法師〈通勛〉之研究》,《中國文化》1994 年 10 期。

鄭汝中《敦煌寫經集萃》(節選一),《書法世界》1994 年 2 期。

鄭汝中《敦煌寫經集萃》(節選二),《書法世界》1994 年 3 期。

姜伯勤《〈本際經〉與敦煌道教》,《敦煌研究》1994 年 3 期。

丁培仁《山田俊編〈稿本《昇玄經》〉——兼談〈昇玄內教經〉》,《宗教學研究》1994 年 1 期。

王書慶《敦煌寺廟"號頭文"略說》,《社科縱橫》1994 年 4 期。

(五) 語言文字

錢伯泉《"敦煌"和"莫高窟"音義考析》,《敦煌研究》1994 年 1 期。

鄧文寬《英藏敦煌本〈六祖壇經〉通借字芻議》,《敦煌研究》1994 年 1 期。

江泛舟《敦煌韻文辨正舉隅》,《敦煌研究》1994 年 2 期。

張涌泉《試論審辨敦煌寫本俗字的方法》,《敦煌研究》1994 年 2 期。

吳福祥《敦煌變文的人稱代詞"自己""自家"》,《古漢語研究》1994 年 4 期。

劉子瑜《敦煌變文中的選擇疑問句式》,《古漢語研究》1994 年 4 期。

劉子瑜《敦煌變文中的三種動補式》,《湖北大學學報》1994 年 3 期。

馮淑儀《〈敦煌變文集〉和〈祖堂集〉的形容詞、副詞詞尾》,《語文研究》1994 年 1 期。

黃征《敦煌俗語詞輯釋》,《語言研究》1994 年 1 期。

宋春陽《析〈敦煌變文集〉中的"與"字》,《綏化師專學報》1994 年 1 期。

段觀宋《〈敦煌歌辭總編〉校議》,《湘潭大學學報》1994 年 3 期。

潘重規《敦煌寫本六祖壇經中的"獦獠"》,《中國文化》1994 年 1 期。

鄧文寬《敦煌文獻中的"去"字》,《中國文化》1994 年 1 期。

王新華《敦煌變文中量詞使用的幾個特例》,《中國語文》1994 年 4 期。

曹廣順《說助詞"個"》,《古漢語研究》1994 年 4 期。

關童《"艷曳"解詁》,《古漢語研究》1994 年 4 期。

曾良《古漢語詞語瑣記》,《南昌大學學報》1994 年 3 期。

黃征《魏晉南北朝俗語詞輯釋》,《杭州大學學報》1994 年 3 期。

姚良柱《詩詞關係探微》,《新疆社科論壇》1994 年 2—3 期。

張涌泉《說"根"》,《研究生論叢》,成都:四川大學出版社,1994 年。

(六) 文學

瞿林東《史學與大眾文化》,《史學史研究》1994 年 2 期。

張先堂《敦煌文學與周邊民族文學、域外文學關係述論》,《敦煌研究》1994 年 1 期。

李明偉《唐代文學的嬗變與絲綢之路的影響》,《敦煌研究》1994 年 3 期。

王小盾《敦煌文學與唐代講唱藝術》,《中國社會科學》1994 年 3 期。

陳海濤《敦煌變文新論》,《敦煌研究》1994 年 1 期。

陳海濤《敦煌變文與唐代俗文學的關係》,《社科縱橫》1994 年 4 期。

(俄)孟列夫著,楊富學譯《敦煌文獻所見變文與變相之關係》,《社科縱橫》
　　1994 年 1 期。

鄭炳林《敦煌本〈張淮深變文〉研究》,《西北民族研究》1994 年 1 期。

朱雷《〈李陵變文〉、〈張義潮變文〉、〈破魔變〉諸篇辨疑——讀〈敦煌變文集〉
　　劄記(四)》,《魏晉南北朝隋唐史資料》13 輯,武漢大學出版社,1994 年
　　5 月。

顏廷亮《〈大目乾連冥間救母變文并圖一卷并序〉的一個未見著録的節抄卷》,
　　《社科縱橫》1994 年 4 期。

郝蘇民《西蒙古民間故事〈騎黑牛的少年傳〉與敦煌變文抄卷〈孔子項託相問
　　書〉及其藏文寫卷》,《西北民族研究》1994 年 1 期。

李潤强《〈降魔變文〉、〈破魔變文〉與〈西遊記〉——談敦煌變文和古代神話小
　　説的淵源關係》,《社科縱橫》1994 年 4 期。

伏俊璉《敦煌唐寫本〈西京賦〉殘卷校詁》,《敦煌研究》1994 年 1 期。

伏俊璉《敦煌本〈醜婦賦〉的審美價值和文化意蘊》,《社科縱橫》1994 年 1 期。

伏俊璉《敦煌遺文〈秦將賦〉及其產生流傳的原因》,《社科縱橫》1994 年 4 期。

伏俊璉《敦煌賦校補》,《文教資料》1994 年 3 期。

伏俊璉《敦煌賦校補(四)》,《西北民族學院學報》1994 年 2 期。

伏俊璉《〈天地陰陽交歡大樂賦〉校補》,《古漢語研究》1994 年 4 期。

張錫厚《敦煌本〈甘棠集〉与劉業生年新證》,《中國文化》1994 年 10 期。

汪泛舟《敦煌僧詩補論》,《敦煌研究》1994 年 3 期。

楊青《詩僧王梵志的通俗詩》,《敦煌研究》1994 年 3 期。

李正宇《〈敦煌十字圖詩〉解讀》,《社科縱橫》1994 年 4 期。

汪泛舟《敦煌〈九相觀詩〉地域時代及其他》,《社科縱橫》1994 年 4 期。

譚蟬雪《敦煌婚嫁詩詞》,《社科縱橫》1994 年 4 期。

張先堂《敦煌詩歌劄記二則——敦煌文學叢劄之一》,《社科縱橫》1994 年
　　4 期。

徐俊《敦煌伯 3619 唐詩寫卷校録平議》,《社科縱橫》1994 年 5 期。

李宇林《王梵志詩用典特色初探》,《社科縱橫》1994 年 4 期。

李宇林《王梵志詩用典特色初探》,《天水師專學報》1994 年 1、2 期。

(日)山口博《梵志体の日本文学への影響—万業集歌人山上憶良の例—》,

《日語學習與研究》1994 年 1 期。

徐俊《敦煌學郎詩作者問題考略》,《文獻》1994 年 2 期。

勁草《〈敦煌文學概論〉證誤糾謬》,《敦煌學輯刊》1994 年 1 期。

邵文實《敦煌俗文學作品中的駢儷文風》,《敦煌學輯刊》1994 年 2 期。

徐湘霖《敦煌偈贊文學的歌辭特徵及其流變》,《四川師範大學學報》1994 年
    3 期。

顏廷亮《敦煌金山國史的文學三部曲》,《絲綢之路》1994 年 1 期。

張尚元《從兩首敦煌曲子詞談起》,《文史雜誌》1994 年 6 期。

程伯安《慷慨悲壯,一往情深——敦煌曲子詞〈破陣子〉賞析》,《寫作》1994 年
    9 期。

顏廷亮《〈龍泉神劍歌〉新校并序》,《甘肅社會科學》1994 年 4 期。

陳毓羆《〈大唐太宗入冥記〉校補》,《文學遺產》1994 年 1 期。

王晶波《晉唐隴右小説》,《中國典籍與文化》1994 年 4 期。

（七）藝術

段文傑《絲綢之路上的瑰寶——敦煌藝術》(講演提綱),《敦煌研究》1994 年
    1 期。

趙聲良《中國傳統藝術的兩大系統》,《新疆藝術》1994 年 6 期。

胡同慶《甘肅石窟藝術概況》,《敦煌研究》1994 年 3 期。

黎薔《西域文學藝術的戲劇化》,《敦煌研究》1994 年 1 期。

王鈫《印度造型藝術的外來因素問題》,《敦煌學輯刊》1994 年 2 期。

王惠民《肅北五個廟石窟內容總錄》,《敦煌研究》1994 年 1 期。

趙聲良《安西榆林窟》,《文史知識》1994 年 2 期。

趙聲良《清新雋永　恬淡細膩——肅北五個廟石窟藝術》,《敦煌研究》1994
    年 1 期。

趙聲良《炳靈寺早期藝術風格》,《佛學研究》1994 年 3 期。

陳海濤、劉惠琴《炳靈寺石窟及其三個重要階段》,《西北史地》1994 年 4 期。

（日）上原和著,蔡偉堂譯《犍陀羅彌勒菩薩像的幾個問題》,《敦煌研究》1994
    年 3 期。

（日）中野照男著,劉永增譯《克孜爾石窟故事畫的形式及年代》,《美術研究》
    1994 年 3 期。

金申《關於釋迦的苦行像》,《美術史研究》1994 年 3 期。

賀世哲《關於敦煌莫高窟的三世佛與三佛造像》,《敦煌研究》1994 年 2 期。

王惠民《敦煌千手千眼觀音像》,《敦煌學輯刊》1994 年 1 期。

彭金章《莫高窟第 14 窟十一面觀音經變》,《敦煌研究》1994 年 2 期。

王惠民《關於〈天請問經〉和天請問經變的幾個問題》,《敦煌研究》1994 年 4 期。

彭金章《莫高窟第 76 窟十一面八臂觀音考》,《敦煌研究》1994 年 3 期。

王進玉《敦煌北魏廣陽王佛像繡》,《絲綢之路》1994 年 3 期。

謝生保《敦煌壁畫與〈西遊記〉創作》,《敦煌學輯刊》1994 年 1 期。

趙青蘭《莫高窟吐蕃時期洞窟龕内屏風畫研究》,《敦煌研究》1994 年 3 期。

邰惠莉《敦煌遺書中的白描畫簡介》,《社科縱横》1994 年 4 期。

文卒《西夏供養菩薩壁畫》,《文史知識》1994 年 1 期。

王惠民《安西東千佛洞内容總録》,《敦煌研究》1994 年 1 期。

莊壯《拓寬敦煌音樂研究的路子》,《敦煌研究》1994 年 2 期。

王曼力《"千古絶唱,功不可没"——記〈敦煌古樂〉舞臺前後……》,《舞蹈》
  1994 年 6 期。

彭根發《獨闢蹊徑,詩歌舞交相輝映——〈敦煌樂舞〉、歌舞劇〈阿萊巴郎〉、花
  兒劇〈牡丹月里來〉述評》,《音樂天地》1994 年 9 期。

錢伯泉《龜兹琵琶譜研究》,《新疆藝術》1994 年 4 期。

李蒲《隋樂"水調"——泛龍舟(游江樂)之試填》,《音樂探索》1994 年 3 期。

金建民《隋唐時期的民歌和詩樂》,《樂府新聲——瀋陽音樂學院學報》1994
  年 1 期。

希恩·卡曼著,臺建群譯《7—11 世紀吐蕃人的服飾》,《敦煌研究》1994 年
  4 期。

李正宇《敦煌寫經的變法與求新》,《文史知識》1994 年 1 期。

楊森《淺談北朝經生體楷筆的演化》,《社科縱横》1994 年 4 期。

(八) 考古與文物保護

杜斗成《關於河西早期石窟的年代問題》,《敦煌學輯刊》1994 年 2 期。

王惠民《讀莫高窟供養人題記劄記》,《文獻》1994 年 3 期。

(俄) 鄂登堡著,楊自福譯《千佛洞石窟寺》,《敦煌學輯刊》1994 年 2 期。

樊錦詩、趙青蘭《吐蕃佔領時期莫高窟洞窟的分期研究》,《敦煌研究》1994
  年 4 期。

賀世哲《再談曹元深功德窟》,《敦煌研究》1994 年 3 期。

鄭炳林《張淮深改建北大像和開鑿 94 窟年代再探——讀〈辭弁邈生讚〉劄
  記》,《敦煌研究》1994 年 3 期。

馬德《三件莫高窟洞窟營造文書述略》,《敦煌研究》1994 年 4 期。

梅林《469 窟與莫高窟石室經藏的方位特徵》,《敦煌研究》1994 年 4 期。

馬德《〈莫高窟再修功德記〉考述》,《社科縱横》1994 年 4 期。

黄克忠《中國石窟的保護現狀》,《敦煌研究》1994 年 1 期。

韓星採訪整理《文物保護談話録》,《敦煌研究》1994 年 1 期。

樊錦詩《敦煌石窟保護五十年》,《敦煌研究》1994 年 2 期。

孫儒僩《莫高窟石窟加固工程的回顧》,《敦煌研究》1994 年 2 期。

劉玉權《敦煌研究院考古工作五十年回顧——爲敦煌研究院五十周年紀念而作》,《敦煌研究》1994 年 2 期。

殷光明《從敦煌漢晉長城、古城及屯戍遺址之變遷簡析保護生態平衡的重要性》,《敦煌學輯刊》1994 年 1 期。

李最雄、王旭東《榆林窟東崖的岩體裂隙灌漿及其效果的人工地震檢測》,《敦煌研究》1994 年 2 期。

屈建軍、張偉民、王遠萍、賀大良、戴楓年、文子祥、王家澄《敦煌莫高窟古代生土建築物風蝕機理與防護對策的研究》,《地理研究》1994 年 4 期。

屈建軍、張偉民、王遠萍、戴楓年、李最雄、孫玉華《敦煌莫高窟岩體風蝕機理及其防護對策的研究》,《中國沙漠》1994 年 2 期。

姚增、周仲華、丁梧秀《敦煌石窟群圍岩波動力學參數特徵研究》,《地質災害與環境保護》1994 年 4 期。

王進玉《敦煌彩塑的修復技術》,《甘肅科技》1994 年 1 期。

王進玉、馮良波《群青顏料呈色機理的電子順磁共振研究》,《分析化學》1994 年 22 卷 10 期。

王進玉《"中國石窟文物保護研究培訓班"結業》,《文物保護與考古科學》1994 年 2 期。

(九) 少數民族歷史語言

陸慶夫《敦煌民族文獻與河西古代民族》,《敦煌學輯刊》1994 年 2 期。

程越《粟特人在突厥與中原交往中的作用》,《新疆大學學報》1994 年 1 期。

錢伯泉《烏孫和月氏在賀喜的故地及其西遷的經過》,《敦煌研究》1994 年 4 期。

楊富學《9—12 世紀的沙州回鶻文化》,《敦煌學輯刊》1994 年 2 期。

牛新軍《甘州回鶻漫談》,《西北師範大學學報》1994 年 1 期。

瑪麗亞《西州回鶻前期歷史考索》,《喀什師范學院學報》1994 年 4 期。

(日) 山田信夫著,朱悦梅譯《大谷探險隊攜歸回鶻文買賣借貸契約》,《敦煌研究》1994 年 1 期。

楊富學《敦煌本回鶻文〈阿爛彌王本生故事〉寫卷譯釋》,《西北民族研究》1994 年 2 期。

牛汝極、楊富學《敦煌出土早期回鶻語世俗文獻譯釋》,《敦煌研究》1994 年

4 期。

楊富學《敦煌出土回鶻語諺語》,《社科縱横》1994 年 4 期。

吉婭科諾娃 H. B.、文魯多娃 M. Л. 著,張惠明譯《科洛特闊夫,H. H. 收集的千手觀音像絹畫——兼談公元 9—11 世紀吐魯番高昌回鶻宗教的混雜問題》,《敦煌研究》1994 年 4 期。

石羊、明星《回鶻與吐蕃的文化聯繫述論》,《西北民族學院學報》1994 年 3 期。

(德)葛瑪麗著,桂林譯《吐魯番民族文獻研究的先驅》,《敦煌研究》1994 年 4 期。

陳楠《吐蕃時期佛教發展與傳播問題考論》,《中國藏學》1994 年 1 期。

陳踐踐《吐蕃時代的傑出女王墀瑪類》,《中國藏學》1994 年 3 期。

王繼光、鄭炳林《敦煌漢文吐蕃史料綜述——兼論吐蕃控制河西時期的職官與統治政策》,《中國藏學》1994 年 3 期。

王堯《敦煌吐蕃官號"節儿"考》,《西藏文史考信集》,北京:中國藏學出版社,1994 年 12 月。

保羅、澤勇《吐蕃歷史人物羅昂小考》,《中國藏學》1994 年 4 期。

牟軍《試論吐蕃的刑事法律制度》,《西藏研究》1994 年 2 期。

王堯《敦煌藏文古詩一臠》,《西藏文史考信集》,北京:中國藏學出版社,1994 年 12 月。

陳踐踐《bal—po 考》,《敦煌研究》1994 年 4 期。

楊銘《關於敦煌藏文卷子中的 Lho Bal 的研究》,《西北民族研究》1994 年 2 期。

(法)石泰安著,耿昇譯《兩卷敦煌藏文寫本中的儒教格言》,《國外藏學研究譯文集》11 輯,拉薩:西藏人民出版社,1994 年 4 月。

(法)石泰安著,耿昇譯《敦煌寫本中的吐蕃巫教和苯教》,《國外藏學研究譯文集》11 輯,拉薩:西藏人民出版社,1994 年 4 月。

陳宗祥、王健民《敦煌古藏文拼寫的南語卷文的釋讀問題》,《中國藏學》1994 年 3 期。

林梅村《祁連與昆侖》,《敦煌研究》1994 年 4 期。

(德)維爾納·桑德曼著,桂林譯《一九七〇年以來吐魯番波斯語文書的研究》,《敦煌學輯刊》1994 年 2 期。

邊章《喀喇汗王朝別稱"大食"》,《西北師範大學學報》1994 年 3 期。

(十)古籍

周丕顯《敦煌古鈔〈兔園策府〉考析》,《敦煌學輯刊》1994 年 2 期。

張錫厚《敦煌本〈故陳子昂集〉補說》,《敦煌學輯刊》1994 年 2 期。

方南生《唐抄本類書〈《勵忠節鈔》殘卷〉考》,《文獻》1994 年 1 期。

許建平《伯三六〇二殘卷作者考》,《文史》1994 年 40 輯。

邵國秀《甘肅省地方志考略》,《圖書與情報》1994 年 1 期。

張晨《傳統詩體的文化透析——〈詠史〉組詩與類書編纂及蒙學的關係》,《上
    海社會科學院學術季刊》1994 年 4 期。

（十一）科技

冀宏《敦煌〈灸經圖〉》,《檔案》1994 年 4 期。

張儂《中國存世最早的針灸圖》,《社科縱橫》1994 年 4 期。

《敦煌遺書〈灸經圖〉殘卷復原》,《浙江中醫雜誌》1994 年 5 期。

《古〈灸經圖〉殘卷復原成功》,《中國中醫藥信息雜誌》1994 年 5 期。

孟陸亮、史正剛《敦煌醫學卷子 S. 3347 療消渴方探析》,《甘肅中醫學院學報》
    1994 年 1 期。

張儂《敦煌遺書中的針灸文獻》,《甘肅中醫》1994 年 4 期。

和紅星《剖析敦煌壁畫中的古建築》,《華中建築》1994 年 4 期。

王進玉《敦煌壁畫中的糧食脫粒及揚場工具》,《農業考古》1994 年 1 期。

馬德福、李重申、李金梅《敦煌氣功史料初探》,《社科縱橫》1994 年 4 期。

王進玉《敦煌文物中的舟船史料及研究》,《中國科技史料》1994 年 3 期。

馬怡良《中國古代科技發展的珍貴史料》,《蘭州工業高等專科學校學報》1994
    年 2 期。

闞川《榆林窟·鍛鐵圖·瘊子甲》,《金屬世界》1994 年 6 期。

（十二）學術動態與紀念文

楊富學《德藏西域梵文寫本：整理與研究回顧》,《敦煌研究》1994 年 2 期。

孫曉林《九十年代國內敦煌吐魯番學新著述評》,《北京圖書館館刊》1994 年
    3 期。

王鍈《一九九三年近代漢語研究綜述》,《語文建設》1994 年 12 期。

西北師範大學敦煌學研究所《輝煌的中國敦煌學研究》,《絲綢之路》1994 年
    4 期。

劉進寶、邢麗娟《中國敦煌學研究的特點》,《社科縱橫》1994 年 2 期。

黃陵渝《法國的佛教研究》,《法音》1994 年 4 期。

牛汝極《法國內亞語文研究機構》,《民族語文》1994 年 4 期。

王進玉《絲綢之路古遺址保護國際學術會議在敦煌召開》,《文物》1994 年
    3 期。

樊錦詩、李實《中國石窟遺址保護的里程碑——評"絲綢之路古遺址保護國際

學術會議"的學術特點》,《敦煌研究》1994 年 1 期。

《絲綢之路古遺址保護國際學術論文目録》,《敦煌研究》1994 年 1 期。

馮培紅《敦煌遺書和檔案學——敦煌遺書檔案國際研討會綜述》,《敦煌學輯刊》1994 年 2 期。

靳雲峰、張啓安、馬定保《敦煌遺書檔案國際研討會綜述》,《檔案》1994 年 5 期。

張啓安《敦煌遺書檔案國際研討會將在我省舉行》,《檔案》1994 年 3 期。

《檔案》評論員《學術的盛會　友誼的金橋——熱烈祝賀敦煌遺書檔案國際研討會圓滿成功》,《檔案》1994 年 5 期。

岸鼎《中外學者研討敦煌遺書檔案》,《山西檔案》1994 年 6 期。

吳紅《國家檔案局甘肅檔案局舉辦敦煌遺書檔案國際研討會》,《中國檔案》1994 年 9 期。

靳雲峰、張啓安、馬定保《敦煌遺書檔案國際研討會綜述》,《檔案學研究》1994 年 3 期。

趙越《絲路飛花雨　天涯傳有情》,《陝西檔案》1994 年 5 期。

譚長生《敦煌研究院建院 50 周年紀念活動在甘肅舉行》,《百科知識》1994 年 11 期。

文曉《發揮敦煌文化優勢、促進地方文明建設——敦煌文化普及及開發研討會述評》,《社科縱橫》1994 年 1 期。

章顯《一次弘揚民族文化遺產的盛會——敦煌文化與唐代文學學術討論會述評》,《社科縱橫》1994 年 3 期。

郝春文《〈上海博物館藏敦煌吐魯番文獻〉讀後》,《敦煌學輯刊》1994 年 2 期。

榮新江《唐代西域史研究的重要成果——〈唐吐蕃大食政治關係史〉評介》,《北京大學學報》1994 年 1 期。

榮新江《森安孝夫著〈回鶻摩尼教史之研究〉評介》,《西域研究》1994 年 1 期。

周丕顯《〈敦煌碑銘贊輯釋〉評介》,《敦煌研究》1994 年 1 期。

楊富學《獨闢蹊徑　開創新説——讀李正宇著〈中國唐宋硬筆書法——敦煌古代硬筆書法寫卷〉》,《敦煌研究》1994 年 1 期。

蔣冀騁《〈敦煌歌辭總編〉校讀記》,《湖南師範大學社會科學學報》1994 年 1 期。

陳士强《評〈敦煌新本六祖壇經〉》,《世界宗教研究》1994 年 3 期。

陳東輝《〈敦煌變文集校議〉述評》,《語言研究》1994 年 2 期。

王魁偉《〈郭在貽語言文學論稿〉讀後》,《古漢語研究》1994 年 2 期。

程喜霖《評〈中國古代寫本識語集録〉》,《中國史研究動態》1994 年 1 期。

曹旅寧《〈中國僧官制度史〉評介》,《中國史研究動態》1994 年 4 期。

寒星《敦煌研究院編著的獲獎圖書簡介》,《敦煌研究》1994 年 2 期。

《常書鴻〈九十春秋——敦煌五十年〉首發式在京舉行》,《美術》1994 年 9 期。

侯黎明《新的超越——寫在〈敦煌研究院成立 50 周年美術作品展〉之際》,《美術》1994 年 12 期。

王傳真《寂寞耕耘的成果——徐恩存著〈時空雕塑——敦煌風神〉序》,《東方藝術》1994 年 3 期。

王建《茶文化·酒文化·中國文化——讀敦煌文獻〈茶酒論〉》,《農業考古》1994 年 2 期。

白化文《金針度人　後學津樑——評介〈敦煌文學概論〉》,《文史知識》1994 年 8 期。

關友惠《圖文并茂　雅俗共賞——讀〈敦煌藝術之最〉》,《文史知識》1994 年 9 期。

段文傑《敦煌研究院五十年》,《敦煌研究》1994 年 2 期。

李正宇《敦煌遺書研究所的回顧》,《敦煌研究》1994 年 2 期。

李浴《一段重要而難忘的經歷——敦煌藝術研究所二年》,《敦煌研究》1994 年 2 期。

史葦湘《初到莫高窟》,《敦煌研究》1994 年 2 期。

施萍婷《打不走的莫高窟人》,《敦煌研究》1994 年 2 期。

《敦煌研究院大事記(1943—1993)》,《敦煌研究》1994 年 2 期。

段文傑《敦煌研究院五十年》,《絲綢之路》1994 年 4 期。

段文傑《悼念敦煌文物事業的開創者——常書鴻先生》,《敦煌研究》1994 年 4 期。

樊錦詩《憶常老》,《敦煌研究》1994 年 4 期。

洛青之《把畢生獻給敦煌藝術——記著名敦煌藝術史論學者、敦煌研究院院長段文傑》,《美術》1994 年 7 期。

《傑出敦煌藝術學者、著名藝術家常書鴻逝世》,《美術》1994 年 9 期。

趙書《敦煌"保護神"常書鴻》,《滿族研究》1994 年 2 期。

鑒泓《"敦煌守護神"的回答》,《文史知識》1994 年 4 月。

馮法禩《常書鴻人生治藝之道》,《美術》1994 年 12 期。

袁運甫《試論常書鴻的藝術和藝術觀》,《美術》1994 年 12 期。

柳維和《常書鴻二三事》,《美術》1994 年 12 期。

《常書鴻同志生平》,《絲綢之路》1994 年 4 期。

張鵬《常書鴻：四十年面壁荒沙里　絕代飛天衆望中》,《工人日報》1994 年 1

月 2 日;又刊《科技文萃》1994 年 7 期。

常嘉煌《我與父親常書鴻——寫在父親九十誕辰》,《人民日報》(海外版) 1994 年 4 月 7 日;又刊《科技文萃》1994 年 7 期。

鄭理《常書鴻與他的〈春眠〉圖》,《中華散文》1994 年 1 期。

洛青之《銷魂莫高五十年——記敦煌研究院院長段文傑》,《絲綢之路》1994 年 2 期。

張弘、伊波《陳寅恪敦煌學論著目録初編》,《甘肅社會科學》1994 年 6 期。

李宇林《張鴻勛教授與敦煌文學研究》,《社科縱橫》1994 年 4 期。

施平《于右任與張大千的敦煌情》,《書畫藝術》1994 年 1 期。

楊榮《于右任先生的絲路情結》,《絲綢之路》1994 年 6 期。

八君《敦煌篆刻四部曲——記錢默君先生的敦煌篆刻藝術》,《書法藝術》1994 年 4 期。

秦國經《訪英紀行》,《檔案學通訊》1994 年 1 期。

龍晦《不恃權威 不棄無名——追憶我與郭老的一段文字因緣》,《四川文物》 1994 年 1 期。

雷正清《周丕顯先生與文獻學研究》,《社科縱橫》1994 年 2 期。

黃祖民《賽馬場外的大學問家》,《世界知識》1994 年 10 期。

黃征《貴在有所發明——蔣禮鴻先生的精品意識》,《文史知識》1994 年 10 期。

佛雛《任半塘書劄一束并跋》,《揚州師範學院學報》1994 年 3 期。

(十三) 其他

段文傑《開幕詞》,《敦煌研究》1994 年 1 期。

張柏《國家文物局副局長張柏在開幕式上的講話》,《敦煌研究》1994 年 1 期。

陳綺玲《甘肅省副省長陳綺玲在開幕式上的講話》,《敦煌研究》1994 年 1 期。

Miguel Angel Corzo, "The Getty Conservation Institute Serving the World's Cultural Heritage",《敦煌研究》1994 年 1 期。

劉國能《國家檔案局副局長劉國能先生在敦煌遺書檔案國際研討會上的講 話》,《檔案》1994 年 5 期。

孔令鑒《在敦煌遺書檔案國際研討會會議開幕式上的講話》,《檔案》1994 年 5 期。

羅浩《在敦煌遺書檔案國際研討會閉幕式上的講話》,《檔案》1994 年 5 期。

《敦煌遺書檔案國際研討會倡議書》,《檔案》1994 年 5 期。

馬定保《新起點,開創國際檔案文化交流的先河——國際敦煌遺書檔案研討 會側記》,《檔案》1994 年 5 期。

李茂錦《敦煌二題》,《檔案》1994 年 1 期。

趙紅雲《敦煌——開放的古城》,《檔案》1994 年 6 期。

宋政厚、田恒江《震驚海內外的——"敦煌風波"真相》,《瞭望》1994 年 34 期。

《中國芭蕾舞劇〈敦煌夢〉在臺灣首演》,《人民音樂》1994 年 5 期。

豐元凱《敦煌樂器赴東瀛　千年古樂奏伊丹》,《人民音樂》1994 年 8 期。

田恒江《〈"敦煌風波"真相〉採寫記》,《中國記者》1994 年 11 期。

《敦煌雕塑》,《中國典籍與文化》1994 年 4 期。

王沂暖《鷓鴣天·敦煌莫高窟四首》,《絲綢之路》1994 年 2 期。

唐棟《敦煌再劫——〈西域的憤怒〉之四》,《絲綢之路》1994 年 5 期。

夸父《聖地敦煌》,《絲綢之路》1994 年 6 期。

夸父《敦煌行吟》,《青年文學》1994 年 2 期。

汪毅《敦煌採情》,《絲綢之路》1994 年 6 期。

王偉群《世界祇有一個敦煌》,《中國青年報》1994 年 5 月 3 日。

景深《莫高窟壁畫千年　敦煌夢終以成真》,《國際音樂交流》1994 年 2 期。

新華社供稿《解開敦煌洞窟之謎》,《羊城晚報》1994 年 9 月 14 日;又刊《社科信息文薈》1994 年 20 期。

鄭本法《敦煌遺書知多少》,《光明日報》1994 年 9 月 15 日;又刊《社科信息文薈》1994 年 20 期。

孫學雷《敦煌吐魯番資料中心概況》,《北京圖書館館刊》1994 年 3 期。

2011 年敦煌學研究論著目録

宋雪春(首都師範大學)

本年度中國大陸地區共出版敦煌學專著和論文集 60 餘部,公開發表相關論文 500 餘篇。現將研究論著目録編製如下,其編排次序爲: 一、專著部分; 二、論文部分。論文部分又細分爲概説、歷史地理、社會、宗教、語言文字、文學、藝術、考古與文物保護、少數民族歷史語言、古籍、科技、學術動態與紀念文等十二個專題。

一、專　　著

任繼愈主編《國家圖書館藏敦煌遺書》(111—112),北京: 國家圖書館出版社,2011 年 5 月。

任繼愈主編《國家圖書館藏敦煌遺書》(137—139),北京: 國家圖書館出版社,2011 年 3 月。

任繼愈主編《國家圖書館藏敦煌遺書》(140—142),北京: 國家圖書館出版社,2011 年 10 月。

許俊編《敦煌壁畫分類作品選(人物卷上)》,南昌: 江西美術出版社,2011 年 1 月。

常書鴻《九十春秋: 敦煌五十年: 常書鴻自傳》,北京大學出版社,2011 年 1 月。

湛如《敦煌佛教律儀制度研究》,北京: 中華書局,2011 年 1 月。

姜伯勤《唐代敦煌寺户制度(增訂版)》,北京: 中國人民大學出版社,2011 年 2 月。

劉安志《敦煌吐魯番文書與唐代西域史研究》,北京: 商務印書館,2011 年 2 月。

劉進寶《敦煌學術史》,北京: 中華書局,2011 年 2 月。

常書鴻《敦煌的光彩——常書鴻、池田大作對談録》,北京: 人民日報出版社,2011 年 3 月。

李功國《敦煌莫高窟法律文獻和法律故事》,蘭州: 甘肅文化出版社,2011 年 3 月。

陸離《吐蕃統治河隴西域時期制度研究——以敦煌新疆出土文獻爲中心》,北京: 中華書局,2011 年 3 月。

包銘新主編《絲綢之路：圖像與歷史論文集》，上海：東華大學出版社，2011 年 3 月。

林走《敦煌遺書：斯坦因日記之謎》，北京：世界知識出版社，2011 年 3 月。

項楚《項楚敦煌語言文學論集》，上海古籍出版社，2011 年 3 月。

劉屹《神格與地獄——漢唐間道教信仰世界研究》，上海人民出版社，2011 年 3 月。

余欣《中古異相——寫本時代的學術、信仰與社會》，上海古籍出版社，2011 年 3 月。

姜亮夫《大家小書：敦煌學概論》，北京出版社，2011 年 6 月。

趙和平《趙和平敦煌書儀研究》，上海古籍出版社，2011 年 6 月。

伏俊璉《敦煌文學文獻叢稿（增訂本）》，北京：中華書局，2011 年 7 月。

郝春文主編《2011 敦煌學國際聯絡委員會通訊》，上海古籍出版社，2011 年 8 月。

金耀基《敦煌語絲》，北京：中華書局，2011 年 7 月。

彭金章《敦煌莫高窟北區石窟研究》（上、下），蘭州：讀者出版集團甘肅教育出版社，2011 年 8 月。

故宮博物院編，王勇編寫《敦煌行草集字與創作》，北京：紫禁城出版社，2011 年 4 月。

郝春文主編《敦煌吐魯番研究》第 12 卷，上海古籍出版社，2011 年 7 月。

竺小恩《敦煌服飾文化研究》，杭州：浙江大學出版社，2011 年 6 月。

郭富純、王振芬《旅順博物館藏敦煌本六祖壇經》，上海古籍出版社，2011 年 4 月。

王進玉《敦煌學和科技史》，蘭州：甘肅教育出版社，2011 年 4 月。

雷玉華《巴中石窟研究》，北京：民族出版社，2011 年 3 月。

王祥偉《敦煌五兆卜法文獻校錄研究》，北京：民族出版社，2011 年 6 月。

鄭炳林、石勁松主編《永靖炳靈寺石窟研究文集》，蘭州：甘肅文化出版社，2011 年 6 月。

劉顯《敦煌寫本〈大智度論〉研究》，北京：中國社會出版社，2011 年 5 月。

楊曾文《敦煌新本〈六祖壇經〉》，北京：宗教文化出版社，2011 年 5 月。

鄭炳林、黃維忠主編《敦煌吐蕃文獻選輯（文學卷）》，北京：民族出版社，2011 年 6 月。

樊錦詩、趙聲良《燦爛佛宮》，杭州：浙江文藝出版社，2011 年 7 月。

王挺之《中國世界文化和自然遺產歷史文獻叢書第八冊——莫高窟》，上海交通大學出版社，2011 年 6 月。

敦煌研究院編《敦煌意象·中日岩彩》，合肥：安徽美術出版社，2011 年 9 月。

姚崇新《中古藝術宗教與西域歷史論稿》,北京:商務印書館,2011 年 5 月。

畢波《中古中國的粟特胡人:以長安爲中心》,北京:中國人民大學出版社,
　2011 年 5 月。

張涌泉《張涌泉敦煌文獻論叢》,上海古籍出版社,2011 年 8 月。

樊錦詩主編《敦煌舊影:晚清民國老照片》,上海古籍出版社,2011 年 9 月。

劉屹《經典與歷史:敦煌道經研究論集》,北京:人民出版社,2011 年 9 月。

朱鳳玉《朱鳳玉敦煌俗文學與俗文化研究》,上海古籍出版社,2011 年 11 月。

林悟殊《林悟殊敦煌文書與夷教研究》,上海古籍出版社,2011 年 12 月。

鄭阿財《鄭阿財敦煌佛教文獻與文學研究》,上海古籍出版社,2011 年 12 月。

榮新江主編《唐研究》第 17 卷,北京大學出版社,2011 年 12 月。

敦煌研究院編《榆林窟研究論文集》,上海辭書出版社,2011 年 12 月。

二、論　　文

(一)概説

李紹先、羅華慶《李約瑟和敦煌》,《敦煌研究》2011 年 1 期。

蔡副全《葉昌熾與敦煌文物補説》,《敦煌研究》2011 年 2 期。

方廣錩、李際寧、朱雷《關於"敦煌遺書庫"構想》,《敦煌吐魯番研究》12 卷,上
　海古籍出版社,2011 年。

竇懷永《論敦煌文獻殘損對避諱斷代的影響》,《敦煌學輯刊》2011 年 1 期。

胡同慶《陳萬里監視、阻止華爾納盜竊敦煌壁畫一事之質疑》,《敦煌研究》
　2011 年 2 期。

高田時雄《内藤湖南的敦煌學》,《敦煌吐魯番研究》12 卷,上海古籍出版社,
　2011 年。

韓春平《"敦煌學網"——敦煌學數字化的總目標》,《敦煌研究》2011 年 5 期。

徐婉玲、張銘心《一個維吾爾家庭與高昌故城的百年滄桑》,《敦煌吐魯番研
　究》12 卷,上海古籍出版社,2011 年。

馮培紅、白雪《略論敦煌吐魯番出土的東晉南朝文獻》,《東南文化》2011 年
　2 期。

高啓安《十九世紀末、廿世紀初日本人的進出甘肅》,《敦煌研究》2011 年
　4 期。

王素《加拿大維多利亞美術館藏敦煌寫經與佛畫》,《敦煌吐魯番研究》12 卷,
　上海古籍出版社,2011 年。

李樹亮《唐五代民間典籍初探——以敦煌文獻爲考察對象》,《河北學刊》2011
　年 1 期。

楊秀清《唐宋時期敦煌大衆思想史研究的幾個問題》,《敦煌研究》2011 年
　4 期。

張涌泉、丁小明《敦煌文獻定名研究》,《中華文史論叢》2011 年 2 期。

王冀青《霍恩勒與中亞考古學》,《敦煌學輯刊》2011 年 3 期。

楊曉華《傅芸子先生的敦煌俗文學研究》,《敦煌學輯刊》2011 年 3 期。

朱瑤《〈敦煌遺書總目索引新編〉題記校補——〈斯坦因劫經錄〉部分》,《圖書
　館理論與實踐》2011 年 6 期。

王冀青《伯希和 1909 年北京之行相關日期辨正》,《敦煌學輯刊》2011 年 4 期。

熊明祥、周述政《"〈裴岑紀功碑〉移置敦煌"錯誤説探析》,《華章》2011 年
　25 期。

烏心怡《國家圖書館敦煌文獻數字化概述》,《山東圖書館學刊》2011 年 4 期。

黄曉燕《敦煌經籍輯存會研究》,《大學圖書館學報》2011 年 3 期。

張崇依《部分浙藏敦煌文獻的定名問題》,《文教資料》2011 年 36 期。

李尋玉《敦煌文獻述略》,《廣州大學學報》2011 年 12 期。

楊雄《敦煌文獻原始價值略論》,《前沿》2011 年 15 期。

何英姿《敦煌市檔案館館藏檔案填補歷史空白》,《蘭臺世界》2011 年 3 期。

車雯婧《富而好義斯民之德:清代敦煌商人對敦煌的貢獻——以〈重修敦煌縣
　志〉碑記爲中心》,《三峽大學學報》2011 年 S2 期。

樊春光《功過難評王圓籙——敦煌藏經洞文物流散北京剖析》,《西部大開發》
　2011 年 4 期。

姜洪源《沙俄殘軍安置敦煌莫高窟的史實鈎沉》,《發展》2011 年 4 期。

劉金寶《主持人的話:從敦煌到西域》,《南京師範大學學報》2011 年 2 期。

喻雯虹《古籍數字化資源的共建共享——從國際敦煌項目(IDP)談起》,《圖
　書館論壇》2011 年 3 期。

烏心怡《國家圖書館敦煌文獻數字化圖像處理技術探要》,《圖書館學刊》2011
　年 4 期。

　　(二)歷史地理

姚律《關於唐代"西蕃"一詞是指稱吐蕃還是回鶻的再討論》,《敦煌研究》
　2011 年 1 期。

陸離《安西榆林窟第 19 窟大禮平定四年題記考》,《敦煌研究》2011 年 1 期。

李并成《漢代河西走廊東端交通路綫考》,《敦煌學輯刊》2011 年 1 期。

劉滿《唐洮州治所位置考》,《敦煌學輯刊》2011 年 1 期。

李建平《秦漢簡帛中的度量衡單位"參"——兼與肖從禮先生商榷》,《敦煌研
　究》2011 年 1 期。

李正宇《"敦薨之山"、"敦薨之水"地望考——兼論"敦薨"即"敦煌"》,《敦煌研究》2011 年 3 期。

李正宇《敦煌郡各縣建立的特殊過程》,《西北成人教育學報》2011 年 6 期。

李正宇《漢代敦煌郡縣建立的特殊過程特殊模式》,《敦煌吐魯番研究》12 卷,上海古籍出版社,2011 年。

鄭炳林、曹紅《漢唐間瓜州冥水流域環境演變研究》,《敦煌學輯刊》2011 年 1 期。

李并成《敦煌郡境内置、騎置、驛等位置考》,《敦煌研究》2011 年 3 期。

許棟《唐長安普光寺考》,《敦煌學輯刊》2011 年 2 期。

石維娜《漢代敦煌諸置研究》,《秦漢研究》2011 年 5 輯。

丁宏武《從大漠敦煌到弘農華陰——漢末敦煌張氏的遷徙及其家風家學的演變》,《甘肅社會科學》2011 年 4 期。

陳金生《兩漢西域質子與敦煌的密切關係——兼談質子與中西文化交流》,《敦煌學輯刊》2011 年 1 期。

陳光文《明朝棄置敦煌考略》,《敦煌學輯刊》2011 年 1 期。

吳麗娛、楊寶玉《後唐明宗時代的國家政局與歸義軍即甘州回鶻的入貢中原》,《敦煌吐魯番研究》12 卷,上海古籍出版社,2011 年。

孔令梅《漢晉北朝時期敦煌張氏與佛教關係探析》,《社會科學家》2011 年 2 期。

孫寧《中古時期敦煌僧官升遷示例》,《重慶科技學院學報》2011 年 1 期。

孫寧《歸義軍時期敦煌僧官的選擇因素》,《南京師範大學學報》2011 年 5 期。

楊學勇《敦煌文獻中珍藏的氏族資料述要》,《尋根》2011 年 2 期。

王允亮《先唐敦煌氾氏考論》,《哈爾濱師範大學社會科學學報》2011 年 4 期。

張德芳《懸泉漢簡編年輯證之一——漢武帝時期》,《敦煌吐魯番研究》12 卷,上海古籍出版社,2011 年。

唐星《釋令狐懷寂告身》,《敦煌吐魯番研究》12 卷,上海古籍出版社,2011 年。

張榮强《唐代吐魯番籍的"丁女"與敦煌籍的成年"中女"》,《歷史研究》2011 年 1 期。

李錦繡《新出唐代陽朔縣銀鋌考釋——簡論唐開元天寶年間的户税制度》,《中國史研究》2011 年 1 期。

郝二旭《唐五代敦煌地區水稻種植略考》,《敦煌學輯刊》2011 年 1 期。

陳大爲《唐後期五代宋初敦煌寺院的福田事業》,《敦煌吐魯番研究》12 卷,上海古籍出版社,2011 年。

乜小紅《再論敦煌農業雇工契中的雇傭關係》,《中國經濟史研究》2011 年

4 期。

郝二旭《唐五代敦煌地區的麵粉加工業》,《中國經濟史研究》2011 年 2 期。

侯淩靜《從晚唐五代敦煌商業貿易結構看敦煌的衰落》,《文史博覽》2011 年 10 期。

徐暢《隋唐丁中制探源——從敦煌吐魯番出土戶籍文書切入》,《中華文史論叢》2011 年 2 期。

孟憲實《論十六國、北朝時期吐魯番地方的絲織業及相關問題》,《敦煌吐魯番研究》12 卷,上海古籍出版社,2011 年。

張可輝《從敦煌吐魯番文書看中人與地權交易契約關係》,《西域研究》2011 年 2 期。

朱斌權《從敦煌文書看唐代"中女"問題》,《唐山師範學院學報》2011 年 1 期。

王祥偉《從兩件敦煌文書殘卷管窺節度使張義潮對寺院經濟的管理——敦煌世俗政權對佛教教團經濟管理研究之三》,《寧夏社會科學》2011 年 4 期。

王祥偉《吐蕃歸義軍時期敦煌僧侶的佔田及稅役負擔——敦煌世俗政權對佛教教團經濟管理研究之二》,《敦煌學輯刊》2011 年 2 期。

王祥偉《日本杏雨書屋藏四件敦煌寺院經濟活動文書研讀劄記》,《中國社會經濟史研究》2011 年 3 期。

楊寶玉《清泰元年曹氏歸義軍入奏活動考索》,《敦煌學輯刊》2011 年 3 期。

金瀅坤《敦煌本〈唐大曆元年河西節度觀察史判牒集〉研究》,《南京師範大學學報》2011 年 5 期。

吳炯炯《隋代秘書省職司考論》,《敦煌學輯刊》2011 年 4 期。

李并成《漢敦煌郡冥安縣城再考》,《絲綢之路》2011 年 18 期。

寧瑞棟《漢敦煌郡淵泉縣新考》,《絲綢之路》2011 年 18 期。

黃英《敦煌社會經濟文獻"借貸"概念場常用詞歷史演變研究》,《前沿》2011 年 16 期。

明成滿《吐蕃歸義軍時期敦煌佛教都司的經濟管理研究》,《中國社會經濟史研究》2011 年 4 期。

王春慧《從敦煌碑銘贊看唐宋賜紫制度》,《南寧職業技術學院學報》2011 年 3 期。

(三) 社會

楊琳《〈大唐新定吉凶書儀·節候賞物第二〉校證》,《敦煌研究》2011 年 1 期。

林生海《從敦煌寫本〈祭驢文〉看唐代的科舉與社會》,《教育與考試》2011 年 1 期。

楊同軍《"五逆聞雷"考》,《敦煌學輯刊》2011 年 2 期。

蔡淵迪《俄藏殘本索靖〈月儀帖〉之綴合及研究》,《敦煌吐魯番研究》12 卷,上海古籍出版社,2011 年。

楊森、楊誠《敦煌文獻所見于闐玉石器之東輸》,《唐史論叢》13 輯,2011 年2 月。

宋雪春《洞房、喜帳——唐人婚禮用"青盧"之再探討》,《首都師範大學學報》2011 年2 期。

郭麗《比較學視域下的唐代教育研究——以唐中原與敦煌地區童蒙教育爲考察對象》,《求索》2011 年3 期。

王晶波《敦煌占卜文獻研究的問題與視野》,《敦煌研究》2011 年4 期。

黑曉佛《教育價值取向的大衆化及其思想流變——對敦煌蒙書中道德規範與思想的考察》,《敦煌研究》2011 年4 期。

蕭巍《淺論敦煌出土的唐代圍棋子——兼談圍棋的發展歷史》,《絲綢之路》2011 年12 期。

陳康《敦煌民間發現古代圍棋子的初步研究》,《敦煌研究》2011 年5 期。

王使臻、王使璋《敦煌所出唐宋書劄封緘方法的復原》,《文獻》2011 年3 期。

游自勇《敦煌本〈白澤精怪圖〉校録——〈白澤精怪圖〉研究之一》,《敦煌吐魯番研究》12 卷,上海古籍出版社,2011 年。

高啓安《唐五代時期敦煌的宴飲"賭射"——敦煌文獻 P.3272 卷"射殺羊"一詞小解》,《甘肅社會科學》2011 年6 期。

馮學偉《敦煌吐魯番文書中的地方慣例》,《當代法學》2011 年2 期。

解梅《唐五代敦煌的胡酒》,《蘭臺世界》2011 年24 期。

袁延勝《懸泉漢簡"户籍民"探析》,《西域研究》2011 年4 期。

吕紅亮《"穹盧"與"拂盧"——青海郭里木吐蕃墓棺板畫氈帳圖像試析》,《敦煌學輯刊》2011 年3 期。

郝春文《〈六十甲子納音〉及同類文書的釋文、説明和校記》,《敦煌學輯刊》2011 年4 期。

張善慶《涼州建德大地震與番禾瑞像信仰的形成》,《敦煌學輯刊》2011 年3 期。

何卯平《東傳日本的寧波佛畫〈十王圖〉》,《敦煌學輯刊》2011 年3 期。

余欣《敦煌文獻與圖像中的羅睺、計都釋證》,《敦煌學輯刊》2011 年3 期。

陳于柱《武威西夏二號墓彩繪木板畫中"金雞"、"玉犬"新考——兼論敦煌寫本〈葬書〉》,《敦煌學輯刊》2011 年3 期。

任曜新《新疆庫車佛塔出土鮑威爾寫本骰子占卜辭跋》,《敦煌學輯刊》2011 年3 期。

錢光勝、王晶波《貓兒契式·貓畫·佛經——俄藏敦煌寫卷 Дx.00147v〈貓兒題〉蠡測》,《敦煌學輯刊》2011 年 3 期。

叢振《唐代寒食、清明節中的遊藝活動——以敦煌文獻爲中心》,《敦煌學輯刊》2011 年 4 期。

王亞麗《中古民俗文化管窺——以敦煌寫本醫籍爲中心》,《敦煌學輯刊》2011 年 4 期。

余欣《唐宋之際"五星占"的變遷：以敦煌文獻所見辰星占辭爲例》,《史林》2011 年 5 期。

陳于柱《敦煌文書 P. T. 127〈人姓歸屬五音經〉與歸義軍時期敦煌吐蕃移民社會研究》,《民族研究》2011 年 5 期。

高國藩《敦煌唐宋時代酒文化考述》,《西夏研究》2011 年 4 期。

趙小明《敦煌飲食文化中的道教色彩》,《南京職業技術學院學報》2011 年 1 期。

張小虎《敦煌算經九九表探析》,《溫州大學學報》2011 年 2 期。

楊娜《吐蕃佔領敦煌時期邈真讚問題的探討——兼論唐代高僧寫真像》,《南京藝術學院學報》2011 年 2 期。

（四）宗教

霍旭初《龜茲石窟壁畫僧衣考》,《敦煌研究》2011 年 1 期。

高文強《晉宋之際佛學社會化原因初探》,《敦煌學輯刊》2011 年 1 期。

王惠民《"甘露施餓鬼、七寶施貧兒"圖像考釋》,《敦煌研究》2011 年 1 期。

王惠民《敦煌與法門寺的香供養具——以"香寶子"與"調達子"爲中心》,《敦煌學輯刊》2011 年 1 期。

李改、李文軍《關於魏文朗佛道造像碑紀年的考釋》,《敦煌研究》2011 年 1 期。

方廣錩《再談佛教發展中的文化匯流》,《敦煌研究》2011 年 3 期。

鄭炳林《晚唐五代敦煌寺院香料的科徵與消費——讀〈吐蕃佔領敦煌時期乾元寺科香帖〉劄記》,《敦煌學輯刊》2011 年 2 期。

董大學《俄藏 Дx.00684 殘卷考》,《首都師範大學學報》2011 年 2 期。

龔元華《敦煌寫卷 S.543v〈和菩薩戒文〉釋文匡補》,《廣西大學學報》2011 年 S1 期。

楊學勇《三階教典籍的流傳與演變》,《敦煌學輯刊》2011 年 2 期。

楊發鵬《論晚唐五代敦煌地區佛教在全國佛教中的地位——以僧尼人口爲中心》,《敦煌研究》2011 年 1 期。

王振芬《旅博本〈壇經〉的再發現及其學術價值》,《敦煌吐魯番研究》12 卷,上海古籍出版社,2011 年。

(日)東山健吾著,李梅譯,趙聲良審校《敦煌石窟本生故事畫的形成——以睒子本生圖爲中心》,《敦煌研究》2011 年 2 期。

張慕華《論歸義軍時期敦煌道教齋文的演變》,《敦煌研究》2011 年 2 期。

許蔚《吐魯番出土編號 81TB65∶1 摩尼教殘卷插圖之臆説》,《敦煌研究》2011 年 2 期。

霍巍《關於古格王國早期佛教遺存的再探討——兼評則武海源〈西部西藏佛教史·佛教文化研究〉》,《敦煌研究》2011 年 3 期。

高國藩《敦煌本〈悉達太子修道因緣〉與世俗化——兼與星雲大師〈釋迦穆尼佛傳〉比較》,《西夏研究》2011 年 2 期。

劉屹《古靈寶經出世論——以葛巢甫和陸修靜爲中心》,《敦煌吐魯番研究》12 卷,上海古籍出版社,2011 年。

蔡偉堂《敦煌供養僧服考論(二)——僧服披着方式淺議》,《敦煌研究》2011 年 5 期。

費泳《"垂領式"佛衣的典型特徵及其在北方佛像中的應用》,《敦煌學輯刊》2011 年 2 期。

姚瀟鶇《試論中古時期"蓮花化生"形象與觀念的演變——兼論民間摩睺羅形象之起源》,《敦煌吐魯番研究》12 卷,上海古籍出版社,2011 年。

霍旭初《克孜爾石窟佛學思想探析》,《敦煌吐魯番研究》12 卷,上海古籍出版社,2011 年。

李穎《〈四部犍陀羅語雜阿含經〉初探》,《敦煌吐魯番研究》12 卷,上海古籍出版社,2011 年。

陳于柱《唐宋之際敦煌苯教史事考索》,《宗教學研究》2011 年 1 期。

于光建、黎大祥《武威博物館藏 6746 號西夏文佛經〈聖勝慧到彼岸功德寶集偈〉考釋》,《敦煌研究》2011 年 5 期。

鄭亞萍《安定區博物館館藏唐代敦煌寫經簡述》,《絲綢之路》2011 年 12 期。

劉永明《吐蕃時期敦煌道教及相關信仰習俗探析》,《敦煌研究》2011 年 4 期。

何志國《論西南與湖北早期佛教的關係》,《敦煌研究》2011 年 4 期。

曾良、李洪才《〈恪法師第一抄〉性質考證》,《敦煌研究》2011 年 4 期。

王維莉《唐五代時期敦煌尼僧生活》,《雞西大學學報》2011 年 1 期。

張延清《吐蕃敦煌抄經坊》,《敦煌學輯刊》2011 年 3 期。

白雪《西秦〈佛説摩訶刹頭經〉譯記及相關問題考釋》,《敦煌學輯刊》2011 年 3 期。

釋定源《〈王伯敏先生藏敦煌唐寫本"四分律小抄一卷"(擬)殘卷研究〉再商

權》,《敦煌學輯刊》2011 年 3 期。

何劍平《北 1321v（昃 050）〈維摩經解（擬）〉考——兼論其俗信仰特色》,《敦煌學輯刊》2011 年 4 期。

張海娟、楊富學《蒙古豳王家族與河西西域佛教》,《敦煌學輯刊》2011 年 4 期。

張善慶《以大業西巡爲中心透視隋煬帝與佛教的關係》,《敦煌學輯刊》2011 年 4 期。

（日）西本照真著,劉宏梅譯《三階教寫本研究的現狀與展望》,《敦煌學輯刊》2011 年 4 期。

董曉榮《蒙元時期藏傳佛教在敦煌地區的傳播》,《西藏大學學報》2011 年 3 期。

何卯平《試論大足"十王"對敦煌"十王"的傳承》,《宗教學研究》2011 年 3 期。

劉顯《敦煌寫本〈大智度論〉殘卷綴合研究》,《宗教學研究》2011 年 2 期。

張秀清《敦煌寫本〈金光明最勝王經〉斷代》,《雞西大學學報》2011 年 8 期。

程狄《試論敦煌的密教形象》,《書畫世界》2011 年 3 期。

彭建兵《敦煌早期密教寫經的分類》,《興義民族師範學院學報》2011 年 1 期。

張鬱萍、陳雙印《晚唐五代敦煌僧人的經籍活動》,《隴東學院學報》2011 年 3 期。

（五）語言文字

秦樺林《德藏吐魯番文獻〈龍龕手鑒·禾部〉殘頁小考》,《文獻》2011 年 3 期。

張涌泉《敦煌寫本省代號研究》,《敦煌研究》2011 年 1 期。

丁治民《敦煌殘卷〈箋注本切韻〉所引〈説文〉反切考》,《敦煌研究》2011 年 1 期。

潘志剛《論敦煌變文中的"忽"類假設連詞》,《敦煌研究》2011 年 1 期。

李紅《敦煌本〈俗物要名林〉音注聲母再探討》,《敦煌學輯刊》2011 年 1 期。

曹祝兵《二十一世紀以來利用出土文獻研究上古音的新進展》,《敦煌學輯刊》2011 年 1 期。

羅亮《〈敦煌變文校注〉誤注一則》,《漢字文化》2011 年 2 期。

馮青《〈敦煌變文校注〉閱讀劄記》,《寧夏大學學報》2011 年 1 期。

陳爍、陳曉强《敦煌契約文書詞語考釋四則》,《西北民族大學學報》2011 年 1 期。

黃大祥《結合現代河西方言訓釋敦煌變文的幾個詞語》,《方言》2011 年 4 期。

張小艷《敦煌籍帳文書字詞箋釋》,《敦煌吐魯番研究》12 卷,上海古籍出版社,2011 年。

陳明《〈生經·舅甥經〉"不制"補説》,《敦煌吐魯番研究》12 卷,上海古籍出版社,2011 年。

陳菲菲《敦煌吐魯番契約文書中"邊"類表方位名詞考察》,《語文知識》2011年 1 期。

劉君敬《敦煌變文校正二例》,《中國典籍與文化》2011 年 1 期。

張涌泉《敦煌文獻中習見詞句省書例釋》,《浙江師範大學學報》2011 年 1 期。

敏春芳、哈建軍《〈漢語大詞典〉漏收敦煌願文詞補釋一》,《敦煌學輯刊》2011年 2 期。

龔澤軍《敦煌本〈文選注〉補校》,《敦煌學輯刊》2011 年 2 期。

張涌泉《古書雙行注文抄刻齊整化研究》,《敦煌吐魯番研究》12 卷,上海古籍出版社,2011 年。

王耀東、敏春芳《敦煌文獻的方言學價值》,《西北民族大學學報》2011 年 2 期。

趙靜蓮《〈敦煌社邑文書輯校〉補正十七則》,《圖書館理論與實踐》2011 年 1 期。

劉傳啓、包朗《敦煌文獻誤校例説——兼談古漢語文法在敦煌文獻校釋中的作用》,《敦煌學輯刊》2011 年 1 期。

孫寧《敦煌〈常何墓碑〉寫本"黿蒙積沴,蜂午挺妖"正詁》,《敦煌研究》2011年 4 期。

張文冠《敦煌文獻所見"素像"考辨》,《敦煌研究》2011 年 5 期。

王惠民《關於〈敦煌遺書所見"素像"考〉一文的異議》,《敦煌研究》2011 年 5 期。

杜朝暉《"鹿車"稱名考》,《中國典籍與文化》2011 年 4 期。

趙紅《漢語俗字構字理據性初探——以敦煌吐魯番文獻爲中心》,《西域研究》2011 年 4 期。

聶志軍《關於敦煌文書 S.5514 之定名》,《首都師範大學學報》2011 年 5 期。

劉全波《論類書在東亞漢字文化圈的流傳》,《敦煌學輯刊》2011 年 4 期。

黎新第《敦煌別字異文所顯示的異等韻母相混現象》,《語言研究》2011 年 4 期。

張小艷《敦煌變文疑難詞語考辨三則》,《中國語文》2011 年 5 期。

徐時儀《敦煌寫卷佛經音義俗用字初探》,《中國文字研究》2011 年 00 期。

錢惠敏《〈漢語大詞典〉引用敦煌曲子詞書證商補》,《漢字文化》2011 年 5 期。

王曉平《敦煌俗字研究方法對日本漢字研究的啓示——〈今昔物語集〉訛別字考》,《天津師範大學學報》2011 年 5 期。

井米蘭《敦煌俗字整理及研究概況》,《武漢科技大學學報》2011 年 5 期。

彭馨《敦煌醫藥文獻殘缺文字校補例析》,《湘南學院學報》2011 年 6 期。

何亮《敦煌契約文書詞語考釋》,《重慶師範大學學報》2011 年 5 期。

黃大祥《敦煌文獻中的河西走廊方言詞語》,《甘肅高師學報》2011 年 4 期。

陳爍、陳曉强《敦煌契約文書詞語考釋九則》,《甘肅廣播電視大學學報》2011
年 4 期。

楊靜《敦煌本〈太上業報因緣經〉佛源詞例釋》,《現代語文》2011 年 9 期。

陶家駿《敦煌佚本〈維摩詰經注〉寫卷俗字輯考》,《蘇州大學學報》2011 年
5 期。

劉彩虹《敦煌本〈太上洞淵神咒經〉卷——一字多形現象》,《現代交際》2011
年 8 期。

任偉《敦煌寫本碑銘贊文用典考釋(一)》,《河西學院學報》2011 年 3 期。

唐帥彬《敦煌寫卷里的"日"和"曰"》,《文教資料》2011 年 36 期。

王亞麗《敦煌醫籍中的借用名量詞》,《南京中醫藥大學學報》2011 年 4 期。

彭婷婷《淺談敦煌寫本類書〈勵忠節抄〉中的通借字》,《文教資料》2011 年
36 期。

朱瑤《敦煌文獻"右行"考述——兼與楊森先生商榷》,《民族研究》2011 年
4 期。

(六) 文學

趙紅《從敦煌變文〈葉淨能詩〉看佛教月宮觀念對唐代"明皇遊月宮"故事之
影響》,《敦煌研究》2011 年 1 期。

段觀宋《〈敦煌詩集殘卷輯考〉校訂補正》,《敦煌研究》2011 年 1 期。

伏俊璉、朱利華《敦煌本馬雲奇〈懷素師草書歌〉的歷史和文學價值》,《寧夏
師範學院學報》2011 年 1 期。

許雲和《敦煌漢簡〈風雨詩〉試論》,《首都師範大學學報》2011 年 2 期。

吳清《敦煌〈五更轉〉與河西寶卷〈哭五更〉之關係》,《青海民族大學學報》
2011 年 2 期。

朱鳳玉《從文學本位論變文研究之發展與趨勢》,《敦煌吐魯番研究》第 12 卷,
上海古籍出版社,2011 年。

韓波《從"敦煌曲子詞"到"唐五代文人詞"詞體審美風格之嬗變》,《大慶師範
學院學報》2011 年 1 期。

王志鵬《王梵志及其詩歌的性質獻疑》,《敦煌研究》2011 年 5 期。

俞曉紅《敦煌本〈伍子胥變文〉校注商補》,《文學與文化》2011 年 4 期。

俞曉紅《敦煌變文〈孔子項託相問書〉校注商補》,《河南教育學院學報》2011

年 6 期。

王志鵬《從敦煌佛教歌辭看唐宋詩歌創作思想的轉變》,《蘭州學刊》2011 年
　11 期。

鄭阿財《敦煌講經文是否爲變文爭議之平議》,《敦煌吐魯番研究》12 卷,上海
　古籍出版社,2011 年。

蔣曉城、魯濤《論敦煌曲子詞中的婚戀詞》,《石河子大學學報》2011 年 1 期。

鍾書林《敦煌寫本〈茶酒論〉文體考論》,《圖書館理論與實踐》2011 年 7 期。

伏俊璉、楊曉華《敦煌文學的上源》,《黑龍江社會科學》2011 年 3 期。

張新朋《敦煌詩賦殘片拾遺》,《敦煌研究》2011 年 5 期。

屈直敏《敦煌寫本〈纂金〉系類書敘録及研究回顧》,《敦煌學輯刊》2011 年
　1 期。

王曉平《空海願文研究序説》,《敦煌研究》2011 年 4 期。

張懿紅《意象敦煌: 當代敦煌題材新詩評述》,《西北民族大學學報》2011 年
　6 期。

葉嬌《唐代敦煌民眾服飾芻議——以敦煌文書〈雜集時用要字〉和〈俗物要名
　林〉爲中心》,《敦煌研究》2011 年 5 期。

張慕華《敦煌佛教亡文審美内涵的多元化》,《南昌大學學報》2011 年 2 期。

胡鴻《柏林舊藏吐魯番出土"不知名類書"殘卷的初步研究》,《敦煌吐魯番研
　究》12 卷,上海古籍出版社,2011 年。

魏迎春、鄭炳林《敦煌寫本李若立〈纂金〉殘卷研究——以 S.2053v 號爲中心
　的探討》,《敦煌學輯刊》2011 年 3 期。

慶振軒《圖文并茂,借圖述事——河西寶卷與敦煌變文淵源探論之一》,《敦煌
　學輯刊》2011 年 3 期。

魏迎春《敦煌寫本 S.5604〈纂金〉殘卷研究》,《敦煌學輯刊》2011 年 4 期。

李艷紅《敦煌字書〈白家碎金〉與〈碎金〉比較研究》,《西南民族大學學報》
　2011 年 10 期。

吴真《敦煌孟姜女曲子的寫本情境》,《民俗研究》2011 年 2 期。

韓益睿《敦煌文學研究思路初探》,《甘肅廣播電視大學學報》2011 年 4 期。

吴浩軍《論唐代敦煌碑銘的文學價值——以〈李君修慈悲佛龕碑〉爲例》,《天
　水師範學院學報》2011 年 4 期。

俞曉紅《敦煌變文〈舜子變〉校注商補》,《洛陽師範學院學報》2011 年 10 期。

劉傳啓《敦煌歌辭語言特色及成因簡析》,《時代文學》(下半月)2011 年
　9 期。

高國藩《敦煌唐人詩〈白雲歌〉與〈周易〉考述》,《文化遺産》2011 年 4 期。

王澤群《敦煌九章》,《時代文學》(上半月)2011 年 11 期。

嚴魯申《敦煌變文中的"之次"》,《語文學刊》2011 年 8 期。

張子開《敦煌變文"若欲得來生:相周圓"辨》,《宗教學研究》2011 年 2 期。

王偉琴《敦煌變文產生成熟原因探析》,《作家》2011 年 12 期。

梁慶華《敦煌變文中的女性形象及其審美意義》,《滄州師範專科學校學報》
　2011 年 2 期。

閆永忠《敦煌漢文文書的書法史解讀》,《青年文學家》2011 年 10 期。

楊玲《敦煌曲子戲的傳承與保護》,《藝海》2011 年 7 期。

楊玲《淺析敦煌曲子戲的發展與現狀》,《大衆文藝》2011 年 15 期。

鄢二星、平燕《〈敦煌曲子詞〉在文學史上的地位和影響》,《宿州學院學報》
　2011 年 3 期。

徐朝東《敦煌韻文中陰入相混現象之考察》,《語言科學》2011 年 4 期。

楊琳《敦煌文獻〈春聯〉校釋》,《中國典籍與文化》2011 年 1 期。

唐一方《敦煌童蒙文獻研究現狀綜述》,《文教資料》2011 年 36 期。

張強偉《敦煌寫本〈兒郎偉〉兩則寫作時間考察》,《南昌教育學院學報》2011
　年 7 期。

汪國林《試論敦煌佛教俗文學中的孝親思想——以 S.5588 敦煌殘卷爲考察
　重點》,《樂山師範學院學報》2011 年 7 期。

申燕玲《淺論敦煌詩歌特點》,《文學教育(中)》2011 年 4 期。

李娟《敦煌曲子詞中的"淚"意象》,《長江師範學院學報》2011 年 3 期。

康峰《當代敦煌文學文本的獨特敘事方式——以〈敦煌遺書〉爲例》,《甘肅廣
　播電視大學學報》2011 年 1 期。

劉昊《敦煌寫本白居易新樂府詩三首小議》,《懷化學院學報》2011 年 4 期。

周慧《敦煌〈詠廿四氣詩〉研究》,《魯東大學學報》2011 年 1 期。

(七) 藝術

殷光明《莫高窟第 449 窟東壁北側非〈佛頂尊勝陀羅尼經變〉辨析》,《敦煌研
　究》2011 年 2 期。

趙曉星《莫高窟第 9 窟"嵩山神送明堂殿 應 圖"考》,《敦煌研究》2011 年
　3 期。

曲小萌《榆林窟第 29 窟西夏武官服飾考》,《敦煌研究》2011 年 3 期。

李敏《敦煌北朝龕楣圖案演變及其裝飾特徵》,《敦煌研究》2011 年 3 期。

楊森《敦煌壁畫中的高句麗、新羅、百濟人形象》,《社會科學戰綫》2011 年
　2 期。

孫淑芹《敦煌壁畫的構圖與圖案紋樣》,《大家》2011 年 3 期。

姚綵玉《敦煌壁畫的臨摹歷程及其意義》,《文史博覽》2011 年 4 期。

李敏《敦煌北涼、北魏石窟圖案的裝飾風格》,《大衆文藝》2011 年 3 期。

申元東《敦煌莫高窟壁畫中飛天藝術風格的傳承》,《飛天》2011 年 10 期。

吳曉玲《敦煌石窟壁畫中蔓草紋的語義變遷》,《上海藝術家》2011 年 2 期。

劉珊《敦煌石窟壁畫唐代女供養人服飾結構試析》,《輕紡工業與技術》2011
   年 4 期。

冷維娟《敦煌菩薩畫像女性化與本土文化特質》,《文藝爭鳴》2011 年 2 期。

桑吉扎西《敦煌石窟吐蕃時期的藏傳佛教繪畫藝術》,《法音》2011 年 2 期。

王惠民《敦煌西夏石窟分期及存在的問題》,《西夏研究》2011 年 1 期。

沙武田《敦煌西夏石窟分期研究之思考》,《西夏研究》2011 年 2 期。

張元林《敦煌藏經洞所出繪畫中的日、月圖像研究》,《敦煌吐魯番研究》12
   卷,上海古籍出版社,2011 年。

鄭怡楠《俄藏黑水城出土西夏水月觀音圖像研究》,《敦煌學輯刊》2011 年
   2 期。

(日) 下野玲子著,牛源譯,劉永增審校《莫高窟第 217 窟南壁經變新解》,《敦
   煌研究》2011 年 2 期。

施萍婷、范泉《關於莫高窟第 217 窟南壁壁畫的思考》,《敦煌研究》2011 年
   2 期。

毛秋瑾《寫經書法述論——以敦煌吐魯番寫本爲中心》,《故宫博物院院刊》
   2011 年 3 期。

賀世哲《敦煌楞伽經變考論》,《敦煌研究》2011 年 4 期。

施萍婷《敦煌經變畫》,《敦煌研究》2011 年 5 期。

劉景剛《敦煌古代象戲小考》,《敦煌研究》2011 年 2 期。

胡同慶、宋琪《論莫高窟晚唐第 9 窟探籌圖非投壺圖》,《敦煌研究》2011 年
   5 期。

陳菊霞《試析莫高窟第 85 窟繪塑内容的表現思想》,《敦煌研究》2011 年 5 期。

李靜、葉晶璟《從敦煌到雲岡、龍門北朝隋代石窟天井飛天圖像之演變》,《大
   家》2011 年 22 期。

張利娟《敦煌佛教壁畫與拜占庭鑲嵌壁畫之比較》,《青年文學家》2011 年
   23 期。

邵媛《敦煌壁畫對當代工筆重彩畫的影響》,《文藝爭鳴》2011 年 2 期。

王小群《敦煌莫高窟尊像造型與時裝模特之創意造型》,《大家》2011 年
   22 期。

姚志虎《龜玆石窟與敦煌石窟中的動物畫》,《美術界》2011 年 11 期。

任慧婷《談敦煌樂舞傳播和舞綢伎樂在實踐中的應用》,《大舞臺》2011 年11 期。

李波《莫高窟晚唐第 156 窟藝人服飾研究》,《敦煌研究》2011 年 5 期。

張孜江《從幾件館藏書畫的修復看大千先生臨摹敦煌壁畫技法及其藝術》,《文物鑒定與鑒賞》2011 年 1 期。

趙聲良《關於臺北故宮藏兩幅傳爲"隋代"的絹畫》,《敦煌研究》2011 年 5 期。

韓瀟《大唐氣象——唐代敦煌菩薩造像"豐腴爲美"的時代性特徵》,《大衆文藝》2011 年 3 期。

于碩《大佛寺西遊記壁畫內容與繪製時間推證》,《敦煌研究》2011 年 1 期。

臧全紅《甘肅武山千佛洞石窟出土木片畫》,《敦煌學輯刊》2011 年 2 期。

董曉榮《敦煌壁畫中的蒙古族供養人雲肩研究》,《敦煌研究》2011 年 3 期。

陳菊霞《從莫高窟第85 窟供養人看其營建和重修》,《敦煌研究》2011 年 3 期。

朱斌《敦煌藝術的宗教文化精神及其當代意義》,《新疆社會科學》2011 年 6 期。

羅世平《身份認同：敦煌吐蕃裝人物進入洞窟的條件、策略與時間》,《美術研究》2011 年 4 期。

王中旭《生天：〈彌勒變〉、〈天請問變〉的流行與對應——敦煌吐蕃時期經變對應問題研究之一》,《敦煌學輯刊》2011 年 1 期。

戴春陽《敦煌西晉畫像磚中白象內涵辨析》,《敦煌研究》2011 年 2 期。

李江《敦煌莫高窟清代及民國時期窟檐研究》,《敦煌研究》2011 年 2 期。

張元林《也談莫高窟第 217 窟南壁壁畫的定名——兼論與唐朝前期敦煌法華圖像相關的兩個問題》,《敦煌學輯刊》2011 年 4 期。

張先堂《瓜州東千佛洞第 5 窟西夏供養人初探》,《敦煌學輯刊》2011 年 4 期。

王惠民《華嚴圖像研究論著目錄》,《敦煌學輯刊》2011 年 4 期。

劉穎《敦煌莫高窟吐蕃後期密教菩薩經變研究》,《美術研究》2011 年 3 期。

田霞《敦煌舞蹈壁畫中的史料互證與多元性》,《北方作家》2011 年 5 期。

石江年《論敦煌壁畫中射箭運動的形態流變》,《湖北函授大學學報》2011 年 11 期。

高城《張大千"敦煌朝聖"之旅》,《文史精華》2011 年 11 期。

張孜江《從幾件館藏書畫的修復看大千先生臨摹敦煌壁畫技法及其藝術》,《文物鑒定與鑒賞》2011 年 1 期。

楊雄《論敦煌藝術的概念和分類》,《前沿》2011 年 23 期。

李立華、張元元、王佳《千古古韻、御風飛翔——以"圖像學"解讀隋唐時期敦煌壁畫飛天》,《美術界》2011 年 12 期。

郝秀麗《敦煌莫高窟第三窟千手千眼觀音像的造型藝術》,《當代藝術》2011年 3 期。

王雪嬌《敦煌莫高窟中所見的飛天紋》,《青年文學家》2011 年 20 期。

韓晶《關於敦煌舞編創過程中表現形式的思考》,《絲綢之路》2011 年 24 期。

王小群《敦煌莫高窟尊像造型與時裝模特之創意造型》,《大家》2011 年 22 期。

王菡薇《敦煌南北朝寫本書風差異及其原因》,《文藝研究》2011 年 10 期。

郭俊葉《敦煌壁畫中的經架——兼議莫高窟第 156 窟前室室頂南側壁畫題材》,《文物》2011 年 10 期。

薛艷麗、王祥偉《敦煌石窟形制的演變與心理視覺效應》,《藝術探索》2011 年 4 期。

郭俊葉《敦煌晚唐"地藏十王"圖像補說》,《華夏考古》2011 年 4 期。

曹麗芳《多元文化視角下的敦煌舞蹈文化因素》,《晉中學院學報》2011 年 6 期。

魏寶麗《敦煌的藝術特色》,《飛天》2011 年 24 期。

耿彬《論敦煌壁畫文化及其意義闡釋》,《求索》2011 年 12 期。

雷濤《敦煌壁畫與魏晉山水》,《藝術求索》2011 年 6 期。

郭茜《從敦煌飛天的源流看中國畫的造型觀——飛天藝術研究之一》,《藝術評論》2011 年 3 期。

林碩《敦煌壁畫與墓室壁畫和寺觀壁畫的關係》,《大眾文藝》2011 年 1 期。

韓永林、吳曉玲《蔓草紋在敦煌唐代石窟藝術中的傳播》,《雕塑》2011 年 1 期。

李婷婷《敦煌舞蹈的獨特之美——淺析敦煌舞的重心》,《甘肅教育》2011 年 1 期。

王婷《淺議〈敦煌〉中女性人物的"寂寞之美"——以回鶻王女爲對象》,《考試周刊》2011 年 14 期。

扈濱《敦煌壁畫中體操雛形與現代競技體操對比分析》,《文學教育(中)》2011 年 1 期。

王淑慧《漫談敦煌壁畫中的飛天》,《民營科技》2011 年 2 期。

郭茜《從敦煌飛天的民族化過程與藝術審美看中國畫造型觀——飛天藝術研究之二》2011 年 4 期。

魏健鵬《敦煌壁畫中吐蕃贊普像的幾個問題》,《西藏研究》2011 年 1 期。

靳雄步《敦煌石窟建築(建築畫)文化價值初探》,《大眾文藝》2011 年 4 期。

李金娟《敦煌壁畫與中國設計史研究》,《學理論》2011 年 9 期。

張洪亮《試論敦煌壁畫中的色彩》,《美術大觀》2011 年 3 期。

顏瑜《淺談敦煌藝術》,《陝西教育(高教版)》2011 年 Z1 期。

李婷婷《敦煌舞教學中的美感訓練》,《甘肅教育》2011 年 6 期。

王翔宇《論唐代敦煌壁畫音樂圖像的審美意境》,《美術界》2011 年 2 期。

石泰松、孫浩章《試論伎樂壁畫對影視藝術創作的啓示——以敦煌伎樂壁畫爲例》,《絲綢之路》2011 年 6 期。

吳迪《論敦煌壁畫工筆重彩畫與西域凹凸暈染法的關係》,《當代教育理論與實踐》2011 年 6 期。

焦穩龍、孟麗娜《敦煌壁畫與文獻中儺舞研究》,《商業文化(上半月)》2011 年 7 期。

張靜《藏區藏傳佛教壁畫與敦煌藏傳佛教壁畫色彩差異性之淺析》,《美術界》2011 年 6 期。

馬麗、王寒青《淺談敦煌壁畫飛天的藝術美》,《新鄉學院學報》2011 年 3 期。

劉繼明、韓寧《敦煌舞蹈的形態特徵及藝術特色》,《大舞臺》2011 年 5 期。

申元東《敦煌莫高窟壁畫中飛天藝術風格的傳承》,《飛天》2011 年 10 期。

朱生銀《臨摹敦煌壁畫圖案在藝術設計教學中的意義》,《大衆文藝》2011 年 14 期。

馮星宇《試論敦煌壁畫中"飛天"裝飾藝術性》,《北方文學(下半月)》2011 年 3 期。

陸敬國《淺論敦煌壁畫中西域繪畫特點與漢畫風格的融合》,《美術教育研究》2011 年 7 期。

竇薛霖《解讀敦煌壁畫中地毯的紋飾特點》,《北方文學(下半月)》2011 年 2 期。

馬紅芹《淺析敦煌壁畫對當代繪畫的影響》,《經營管理者》2011 年 15 期。

姚彩玉《敦煌壁畫的臨摹歷程及其意義》,《文史博覽》2011 年 4 期。

楊盛《淺析敦煌石窟的飛天藝術》,《青年文學家》2011 年 13 期。

孫浩章、吉曉民、王豐《以動視點分析敦煌壁畫中的非焦透視現象》,《裝飾》2011 年 9 期。

袁恩培、程辰《淺談敦煌色彩在現代藝術設計中的應用》,《科技信息》2011 年 14 期。

金亮《敦煌舞的元素練習與風格訓練在教學中的作用》,《中國校外教育》2011 年 8 期。

(八) 考古與文物保護

賀小萍《山東平原出土北齊天保七年石造像內容辨析》,《敦煌研究》2011 年

1 期。

張延清、董華鋒、梁旭澍《敦煌研究院藏甘丹四金羊年銅釜考》,《敦煌研究》
  2011 年 5 期。

沙武田《榆林窟第 25 窟 T 形榜子再探》,《敦煌研究》2011 年 5 期。

曾德仁《四川省丹棱縣龍鵠山道教摩崖造像》,《敦煌研究》2011 年 1 期。

韋陀著,常紅紅譯《武威博物館藏喜金剛與大黑天金銅造像考》,《敦煌研究》
  2011 年 1 期。

王亞娜《由敦煌石窟文物保護研究陳列中心談遺產地配套設施項目》,《福建
  建築》2011 年 7 期。

李成、吳健等《媒體資產管理系統在敦煌石窟影像資料中的應用和實踐》,《敦
  煌研究》2011 年 2 期。

吳榮國、榮紅梅《敦煌旱峽南口遺址發現彩塑佛像》,《敦煌研究》2011 年
  3 期。

孫曉峰、臧全紅《甘肅合水縣蓮花寺石窟調查報告》,《敦煌研究》2011 年
  3 期。

沙武田《北朝時期佛教石窟藝術樣式的西傳及其流變的區域性特徵——以麥
  積山第 127 窟與莫高窟第 249、285 窟的比較研究爲中心》,《敦煌學輯刊》
  2011 年 2 期。

侯世新《吐峪溝石窟寺第 38 窟龜茲風探析》,《敦煌學輯刊》2011 年 2 期。

李文生、李小虎《龍門石窟所表現的北魏建築》,《敦煌研究》2011 年 1 期。

賴文英《涇川王母宮石窟造像思想探析》,《敦煌學輯刊》2011 年 2 期。

董華鋒《四川出土的南朝彌勒造像及相關問題研究》,《敦煌學輯刊》2011 年
  2 期。

李小强《大足北山石刻第 254 號造像題材探析——兼及大足五代十王造像的
  相關問題》,《敦煌研究》2011 年 4 期。

劉海宇、史韶霞《青島市博物館藏雙丈八佛及相關問題探析》,《敦煌研究》
  2011 年 4 期。

楊雄《大足石刻孔子及十哲龕初探》,《敦煌研究》2011 年 4 期。

張有《絲綢之路河西地區魏晉墓彩繪磚畫——六博新考》,《敦煌研究》2011
  年 2 期。

馬智全《敦煌懸泉置 F13〈列女傳〉簡考論》,《魯東大學學報》2011 年 6 期。

王旭東《基於中國文物古迹保護準則的壁畫保護方法論探索與實踐》,《敦煌
  研究》2011 年 6 期。

烏部里·買買提艾力《對 UNESCO 援助庫木吐喇石窟保護項目的思考》,《敦

煌研究》2011 年 6 期。

劉洪麗、張正模等《文物價值定量評估方法研究——以榆林窟爲例》,《敦煌研究》2011 年 6 期。

蘇伯民、潘月雷等《有機硅—丙烯酸酯共聚水乳液的製備研究》,《敦煌研究》2011 年 6 期。

劉斌、蔣德强等《聚硅氧烷低聚體製備及其石質文物封保性能研究》,《敦煌研究》2011 年 6 期。

張化冰、蘇伯民等《壁畫保護材料 PVAc、PVA 的性質研究與表徵》,《敦煌研究》2011 年 6 期。

趙天宇、張虎元等《莫高窟壁畫地仗土的土水特性研究》,《敦煌研究》2011 年 6 期。

党小娟、吳紅艶等《山西長子崇慶寺泥塑中金屬構件的金相學分析研究》,《敦煌研究》2011 年 6 期。

陳港泉《甘肅河西地區館藏畫像磚物理力學性質試驗》,《敦煌研究》2011 年 6 期。

武發思、汪萬福等《嘉峪關魏晉墓腐蝕壁畫細菌類群的分子生物學檢測》,《敦煌研究》2011 年 6 期。

李最雄、趙林毅、李黎《砂礫岩石窟岩體裂隙灌漿新材料研究》,《敦煌研究》2011 年 6 期。

王逢睿、肖碧《甘肅石窟寺第 165 窟岩體穩定性分析研究》,《敦煌研究》2011 年 6 期。

張虎元、李敏等《潮濕土遺址界定及病害分類研究》,《敦煌研究》2011 年 6 期。

郭青林、王旭東等《南京報恩寺遺址土工程地質特徵與病害關係研究》,《敦煌研究》2011 年 6 期。

孫滿利、王旭東等《楠竹錨桿加固土遺址黏結力研究》,《敦煌研究》2011 年 6 期。

劉煒、王力丹、孫滿利《凍融破壞對漢長城遺址土的結構影響研究》,《敦煌研究》2011 年 6 期。

俞天秀、吳健等《基於幾何形變改善的莫高窟數字壁畫圖像拼接方法研究》,《敦煌研究》2011 年 6 期。

俄玉楠《甘肅博物館藏卜氏石塔圖像調查研究》,《敦煌學輯刊》2011 年 4 期。

常永敏等《基於激光掃描和高精度數字影響的敦煌石窟第 196、285 窟球幕圖像製作》,《敦煌研究》2011 年 6 期。

張海博《敦煌博物館藏兩件漢代博山爐簡説》,《北方作家》2011 年 5 期。

吴榮國、榮紅梅《敦煌三危山旱峽南口遺址彩塑考釋》,《絲綢之路》2011 年 16 期。

張穎慧《敦煌、居延漢簡中的"關、戍、桟楪"》,《阿壩師範高等專科學校學報》2011 年 4 期。

朱利華《俗情蘊誠意、雅文彰功德——吐蕃攻佔河西時期的敦煌碑文》,《河西學院學報》2011 年 6 期。

張海博《敦煌出土唐代"伏龍磚"與"伏龍法"》,《絲綢之路》2011 年 16 期。

韓飛《從紙的一般性能看敦煌懸泉置遺址出土的麻紙》,《絲綢之路》2011 年 4 期。

苏惠萍《敦煌唐墓出土的模製伏龍磚》,《尋根》2011 年 3 期。

王裕昌《敦煌懸泉置遺址 F13 出土簡牘文書研究》,《考古與文物》2011 年 4 期。

蕭巍《敦煌出土的肖形印》,《北方作家》2011 年 2 期。

馬燕天等《敦煌莫高窟洞窟内外空氣中微生物的對比研究》,《文物保護與考古科學》2011 年 1 期。

《〈敦煌莫高窟保護總體規劃公佈實施〉》,《城市規劃通訊》2011 年 6 期。

陳玲、王鵬《敦煌紋飾的數字化表現與傳承保護》,《人力資源管理》2011 年 5 期。

馬若瓊《淺談蘭州伊斯蘭教建築裝飾藝術》,《敦煌學輯刊》2011 年 4 期。

王新春《近代中國西北考古：東西方的交融與碰撞——以黄文弼與貝格曼考古之比較爲中心》,《敦煌學輯刊》2011 年 4 期。

（九）少數民族歷史語言

陸慶夫《敦煌漢文文書中的民族資料分佈概述》,《敦煌學輯刊》2011 年 1 期。

楊富學《甘州回鶻宗教信仰考》,《敦煌研究》2011 年 3 期。

廖玲《羌族臨終關懷與羌族宗教》,《敦煌學輯刊》2011 年 2 期。

馬德《吐蕃國相尚紇心兒事迹補述》,《敦煌研究》2011 年 4 期。

楊銘《敦煌、西域古藏文文獻所見蘇毗與吐蕃關係史事》,《西域研究》2011 年 3 期。

任平山《重提吐火羅——尉遲乙僧原籍考注》,《敦煌研究》2011 年 3 期。

朱麗雙《敦煌藏文文書 P. T. 960 所記于闐佛寺的創立——〈于闐教法史〉譯注之一》,《敦煌研究》2011 年 1 期。

朱麗雙《敦煌藏文文書 P. T. 960 所記于闐建國傳説——〈于闐教法史〉譯注之二》,《敦煌研究》2011 年 2 期。

朱麗雙《敦煌藏文文書 P. T. 960 所記守護于闐之神靈——〈于闐教法史〉譯注之三》,《敦煌研究》2011 年 4 期。

朱麗雙《敦煌藏文文書 P. T. 960 所記佛法滅盡之情形——〈于闐教法史〉譯注之四》,《敦煌吐魯番研究》12 卷,上海古籍出版社,2011 年。

黃維忠《〈國家圖書館藏敦煌遺書〉條記目録中的藏文撰寫問題》,《中國藏學》2011 年 S2 期。

侯文昌《敦煌出土吐蕃古藏文借馬契探析》,《科技新報》2011 年 12 期。

陳踐《敦煌古藏文 P. T. 992〈孔子項託相問書〉釋讀》,《中國藏學》2011 年 3 期。

任小波《敦煌吐蕃文書中的"人馬盟誓"情節新探——IOLTibJ731 號藏文寫卷研究釋例》,《中國藏學》2011 年 3 期。

張鐵山《吐魯番柏孜克里克出土回鶻文刻本〈佛説天地八陽神咒經〉殘頁研究》,《敦煌學輯刊》2011 年 2 期。

當增扎西《從法藏敦煌藏文文獻中的觀音經卷看吐蕃觀音信仰》,《敦煌學輯刊》2011 年 2 期。

李樹輝《聖彼得堡藏 SI 2 Kr 17 號回鶻文文書研究》,《敦煌研究》2011 年 5 期。

李并成、侯文昌《敦煌寫本吐蕃文雇工契 P. T. 1297₄探析》,《敦煌研究》2011 年 5 期。

阿依達爾·米爾卡馬力等《吐魯番博物館藏回鶻文〈慈悲道場懺法〉殘葉研究》,《敦煌研究》2011 年 4 期。

張鐵山《吐火羅文和回鶻文〈彌勒會見記〉比較研究——以吐火羅文 YQ1. 3 1/2、YQ1. 3 1/1、YQ1. 9 1/1 和 YQ1. 9 1/2 四頁爲例》,《敦煌吐魯番研究》12 卷,上海古籍出版社,2011 年。

劉瑞《吐蕃時期翻譯文學漢譯藏的特點——以敦煌吐蕃文書 P. T. 1291 號和 986 號爲例》,《四川民族學院學報》2011 年 5 期。

松川節著,敖特根、烏雲其木格譯《關於 1240 年漢蒙碑銘中的 aldaγ—situ》,《敦煌學輯刊》2011 年 2 期。

（日）武内紹人著,楊富學譯《後吐蕃時代藏語文在西域河西西夏的行用與影響》,《敦煌研究》2011 年 5 期。

任小波《古藏文碑銘學的成就與前景——新刊〈古藏文碑銘〉録文評注》,《敦煌學輯刊》2011 年 3 期。

勘措吉《莫高窟第 465 窟藏文題記再釋讀》,《敦煌學輯刊》2011 年 4 期。

劉瑞《吐蕃時期翻譯文學漢譯藏的特點——以敦煌吐蕃文書 P. T. 1291 號和

986 號爲例》,《四川民族學院學報》2011 年 5 期。

黃維忠《古藏文文獻在綫項目及其〈法國國立圖書館和大英圖書館所藏敦煌
藏文文獻〉》,《西藏民族學院學報》2011 年 4 期。

侯文昌《敦煌出土吐蕃藏文便麥契探析》,《才智》2011 年 9 期。

侯文昌《敦煌出土吐蕃古藏文購馬契約探析》,《新西部》2011 年 2 期。

（十）古籍

許建平《英俄所藏敦煌寫卷〈毛詩音〉的文獻價值》,《文獻》2011 年 3 期。

劉波《普林斯頓大學藏吐魯番文書唐寫本經義策殘卷之整理與研究》,《文獻》
2011 年 3 期。

肖瑜《日本書道博物館藏〈三國志・吳志・虞翻傳〉10 行殘卷研究》,《敦煌研
究》2011 年 2 期。

張宗品《俄藏敦煌文獻所見存世最早的〈史記〉寫本殘片及其綴合》,《敦煌研
究》2011 年 5 期。

徐暢《莫高窟北區石窟所出刻本〈資治通鑑〉殘片考訂》,《敦煌研究》2011 年
5 期。

許建平《杏雨書屋藏玄應〈一切經音義〉殘卷校釋》,《敦煌研究》2011 年 5 期。

丁紅旗《關於唐代敦煌教授〈文選〉的一點臆測》,《敦煌研究》2011 年 1 期。

（德）施米特撰,徐美德譯《敦煌唐寫本〈文選〉解説》,《古典文獻研究》2011
年 14 輯。

（日）狩野直喜撰,童嶺整理《唐鈔本文選殘篇跋（附録一種)》,《古典文獻研
究》2011 年 14 輯。

朱大星《敦煌諸子文獻分類芻議》,《敦煌研究》2011 年 2 期。

岳純之《所謂現存〈唐律疏議〉爲〈永徽律疏〉的新證——與鄭顯文先生商
榷》,《敦煌研究》2011 年 4 期。

李索、穆晶《敦煌寫卷〈毛詩〉P. 2529 號異文例釋》,《大連大學學報》2011 年
6 期。

王使臻《敦煌寫本殘卷 S.7004 定名及作者考》,《古籍整理研究學刊》2011 年
4 期。

趙曜曜、周欣《敦煌寫卷 P.3768〈文子・道德五〉考校》,《洛陽師範學院學報》
2011 年 12 期。

劉鳳源《敦煌本〈周易・小畜〉象辭異文疏證一則》,《漢語史學報》2011 年
00 期。

（十一）科技

李金娟《醫禮情福：古代香包功能小考》,《敦煌學輯刊》2011 年 1 期。

王亞麗、段禎《〈俄羅斯藏敦煌醫藥文獻釋要〉補釋》,《中醫文獻雜誌》2011 年 1 期。

王天生等《關於敦煌〈灸經圖〉保健灸、治未病組方探討》,《中國針灸》2011 年 4 期。

薛守宇、梁麗娟、安霞《敦煌遺書之婦科方書殘卷集萃》,《中醫研究》2011 年 3 期。

梁松濤《俄藏黑水城文獻 911 號西夏文醫書第 14—1 頁藥方考釋》,《敦煌學輯刊》2011 年 4 期。

劉喜平、李沛清、辛寶《敦煌遺書中的中醫食療學思想探析》,《中國中醫基礎醫學雜誌》2011 年 2 期。

劉海偉《敦煌遺書〈灸經圖〉中五勞七傷與慢性疲勞綜合徵》,《中醫雜誌》2011 年 18 期。

劉稼等《敦煌遺書〈輔行訣〉小補瀉湯數術思想研究》,《中國中醫基礎醫學雜誌》2011 年 6 期。

王亞麗《敦煌寫本張仲景〈五臟論〉用字考》,《中醫研究》2011 年 6 期。

王亞麗《敦煌寫本爲中古用字提供書證例考——以敦煌寫本醫籍爲中心》,《求索》2011 年 11 期。

劉海偉、張儂《敦煌〈灸經圖〉中足心古穴抗衰老之探析》,《遼寧中醫藥大學學報》2011 年 11 期。

（十二）學術動態與紀念文

韓春平《"2011 敦煌論壇：文化遺產與數字化國際學術研討會" 綜述》,《敦煌學輯刊》2011 年 3 期。

陳麗萍、侯振兵《" 中國社會科學院敦煌學研究回顧與前瞻學術研討會" 綜述》,《中國史研究動態》2011 年 5 期。

竇懷永《百年敦煌文獻整理研究國際學術討論會綜述》,《國際學術動態》2011 年 2 期。

沙武田、寇克紅《高臺魏晉墓與河西歷史文化國際學術研討會綜述》,《敦煌學輯刊》2011 年 4 期。

胡翠霞《敦煌〈放妻書〉研究綜述》,《絲綢之路》2011 年 8 期。

沙武田《吐蕃統治時期敦煌石窟研究綜述》,《西藏研究》2011 年 3 期。

王旭東、朱立芸《近代中國敦煌學研究述評》,《甘肅社會科學》2011 年 6 期。

馬智全《近 20 年敦煌懸泉漢簡研究綜述》,《絲綢之路》2011 年 16 期。

張春秀《近 10 年間敦煌變文語言研究》,《求索》2011 年 1 期。

郝春文《卷首語》,《敦煌吐魯番研究》12 卷,上海古籍出版社,2011 年。

段晴《德國的印度學之初與季羨林先生的學術底藴》,《敦煌吐魯番研究》12卷,上海古籍出版社,2011 年。

王邦維《二十世紀八十年代西域研究的力作——季羨林先生與〈大唐西域記校注〉》,《敦煌吐魯番研究》12 卷,上海古籍出版社,2011 年。

柴劍虹《高舉"敦煌學在世界"的大旗——紀念季羨林會長逝世一周年》,《敦煌吐魯番研究》12 卷,上海古籍出版社,2011 年。

趙和平《我眼中心中的季羨林先生》,《敦煌吐魯番研究》12 卷,上海古籍出版社,2011 年。

王素《獎掖多後進　謙恭比前靈——記與季羨林先生交往二三事》,《敦煌吐魯番研究》12 卷,上海古籍出版社,2011 年。

宇文卒編《季羨林先生敦煌吐魯番及東方學論著編年目録》,《敦煌吐魯番研究》12 卷,上海古籍出版社,2011 年。

伏俊璉、冷江山《向達先生的敦煌文學研究——紀念向達先生誕辰 110 周年》,《敦煌學輯刊》2011 年 2 期。

榮新江《季羨林先生〈西域佛教史〉讀後》,《敦煌吐魯番研究》12 卷,上海古籍出版社,2011 年。

劉屹《劉進寶主編〈百年敦煌學：歷史・現狀・趨勢〉（上、下）》,《敦煌吐魯番研究》12 卷,上海古籍出版社,2011 年。

沙武田《〈百年敦煌學：歷史・現狀・趨勢〉讀後》,《敦煌研究》2011 年 3 期。

（日）高田時雄撰,裴成國譯《榮新江、李肖、孟憲實主編〈新獲吐魯番出土文獻〉上下二册》,《敦煌吐魯番研究》12 卷,上海古籍出版社,2011 年。

陳明評《Timothy Lenz, *Gandhāran Avadānas: British Library Kharoṣṭhī Fragment 1 - 3 and 21 and supplementary Fragments A - C*》,《敦煌吐魯番研究》12 卷,上海古籍出版社,2011 年。

王維莉、趙小明《乜小紅〈俄藏敦煌契約文書研究〉評介》,《牡丹江大學學報》2011 年 4 期。

2011 年吐魯番學研究論著目録

朱艷桐　王蕾（蘭州大學）

2011 年出版吐魯番學專著 4 部,論文集 9 部,論文共計 178 篇。現將本年度吐魯番學研究論著目録編製如下,其編排次序爲: 一、專著;二、論文集;三、論文。論文又分爲文書、政治、經濟、社會文化、民族、宗教、藝術、考古、文字以及學術動態與紀念文等十个專題。

一、專　　著

陸離《吐蕃統治河隴西域時期制度研究: 以敦煌新疆出土文獻爲中心》,北京: 中華書局,2011 年 3 月。

賀菊蓮《天山家宴: 西域飲食文化縱横談》,蘭州大學出版社,2011 年 4 月。

張安福、郭寧《唐代的西域屯墾開發與社會生活研究》,北京: 中國農業出版社,2011 年 4 月。

張安福、王春輝《西域屯墾人物論稿》,北京: 中國農業出版社,2011 年 4 月。

二、論　文　集

孟憲實、榮新江、李肖主編《秩序與生活: 中古時期的吐魯番社會》,北京: 中國人民大學出版社,2011 年 1 月。

劉安志《敦煌吐魯番文書與唐代西域史研究》,北京: 商務印書館,2011 年 2 月。

王永生《錢幣與西域歷史研究》,北京: 中華書局,2011 年 2 月。

耿昇譯《法國敦煌學精粹》,蘭州: 甘肅人民出版社,2011 年 4 月。

姚崇新《中古藝術宗教與西域歷史論稿》,北京: 商務印書館,2011 年 5 月。

余太山《兩漢魏晉南北朝與西域關係史研究》,北京: 商務印書館,2011 年 9 月。

鄭炳林主編《中國敦煌吐魯番學會 2008 年度理事會議暨"敦煌漢藏佛教藝術與文化學術研討會"論文集》,西安: 三秦出版社,2011 年 9 月。

鄭阿財《鄭阿財敦煌佛教文獻與文學研究》,上海古籍出版社,2011 年 10 月。

王素《漢唐歷史與出土文獻》,北京: 故宮出版社,2011 年 12 月。

三、論　　文

（一）文書

吴大旬、陳延安、張琦《近年新獲吐魯番出土文獻概述》,《貴州民族學院學報》2011 年 6 期,第 39—44 頁。

石立善《吐魯番出土儒家經籍殘卷考異》,《敦煌寫本研究年報》2011 年 5 號,第 109—114 頁。

劉波《普林斯頓大學藏吐魯番文書唐寫本經義策殘卷之整理與研究》,《文獻》2011 年 3 期,第 10—28 頁。

陳國燦《古高昌大乘信仰盛況的再現——對旅博藏吐魯番出土佛經整理評介》,鄭炳林主編《中國敦煌吐魯番學會 2008 年度理事會議暨"敦煌漢藏佛教藝術與文化學術研討會"論文集》,西安：三秦出版社,2011 年 9 月,第 238—242 頁。

榮新江《唐代龜兹地區流傳的漢文典籍——以德藏"吐魯番收集品"爲中心》,《魏晉南北朝隋唐史》2011 年 3 期,第 64—70 頁。

肖瑜《日本書道博物館藏〈三國志·吴志·虞翻傳〉10 行殘卷研究》,《敦煌研究》2011 年 2 期,第 114—119 頁。

秦樺林《德藏吐魯番文獻〈龍龕手鑒·禾部〉殘頁小考》,《文獻》2011 年 3 期,第 29—36 頁。

胡鴻《柏林舊藏吐魯番出土"不知名類書"殘卷的初步研究》,《敦煌吐魯番研究》2011 年 12 卷,第 441—449 頁。

（二）政治

殷晴《柳中屯田與東漢後期的西域政局——兼析班勇的身世》,《西域研究》2011 年 3 期,第 1—8 頁。

王欣《高昌内徙與西域政局》,《中國邊疆史地研究》2011 年 3 期,第 80—87 頁。

王曉暉《高昌國若干政治經濟問題再探討——基於對高昌車牛殘奏和相關文書的分析》,鄭炳林主編《中國敦煌吐魯番學會 2008 年度理事會議暨"敦煌漢藏佛教藝術與文化學術研討會"論文集》,西安：三秦出版社,2011 年 9 月,第 214—220 頁。

馮培紅、白雪《略論敦煌吐魯番出土的東晉南朝文獻》,《東南文化》2011 年 2 期,第 87—91 頁。

李方《中古時期中原王朝和地方政權治理西域的經驗與教訓》,《南京師範大學學報》2011 年 2 期,第 80—86 頁。

杜文玉《"我群意識"與大唐帝國的崛起——兼論"我群意識"對西北地緣政治的影響》,《陝西師範大學學報》2011 年 4 期,第 106—113 頁。

薛宗正《安西大都護府治所考——兼論豆勒豆爾奧庫爾古建築群》,《史學集刊》2011 年 3 期,第 3—22 頁。

張宇《吐魯番文書所見唐西州"城主"考》,《南京師範大學學報》2011 年 2 期,第 87—95 頁。

劉再聰《唐西州里正銓擬、上直與縣吏分片管理制度》,《西域研究》2011 年 2 期,第 46—54 頁。

徐秀玲《從吐魯番出土文書看唐代官吏請假制度》,《蘭臺世界》2011 年 2 期,第 57—58 頁。

李宗俊《敦煌吐魯番文書所見姚崇二職及其官履沉浮發微》,《吐魯番學研究》2011 年 2 期,第 55—61 頁。

岳純之《所謂現存〈唐律疏議〉爲〈永徽律疏〉的新證——與鄭顯先生商榷》,《敦煌研究》2011 年 4 期,第 85—93 頁。

黃正建《敦煌吐魯番法典文書與唐代法律文化》,鄭炳林主編《中國敦煌吐魯番學會 2008 年度理事會議暨"敦煌漢藏佛教藝術與文化學術研討會"論文集》,西安:三秦出版社,2011 年 9 月,第 176—183 頁。

馮學偉《敦煌吐魯番文書中的地方慣例》,《當代法學》2011 年 2 期,第 10—21 頁。

陳璽《詣臺訴事慣例對唐御史臺司法權限的影響》,《湘潭大學學報》2011 年 1 期,第 135—138 頁。

陳璽《唐代據狀論訴慣例之實際運行與社會影響》,《新西部》2011 年 6 期,第 100—101 頁。

張安福《屯墾西域與唐代西北邊疆安全體系的構建研究》,《寧夏社會科學》2011 年 1 期,第 109—112 頁。

王旭送《論唐代西域烽鋪屯田》,《石河子大學學報》2011 年 3 期,第 19—23 頁。

周軒《〈辛卯侍行紀〉所記吐魯番與羅布之交通》,《吐魯番學研究》2011 年 1 期,第 59—66 頁。

羅佳《清代新疆移民地名考述》,《社會科學戰綫》2011 年 6 期,第 108—112 頁。

　　(三) 經濟

乜小紅《對古代吐魯番葡萄園租佃契的考察》,《中國社會經濟史研究》2011 年 3 期,第 1—11 頁。

乜小紅《中古西域民漢文買賣契約比較研究》,《西域研究》2011 年 2 期,第 55—62 頁。

張可輝《從敦煌吐鲁番文書看中人與地權交易契約關係》,《西域研究》2011 年 2 期,第 63—72 頁。

李錦繡《新出唐代陽朔縣銀鋌考釋——兼論唐開元天寶年間的户税制度》,《中國史研究》2011 年 1 期,第 17—32 頁。

徐暢《隋唐丁中制探源——從敦煌吐鲁番出土户籍文書切入》,《中華文史論叢》2011 年 2 期,第 255—291 頁。

張榮強:《唐代吐鲁番籍的"丁女"與敦煌籍的成年"中女"》,《歷史研究》2011 年 1 期,第 25—35 頁。

楊潔《絲路綠洲國家的貨幣:本地鑄造,抑或外部流入?》,《中國經濟史研究》2011 年 3 期,第 132—136 頁。

孟憲實《論十六國、北朝時期吐鲁番地方的絲織業及相關問題》,《敦煌吐鲁番研究》12 卷,第 197—227 頁。

沙梅真《歷史上吐鲁番地區"作人"來源問題的探討》,鄭炳林主編《中國敦煌吐鲁番學會 2008 年度理事會議暨"敦煌漢藏佛教藝術與文化學術研討會"論文集》,西安:三秦出版社,2011 年 9 月,第 221—228 頁。

盧向前《此槽頭非彼槽頭——鄯善文書"槽頭"與葡萄酒有關説》,鄭炳林主編《中國敦煌吐鲁番學會 2008 年度理事會議暨"敦煌漢藏佛教藝術與文化學術研討會"論文集》,西安:三秦出版社,2011 年 9 月,第 210—213 頁。

(四) 社會文化

鄧小南《從出土材料看唐宋女性生活》,《文史知識》2011 年 3 期,第 82—90 頁。

趙曉芳《淺論吐鲁番磚誌中的唐代西州女性》,《吐鲁番學研究》2011 年 1 期,第 28—37 頁。

王旭送《出土文獻所見中古時期吐鲁番地區的災害》,《吐鲁番學研究》2011 年 1 期,第 38—49 頁。

張安福、王春輝《唐代西州主流文化認同研究》,《吐鲁番學研究》2011 年 1 期,第 50—58 頁。

仲高《西域綠洲農耕文化的脈搏》,《新疆大學學報》2011 年 2 期,第 71—74 頁。

歐陽偉、閆新紅《維吾爾族古典詩歌"頭韻"傳統的形成與演變》,《西北民族大學學報》2011 年 6 期,第 124—129 頁。

韓鵬《吐鲁番出土供食帳中所見高昌時期飲食情況》,《北方文學》2011 年 2

期,第 109—110 頁。

賀菊蓮《晉唐時期吐魯番地區居民長壽之因芻議》,《蘭臺世界》2011 年 25
期,第 15—16 頁。

(五) 民族

羅海山《回鶻文契約"官罰"内容研究》,《貴州社會科學》2011 年 9 期,第
123—127 頁。

李樹輝《回鶻文始用時間考》,《青海民族研究》2011 年 3 期,第 119—123 頁。

問永寧《古回鶻文易經與道教因素之西傳》,《世界宗教研究》2011 年 1 期,第
67—76 頁。

沈淑花《黍、粟的維吾爾語詞源考》,《西域研究》2011 年 4 期,第 122—127 頁。

孜莫娜-克里斯特亞娜·拉施曼著,阿不都熱西提·亞庫甫譯《柏孜克里克新
出三件回鶻文〈金光明經〉殘片》,《吐魯番學研究》2011 年 1 期,第 139—
150 頁。

李樹輝《聖彼得堡藏 SI 2 Kr 17 號回鶻文文書研究》,《敦煌研究》2011 年 5
期,第 90—99 頁。

張鐵山《吐火羅文和回鶻文〈彌勒會見記〉比較研究——以吐火羅文 YQ1.3
1/2、YQ1.3 1/1、YQ1.9 1/1 和 YQ1.9 1/2 四頁爲例》,《敦煌吐魯番研究》
12 卷,第 99—108 頁。

張鐵山《吐魯番柏孜克里克出土兩葉回鶻文〈慈悲道場懺法〉殘葉研究》,《民
族語文》2011 年 4 期,第 52—57 頁。

阿依達米·米爾卡馬力、迪拉娜·伊斯拉非爾《吐魯番博物館藏回鶻文〈慈悲
道場懺法〉殘葉研究》,《敦煌研究》2011 年 4 期,第 45—51 頁。

張鐵山《吐魯番柏孜克里克出土回鶻文刻本〈佛説天地八陽神咒經〉殘頁研
究》,《敦煌學輯刊》2011 年 2 期,第 28—34 頁。

(德) 茨默撰,王丁譯《柏孜克里克出土的〈玄奘傳〉回鶻語譯本新殘片》,《吐
魯番學研究》2011 年 2 期,第 142—144 頁。

王睿《"阿攬"與"浮呐":吐魯番粟特胡名中的佛教因子》,《歷史研究》2011
年 3 期,第 78—90 頁。

(日) 荒川正晴《唐代天山東部州府的典和粟特人》,《國學學刊》2011 年 2
期,第 49—58 頁。

于海琴、李輝朝《交河溝西粟特康氏家族的漢元素》,《吐魯番學研究》2011 年
2 期,第 72—77 頁。

許全勝《西陲塢堡與胡姓家族——〈新獲吐魯番出土文獻〉研究二題》,《西域
研究》2011 年 4 期,第 79—85 頁。

（六）宗教

張惠明《伯孜克里克石窟〈金光明最勝王經變圖〉中的〈懺悔滅罪傳〉故事場面研究——兼談艾爾米塔什博物館所藏奧登堡收集品 Ty－575 號相關殘片的拼接》，《故宮博物院院刊》2011 年 3 期，第 55—70 頁。

陳高華《元代内遷畏兀兒人與佛教》，《中國史研究》2011 年 1 期，第 33—52 頁。

劉屹《天尊的降格與道教的轉型——以德藏吐魯番道教文獻 Ch. 349、Ch. 1002 爲例》，《吐魯番学研究》2011 年 1 期，第 77—89 頁。

楊富學《〈樂山堂神記〉與福建摩尼教——霞浦與敦煌吐魯番等摩尼教文獻的比較研究》，《文史》2011 年 4 輯，第 135—173 頁。

許蔚《吐魯番出土編號81TB65：1摩尼教殘卷插圖之臆説》，《敦煌研究》2011 年 2 期，第 84—88 頁。

（七）藝術

周菁葆《絲綢之路與新疆古代繪畫藝術》，《絲綢之路》2011 年 14 期，第 5—7 頁。

杜紅《新疆石窟壁畫中的服飾文化》，《絲綢之路》2011 年 24 期，第 21—25 頁。

王志煒《吐魯番出土唐代仕女畫的藝術特徵》，《飛天》2011 年 12 期，第 53—54 頁。

姚瀟鶇《試論中古時期"蓮花化生"形象及觀念的演變——兼論民間摩睺羅形象之起源》，《敦煌吐魯番研究》12 卷，第 381—397 頁。

侯世新《吐峪溝石窟寺第 38 窟龜兹風探析》，《敦煌學輯刊》2011 年 2 期，122—131 頁。

費泳《"垂領式"佛衣的典型特徵及其在北方佛像中的應用》，《敦煌學輯刊》2011 年 2 期，第 107—121 頁。

周菁葆《絲綢之路與新疆古代雕塑藝術》，《絲綢之路》2011 年 2 期，第 19—23 頁。

安尼瓦爾·哈斯木《吐魯番出土胡人俑造型藝術解析》，《吐魯番學研究》2011 年 2 期，第 63—69 頁。

周菁葆《絲綢之路與新疆古代建築藝術》，《絲綢之路》2011 年 16 期，第 32—34 頁。

周菁葆《絲綢之路上的豎箜篌研究》，《吐魯番學研究》2011 年 2 期，第 96—11 頁。

（八）考古

新疆吐魯番學研究院、新疆文物考古研究所《新疆鄯善洋海墓地發掘報告》，

《考古學報》2011 年 1 期,第 99—150 頁。

李肖、張永兵《2003—2004 年鄯善洋海墓地採集器物》,《吐魯番學研究》2011
年 1 期,第 1—13 頁。

中國社會科學院考古研究所邊疆民族考古研究室、吐魯番學研究院、龜茲研
究院《新疆鄯善縣吐峪溝石窟寺遺址》,《考古》2011 年 7 期,第 27—32 頁。

李裕群、李肖、陈凌《吐峪溝石窟的新發現 影響吐魯番歷史的佛教遺址》,
《中國文化遺產》2011 年 2 期,第 66—74 頁。

于志勇《2006—2010 年的新疆考古新發現》,《中國文化遺產》2011 年 4 期,第
44—51 頁。

吐魯番地區文物局《1987 年收繳的洋海墓地被盜出土器物》,《吐魯番學研
究》2011 年 2 期,第 12—35 頁。

新疆文物考古研究所、新疆吐魯番學研究院《高昌故城第二次考古發掘報
告》,《吐魯番學研究》2011 年 2 期,第 36—54 頁。

石靜瑩《淺析新疆地區發現的早期禦馬器》,《吐魯番学研究》2011 年 1 期,第
14—22 頁。

王幼敏《一件被一分爲二的“高昌磚”》,《故宮博物院院刊》2011 年 2 期,第
156—157 頁。

程兵《高昌墓磚研究初探》,《書畫世界》2011 年 3 期,第 4—13 頁。

柳方《吐魯番高昌故城保護研究策略探討——兼論新疆地區古城址保護研究
思路》,《吐魯番學研究》2011 年 1 期,第 114—119 頁。

徐婉玲、張銘心《一個維吾爾家庭與高昌故城的百年滄桑》,《敦煌吐魯番研
究》12 卷,第 485—499 頁。

安士佳《絲路遺產——吐峪溝大遺址保護籌劃會簡訊》,《吐魯番學研究》2011
年 1 期,第 155—156 頁。

李肖、徐佑成、江紅南、杜志强《交河故城大佛寺遺址的三維重建研究》,《吐魯
番學研究》2011 年 1 期,第 107—112 頁。

鄭偉《吐魯番地區古迹旅遊資源的保護與開發》,《絲綢之路》2011 年 4 期,第
45—46 頁。

(九) 文字

趙紅《漢語俗字構字理據性初探——以敦煌吐魯番文獻爲中心》,《西域研究》
2011 年 4 期,第 118—121 頁。

何家興、張全生《釋“饟”》,《新疆大學學報》2011 年 5 期,第 146—148 頁。

黑維强《敦煌、吐魯番文獻方言詞語例釋補遺》,鄭炳林主編《中國敦煌吐魯番
學會 2008 年度理事會議暨“敦煌漢藏佛教藝術與文化學術研討會”論文

集》,西安:三秦出版社,2011 年 9 月,第 169—175 頁。

劉光蓉《〈吐魯番出土磚誌集注〉釋義校補》,《綿陽師範學院學報》2011 年 6
期,第 72—73 頁。

陳菲菲《敦煌吐魯番契約文書中"邊"類表方位名詞考察》,《語文知識》2011
年 1 期,第 63—65 頁。

張涌泉、陳瑞峰《古代寫本鈎乙號研究》,《浙江社會科學》2011 年 5 期,第
131—137 頁。

周珩幫《日常書寫與民間形態——公元 3—6 世紀的吐魯番民間書法》,《伊犁
師範學院學報》2011 年 4 期,第 58—62 頁。

毛秋瑾《寫經書法述論——以敦煌吐魯番寫本爲中心》,《故宫博物院院刊》
2011 年 3 期,第 97—112 頁。

(十) 學術動態與紀念文

徐自强、吴夢麟《敦吐學會、敦煌學、傳統文化簡述》,鄭炳林主編《中國敦煌吐
魯番學會 2008 年度理事會議暨"敦煌漢藏佛教藝術與文化學術研討會"論
文集》,西安:三秦出版社,2011 年 9 月,第 330—348 頁。

(日) 高田時雄撰,裴成國譯《〈新獲吐魯番出土文獻〉上下二册》,《敦煌吐魯
番研究》12 卷,第 507—516 頁。

宇文卒編《季羨林先生敦煌吐魯番學及東方學論著編年目録》,《敦煌吐魯番
研究》12 卷,第 51—67 頁。

柴劍虹《高舉"敦煌學在世界"的大旗——紀念季羨林會長逝世一周年》,《敦
煌吐魯番研究》12 卷,第 21—27 頁。

王素《獎掖多後進 謙恭比前賢——記與季羨林先生交往二三事》,《敦煌吐
魯番研究》12 卷,第 41—44 頁。

程喜霖《略論吐魯番學理論與研究方法》,《吐魯番學研究》2011 年 2 期,第
1—11 頁。

中國摩尼教研究論著總目

楊富學　包朗　計佳辰　編

　　摩尼教是波斯人摩尼（Mani）於公元 3 世紀創立的宗教，它的主要教義是明暗二宗和前、中、後三際論。作爲一種"世界宗教"，它曾西傳羅馬和北非，東傳中亞和中國。尤其是在 8 世紀傳入回鶻後被封爲國教，對古代回鶻歷史文化曾產生深刻影響。9 世紀中葉回鶻汗國滅亡及隨後的會昌滅法後，摩尼教受到雙重打擊，在中原地區銷聲匿跡，摩尼僧呼祿法師潛入東南沿海地區繼續傳教，影響及於福建、浙江等地，成爲民間秘密宗教，在五代宋元時期，東南沿海地區的農民起義不少即與摩尼教息息相關。直到今天，福建霞浦一帶仍有完全民間化的明教徒存在，每年都舉辦各種活動以祭祀教主林瞪公。

　　19 世紀末 20 世紀初以來，西域、敦煌等地發現了相當數量的回鶻文、摩尼文、粟特文與漢文摩尼教文獻，著名者有敦煌漢文本《下部贊》、《摩尼光佛教法儀略》、《摩尼教殘經》和回鶻文本《摩尼教徒懺悔詞》、《摩尼教讚美詩》、《摩尼教寺院經濟文書》等，這些對於認識古代摩尼教在唐宋時代的傳播具有非常重要的意義。近期，福建霞浦又發現了一大批摩尼教文獻，計有《摩尼光佛》、《興福祖慶誕科》和《樂山堂神記》十餘種等，還有其他不少摩尼教遺物，是認識與了解宋元明清時期摩尼教在中國東南的民間化的第一手新資料。

　　自 20 世紀初以來，我國學者即致力於摩尼教的研究，至今已歷百年，湧現出豐碩的研究成果，對世界摩尼教的研究作出了重要貢獻。隨着霞浦摩尼教文獻的新發現，中國摩尼教的研究勢必會掀起新的熱潮。爲展現我國摩尼教研究的成果，促進國內外學術界對中國摩尼教的進一步研究，同時亦爲研究人員提供檢索的便利，特編此目。由於水準有限，見聞未廣，必有諸多遺漏，敬請諒之。

一、中　文　部　分

阿布都外力·克力木《淺談西域回鶻人摩尼教發展歷程》，《西北民族學院學報》2002 年 5 期，第 18—21 頁。

阿不都熱西提·亞庫甫《古代維吾爾語摩尼教文獻語言結構描寫研究》，中央民族大學博士學位論文，1996 年。

阿麗亞·阿布都拉《牟羽可汗改宗摩尼教與回鶻汗國的滅亡》，新疆師範大學碩士學位論文，2007 年。

阿依先《摩尼教與回鶻文化藝術》,《世界宗教文化》1999 年 2 期,第 47—48 頁。

阿依先《從古迹看新疆摩尼教》,《世界宗教文化》2005 年 4 期,第 17—19 頁。

艾尚連《試論摩尼教與回鶻文的關係及其在唐朝的發展》,《西北史地》1981 年 1 期,第 34—40 頁。

白化文《本世紀關於摩尼教遺迹遺物的第三次重大發現》,《中國文化》1993 年 1 期,第 26 頁。

(法)伯希和撰,馮承鈞譯《中亞史地叢考·摩尼教之默奚悉德》,《西域南海史地考證譯叢五編》,北京:中華書局,1956 年(北京:商務印書館,1995 年重印),第 147—149 頁。

(法)伯希和撰,馮承鈞譯《福建摩尼教遺迹》,《西域南海史地考證譯叢九編》,北京:中華書局,1958 年(北京:商務印書館,1995 年重印),第 125—141 頁;中國航海協會、泉州市人民政府編《泉州港與海上絲綢之路》,北京:中國社會科學出版社,2002 年,第 447—455 頁。

蔡鴻生《唐宋時代摩尼教在濱海地區的變異》,《中山大學學報》2004 年 6 期,第 114—117 頁。

岑仲勉《摩尼師與陰陽人》,《唐史餘瀋》,上海古籍出版社,1960 年(1979 年新 1 版),第 130—131 頁。

岑仲勉《摩尼讚聖歌之 Lifūtūsī 等》,《唐史餘瀋》,上海古籍出版社,1960 年(1979 年新 1 版),第 268—269 頁。

晁華山《火焰山下無名的摩尼古寺》,《文物天地》1992 年 5 期,第 26—29 頁。

晁華山《初尋高昌摩尼寺的蹤迹》,《考古與文物》1993 年 1 期,第 84—93 頁。

晁華山《尋覓湮沒千年的東方摩尼寺》,《中國文化》8 期,1993 年,第 1—20 頁。

晁華山《大漠掩埋的摩尼教繪畫》,葉奕良編《伊朗學在中國論文集》2 集,北京大學出版社,1998 年,第 1—9 頁。

陳長城《莆田涵江發現摩尼教碑刻》,《海交史研究》1988 年 2 期,第 117—118 頁。

陳高華《摩尼教與吃菜事魔——從王質〈論鎮盜疏〉説起》,《中國農民戰爭史論叢》4 輯,鄭州:河南人民出版社,1982 年,第 97—106 頁。

陳俊謀《頓莫賀與摩尼教》,《新疆社會科學》1985 年 6 期,第 61—64、89 頁。

陳俊謀《試論摩尼教在回鶻中的傳播及其影響》,《中央民族學院學報》1986 年 1 期,第 37—42 頁。

陳進國、林鋆《明教的發現——福建霞浦縣摩尼教事迹辨析》,《不止於藝——

中央美院"藝文課堂"名家講演錄》,北京大學出版社,2010 年,第 343——389 頁。

陳彤《談摩尼教在中國的本土化》,《宗教學研究》2005 年 3 期,第 98——99 頁。

陳萬里《閩南遊記》,上海開明書店,1930 年。

陳一舟、塗元濟《福建摩尼教寺院遺址考》,《海交史研究》2004 年 1 期,第 75——83 頁。

陳垣《摩尼教入中國考》,《國學季刊》1 卷 2 號,1923 年,第 203——239 頁;《陳垣學術論文集》1 集,北京:中華書局,1980 年,第 329——397 頁;《陳垣史學論著選》,上海人民出版社,1981 年,第 133——174 頁;《中國敦煌學百年文庫·宗教卷》4,蘭州:甘肅文化出版社,1999 年,第 340——374 頁;《明季滇黔佛教》,石家莊:河北教育出版社,2002 年,第 141——209 頁。

陳垣《摩尼教殘經》(一、二),《國學季刊》1 卷 3 號,1923 年,第 531——546 頁;《民國期刊資料分類彙編·敦煌學研究》第 3 冊,北京:國家圖書館出版社,2009 年,第 1339——1354 頁。

陳垣《元西域人華化考·摩尼教世家之儒學》,《勵耘書屋叢刻》,1934 年;北京師範大學出版社 1982 年重印,第 68——78 頁。

陳智超《南宋〈吃菜事魔〉新史料》,《北京師範學院學報》1985 年 4 期,第 29——31 頁。

陳志輝《隋唐以前之七曜曆術源流新證》,《上海交通大學學報》2009 年 4 期,第 46——51 頁。

(德)茨默著,桂林、楊富學譯《關於回鶻摩尼教的幾個問題》,《敦煌學輯刊》1998 年 1 期,第 147——150 頁。

(德)茨默著,桂林、楊富學譯《柏林收藏的回鶻語文獻及其研究概況》,《敦煌學輯刊》1999 年 1 期,第 136——141 頁。

(德)茨默著,桂林、楊富學譯《吐魯番摩尼教題記中的"國王"》,《敦煌學輯刊》2003 年 1 期,第 148——153 頁。

(德)茨默著,楊富學譯《1970 年以來吐魯番敦煌回鶻文宗教文獻的整理與研究》,《敦煌研究》2000 年 2 期,第 169——179 頁。

(德)茨默著,王丁譯《有關摩尼教開教回鶻的一件新史料》,《敦煌學輯刊》2009 年 3 期,第 1——7 頁。

多魯坤·闞白爾、斯拉菲爾·玉素甫《吐魯番出土的幾件回鶻文書研究》,《語言與翻譯》1988 年 1 期,第 40——44 頁。

多魯坤·闞白爾、斯拉菲爾·玉素甫《吐魯番最近出土的幾件回鶻文書研究》,《內陸アジア言語の研究》4 卷,神户市外國語大學外國學研究所,

1988 年,第 77—86 頁。

范立舟《論宋元時期的外來宗教》,《宗教學研究》2002 年 3 期,第 92—104 頁。

范立舟《白蓮教與佛教淨土信仰及摩尼教之關係——以宋元爲中心的考察》,《人文雜誌》2008 年 5 期,第 146—153 頁。

樊麗沙、楊富學《霞浦摩尼教文獻及其重要性》,《世界宗教研究》2011 年 6 期,第 186—193 頁。

方豪《浙江之摩尼教》,《浙江學報》1936 年 8 期,第 81—83 頁。

方豪《殘存於臺灣香港現行曆書中之摩尼教痕迹》,《中研院國際漢學會議論文集——歷史考古組》,臺北中研院,1981 年,第 907—923 頁。

方慶瑛《白蓮教的源流及其和摩尼教的關係》,《歷史教學問題》1959 年 5 期,第 34—38 頁。

高永久《摩尼教的產生及其在中亞地區的傳播》,《西北民族研究》1997 年 1 期,第 123—129 頁。

高永久《西域古代民族宗教綜論》,北京:高等教育出版社,1997 年。

葛承雍《唐兩京摩尼教寺院探察》,《唐韻胡音與外來文明》,北京:中華書局,2006 年,第 270—279 頁。

葛承雍《試論克孜爾石窟出土陶祖爲摩尼教藝術品》,《考古》2008 年 3 期,第 73—80 頁。

葛承雍《龜茲摩尼教藝術傳播補正》,《西域研究》2012 年 1 期,第 86—92 頁。

耿世民《回鶻文"摩尼教寺院文書初釋"》,《考古學報》1978 年 4 期,第 497—516 頁;《新疆考古三十年》,烏魯木齊:新疆人民出版社,1983 年,第 529—548 頁;《新疆文史論集》,北京:中央民族大學出版社,2001 年,第 354—382 頁。

耿世民《中國近年來關於摩尼教的研究》,《維吾爾古代文獻研究》,北京:中央民族大學出版社,2003 年,第 439—445 頁。

耿世民、克林凱特《一件吐魯番出土的摩尼教寺院被毀文書的研究》,《維吾爾古代文獻研究》,北京:中央民族大學出版社,2003 年,第 446—451 頁。

耿世民、克林凱特、勞特《摩尼與王子的比賽——吐魯番新發現的回鶻文摩尼教殘卷研究》,《維吾爾古代文獻研究》,北京:中央民族大學出版社,2003 年,第 452—463 頁。

耿世民、克林凱特、勞特《回鶻文摩尼教三王子故事殘卷》,《維吾爾古代文獻研究》,北京:中央民族大學出版社,2003 年,第 464—475 頁。

龔方震《西域宗教雜考》,《中華文史論叢》1986 年 2 輯（總 38 輯）,第 259—273 頁。

龔方震《摩尼教傳入所帶來的伊朗文化》,黃盛璋主編《亞洲文明》3 集,合肥:安徽教育出版社,1995 年,第 188—190 頁。

古樂慈著,王媛媛譯《一幅宋代摩尼教〈夷數佛幀〉》,《藝術史研究》10 輯,廣州:中山大學出版社,2008 年,第 139—190 頁。

姑麗娜爾《摩尼教與維吾爾文化》,《東方叢刊》1997 年 3 期,第 251—260 頁。

桂林《回鶻摩尼教研究》,蘭州大學博士學位論文,2006 年。

桂林、董華鋒《柏林吐魯番文獻中的〈摩尼教徒懺悔詞〉殘片譯釋》,《敦煌學輯刊》2007 年 2 期,第 100—109 頁。

(伊朗)哈桑著,楊富學、徐晶晶譯《摩尼教神祇的一個未知稱謂》,《吐魯番學研究》2009 年 2 期,第 131—133 頁。

韓秉芳《傳入中國的摩尼教是如何演化爲秘密宗教的?》,《宗教·科學·哲學》,鄭州:河南人民出版社,1982 年,第 358—376 頁。

韓秉芳《摩尼教研究的新收穫——評〈從摩尼教到明教〉》,《世界宗教文化》1994 年 1 期,第 62—64 轉 23 頁。

韓望舒《世界上現存最完整的摩尼教遺址——泉州草庵》,《世界宗教文化》2004 年 3 期,第 52—53 頁。

韓香《唐代外來宗教與中亞文明》,《陝西師範大學學報》2006 年 5 期,第 57—62 頁。

何冰蘭、劉玉《〈黑暗的心〉中的摩尼教寓言》,《北京航空航天大學學報》2011 年 2 期,第 79—83 頁。

何俊、范立舟《白蓮教與佛教淨土信仰及摩尼教之關係》,《南宋思想史》,上海古籍出版社,2008 年,第 351—380 頁。

何正清《摩尼教與天地會》,《宗教學研究》1986 年 2 期,第 78—80 頁。

(德)赫爾芬著,楊富學譯《西伯利亞岩刻所見點戛斯摩尼教》,《甘肅民族研究》1998 年 3 期,第 65—74 頁;《中國北方民族歷史文化論稿》,蘭州:甘肅人民出版社,2001 年,第 322—337 頁。

懷華《福建晉江華表山摩尼教遺址》,《文物參考資料》4 期,1958 年,第 28 頁。

黃超雲《宋代漳州的摩尼教》,《漳州職業大學學報》1999 年 2 期,第 50—53 頁。

黃海德《泉州地區宗教文化特徵論略》,《成都大學學報》2005 年 3 期,第 4—6 頁。

黃世春《福建晉江草庵發現"明教會"黑釉碗》,《海交史研究》1985 年 1 期,第 73 頁。

黃世春《從明教會碗的出土試論福建摩尼教興盛之年月》,《磁灶窯址》,晉江文管會編印,1987 年。

黄天柱《漫話摩尼教在古代中國的傳播》,《泉州稽古録》,北京:中國文聯出版社,2003 年,第 426—430 頁。

黄夏年《從漢文史料來看研究佛教的意義——兼談與其他宗教研究》,《四川文理學院學報》2010 年 6 期,第 27—31 頁。

黄展嶽《摩尼教在泉州》,蔡耀平、張明、吴遠鵬主編《學術泉州》,北京:中央文獻出版社,2003 年,第 239—249 頁;中國航海協會、泉州市人民政府編《泉州港與海上絲綢之路》(二),北京:中國社會科學出版社,2003 年,第 490—501 頁。

(日)吉田豐《粟特文考釋》,新疆吐魯番地區文物局編《吐魯番新出摩尼教文獻研究》,北京:文物出版社,2000 年,第 3—199 頁。

(日)吉田豐《柏孜克里克摩尼教粟特文書信的格式》,新疆吐魯番地區文物局編《吐魯番新出摩尼教文獻研究》,北京:文物出版社,2000 年,第 250—279 頁。

賈文龍《宋代秘密宗教與法禁研究》,《大同職業技術學院學報》2002 年 2 期,第 33—36 頁。

賈文龍《宋代秘密宗教與法禁研究》,河北大學碩士學位論文,2002 年。

賈應逸《新疆吐峪溝石窟佛教壁畫泛論》,《佛學研究》4 期,1995 年,第 240—249 頁(收入《新疆佛教壁畫的歷史學研究》,北京:中國人民大學出版社,2008 年,第 372—392 頁)。

蔣斧《摩尼教流行中國考略》,《敦煌石室遺書·波斯教殘經》,宣統己酉刊(1909 年),頁 2a—6b;《羅雪堂先生全集》三編第六册,臺北:文華出版社影印,1970 年,第 2289—2297 頁;《敦煌叢刊初集》第 6 册,臺北:新文豐出版公司,1985 年,第 317—334 頁。

金柏東《元〈選真寺碑記〉碑考略》,浙江省博物館編《東方博物》15 輯,杭州:浙江大學出版社,2005 年,第 17—19 頁;張之鑄主編《中國當代文博論著精編》,北京:文物出版社,2006 年,第 421—422 頁。

金柏東《〈選真寺碑記〉全文和史料價值》,温州市博物館編《文物與考古論集》,香港天馬圖書有限公司,1998 年,第 50—52 頁。

康志傑《試論方臘起義中的宗教問題》,《湖北大學學報》1987 年 6 期,第 96—100 頁,轉第 115 頁。

柯磊《泉州歷史上的摩尼教、印度教、日本教》,《福建宗教》2000 年 5 期,第 43—46 頁。

(美)克拉克著,楊富學、黄建華譯《摩尼文突厥語貝葉書》,《西域研究》1996

年 2 期,第 46—53 頁。

(德) 克林凱特撰,王媛媛譯《摩尼與摩尼教》,《新疆文物》2003 年 1 期,第 114—130 頁。

(德) 克林凱特撰,林悟殊譯《古代摩尼教藝術》,廣州: 中山大學出版社,1989 年。

(德) 克林凱特撰,林悟殊譯《古代摩尼教藝術》(增訂本),臺北: 淑馨出版社,1995 年。

(德) 克林凱特撰,趙崇明、楊富學譯《絲綢古道上的宗教》,《陽關》1995 年 2 期,第 38—41 頁。

拉爾夫·考兹著,徐達譯《摩尼宮是否爲福建第二所摩尼寺》,《中山大學研究生學刊》2001 年 1 期,第 47—51 頁。

李方《摩尼與摩尼教》,《書城》2003 年 1 期,第 4—5 頁。

李符桐《回鶻宗教演變考》,《臺北政治大學三十周年紀念論文集》,臺北: 政治大學,1957 年,第 299—314 頁。

李經緯《古代維吾爾文獻〈摩尼教懺悔詞〉譯釋》,《世界宗教研究》1982 年 3 期,第 57—78 頁。

李經緯《摩尼文簡介》,《語言與翻譯》1993 年 3 期,第 42—43 頁。

李林洲《福州摩尼教重要遺址——福州臺江義洲浦西福壽宮》,《福建宗教》2004 年 1 期,第 43—44 頁。

李樹輝《回鶻文摩尼教寺院文書寫作年代及相關史事研究》,《西北民族研究》2004 年 3 期,第 14—22 頁。

李樹輝《試論摩尼教消亡的時間》,《世界宗教研究》2008 年 4 期,第 110—117 頁。

李淞《藥王山〈謝永進造像碑〉的年代與摩尼教信息解讀》,《考古與文物》2008 年 3 期,第 72—80 頁。

李天錫《晉江草庵肇建於宋代新證》,《宗教學研究》2006 年 2 期,第 64—67 頁。

李天錫《晉江宗教文化概覽》(《晉江文化叢書》3 輯),廈門大學出版社,2005 年。

李文藝《探尋逝去的摩尼教——泉州草庵訪問記》,《福建文史》2002 年 2 期,第 36—40 頁。

李雪《回鶻摩尼教文獻研究》,中央民族大學碩士學位論文,2011 年。

李旭東《從出土文獻看沙州回鶻之摩尼教》,《甘肅民族研究》1998 年 3 期,第 75—78 頁。

李玉昆《福建晉江草庵摩尼教遺迹探索》,《世界宗教研究》1986 年 2 期,第 134—139 頁。

李玉昆《20 世紀福建摩尼教的新發現及其研究》,《福建宗教》1999 年 1 期,第 37 頁;中國航海協會、泉州市人民政府編《泉州港與海上絲綢之路》,北京: 中國社會科學出版社,2002 年,第 471—477 頁。

李玉昆《20 世紀泉州外來宗教文化研究回顧》,《學術泉州》,北京: 中央文獻 出版社,2003 年,第 298—317 頁。

李玉昆《福建晉江草庵摩尼教遺址》,《尋根》2006 年 1 期,第 20—24 頁。

李裕民《方臘起義新考》,《山西大學學報》1980 年 2 期,第 44—52 頁。

李中和《唐代回鶻宗教信仰的歷史變遷》,《甘肅社會科學》2009 年 2 期,第 209—212 頁。

(俄) 利夫希茨著,楊富學、趙天英譯《亞洲博物館藏摩尼教文獻》,《敦煌學輯 刊》2010 年 3 期,第 186—192 頁。

連立昌《明教性質芻議》,《福建論壇》1988 年 3 期,第 41—45 頁。

連立昌《福建秘密社會》,福州: 福建人民出版社,1988 年。

廉亞明《中國東南摩尼教的蹤迹》,《海交史研究》2000 年 2 期,第 71—77 頁。

廖大珂《摩尼教在福建的傳播與演變》,《中國文化研究》2005 年 3 期,第 10—18 頁。

林梅村《英山畢昇碑與淮南摩尼教》,《北京大學學報》1997 年 2 期,第 137—147 頁;《漢唐西域與中國文明》,北京: 文物出版社,1998 年,第 393—407 頁。

林梅村《日月光金與回鶻摩尼教》,《中國錢幣論文集》3 輯,北京: 中國金融出 版社,1998 年,第 306—312 頁(《漢唐西域與中國文明》,北京: 文物出版 社,1998 年,第 381—392 頁)。

林順道《蒼南元明時代摩尼教及其遺迹》,《世界宗教研究》1989 年 4 期,第 107—111 頁。

林順道《摩尼教"選真寺記"元碑》,《中國文物報》1997 年 7 月 27 日第 3 版。

林順道《摩尼教傳入溫州考》,《世界宗教研究》2007 年 1 期,第 125—137 頁。

林文明《摩尼教和草庵遺迹》,《海交史研究》1978 年 1 期,第 22—40 頁;中國 航海協會、泉州市人民政府編《泉州港與海上絲綢之路》,北京: 中國社會科 學出版社,2002 年,第 456—470 頁。

林悟殊《摩尼教的二宗三際論及其起源初探》,《世界宗教研究》1982 年 3 期, 第 45—56 頁;《摩尼教及其東漸》,北京: 中華書局,1987 年,第 12—34 頁; 《林悟殊敦煌文書與夷教研究》(《當代敦煌學者自選集》),上海古籍出版社,2011 年,第 89—112 頁。

林悟殊《古代摩尼教》,北京:商務印書館,1983 年。

林悟殊《敦煌本〈摩尼光佛教法儀略〉的產生》,《世界宗教研究》1983 年 3 期,第 71—76 頁;《摩尼教及其東漸》,北京:中華書局,1987 年,第 168—176 頁;《中國敦煌學百年文庫 · 宗教卷》3,蘭州:甘肅文化出版社,1999 年,第 414—420 頁。

林悟殊《摩尼教入華年代質疑》,《文史》18 輯,北京:中華書局,1983 年,第 69—81 頁;《摩尼教及其東漸》,北京:中華書局,1987 年,第 46—63 頁;《林悟殊敦煌文書與夷教研究》(《當代敦煌學者自選集》),上海古籍出版社,2011 年,第 146—166 頁。

林悟殊《〈摩尼教殘經一〉原名之我見》,《文史》21 輯,北京:中華書局,1983 年,第 89—100 頁;《摩尼教及其東漸》,北京:中華書局,1987 年,第 191—207 頁;《中國敦煌學百年文庫 · 宗教卷》3,蘭州:甘肅文化出版社,1999 年,第 401—413 頁;《林悟殊敦煌文書與夷教研究》(《當代敦煌學者自選集》),上海古籍出版社,2011 年,第 1—21 頁。

林悟殊《〈摩尼光佛教法儀略〉的三聖同一論》,《摩尼教及其東漸》,北京:中華書局,1987 年,第 183—190 頁;《中國敦煌學百年文庫 · 宗教卷》3,蘭州:甘肅文化出版社,1999 年,第 440—444 頁;《林悟殊敦煌文書與夷教研究》(《當代敦煌學者自選集》),上海古籍出版社,2011 年,第 40—48 頁。

林悟殊《回鶻奉摩尼教的社會歷史根源》,《世界宗教研究》1984 年 1 期,第 136—143 頁;《摩尼教及其東漸》,北京:中華書局,1987 年,第 87—99 頁。

林悟殊《摩尼教在回鶻復興的社會歷史根源》,《世界宗教研究》1984 年 1 期,第 136—143 頁。

林悟殊《本世紀來摩尼教資料的新發現及其研究概況》,《世界宗教資料》1984 年 1 期,第 1—6 頁。

林悟殊《〈老子化胡經〉與摩尼教》,《世界宗教研究》1984 年 4 期,第 116—122 頁;《摩尼教及其東漸》,北京:中華書局,1987 年,第 76—86 頁;《中國敦煌學百年文庫 · 宗教卷》3,蘭州:甘肅文化出版社,1999 年,第 421—428 頁;《林悟殊敦煌文書與夷教研究》(《當代敦煌學者自選集》),上海古籍出版社,2011 年,第 49—61 頁。

林悟殊《從考古發現看摩尼教在高昌回鶻的封建化》,《西北史地》1984 年 4 期,第 9—16 頁;《摩尼教及其東漸》,北京:中華書局,1987 年,第 100—110 頁。

林悟殊《摩尼教〈下部贊〉漢譯年代之我見》,《文史》22 輯,北京:中華書局,

1984 年,第 91—96 頁;《摩尼教及其東漸》,北京:中華書局,1987 年,第 208—216 頁;《中國敦煌學百年文庫·宗教卷》3,蘭州:甘肅文化出版社,1999 年,第 429—435 頁;《林悟殊敦煌文書與夷教研究》(《當代敦煌學者自選集》),上海古籍出版社,2011 年,第 62—78 頁。

林悟殊《唐代摩尼教與中亞摩尼教團》,《文史》23 輯,北京:中華書局,1984 年,第 85—93 頁;《摩尼教及其東漸》,北京:中華書局,1987 年,第 64—75 頁;《林悟殊敦煌文書與夷教研究》(《當代敦煌學者自選集》),上海古籍出版社,2011 年,第 167—178 頁。

林悟殊《宋元時代中國東南沿海的寺院式摩尼教》,《世界宗教研究》1985 年 3 期,第 103—111 頁;《摩尼教及其東漸》,北京:中華書局,1987 年,第 145—158 頁。

林悟殊《宋代明教與唐代摩尼教》,《文史》24 輯,北京:中華書局,1985 年,第 115—126 頁;《摩尼教及其東漸》,北京:中華書局,1987 年,第 120—134 頁;《林悟殊敦煌文書與夷教研究》(《當代敦煌學者自選集》),上海古籍出版社,2011 年,第 179—194 頁。

林悟殊《唐宋〈三際經〉質疑》,《文史》25 輯,北京:中華書局,1985 年 10 月,第 109—114 頁;《摩尼教及其東漸》,北京:中華書局,1987 年,第 159—167 頁;《林悟殊敦煌文書與夷教研究》(《當代敦煌學者自選集》),上海古籍出版社,2011 年,第 136—145 頁。

林悟殊《吃菜事魔與摩尼教》,《文史》26 輯,1985 年,第 149—155 頁;《摩尼教及其東漸》,北京:中華書局,1987 年,第 135—144 頁。

林悟殊《慕闍考》,《文史》第 27 輯,1986 年,第 61—66 頁;《摩尼教及其東漸》,北京:中華書局,1987 年,第 111—119 頁;《林悟殊敦煌文書與夷教研究》(《當代敦煌學者自選集》),上海古籍出版社,2011 年,第 123—135 頁。

林悟殊《早期摩尼教在中亞地區的成功傳播》,《摩尼教及其東漸》,北京:中華書局,1987 年,第 35—45 頁。

林悟殊《〈摩尼光佛教法儀略〉殘卷的綴合》,《摩尼教及其東漸》,北京:中華書局,1987 年,第 177—182 頁;《敦煌吐魯番文獻研究論集》5 輯,北京大學出版社,1990 年,第 197—202 頁;《中國敦煌學百年文庫·宗教卷》3,蘭州:甘肅文化出版社,1999 年,第 436—439 頁;《林悟殊敦煌文書與夷教研究》(《當代敦煌學者自選集》),上海古籍出版社,2011 年,第 22—29 頁。

林悟殊《龍門天竺寺非摩尼教寺辨》,《中原文物》1986 年 2 期,第 105—109 頁。

林悟殊《摩尼教及其東漸》,北京:中華書局,1987 年。

林悟殊《泉州摩尼教墓碑石爲景教碑石辨》,《文物》1988 年 8 期,第 82—86 頁;《達·伽馬以前中亞和東亞的基督教》,臺北:淑馨出版社,1995 年,第 178—188 頁。

林悟殊《〈摩尼光佛教法儀略〉殘卷的綴合》,《敦煌吐魯番文獻研究論集》5 集,北京大學出版社,1990 年,第 179—201 頁。

林悟殊《倫敦藏敦煌寫本〈下部讚〉原件考察》,《季羨林教授八十華誕紀念論文集(下)》,南昌:江西人民出版社,1991 年,第 871—900 頁;《林悟殊敦煌文書與夷教研究》(《當代敦煌學者自選集》),上海古籍出版社,2011 年,第 72—78 頁。

林悟殊《福建發現的波斯摩尼教遺物》,《故宮文物月刊》(臺)12 卷 1 期(總第 133 卷),1994 年,第 110—117 頁。

林悟殊《從福建明教遺物看波斯摩尼教之華化》,《古代摩尼教藝術》(增訂本),臺北:淑馨出版社,1995 年,第 123—137 頁。

林悟殊《唐代摩尼教術語"三常"一詞考釋》,《敦煌學》(臺)20 輯,1995 年,第 47—52 頁;《中國敦煌學百年文庫·宗教卷》3,蘭州:甘肅文化出版社,1999 年,第 454—458 頁。

林悟殊《摩尼教"三常"考——兼論景教碑"啓三常之門"一句之釋讀》,饒宗頤主編《華學》1 輯,廣州:中山大學出版社,1995 年,第 18—24 頁;《中古三夷教辨證》,北京:中華書局,2005 年,第 132—141 頁;《林悟殊敦煌文書與夷教研究》(《當代敦煌學者自選集》),上海古籍出版社,2011 年,第 113—122 頁。

林悟殊《摩尼教研究之展望》,《新史學》(臺)7 卷 1 期,1996 年,第 119—134 頁;《學術集林》14 集,上海:遠東出版社,1998 年,第 334—351 頁。

林悟殊《金庸筆下的明教與歷史的真實》,《歷史月刊》(臺)98 期,1996 年,第 62—67 頁。

林悟殊《摩尼教及其東漸》(增訂本),臺北:淑馨出版社,1997 年。

林悟殊《敦煌摩尼教〈下部讚〉經名考釋——兼論該經三首音譯詩》,《敦煌吐魯番研究》3 卷,北京大學出版社,1998 年,第 45—51 頁;《中古三夷教辨證》,北京:中華書局,2005 年,第 123—131 頁;《林悟殊敦煌文書與夷教研究》(《當代敦煌學者自選集》),上海古籍出版社,2011 年,第 79—88 頁。

林悟殊《唐朝三夷教政策論略》,榮新江主編《唐研究》4 卷,北京大學出版社,1998 年,第 1—14 頁。

林悟殊《唐季"大秦穆護祆"考》(上、下),《文史》1999 年 3 輯(總第 48 輯),第 39—46 頁;《文史》1999 年 4 輯(總第 49 輯),第 101—112 頁;《中古三夷教辨證》,中華書局,2005 年 6 月,第 284—315 頁。

林悟殊《書評:柳洪亮主編〈吐魯番新出摩尼教文獻研究〉》,《敦煌吐魯番研究》5 卷,北京大學出版社,2000 年,第 361—366 頁。

林悟殊《記摩尼教在福建的傳播》,《海交史研究》2001 年 2 期,第 72—73 頁。

林悟殊《20 世紀敦煌漢文摩尼教寫本研究述評》,《敦煌學與中國史研究論集——紀念孫修身先生逝世一周年》,蘭州:甘肅文化出版社,2001 年,第 430—435 頁。

林悟殊《二十世紀唐代摩尼教研究述評》,胡戟等主編《二十世紀唐研究》,北京:中國社會科學出版社,2002 年,第 569—577 頁。

林悟殊《有關"莆田市涵江新發現摩尼教文物古迹"的管見》,《世界宗教研究》2002 年 3 期,第 145—148 頁。

林悟殊《元代泉州摩尼教偶像崇拜探源》,《海交史研究》2003 年 1 期,第 65—75 頁;《中古三夷教辨證》,北京:中華書局,2005 年,第 399—417 頁;蔡耀平、張明、吳遠鵬主編《學術泉州》,北京:中央文獻出版社,2003 年,第 250—268 頁。

林悟殊《泉州草庵摩尼雕像與吐魯番摩尼畫像的比較》,《考古與文物》2003 年 2 期,第 76—80 頁。

林悟殊《20 世紀的泉州摩尼教考古》,《文物》2003 年 7 期,第 71—77 頁。

林悟殊《泉州摩尼教淵源考》,林中澤主編《華夏文明與西方世界》,香港博士苑出版社,2003 年,第 75—93 頁;《中古三夷教辨證》,北京:中華書局,2005 年,第 375—398 頁。

林悟殊《唐代三夷教的社會走向》,榮新江主編《唐代宗教信仰與社會》,上海辭書出版社,2003 年,第 359—384 頁。

林悟殊《福建明教十六字偈考釋》,《文史》2004 年 1 輯(總第 66 輯),第 230—246 頁;《中古三夷教辨證》,北京:中華書局,2005 年,第 5—32 頁;《林悟殊敦煌文書與夷教研究》(《當代敦煌學者自選集》),上海古籍出版社,2011 年,第 195—224 頁。

林悟殊《福州浦西福壽宮"明教文佛"宗教屬性辨析》,《中山大學學報》2004 年 6 期,第 118—123 頁。

林悟殊《宋元濱海地域明教非海路輸入辨》,《中山大學學報》2005 年 3 期,第 67—71 頁;《中古夷教華化叢考》,蘭州大學出版社,2011 年,第 40—49 頁。

林悟殊《敦煌漢文摩尼教寫經研究回顧》,《中古三夷教辨證》,北京:中華書局,2005 年,第 107—118 頁。

林悟殊《英法藏敦煌漢文摩尼教寫本原件考察》,《中古三夷教辨證》,北京:

中華書局,2005 年,第 119—122 頁。

林悟殊《元〈竹西樓記〉摩尼教信息辨析》,曾憲通主編《華學》7 輯,廣州：中山大學出版社,2004 年,第 242—252 頁;《中古三夷教研究》,北京：中華書局,2005 年,第 142—160 頁。

林悟殊《明教：扎根中國的摩尼教》,《尋根》2006 年 1 期,第 10—14 頁。

林悟殊《宋元溫州選真寺摩尼教屬性再辨析》,《中華文史論叢》2006 年 4 輯（總第 84 輯）,第 265—288 頁;《中古夷教華化叢考》,蘭州大學出版社,2011 年,第 1—18 頁。

林悟殊《摩尼教華名辨異》,《九州學林》5 卷 1 期（2007 年春季號）,第 180—243 頁;《中古夷教華化叢考》,蘭州大學出版社,2011 年,第 51—91 頁;馬西沙主編《當代中國宗教研究精選叢書·民間宗教卷》,北京：民族出版社,2008 年,第 28—77 頁。

林悟殊《泉州晉江新發現摩尼教遺迹辨析》,饒宗頤主編《華學》9、10 輯（二）,上海古籍出版社,2008 年,第 754—767 頁;《中古夷教華化叢考》,蘭州大學出版社,2011 年,第 20—39 頁。

林悟殊《晉江摩尼教草庵發現始末考述》,《福建師範大學學報》2010 年 1 期,第 61—65 頁。

林悟殊《宋代明教僞託白詩考》,《文史》2010 年 4 輯（總第 93 輯）,第 175—199 頁。

林悟殊《中古夷教華化叢考》,蘭州大學出版社,2011 年。

林悟殊《"宋摩尼教依託道教"考論》,張榮芳、戴治國主編《陳垣與嶺南：紀念陳垣先生誕生 130 周年學術研討會論文集》,北京：中國社會科學出版社,2011 年,第 81—107 頁。

林悟殊《漢文摩尼教經與景教經之宏觀比較》,《中國宗教文獻研究國際シンポジウム報告書》,京都,2004 年,第 131—150 頁。

林悟殊、王媛媛《泉州草庵遺址明教屬性辨識之學理與方法》,《中華文史論叢》2010 年 3 期（總 99 輯）,第 343—369 頁。

林振禮《朱熹與摩尼教新探》,《泉州師範學院學報》2004 年 1 期,第 30—37 頁;《朱熹新探》,北京：中國廣播電視出版社,2004 年,第 189—212 頁。

林振禮《宋元時期多元化交融的歷史見證——評吳文良原著,吳幼雄增訂的〈泉州宗教石刻〉》,《泉州師範學院學報》2007 年 3 期,第 133—136 頁。

林子周、陳劍秋《福建霞浦明教之林瞪的祭祀活動調查》,《世界宗教文化》2010 年 5 期,第 82—85 頁。

劉風五《回族與摩尼教》,《內外雜誌》3 卷,1935 年。

劉戈《回鶻摩尼教研究綜述》,《西域研究》1991 年 3 期,第 96—104 頁。

劉平《摩尼教的傳播對回鶻書面語的影響》,《新疆社科論壇》1995 年 2 期,第 49—53 頁。

劉平《中國"邪教"的由來與演變》,《中國社會歷史評論》6 卷,天津古籍出版社,2005 年,第 239—254 頁。

劉平《中國秘密宗教史研究》,北京大學出版社,2010 年。

劉銘恕《泉州石刻三跋》,《考古通訊》1985 年 6 期,第 60—62 頁。

劉銘恕《有關摩尼教的兩個問題》,《世界宗教研究》1994 年 3 期,第 134—136 頁。

劉銘恕、思辯《書陳垣摩尼教入中國考後》,《北平晨報》1963 年 6 月 16 日。

劉南强撰,林悟殊譯《摩尼教寺院的戒律和制度》,《世界宗教研究》1983 年 1 期,第 24—37 頁;《摩尼教及其東漸》(增訂本),臺北:淑馨出版社,1997 年,第 107—130 頁。

劉南强撰,林悟殊譯《華南沿海的景教徒和摩尼教徒》,《海交史研究》1987 年 2 期,第 93—104 頁;《達·伽馬以前中亞和東亞的基督教》,臺北:淑馨出版社,1995 年,第 157—177 頁。

劉南强撰,李靜蓉譯《刺桐基督教與摩尼教遺址概述》,《海交史研究》2010 年 2 期,第 75—88 頁。

劉青泉《摩尼教興衰因緣及其羅山草庵遺迹探究》,《世界宗教研究》1999 年 3 期,第 134—137 頁。

劉義棠《維吾爾宗教信仰研究》,《維吾爾研究》,臺北:正中書局,1975 年,第 433—516 頁(修訂本,臺北:正中書局,1997 年,第 435—518 頁)。

劉屹《唐開元年間摩尼教命運的轉折——以敦煌本〈老子西昇化胡經序説〉和〈摩尼光佛教法儀略〉爲中心》,《敦煌吐魯番研究》9 卷,北京:中華書局,2006 年,第 85—109 頁。

劉正江《論摩尼教對維吾爾文學藝術發展的影響》,《新疆大學學報》2009 年 4 期,第 129—131 頁。

柳存仁《"徐直事爲"考——并論唐代以前摩尼、拜火教在中國之遺痕》,《王力先生紀念論文集》,香港:三聯書店(香港)有限公司,1987 年,第 89—130 頁。

柳存仁《唐代以前拜火教摩尼教在中國之遺痕》,《和風堂文集》(上),上海古籍出版社,1991 年,第 495—554 頁。

柳存仁《金庸小説裏的摩尼教》,《中國文化》2009 年 1 期,第 1—32 頁。

柳存仁撰,林悟殊譯《唐前火祆教和摩尼教在中國之遺痕》,《世界宗教研究》

1983 年 3 期,第 36—61 頁。

柳洪亮《吐魯番勝金口北區寺院是摩尼寺嗎?》,《吐魯番新出摩尼教文獻研究》,北京:文物出版社,2000 年,第 231—249 頁;《吐魯番學新論》,烏魯木齊:新疆人民出版社,2006 年,第 827—836 頁。

陸芸《福建摩尼教初探》,《龍岩師專學報》2004 年 5 期,第 48—49 頁。

《泉州的宗教文化特點》,《西北民族大學學報》2004 年 3 期,第 140—144 頁。

羅豐《中亞流傳中國的拜火教與摩尼教之比較研究》,《固原師專學報》1989 年 4 期,第 61—67 頁。

羅振玉《摩尼教殘經跋》,《敦煌石室遺書》,宣統己酉刊(1909 年),頁 1b—2a;《羅雪堂先生全集》三編第六冊,臺北:文華出版社影印,1970 年,第 2299—2304 頁。

羅振玉《波斯教殘經》,《國學叢刊》1911 年 2 冊。

馬東平《淺論回紇改宗摩尼教》,《甘肅社會科學》1997 年 6 期,第 27—29 頁。

《從〈摩尼光佛教法儀略〉產生的歷史背景看唐代封建政權與宗教的關係》,《天水師範學院學報》2004 年 6 期,第 14—16 頁。

馬蘇坤《〈古代摩尼教藝術〉一書介紹》,《新疆社會科學》1989 年 5 期,第 128 頁。

馬西沙《歷史上的彌勒教與摩尼教的融合》,《宗教哲學》36 期,2006 年,第 1—13 頁。

馬西沙、韓秉方《中國民間宗教史》,上海人民出版社,1992 年(北京:中國社會科學出版社,2004 年)。

馬小鶴《摩尼光佛考》,《史林》1999 年 1 期,第 11—15、82 頁;《摩尼教與古代西域史研究》,北京:中國人民大學出版社,2008 年,第 91—100 頁。

馬小鶴《摩尼教宗教符號“妙衣”研究》,《中華文史論叢》59 輯,1999 年,第 153—185 頁;《摩尼教與古代西域史研究》,北京:中國人民大學出版社,2008 年,第 4—25 頁。

馬小鶴《摩尼教、基督教、佛教中的“大醫王”研究》,《歐亞研究》1 輯,北京:中華書局,1999 年,第 243—258 頁;《摩尼教與古代西域史研究》,北京:中國人民大學出版社,2008 年,第 101—120 頁。

馬小鶴《摩尼教宗教符號“大法藥”研究》,《敦煌吐魯番研究》4 卷,北京大學出版社,1999 年,第 145—164 頁。

馬小鶴《摩尼教與古代西域史研究》,北京:中國人民大學出版社,2008 年,第 45—63 頁。

馬小鶴《摩尼教與古代西域史研究》,北京:中國人民大學出版社,2008 年,第

64—90 頁。

馬小鶴《“肉佛、骨佛、血佛”和“夷數肉血”考——基督教聖餐與摩尼教的關係》,《史林》2000 年 3 期,第 40—47 頁;《摩尼教與古代西域史研究》,北京:中國人民大學出版社,2008 年,第 121—135 頁。

馬小鶴《摩尼教宗教符號“珍寶”研究——梵文 ratna、帕提亞文 rdn、粟特文 rtn、回鶻文 ertini 考》,《西域研究》2000 年 2 期,第 53—60 頁;《摩尼教與古代西域史研究》,北京:中國人民大學出版社,2008 年,第 35—44 頁。

馬小鶴《摩尼教宗教符號“明珠”研究——帕提亞文 mwrg' ryd(珍珠)考》,《學術集林》17 集,上海:遠東出版社,2000 年,第 290—301 頁;《摩尼教與古代西域史研究》,北京:中國人民大學出版社,2008 年,第 26—34 頁。

馬小鶴《摩尼教的“光耀柱”和“盧舍那身”》,《世界宗教研究》2000 年 4 期,第 104—113 頁;《摩尼教與古代西域史研究》,北京:中國人民大學出版社,2008 年,第 136—149 頁。

馬小鶴《近年來摩尼教研究綜述》,《中華文史論叢》2001 年 1 輯(總第 65 輯),第 284—298 頁;《摩尼教與古代西域史研究》,北京:中國人民大學出版社,2008 年,第 308—322 頁。

馬小鶴《釋粟特文 'nδysn(記驗)——讀〈吐魯番新出摩尼教文獻研究〉筆記》,《敦煌吐魯番研究》第 6 卷,2002 年,第 115—127 頁;《摩尼教與古代西域史研究》,北京:中國人民大學出版社,2008 年,第 150—163 頁。

馬小鶴《粟特文 'δw wkrw 'ncmn(二部教團)與漢文“四部之衆”》,榮新江主編《唐代宗教信仰與社會》,上海辭書出版社,2003 年,第 413—433 頁;《摩尼教與古代西域史研究》,北京:中國人民大學出版社,2008 年,第 206—225 頁。

馬小鶴《摩尼教〈下部贊〉“初聲贊文”新考——與安息文、窣利文、回鶻文資料的比較》,葉奕良編《伊朗學在中國論文集》3 集,北京大學出版社,2003 年,第 81—105 頁;《摩尼教與古代西域史研究》,北京:中國人民大學出版社,2008 年,第 164—196 頁。

馬小鶴《摩尼教〈下部贊〉“初聲贊文”續考——漢文題解、回鶻文 ašnuqï 以及與科普特文和缽羅婆文資料的比較》,葉奕良編《伊朗學在中國論文集》3 集,北京大學出版社,2003 年,第 106—113 頁;《摩尼教與古代西域史研究》,北京:中國人民大學出版社,2008 年,第 197—205 頁。

馬小鶴《粟特文 t' mp' r(肉身)考》,榮新江等主編《粟特人在中國——歷史、考古、語言的新探索》,北京:中華書局,2005 年,第 478—502 頁;《摩尼教與古代西域史研究》,北京:中國人民大學出版社,2008 年,第 226—

246 頁。

馬小鶴《"相、心、念、思、意"考》,《中華文史論叢》2006 年 4 輯(總第 84 輯),第 237—264 頁。

馬小鶴《摩尼教"十二大王"和"三大光明日"考》,《摩尼教與古代西域史研究》,北京:中國人民大學出版社,2008 年,第 247—283 頁;《摩尼教與古代西域史研究》,北京:中國人民大學出版社,2008 年,第 247—283 頁。

馬小鶴《摩尼教"大神咒"研究——帕提亞文文書 M1202 再考釋》,《摩尼教與古代西域史研究》,北京:中國人民大學出版社,2008 年,第 284—305 頁。

馬小鶴《摩尼教與古代西域史研究》,北京:中國人民大學出版社,2008 年。

馬小鶴《摩尼教"五種大"新考》,《史林》2009 年 3 期,第 26—32 頁。

馬小鶴《〈摩尼教殘經一〉改編〈大力士經〉考》,上海社會科學院《傳統中國研究集刊》編輯部編《傳統中國研究集刊》7 輯,2010 年,第 211—221 頁。

馬小鶴《摩尼教十天王考——福建霞浦文書研究》,朱玉麒主編《西域文史》5 輯,北京:科學出版社,2010 年,第 119—130 頁。

馬小鶴《從"平等王"到"平等大帝"——福建霞浦文書〈奏申牒疏科册〉研究之二》,《史林》2010 年 4 期,第 90—190 頁。

馬小鶴、芮傳明《摩尼教"朝拜日、夜拜月"研究》(上),《學術集林》15 集,上海:遠東出版社,1999 年,第 263—282 頁。

馬小鶴、芮傳明《摩尼教"朝拜日、夜拜月"研究》(下),《學術集林》16 集,上海:遠東出版社,1999 年,第 326—343 頁。

馬小鶴、吳春明《摩尼教與濟度亡靈——霞浦明教〈奏申牒疏科册〉研究》,《九州學林》2010 年 3 期,第 15—47 頁。

馬小鶴、張忠達《光明使者——圖說摩尼教》,上海社會科學院出版社,2003 年。

馬亞傑《明教寺名源小考》,《安徽大學學報》1984 年 1 期,第 95 頁。

買買提祖農・阿布都克力木《試論摩尼教對鄂爾渾回鶻的影響》,《首都師範大學學報》2010 年 5 期,第 138—141 頁。

(瑞士)孟格斯著,桂林、楊富學譯《論中亞摩尼教、基督教、佛教之關係——評〈絲綢之路上基督教、諾斯替教和佛教之碰撞〉》,《敦煌學輯刊》2007 年 3 期,第 171—178 頁(《宗教》2008 年 2 期,第 128—133 頁)。

牟潤孫《宋代摩尼教》,《輔仁學志》第 7 卷第 1、2 期合刊,1938 年,第 125—146 頁;《宋史研究集》1 集,臺北,1958 年,第 79—100 頁;《注史齋叢稿》,香港新亞研究所,1959 年(北京:中華書局,1987 年),第 94—116 頁。

梅村《摩尼光佛像與摩尼教》,《文物天地》1997 年 1 期,第 14—18 頁。

尼扎吉·喀迪爾《粟特人對鄂爾渾回鶻(回紇)的影響研究》,新疆大學碩士學位論文,2009 年。

尼扎吉·喀迪爾《試論摩尼教傳入鄂爾渾回鶻的時間和原因》,《喀什師範學院學報》2010 年 2 期,第 51—54 頁。

粘良圖《摩尼教信仰在晉江》,《福建宗教》2004 年 6 期,第 24—26 頁。

粘良圖《从族谱看明初晉江摩尼教活动》,《福建宗教》2006 年 4 期,第 20—22 頁。

粘良圖《泉州晉江草庵一帶新發現摩尼教遺存——關於摩尼教消亡的時間問題必須重新審視》,《泉州師範學院學報》2008 年 5 期,第 24—30 頁。

粘良圖《晉江草庵研究》,廈門大學出版社,2008 年。

牛汝極《摩尼教及摩尼文突厥語文獻》,《新疆社會科學情報》1989 年 11 期,第 22—23 頁。

牛汝極《回鶻文〈牟羽可汗入教記〉殘片釋譯》,《語言與翻譯》1987 年 2 期,第 43—45 頁。

牛汝極、楊富學《五件回鶻文摩尼教文獻考釋》,《新疆大學學報》1993 年 4 期,第 109—115 頁。

努爾買買提·托乎提《淺談維吾爾族宗教演變史》,《新疆社會科學信息》2005 年 5 期,第 15—21 頁。

祁順華《莆田市涵江新發現摩尼教文物古迹初考》,《世界宗教研究》2000 年 3 期,第 60—66 頁。

泉州市民族宗教事務局《泉州宗教志》,泉州市民族宗教事務局編印,2005 年。

饒宗頤《穆護歌考——兼論火祆教、摩尼教入華之早期史料及其對文學、音樂、繪畫之影響》,《大公報在港復刊卅周年紀念文集》卷下,香港大公報出版,1978 年,第 733—771 頁;《選堂集林·史林》(中),香港:中華書局香港分局,1982 年,第 472—509 頁;《文轍——文學史論集》(下),臺北:學生書局,1991 年,第 463—496 頁;《饒宗頤史學論著選》,上海古籍出版社,1993 年,第 401—441 頁;《饒宗頤東方學論集》,汕頭大學出版社,1999 年。

熱依汗·卡德爾《摩尼教與高昌維吾爾文學藝術》,《民族文學研究》2003 年 3 期,第 40—45 頁。

熱依汗·牙生、楊富學《從考古資料看甘州回鶻的文化》,《蘭州學刊》2010 年 5 期,198—201 頁。

熱孜婉《試論維吾爾族宗教信仰的歷史變遷》,《山東教育學院學報》2004 年 1 期,第 77—80 頁。

任昉《再談"畢昇碑"的宗教色彩》,《出版科學》1995 年 3 期,第 37—38 頁。

任昉《畢昇與湖北英山出土的〈畢昇碑〉》,中國文物研究所編《出土文獻研究》3 集,北京:中華書局,1998 年,第 264—273 頁。

榮新江《森安孝夫著〈回鶻摩尼教之研究〉評價》,《西域研究》1994 年 1 期,第 99—103 頁;《中古中國與外來文明》,北京:生活·讀書·新知三聯書店,2001 年,第 460—468 頁。

榮新江《海外敦煌吐魯番文獻知見録》,南昌:江西人民出版社,1996 年。

榮新江《〈歷代法寶記〉中的末曼尼和彌師訶——兼談吐蕃文獻中的摩尼教和景教因素的來歷》,《賢者新宴·藏學論叢》(1),北京出版社,1999 年,第 130—150 頁;《中古中國與外來文明》,北京:生活·讀書·新知三聯書店,2001 年,第 343—368 頁。

榮新江《摩尼教在高昌的初傳》,《中國學術》1 輯,2000 年,第 158—171 頁;《中古中國與外來文明》,北京:生活·讀書·新知三聯書店,2001 年,第 369—385 頁;《吐魯番新出摩尼教文獻研究》,北京:文物出版社,2000 年,第 215—230 頁。

榮新江《西域:摩尼教最終的樂園》,《尋根》2006 年 1 期,第 4—9 頁。

芮傳明《唐代摩尼教傳播過程辨析》,《史林》1998 年 3 期,第 20—27 頁。

芮傳明《摩尼教"佛性"探討》,《中華文史論叢》59 輯,1999 年,第 186—216 頁。

芮傳明《論宋代江南之"吃菜事魔"信仰》,《史林》1999 年 3 期,第 12—13 頁。

芮傳明《摩尼教文獻所見"船"與"船主"考釋》,《歐亞學刊》1 輯,北京:中華書局,1999 年,第 223—242 頁。

芮傳明《論古代中國的"吃菜"信仰》,《中華文史論叢》2000 年 3 輯(總第 63 輯),第 1—33 頁。

芮傳明《"薩寶"的再認識》,《史林》2000 年 3 期,第 23—39 頁。

芮傳明《摩尼教"樹"符號在東方的演變》,《史林》2002 年 3 期,第 1—15 頁。

芮傳明《武則天的宗教信仰探討》,《中華文史論叢》2001 年 4 輯(總第 68 輯),第 32—61 頁。

芮傳明《摩尼教"平等王"與"輪回"考》,《史林》2003 年 6 期,第 28—39 頁。

芮傳明《古代"度人"信仰之淵源探討》,《社會科學》2003 年 9 期,第 89—98 頁。

芮傳明《摩尼教"五妙身"考》,《史林》2004 年 6 期,第 86—95 頁。

芮傳明《東方摩尼教的實踐及其演變》,《粟特人在中國——歷史、考古、語言的新探索》,北京:中華書局,2005 年,第 457—477 頁。

芮傳明《佛耶? 魔耶? ——略説摩尼教在中國古代社會中的兩種角色》,《尋根》2006 年 1 期,第 15—19 頁。

芮傳明《摩尼教性觀念源流考》,《社會科學》2006 年 2 期,第 76—87 頁。

芮傳明《摩尼教 Hylè、Āz、貪魔考》,《史林》2006 年 5 期,第 88—89 頁。

芮傳明《彌勒信仰與摩尼教關係考辨》,上海社會科學院《傳統中國研究集刊》
　　編輯部編《傳統中國研究集刊》1 輯,上海人民出版社,2006 年,第 1—
　　30 頁。

芮傳明《饕餮與貪魔關係考辨》,上海社會科學院《傳統中國研究集刊》編輯部
　　編:《傳統中國研究集刊》2 輯,上海人民出版社,2006 年,第 1—17 頁。

芮傳明《摩尼教"五大"考》,《史林》2007 年 5 期,第 107—117 頁。

芮傳明《摩尼教神"淨風"、"惠明"異同考》,《歐亞學刊》6 輯,2007 年,第 84—
　　96 頁。

芮傳明《"摩尼光佛"與"摩尼"考辨》,上海社會科學院《傳統中國研究集刊》
　　編輯部編:《傳統中國研究集刊》4 輯,上海人民出版社,2008 年,第 60—
　　76 頁。

芮傳明《入華摩尼教之"佛教化"及其傳播——以〈下部讚·歎明界文〉爲
　　例》,上海社會科學院《傳統中國研究集刊》編輯部編《傳統中國研究集刊》5
　　輯,上海人民出版社,2008 年,第 26—45 頁。

芮傳明《東方摩尼教研究》,上海人民出版社,2009 年。

芮傳明《摩尼教突厥語〈懺悔詞〉新譯和簡釋》,《史林》2009 年 6 期,第 54—62
　　頁。

芮傳明《帕提亞語"摩尼致末冒信"的譯釋與研究》,《史林》2010 年 4 期,第
　　77—89 頁。

芮傳明《突厥語〈摩尼大頌〉考釋——兼談東方摩尼教的傳播特色》,上海社會
　　科學院《傳統中國研究集刊》編輯部編《傳統中國研究集刊》6 輯,上海人民
　　出版社,2009 年,第 189—202 頁。

芮傳明《"光明寺"、"大雲寺"與"大雲光明寺"考辨——"華化"摩尼教釋名之
　　一》,上海社會科學院《傳統中國研究集刊》編輯部編《傳統中國研究集刊》7
　　輯,上海人民出版社,2010 年,第 222—232 頁。

芮傳明《摩尼教的俗世生物創生觀述論:相關文書的譯釋與研究》,《史林》
　　2011 年 6 期,第 45—57 頁。

(日)森安孝夫《回鶻文考釋》,新疆吐魯番地區文物局編《吐魯番新出摩尼教
　　文獻研究》,北京:文物出版社,2000 年,第 200—212 頁。

(日)森安孝夫、侯世新《新出摩尼教書信文書情況一覽表》,《吐魯番新出摩
　　尼教文獻研究》,北京:文物出版社,2000 年,第 280—282 頁。

（法）沙畹、伯希和撰，馮承鈞譯《摩尼教流行中國考》，《西域南海史地考證叢八編》，北京：中華書局，1958 年，第 43—100 頁。

（日）石田幹之助撰，黄舒眉譯《以"蜜"字標記星期日的具注曆》，《日本學者研究中國史論著選譯》9 卷《民族交通》，北京：中華書局，1993 年，第 428—442 頁。

施安昌《摩尼七神像石刻拓本考略》，《故宫博物院院刊》2008 年 6 期，第 99—106 頁。

蘇北海《中世紀維族與摩尼教的關係》，《新疆日報》1949 年 2 月 15 日第 3 版。

素蘭《摩尼教和火祆教在唐以前入中國的新考證》，《明報月刊》（香港）1973 年 12 期，第 72—76 頁。

孫林《論藏族、納西族宗教中的二元論及與摩尼教的關係》，《西藏研究》2004 年 4 期，第 38—45 頁。

孫培良《摩尼教及其東西傳播》，《西南師範學院學報》1979 年 4 期，第 29—37 頁。

孫培良《摩尼與摩尼教》，《西南師範學院學報》1982 年 2 期，第 50—53 頁。

孫啟康《再説畢昇墓碑的物象崇拜與宗教色彩》，《出版科學》1995 年 4 期，第 35—36 頁。

孫啟康《對〈英山畢昇碑與淮南摩尼教〉一文中幾個問題的商榷》，《江漢考古》2005 年 2 期，第 89—94 頁。

孫振玉《從古文書看高昌回鶻摩尼教——對〈回鶻文摩尼教寺院文書〉再研究》，《西北史地》，1988 年 3 期，第 21—28 頁。

譚成明《回紇信仰摩尼教的社會背景和原因分析》，新疆師範大學碩士學位論文，2009 年。

唐長孺《白衣天子試釋》，《燕京學報》35 卷（1948 年），第 227—238 頁。

唐澤民《宋元教匪研究》，《大陸雜誌》46 卷 6 期，1973 年，第 44—48 頁。

陶沙《福州福壽宫是否摩尼教遺址芻見》，《福建宗教》2004 年 4 期，第 34 頁。

吐魯番地區文物管理所《柏孜克里克千佛洞遺址清理簡記》，《文物》1985 年 8 期，第 49—65 頁。

萬晴川《〈水滸傳〉與方臘明教起義》，《甘肅社會科學》2004 年 6 期，第 88—90 頁。

王丁《陳寅恪的"語藏"跋〈陳寅恪致傅斯年論國文試題書〉》，《科學文化評論》2005 年 1 期，第 60—77 頁。

王丁《柏林吐魯番特藏中的一件出自交河的漢文摩尼教文書》，高田時雄主編《唐代宗教文化與制度》，京都大學人文科學研究所，2007 年，第 41—66 頁。

王菲《四件回鶻文摩尼教祈願文書譯釋》,《西北民族研究》1999 年 2 期,第 138—142 頁。

王菲《回鶻語摩尼教故事一則》,《西北民族研究》2000 年 2 期,第 161—164 頁。

王菲《〈回鶻文摩尼教寺院文書〉再考釋》,《歐亞學刊》2 輯,北京:中華書局,2000 年,第 225—242 頁。

王菲《四件回鶻文摩尼教讚美詩譯釋》,《新疆大學學報》2000 年 2 期,第 109—112 頁。

王國維《摩尼教流行中國考》,《亞洲學術雜誌》11 期,1921 年;《觀堂別集》第 1 冊,上海古籍書店影印本,1983 年,第 24a—35b;又見《觀堂集林》第 4 冊,北京:中華書局,1959 年,第 1167—1190 頁;《王觀堂先生全集》第 4 冊,臺北:文華出版公司,1968 年,第 1285—1308 頁。

王見川《宋代摩尼教史論》,政治大學《史薈》17 期,1987 年,第 33—44 頁。

王見川《關於彌勒教與摩尼教之白衣問題》,政治大學《史薈》18 期,1988 年,第 66—76 頁。

王見川《從摩尼教到明教》,臺北:新文豐出版公司,1992 年。

王清毅《〈崇壽宮記〉對摩尼教研究的影響》,《杭州大學學報》1992 年 4 期,第 100—103 頁。

王頲《孔陳作記——元平陽州〈選真寺記〉碑補釋》,《西域南海史地考論》,上海古籍出版社,2005 年,第 368—385 頁。

王小甫《契丹建國與回鶻文化》,《中國社會科學》2004 年 4 期,第 186—203 頁。

王小甫《回鶻改宗摩尼教新探》,《北京大學學報》2010 年 4 期,第 88—106 頁。

王艷明《摩尼教入回鶻考》,《甘肅民族研究》2001 年 1 期,第 102—106 頁。

王玉東《被遺忘與被發現的歷史古迹——談摩尼教和吐魯番摩尼教考古新發現》,《文史知識》1994 年 11 期,第 65—66、96 頁。

王玉東《探尋湮沒千年的東方摩尼寺》,《北京大學學報》1995 年 3 期,第 112—113 頁。

王媛媛《唐代摩尼教史研究綜述》,《新疆師範大學學報》2004 年 4 期,第 97—101 頁。

王媛媛《新出漢文〈下贊部〉殘片與高昌回鶻的漢人摩尼教團》,《西域研究》2005 年 2 期,第 51—57 頁;殷晴主編《吐魯番學新論》,烏魯木齊:新疆人民出版社,2006 年,第 163—168 頁。

王媛媛《從大雲寺到大雲光明寺——對中原摩尼寺額的考察》,《文史》2005

年 4 輯(總 73 輯),第 199—210 頁。

王媛媛《中國東南摩尼教研究評述》,《中國史研究動態》2005 年 7 期,第 11—20 頁。

王媛媛《從波斯到中國:摩尼教在中亞和中國的傳播(公元 3—11 世紀)》,北京大學博士學位論文,2006 年。

王媛媛《中古波斯文〈摩尼教讚美詩集〉跋文譯注》,朱玉麒主編《西域文史》2 輯,北京:科學出版社,2007 年,第 129—153 頁;榮新江、孟憲實、李肖主編《秩序與生活:中國時期的吐魯番社會》,北京:中國人民大學出版社,2011 年,第 293—326 頁。

王媛媛《唐開元二十年禁斷摩尼教原因辨析》,《中華文史論叢》2008 年 2 輯(總第 90 輯),第 293—320 頁。

王媛媛《汴京卜肆與摩尼教神像入閩》,《故宮博物院院刊》2009 年 3 期,第 95—112 頁。

王媛媛《唐大曆、元和年間摩尼寺選址原因辨析》,《西域研究》2011 年 3 期,第 33—38 頁。

王媛媛《吐魯番出土文書所見 8—10 世紀的龜茲摩尼教》,《漢唐文明下的龜茲文化藝術研討會論文提要》,庫車,2010 年,第 114—116 頁。

王媛媛《摩尼教藝術及其華化考述》,中山大學博士後出站報告,2009 年。

溫玉成《龍門天竺寺與摩尼教》,《中原文物》1985 年 2 期,第 98—101 頁。

溫玉成《河南的景教、祆教和摩尼教》,《河洛文明論文集》,鄭州:中州古籍出版社,1993 年,第 508—521 頁。

(瑞典)翁拙瑞著,林悟殊譯《我對晉江摩尼教草庵的考察》,《海交史研究》1989 年 2 期,第 103—105 頁。

(匈)烏瑞著,王湘雲譯《景教和摩尼教在吐蕃》,《國外敦煌吐蕃文書研究選譯》,蘭州:甘肅人民出版社,1992 年,第 56—72 頁。

吳晗《明教與大明帝國》,《清華學報》13 卷,1941 年,第 49—85 頁;《讀史劄記》,北京:三聯書店,1956 年,第 235—270 頁。

吳海蘭《陳垣論宗教與民族文化》,《雲南民族學院學報》2002 年,第 48—52 頁。

吳其昱《摩尼傳記中之年代問題》,《第二屆敦煌學國際研討會論文集》,臺北:漢學研究中心編印,1991 年,第 171—180 頁。

吳文良《泉州宗教石刻》,北京:科學出版社,1957 年。

吳文良《泉州宗教石刻》(增訂本),北京:科學出版社,2005 年。

吳曉松《畢昇墓的發現及其相關問題研究》,《江漢考古》1994 年 2 期,第 86—

90 頁。

吳幼雄《古代泉州外來宗教史略》,許在全主編《泉州文史研究》,北京：中國
　　社會科學出版社,2004 年,第 80—101 頁。

吳幼雄《閩南多元宗教文化和諧共處探源——以泉州爲例兼談閩南文化生態
　　保護》,《泉州師範學院學報》2011 年 1 期 ,第 1—6 頁。

夏洞奇《“東方摩尼教”研究的兩條路向——芮傳明、王小甫摩尼教研究新作
　　贅語》,《世界宗教研究》2011 年 2 期,第 183—189 頁。

向達《唐代長安與西域文明》,哈佛燕京學社出版,1933 年（北京：三聯書店,
　　1957 年；石家莊：河北教育出版社,2007 年；重慶出版社,2009 年）。

向達《敦煌叢抄〈摩尼教殘經〉》,《國立北平圖書館館刊》6 卷 6 號,1931 年；
　　《中國敦煌學百年文庫·文獻卷》2,蘭州：甘肅文化出版社,1999 年,第
　　45—96 頁。

新疆吐魯番地區文物局編（柳洪亮主編）《吐魯番新出摩尼教文獻研究》,北
　　京：文物出版社,2000 年。

星月《宋代明教與農民起義》,《歷史教學》1959 年 6 期,第 39—42 頁。

許地山《摩尼教二宗三際論》,《燕京學報》3 卷,1928 年,第 383—402 頁；《民
　　國期刊資料分類彙編·敦煌學研究》第 3 冊,北京：國家圖書館出版社,
　　2009 年,第 1364—1383 頁。

許蔚《吐魯番出土編號81TB65：1摩尼教殘卷插圖之臆説》,《敦煌研究》2011
　　年 2 期,第 84—88 頁。

徐文堪、馬小鶴《摩尼教“大神咒”研究——帕提亞文文書 M1202 再考釋》,
　　《史林》2004 年 6 期,第 96—107 頁。

楊富學《巴黎藏敦煌本回鶻文摩尼教徒懺悔文譯釋》,《敦煌學》（臺）16 期,
　　1990 年,第 41—45 頁；楊曾文、杜斗城主編《中國敦煌學百年文庫·宗教
　　卷》3,蘭州：甘肅文化出版社,1999 年,第 463—466 頁。

楊富學《摩尼教研究喜獲碩果——讀王見川〈從摩尼教到明教〉》,《西域研
　　究》1994 年 4 期,第 123—125 頁；維文版載《新疆社會科學》1995 年 1 期,
　　第 130—133 頁。

楊富學《古代柯爾克孜人的宗教信仰》,《西北民族研究》1997 年 1 期,第
　　130—137 頁。

楊富學《西域敦煌宗教論稿》,蘭州：甘肅文化出版社,1998 年。

楊富學《回鶻“日月光金”錢考釋》,《西域研究》1998 年 1 期,第 59—61 頁。

楊富學《“日月光金”錢與回鶻摩尼教》,《西域敦煌宗教論稿》,蘭州：甘肅文
　　化出版社,1998 年,第 50—55 頁。

楊富學《回鶻摩尼教研究百年回顧》,《敦煌學輯刊》1999 年 2 期,第 105—113 頁。

楊富學《回鶻摩尼詩狼鷹崇拜小箋》,《臺北政治大學民族學報》(臺)1999 年 23 期,第 49—54 頁。

楊富學《回鶻文獻與回鶻文化》,北京:民族出版社,2003 年。

楊富學《關於回鶻摩尼教史的幾個問題》,《世界宗教研究》2007 年 1 期,第 138—146 頁。

楊富學《論回鶻佛教與摩尼教的激蕩》,《吐魯番學研究》2008 年 1 期(創刊號),第 120—124 頁。

楊富學《〈樂山堂神記〉與福建摩尼教——霞浦與敦煌吐魯番等摩尼教文獻的比較研究》,《文史》2011 年 4 期(總第 97 輯),第 207—246 頁。

楊富學、阿不都外力·克熱木《回鶻文摩尼教詩歌及其審美特徵》,《新疆大學學報》2010 年 3 期,第 72—76 頁。

楊富學、牛汝極《牟羽可汗與摩尼教》,《敦煌學輯刊》1987 年 2 期,第 86—93 頁;《西域敦煌宗教論稿》,蘭州:甘肅文化出版社,1998 年,第 11—30 頁。

楊富學、牛汝極《從一份摩尼文文獻談高昌回鶻的幾個問題》,《喀什師範學院學報》1990 年 4 期,第 46—52、31 頁。

楊富學、牛汝極《回鶻文摩尼教寺院文書釋文的幾個問題》,《西北史地》1992 年 4 期,第 40—46 頁;《西域敦煌宗教論稿》,蘭州:甘肅文化出版社,1998 年,第 215—227 頁。

楊富學、牛汝極《沙州回鶻及其文獻》,蘭州:甘肅文化出版社,1995 年。

楊訥《再談"扶箕詩"》,《歷史研究》1979 年 4 期,第 58—63 頁;南京大學歷史系元史研究室編《元史論集》,北京:人民出版社,1984 年,第 601—609 頁。

楊聖敏《試論回紇宗教思想的演變與改宗摩尼教》,《西北史地》1985 年 3 期,第 73—79 頁。

楊聖敏《回紇史》,長春:吉林教育出版社,1991 年。

楊聖敏《回紇史》(修訂版),桂林:廣西師範大學出版社,2008 年。

楊湘賢《我國僅存的摩尼教寺》,《文物天地》1984 年 2 期,第 47—48 頁。

楊憲益《康昆侖與摩尼教》,《新中華》復刊 4 卷 12 期,1946 年;《譯餘偶拾》,上海:三聯書店,1983 年,第 50—54 頁。

葉德祿《七曜曆傳入中國考》,《禹貢》2 卷 4 期,1934 年,第 8—9 頁;《輔仁學志》11 卷 1—2 期合刊,1943 年,第 137—157 頁。

葉顯恩《也談〈輟耕錄〉中的扶箕詩》,《歷史研究》1978 年 9 期,第 94—96 頁。

葉翔《對〈福建摩尼教寺院遺址考〉一文的質疑》,《海交史研究》2005 年 1 期,第 85—89 頁。

顏廷亮《敦煌文化中的祆教、摩尼教和景教》,《敦煌學與中國史研究論集——紀念孫修身先生逝世一周年》,蘭州：甘肅人民出版社,2001 年,第 418—429 頁。

虞萬里《敦煌摩尼教〈下部贊〉寫本年代新探》,《敦煌吐魯番研究》1 卷,北京大學出版社,1996 年,第 37—46 頁;《中國敦煌學百年文庫·宗教卷》3,蘭州：甘肅文化出版社,1999 年,第 445—453 頁。

虞雲國《房龍·金庸·吃菜事魔》,《萬象》2000 年 2 期,第 75—83 頁。

愚公谷《賈耽與摩尼教》,《禹貢》2 卷 4 期,1934 年,第 8—9 頁。

元文琪《人類自身明暗二性論——讀〈摩尼教殘經一〉》,《世界宗教研究》1995 年 1 期,第 95—103 頁。

元文琪《二元神論——古波斯宗教神話研究》,北京：中國社會科學出版社,1997 年,第 330—378 頁。

元文琪《瑣羅亞斯德與摩尼教之比較研究》,《世界宗教研究》1997 年 3 期,第 58—70 頁。

元文琪《福建霞浦摩尼教科儀典籍重大發現論證》,《世界宗教研究》2011 年 5 期,第 169—180 頁。

姚崇新《〈吐魯番新出摩尼教文獻研究〉評介》,《書品》2001 年 3 期,第 37—40 頁。

游國鵬、劉元妹《莆田發現的摩尼教遺物》,《福建文博》2010 年 4 期,第 101—102,轉 92 頁。

（日）羽田亨撰,錢稻孫譯《西域文明史概論》,自刊,1931 年。

（日）羽田亨撰,鄭元芳譯《西域文明史概論》,北京：商務印書館,1934 年。

（日）羽田亨著,耿世民譯《西域文明史概論》,北京：中華書局,2005 年。

（美）約納斯著,張新樟譯《諾斯替宗教：異鄉神的信息與基督教的開端》,上海：三聯書店,2006 年。

曾閱《"草庵"摩尼教遺迹漫紀》,《福建文博》1980 年 1 期,第 53 頁。

張廣達《評價〈古代和中世紀早期的西域〉》,《敦煌吐魯番研究》3 卷,北京大學出版社,1998 年,第 339—370 頁。

張廣達《唐代漢譯摩尼教殘卷——心王、相、三常、四處、種子等語詞試釋》,《東方學報》（日本）第 77 冊,2004 年,第 65—105 頁;《文書、典籍與西域史地》,桂林：廣西師範大學出版社,2008 年,第 295—348 頁。

張國傑《摩尼教與回鶻》,《世界宗教研究》2000 年 3 期,第 67—75 頁。

張建波《古代高昌地區摩尼教的藝術思想略探》,《新疆藝術學院學報》2004

年 4 期,第 35—39 頁。

張美華《漠北回鶻的摩尼教信仰》,《中央民族大學學報》2002 年 5 期,第 53—57 頁。

張香珍《回鶻信奉摩尼教的原因分析》,《學理論》2011 年 11 期,第 133—134 頁。

張新樟《"諾斯"與拯救:古代諾斯替主義的神話、哲學與精神修煉》,北京:生活‧讀書‧新知三聯書店,2005 年。

張小貴《陳垣摩尼教研究探析》,《勵耘學術承習錄——紀念陳垣先生誕辰 120 周年》,北京師範大學出版社,2000 年,第 268—285 頁。

張曉靜《摩尼教讚美詩的文學性質評論》,《沙洋師範高等專科學校學報》2010 年 3 期,第 84—85 頁。

鄭金洪《朱熹與摩尼教及晉江門生》,《朱熹理學與晉江文化研討會論文集》,晉江,2007 年,第 164—167 頁。

鍾進文《裕固族宗教的歷史演變》,《西北民族研究》1991 年 1 期,第 147—156、132 頁。

鍾進文《甘州回鶻和摩尼教的關係——兼述東西貿易中的宗教因素》,《西北史地》1992 年 1 期,第 13—15 頁;《中國敦煌學百年文庫‧宗教卷》3,蘭州:甘肅文化出版社,1999 年,第 459—462 頁。

仲布‧次仁多傑《恰苯與摩尼教關係初探》,《西藏研究》2000 年 3 期,第 63—65 頁。

周耀明《從信仰摩尼教看漠北回紇與粟特人的關係》,《西北民族研究》2002 年 4 期,第 15—22 頁。

周夢江《從蒼南摩尼寺的發現談溫州摩尼教》,《海交史研究》1990 年 2 期,第 75—79 頁。

周菁葆《西域摩尼教的樂舞藝術》,《西域研究》2005 年 1 期,第 85—93 頁。

周菁葆《西域摩尼教的造型藝術》,《中國邊政》(臺)181 期,2010 年,第 13—31 頁。

周菁葆《摩尼教在絲綢之路上的傳播及其服飾藝術》,《浙江紡織服裝職業技術學院學報》2011 年 3 期,第 54—59 頁。

周運中《唐宋江淮三夷教新證》,《宗教學研究》2010 年 1 期,第 210—212 頁。

朱瑞熙《論方臘起義與摩尼教的關係》,《歷史研究》1979 年 9 期,第 67—84 頁。

朱越利《淨明道與摩尼教》,《中國學術》2003 年 2 期,第 107—132 頁。

(日)竺沙雅章,許洋主譯《關於"吃菜事魔"》,《日本學者研究中國史論著選譯》第 7 卷《思想總結》,北京:中華書局,1993 年,第 361—385 頁。

莊爲璣《談最近發現的泉州中外交通的史迹》,《考古通訊》1956 年 3 期,第
43—48 頁。

莊爲璣《泉州摩尼教初探》,《世界宗教研究》1983 年 3 期,第 77—82 頁。

莊爲璣《古刺桐港》,廈門大學出版社,1989 年。

(德)宗德曼著,楊富學譯《吐魯番文獻所見摩尼的印度之旅》,《敦煌學輯刊》
1996 年 2 期,第 132—136 頁。

二、外 文 部 分

Chao Huashan, New evidence of manichaeism in Asia: A description of some recently discovered manichaean temples in Turfan, *Monumenta Serica* 44, 1996, pp. 267－315.

Geng Shimin, Recent Studies on Manichaeism in China, *Studia Manichaica II. Internationaler Kongress zum Manichaismus 6－10 August 1989*, Bonn, Wiesbaden 1992, pp. 98－104.

Geng Shimin, Notes On an Ancient Uighur Official Decree Issued to a Manichaean Monastery, *Central Asiatic Journal* vol. 35, No. 3－4, 1991, pp. 209－230.

Geng Shimin, The Study of Uighurica from Turfan and Dunhuang in Chin, Desmond Durkin-Meisterernst, Simone-Christiane Rashmann, Jens Wilkens, Marianne Yaldiz (ed.), *Turfan Revisited — First Century of Research into the Arts and Culture of the Silk Road*, Berlin, 2004, pp. 95－99.

Geng Shimin, H. J. Klimkeit, Zerstoerung Manichaischer Klöster in Turfan, *Zentralasiatische Studien* Bd. 18, 1985, pp. 7－11.

Geng Shimin, H. J. Klimkeit, J. P. Laut, Manis Wettkampf mit dem Prinzen. Ein neues manichäeisch-türkisches Fragment aus Turfan, *Zeitschrift der Deutschen Morgenlandischen Gesellschaft* Bd. 137, Heft 1, 1987, pp. 44－58.

Eine Geschichte der drei Prinzen. Weitere Neue manichäeisch-türkische Fragment aus Turfan, *Zeitschrift der Deutschen Morgenlandischen Gesellschaft*, Bd. 139, Heft 2, 1989, pp. 328－345.

Lin Wushu, Review of Samuel N. C. Lieu, Manichaeism in the Later Roman Empire and Medieval China, *Journal of the Royal Asiatic Society*, 1986, pp. 311－312.

Lin Wushu, Review of Peter Bryder, The Chinese Transformation of Manichaeism, *Journal of the Royal Asiatic Society*, 1987, pp. 166－167.

Lin Wushu, On The Joining Between The two Fragments of The Cempendium of the Teaching of Mani, The Buddha of Light, P. Bryder (ed.), *Manichaean Studies*, *Proceedings of the First International Conference on Manichaeism. Lund Studies in African and Asian Religions I*, Lund 1988, pp. 89 – 94.

Lin Wushu, A New Find of a Manichaean Stone Carving in Fujian, China, *Manichaean Studies Newsletter* 1, Leuven 1989, pp. 22 – 27.

Lin Wushu, The Origin of the Compendium of the Teaching of Mani, the Buddha of Light in Chinese, A. Van Tongerloo-Soren Giversen (ed.), *Manichaca Selecta. Studies presented to Professor Julien Ries on the occasion of his seventieth birthday*, Lovanii 1991, pp. 225 – 232.

Lin Wushu, On the Spreading of Manichaeism in Fujian, China, G. Wiessner-H. J. Klimkeit (ed.), *Studia Manichaica. II. Internationaler Kongress zum Manichäismus, 6 – 10. August 1989 St. Augustin/Bonn*, Wiesbaden: Otto Harrassovitz 1992, pp. 342 – 355.

Lin Wushu, A Discussion about the Difference between the Heaven-God in the Qoco Kingdom and the High Deity of Zoroastrianism, *Zentralasiatische Studien* 23, 1992/1993, pp. 7 – 12.

Lin Wushu, A Research on the Original Manuscript of Chinese Manichaean Hymna, A. Van Tongerloo (ed.), *Proceedings of the Internatinal Symposium Organized in Louvain from 31 July To August 1991*, Lovanii 1995, pp. 177 – 181.

Lin Wushu, A General Discussion of the Tang Policy Towards Three Persian Religions: Manichaeanism, Nestorianism and Zoroastrianism, *China Archaeology and Ar Digest* vol. 4, No. 1, Dec. 2000, pp. 103 – 116.

Lin Wushu, Notes on the Title of the Dunhuang Manichaean Hymnscroll (S. 2659 摩尼教下部贊 Mo-ni chiao hsia-pu tsan), Paper for the Fifth International Conference of Manichaean Studies September 3 – 7, 2001 Istituto Universitario Orientale Napoli, Italy.

Liu Ts'un-Yan, Trances of Zoroastrian and Manichaean Activities in Pre-Tang China, *Selected Papers from the Hall of Harmonios Wind*, Leiden 1976, pp. 3 – 55.

Ma Xiaohe, Remains of the Religion of Light in Xiapu (霞浦) County, Fujian Province,《歐亞學刊》9 輯《第二屆傳統中國研究國際學術討論會歐亞專輯》,北京:中華書局,2009 年,第 81—108 頁。

《敦煌學國際聯絡委員會通訊》稿約

一、本刊由"敦煌學國際聯絡委員會"、"中國敦煌吐魯番學會"、"首都師範大學古文獻研究中心"和"上海師範大學敦煌吐魯番學研究所"共同主辦,策劃:高田時雄、柴劍虹;主編:郝春文。本刊的内容以國際敦煌學學術信息爲主,刊發的文章的文種包括中文(規範繁體字)、日文和英文,每年出版一期。截稿日期爲當年3月底。

二、本刊的主要欄目有:每年的各國敦煌學研究綜述、新書訊、各國召開敦煌學學術會議的有關信息、書評或新書出版信息、項目動態及熱點問題爭鳴、對國際敦煌學發展的建議、重要的學術論文提要等,歡迎就以上内容投稿。來稿請寄:北京西三環北路105號:首都師範大學歷史學院郝春文,郵政編碼:100048,電子郵箱:haochunw@cnu.edu.cn。

三、來稿請附作者姓名、性別、工作單位和職稱、詳細位址和郵政編碼以及電子郵箱,歡迎通過電子郵件用電子文本投稿。

圖書在版編目(CIP)數據

2012敦煌學國際聯絡委員會通訊/郝春文主編. —上海：上海
古籍出版社，2012.7
ISBN 978-7-5325-6546-7

Ⅰ.①2… Ⅱ.①郝… Ⅲ.①敦煌學—叢刊 Ⅳ.①K870.6-55

中國版本圖書館 CIP 數據核字 (2012) 第 156180 號

責任編輯：曾曉紅
封面設計：何 暘

2012敦煌學國際聯絡委員會通訊

郝春文　主編

上海世紀出版股份有限公司
上海 古 籍 出 版 社　出版
(上海瑞金二路272號　郵政編碼200020)

(1)網址：www.guji.com.cn
(2)E-mail：gujil@guji.com.cn
(3)易文網網址：www.ewen.cc

上海世紀出版股份有限公司發行中心發行經銷
上海展强印刷有限公司印刷
開本 787×1092　1/16　印張15.5　插頁4　字數 267,000
2012 年 7 月第 1 版　2012 年 7 月第 1 次印刷
印數：1-1,000
ISBN 978-7-5325-6546-7

K · 1611　定價：52.00 元

如有質量問題，請與承印公司聯繫